100天突破

企业突破瓶颈、利润暴增的秘密

效果咨询机构◎著

第1季

中国物资出版社

图书在版编目（CIP）数据

100 天突破：企业突破瓶颈、利润暴增的秘密. 第 1 季 / 效果咨询机构著 . —北京：中国物资出版社，2011.11

ISBN 978 - 7 - 5047 - 4017 - 5

Ⅰ. ①1… Ⅱ. ①效… Ⅲ. ①中小企业—企业管理—经验—长沙市 Ⅳ. ①F279.243

中国版本图书馆 CIP 数据核字（2011）第 205672 号

策划编辑 黄 华	**责任印制** 方朋远
责任编辑 丰 虹	**责任校对** 孙会香 饶莉莉

出版发行 中国物资出版社

社　　址 北京市丰台区南四环西路 188 号 5 区 20 楼　　　邮政编码 100070

电　　话 010 - 52227568（发行部）　　　　010 - 52227588 转 307（总编室）

　　　　　010 - 68589540（读者服务部）　　　010 - 52227588 转 305（质检部）

网　　址 http：//www.clph.cn

经　　销 新华书店

印　　刷 中国农业出版社印刷厂

书　　号 ISBN 978 - 7 - 5047 - 4017 - 5/F · 1586

开　　本 787mm × 1092mm　1/16　　　　版　　次 2011 年 11 月第 1 版

印　　张 24.75　　　　　　　　　　　　　印　　次 2011 年 11 月第 1 次印刷

字　　数 570 千字　　　　　　　　　　　定　　价 45.00 元

本书编委会

总顾问

　　杨　勇（效果咨询机构总架构师、首席顾问）

编委会主任

　　李会军（效果咨询机构总经理、首席顾问）

编委（按姓氏笔画排名）

　　方邱芳　刘培军　李会军　李宏德　杨　勇

　　谷立霞　钟潇江　欧阳瑞　熊　钢　戴　勇

前言PREFACE

1

当前，我国既处于工业化和后金融危机的关键时期，也处于节能环保、转方式调结构的经济增长方式的重要转折时期。"转方式调结构"已经成为我国"十二五"时期在新形势、新背景下的经济发展主旋律，企业是经济领域的主要载体，"转方式调结构"也无疑是我国各级政府领导、千千万万企业家们所共同思考的关键课题。

2010年3月14日上午10时，十一届全国人大三次会议闭幕后，温家宝总理在回答中外记者提问时再次强调：国际金融危机对中国经济的冲击在一定程度上讲，是对我们经济结构和发展方式的冲击，而调整结构和转变发展方式不是一个短期的过程，要作艰苦的努力。我们必须坚持把转变发展方式、调整结构放在重要位置，改变中国经济发展的不平衡、不协调和不可持续的问题。温总理语重心长地指出：中国经济必须处理好保持经济平稳较快发展、调整结构和管理好通胀预期三者的关系。而在这三者之间，我们必须走出一条光明的路子，只有这样，我们才可能避免二次探底。

转变经济发展方式势在必行。温总理在政府工作报告中指出：我国当前在经济增长过程中存在一些问题，"经济增长内生动力不足，自主创新能力不强，部分行业产能过剩矛盾突出，结构调整难度加大；就业压力总体上持续增加和结构性用工短缺的矛盾并存；农业稳定发展和农民持续增收的基础不稳固；财政金融领域潜在风险增加；医疗、教育、住房、收入分配、社会管理等方面的突出问题亟待解决"等。在对形势做了冷静而客观的分析后，提出了我国当前及今后一段时期实现经济增长方式转变的一揽子政策措施，凸显了经济增长方式转变对我国在后金融危机时代经济社会可持续发展的重要性。中国经济未来平稳较快发展需靠转变发展方式来实现。

转变经济发展方式刻不容缓。温总理在政府工作报告中指出："转变经济发展方式刻不容缓。要大力推动经济进入创新驱动、内生增长的发展轨道。继续推进重点产业调整振兴、大力培育战略性新兴产业、进一步促进中小企业发展。"从当前我国的实际情况看，我们持续多年的高速发展，在一定程度上是以环境资源的巨大牺牲以及经济发展方式的扭曲与不合理为代价的。而依赖资源能源消耗的发展方式一直是困扰我国经济发展的"致命伤"。以推动一国经济增长的消费、投资、出口这三驾马车为例，长

1

期以来，我国经济已经越来越严重地依赖出口这一驾马车的拉动，外贸依存度高达60%，特别是我国的外贸出口主要依靠的是大量的廉价劳动力、大量的资源能源消耗，这样付出的环境代价也是巨大的。在后金融危机时期严酷的形势下，这样的发展方式必须尽早得以根本性地扭转，转变越早越主动，转变越快越见效。在"十二五"正式揭开序幕之际，我们必须清醒地认识到：面对新的形势和任务，传统的、落后的经济发展方式不转变不行，必须把加快结构调整、转变发展方式作为刻不容缓的重大任务，以更大的决心和力度，坚决打好加快转变经济发展方式这场硬仗。

转方式，调结构，关键是"好"字当头。转变经济发展方式、调整经济结构固然要快，但"好"永远是"快"的前提。这就要求我们要把转方式调结构的重心始终放在广大的企业群体这个核心载体上，注重企业经营管理能力和系统创新能力的提高，在尽可能减轻对资源和环境造成的压力的基础上，最合理、最大化地实现平衡产出、集约产出和效益产出，显著提升企业的规模效应、成长速度和赢利能力。一句话，紧紧盯住"好效果"做文章，围绕"优结构"谋发展。

随着"十二五"规划的全面展开，2011年经济结构战略性调整步伐不断加快的趋势已经不可阻挡。我们完全可以期待，2011年的中国经济将在调整产业结构、转变发展方式这条主线上出现重大的突破和进展。

2

虽然前景值得期待，但现实仍然令人警惕。《FT中文网》曾经有一篇文章写道，2009和2010这两个年度，全球收购、兼并、重组最活跃、额度最大的资本就是来自于中国的资本。在世界购并、重组市场四处出击的中国资本中，88%来自国有资本，只有12%是由民营资本提供的。而国有资金在世界各地的购并、重组活动中，失败的、亏损的，或者没有达到当初购并目标的、效益回报较低的投资项目比例大致占到了60%～80%，是一个令人吃惊的数字。这一数字和现象虽然帮助了世界各地很多正深陷于金融危机和经济衰退泥潭的政府和企业，甚至在一定程度上可以说拯救了他们，但他们并不感恩。这一数字和现象也引起了中国高层领导的关注，导致了严肃规范中国资本境外购并、重组行为以及项目严格审查等一系列办法的研究和出台。这同时表明，转方式调结构的发展既任重道远又非常迫切。

我们可以把依靠大量资金的投入，主要采用收购、兼并、重组等资本重组行为，导致企业整体规模和总体产出迅速扩大，通过企业外部链条延伸导致企业基本盘面和网络体系的瞬间扩张的增长方式，称作企业的"外延式增长"。

把企业主要依靠自身的能力，不靠外来输血，以极低的资金投入，主要依靠向内部挖潜，仅仅通过内部经营方式、组织方式和管理方法的迅速转变，通过技术研发的如期实现、产品创新的加速推出、经营创新、市场和客户创新以及关键性的管理变革，通过精确聚焦和瓶颈突破，在短短的一段时期内，就带来企业整个管理系统的提升、整体产出的显著放大和企业效益的快速上升，实现"四两拨千斤""一本万利""低耗高效"式的增长，相对应地称作"内生式增长"。

对于占据国内企业数量99%的中小企业而言，内生式增长显得更加重要，更具有立竿见影的现实效益。2010年9—12月，在长沙开办的"长沙市中小工业企业十百千管理升级擂台赛"首期活动，就是一个典型的内生式增长的探索案例。

2010年，长沙市在小巨人企业库的基础上，正式启动了"长沙市中小工业企业管理升级活动"。尤其是9—12月开展的"十百千中小工业企业管理升级擂台赛"活动，首期以训练营集中学习和擂台赛展开竞争的形式进行，参与的30家试点企业在长沙市工业和信息化委员会（以下简称"长沙市工信委"）的有效领导、长沙市中小企业服务中心的高效组织、效果咨询机构的教练团队的全程高度专业指导下，在前期预评估、海选、学习训练、制作解决方案和最终方案确定的基础上，通过短短100天的方案实践，均准确寻找到了影响自己持续发展的关键瓶颈之所在，并取得了显著的突破进展。其中，29家企业均完全达成和超额达成当初预设的突破目标，有效率达96.7%。

本书收集的愿意公开的28家参赛企业的真实数据显示，2009年度的销售收入为366086万元，实现利润41138万元，上缴税金25586万元；2010年度的销售收入489324万元，实现利润60668万元，上缴税金32761万元。增长比例分别达到33.66%、47.47%和28.04%。100天的擂台赛实践，致使企业规模和效益的增长速度明显加快，对地方经济的贡献明显加大。

从同比来看，28家企业在擂台赛100天实践的第四季度所实现的销售收入、利润总额、上缴税金同比增长率分别达到45.69%、78.06%和47.41%；相比年度增长率分别额外提升了12.03、30.59和19.37个百分点。从环比来看，28家企业后一季度相比前三个季度平均销售收入、实现利润、上缴税金增长比率分别达到85.50%、164.85%和100.48%；相比年度增长率分别增长了51.84、117.38和72.44个百分点。企业在瓶颈突破后带来的系列效益极其明显，同时企业的内部管理能力也得到了相应提升。

这一效率很高、成效明显、可以规模化复制、影响深远的成功探索，无疑是极有价值的，它表明企业经营水平和管理能力的针对性提高，必然能够带来规模、速度和利润效益的全面增长。扩大产业规模、加大招商引资力度、扩充企业的数量基础，走"外延式增长"的道路固然重要，但有针对性地提升每一家企业的经营管理水平，以极低的投入换来显著的企业规模与经营效益的同步增长，走"内生式增长"的道路，意义更重要。这是"量变"与"质变"的辩证发展关系，是一条典型的节能环保、绿色经济、低碳经济的发展道路，通过有针对性地提升企业的系统管理能力，通过技术、产品、价值链、客户与市场的系列调整与创新，显著扩大整体的产出效益，既符合调整产业结构的方向，又很好地满足了产业升级的要求。

因为这是长沙市工信委统一购买的、参与三方共同改进的、效果咨询机构的"绩效突破集中训练营"服务项目，参赛各企业为此所花的费用低廉到基本可以忽略不计，而突破的结果、企业在突破中所获得的收益又是如此明显，不仅带来了当前发展瓶颈的快速突破，而且帮助企业获得了管理系统的整体提升，夯实了企业的发展基础，更重要的是，推动企业站到了一个新的高度、新的平台。所有参赛的企业都满怀信心地说：来年自己必将迎来一个完全不一样的发展速度和发展高度。总体而言，长沙的这一首创式探索，是一条值得坚持的好机制、好方法、好道路，长沙已将"中小工业企业十百千管理升级擂台赛"项目列入经济主管部门的"十二五"规划，将继续深化和深入推广下去。

3

长沙市认为，所谓"内生式增长"，就是要紧盯"提质增效、创新发展"这一核心不放，通过合理配置各生产要素，实现产业链条和企业价值链条的平衡产出和最大产出，促进产业集群和各个企业的有效产出最大化、投资回报最大化、整体效益最优化是其关键所在。以 1000 家规模以上的工业企业为代表的长沙企业群体，要力求在"快速突破、规模效益、创新发展"上尽快摸索出一套成效显著、可以复制的成功经验，按照"政府搭台、企业唱戏"的原则，主管部门要通过"企业管理升级"系列活动的主动引导，推动企业积极投入到"向管理要效益、以创新促升级"的活动中来，务求效益目标和规模目标的同步达成。

"十一五"期间，长沙工业规模、工业增加值在 26 个省会城市中的排名由第 15 位上升到了第 8 位。在 35 个中心城市中，长沙市规模工业总产值排位也由 2005 年的第 25 位上升至 2010 年的第 16 位。长沙工业占全市 GDP 的比重由 2005 年的 30.9% 提高到 2010 年的 44%，对 GDP 的增长贡献率由 2005 年的 31.7% 提高到 2010 年的 57%，工业经济对保护全市经济安全、保持城市竞争地位贡献突出。"十二五"期间，长沙市决心以招商引资促进结构调整、以管理升级促进提质增效，继续加大企业群体对长沙市经济的贡献力度，"长沙市中小工业企业十百千管理升级擂台赛"活动所探索出的成功经验必将被深入利用、广泛复制，为长沙市企业规模的扩大和企业效益的提升继续起到重要的促进作用。

不难发现，企业竞争到最后，往往就聚焦到了经营管理水平、赢利水平和发展能力的竞争上，我们应当围绕投资产出的最大化、全价值链产出的最大化、瓶颈环节产出的最大化和整体效益的最优化主题，引导每一家企业都展开深入而系统的分析，并据此寻找出有效的针对性措施，取得迅速而有力的突破，通过持续的突破和改善，达到显著提高企业赢利能力和管理水平的目的。

放眼今天的中国，大家都知道，转方式调结构，走新型工业化道路的着力重点在企业身上。政府的作用是引导和推动，市场机制是载体，中介机构和专业力量负责承办、指导、提升和催化，只有为数众多的企业才始终是参与和执行的主体。没有了企业的广泛参与和深度互动，这一切都将显得毫无意义。

始终以帮助企业目标达成、行动实现、效果显著改善、利润突出放大为使命的中国效果咨询机构，在"转方式调结构"这一重要的转折时刻，在以"管理升级"为主要内容之一的新型工业化发展道路上，愿意在各地经济主管部门的领导下积极参与，与企业服务机构紧密合作，让自己简单有效的对阵方法论在帮助企业更快、更好地发展方面，尽快发挥更大的促进作用，永远站在中国企业最需要的地方，为推动企业改善效果的达成而身体力行，并愿意在合作中接受各界领导、合作者、企业家的检阅。

正如阿基米德所言：给我一个支点，我可以撬动整个地球！

效果咨询机构湖南公司在首期"长沙市中小工业企业十百千管理升级擂台赛"活动30家参赛企业的基础上，总结分析28家愿意公开披露的企业数据，并具体展示17家获奖企业的100天瓶颈突破案例，而具结成就本著作的，希望能供有志于为企业提供卓有成效的帮助的同志们借鉴和参考。我谨以此作为《100天突破》（第一季）一书之序，并在此对关心、支持和信赖效果咨询机构的长沙市政府、长沙市工信委、长沙市中小企业服务中心的相关领导致以衷心的感谢！对于相遇、相知并充分信赖效果咨询机构的企业家们致以真诚的谢意！还要对投身到这场富有价值的绩效快速突破探索活动中的效果咨询的同事们说一声"谢谢"！同时，寄予我对未来效果咨询团队为中国企业的业绩改善作出更大贡献的期许。

效果咨询机构总架构师、首席顾问　杨勇
2011 年 8 月

目录 CONTENTS

第三编　总　结

附 录

第一编
管理升级擂台赛活动概述

第一章 政府的"转方式调结构"与效果的"训练营"服务

国内的工业企业目前正处在"转方式调结构"的重要转折时期，长沙市工信委于2010年秋冬之际在长沙市中小工业企业中以"擂台赛"的方式掀起了一场管理升级的热潮，通过采用政府服务外包的形式，6步PK，连环赛马，多方联动，确保效果的原则，创造性地展开了一场政府引导企业管理升级的大探索。

2010年四季度的擂台赛期间，同意披露数据的28家企业实现的销售收入、利润总额、上缴税金三项指标同比增长率分别达到45.69%、78.06%和47.41%，相比年度增长率分别额外提升了12.03、30.59和19.37个百分点。

第一节 100天的倍数式增长

2011年3月15日，长沙市中小工业企业十百千2010年管理升级擂台赛总结表彰暨2011年进园区（县）启动大会在长沙市会议中心隆重举行，长沙市政府文树勋副市长、党委书记兼主任赵跃骃率领的长沙市工信委领导班子、长沙各园区县的相关领导、长沙市中小企业服务中心的领导及相关专家、效果咨询机构湖南公司的顾问团队、600多名企业家及企业骨干管理人员等出席了大会，长沙市工信委副主任周双恺主持会议。大会的一项重要内容就是对2010年9—12月举行的第一期"长沙市中小工业企业十百千管理升级擂台赛"活动的17家获奖企业进行颁奖，以下内容为颁奖实况。

研发管理示范奖：

8年的磨砺与奋进，他们始终满怀热诚，放眼国际，致力于民族品牌的振兴；8年的执著与艰辛，他们改变了高端锯材依赖进口的局面，实现了双金属复合钢带和双金属带锯条的国产化和产业化，填补了国内市场的空白。在管理升级的100天实践中，他们一举攻克了持续4年的高端产品技术研发难关，最终实现了产品定型与量产，产品性能达到了世界顶尖水平的90%~93%。

有请名副其实的国内第一"锯"人——泰嘉新材!

营销管理示范奖:

26年以来,孜孜追求,情系万家,为的是圆中国人一个梦的质量;到现在,企业综合实力跻身全国同行业前五强,成为国家标准和行业标准的制定者之一。他们总是敢为人先,率先在家具行业执行8年品质保证和自然灾害免赔保证。100天里,他们以季节性产出不均衡为瓶颈突破,极大程度地均衡了订单的波动,打破了行业长久不变的特性,开创了淡季不淡、旺季更旺的良好局面。有他们,我们会睡得更香、更甜!

让我们以微笑和掌声,有请星港家居!

交付管理示范奖:

这是一家国家电力设备定点生产企业,是中国泵行业屈指可数的重点骨干企业,十几年的努力,企业经济效益综合指数在全国同类行业名列前茅。在100天的管理升级中,围绕大量订单无法准交的难题,集中企业内部智慧,将准交率由76%提升到94%,并一举解决了困扰水泵行业多年的铸造件准交率和质量合格率双低的共性问题。

有请声名远播的天鹅工业泵!

人力资源管理示范奖:

一个历尽50年沧桑的老企业,一个包揽行业多项之最的专业骨干企业。是他们,带动了国内高压、超高压电缆附件行业的零的突破;是他们,打破了国外产品在国内的垄断,并在国际市场四处出击,成为令世界一流企业尊重的对手。在经历了结构调整、改制、搬迁等重大变动之后,人力资源的新老更替、顺利交接成为企业健康发展的一个重大考验。100天的管理升级实践中,公司元老们敢于打破陈规,以创新的思维,最终实现了留人与增收的同步达成。他们带来的不仅是管理思维转变过程中的点滴感动,更大的价值在于一家老企业的管理新启迪和新探索。

掌声有请令人尊敬的长缆附件!

擂台赛优胜奖:

这是一家汽车集成模块化配套的专业企业,10多年在汽车内饰领域的奋斗,使之成为国内著名汽车制造商的首选供应商之一。100天的管理升级中,他们以营销为突破瓶颈,收获了大量订单的同时,收获更多的是客户一致的肯定与信任,是企业管理提升的持久效应。

掌声有请不甘平庸、奋勇争先的亚太实业!

擂台赛优胜奖:

短短几年的发展,核心产品列为国家火炬计划项目,销售产值虽仅 1 亿多元,却是细分市场中难以撼动的霸主地位。他们曾戏言"中国印刷行业热能循环利用的招投标项目,我们不到,就无法开标"。然而,销售的高歌猛进,却掩盖不了利润水平的持续低迷。100 天的管理升级擂台赛,锁定降低成本、提升利润为突破瓶颈,最终实现"日均挖潜超三万,百天创利胜一年",塑造了一个实现企业利润最大化的经典案例。

下面,掌声有请这一经典的创造者——正大轻科!

擂台赛优胜奖:

冠誉地方特色产业的代表,独享一处唯一的骄傲。然而,荣誉的光环并没有带来销售业绩的阳光照耀。在 100 天擂台赛期间,放下身段,潜心学习,灵活应用,颠覆行规,制造稀缺,创造奇迹。是他们,由开始愁"卖",到再现了客户争相打款、领导批条发货的计划经济年代的"紧缺"现象;是他们,全员营销,群策群力,再度创造了湖南"黑茶"营销的一个神话。

下面有请创造黑茶营销传奇的怡清源茶业!

擂台赛优胜奖:

这家企业的成长史,代表了国内一个行业的发展史。他们是国内微量元素添加剂行业的隐形冠军,是坐拥多项独立自主知识产权的行业领跑者。他们扛起了环保、抗污染、做良知企业的大旗。在 100 天的管理升级实践中,围绕 1—9 月只完成全年任务 23.35% 的核心新品 J 展开营销突破,实现了超常规增长,到 2010 年年底时,不仅全面补上了前期的销售欠账,还超出了年度目标的 16.23%。

掌声有请我国饲料微量元素添加剂行业的隐形冠军——兴嘉生物!

擂台赛优胜奖:

俊朗飘逸,时尚商务,中西融合,自成一体。20 年来,致力于为中国男士装点风采,并曾受到温家宝总理的现场视察和各级领导的充分肯定。在 100 天的管理升级活动中,锁定招商开店为突破瓶颈,运用颠覆传统的营销观念与方法,取得了超过 3 倍的突破式增长,再度掀起市场热潮,冠誉全国服装终端。

让我们以热烈的掌声,有请温总理亲自视察过的、荣誉加身的东方时装!

擂台赛优胜奖:

曾经一度是铁路、工矿设备的先锋,为国内高速铁路制梁专用设备填补了空白,并一举占据了该领域70%的市场份额。100天的管理升级擂台赛中，以攻克煤机新产品作为营销的新突破口，以环比2.5倍以上的增幅迅速打破销售僵局，创造了全新的市场领域、全新的核心业务。

掌声有请长沙装备制造业的后起之秀——飞翼股份！

最佳学习奖：

这是一家成立不到3年的新企业，历史很短，却敢于向国际顶尖设备的技术水平看齐，从代理起步，正积极创造自己的技术、产品和品牌。

这是一家规模很小、成长速度却很惊人的小企业，加入擂台赛之前的年产值仅7000多万元。经过自身努力和擂台赛的促进，2010年累计完成销售收入1.2亿元，实现净利润1200万元，上缴税金660万元，发展速度位列金融机具行业前茅。

这是一家起点不低的高新技术企业，除了提供功能很强的清分机、清样机、柜员机外，还创造了国内首条现金处理流水线，成为我国金融机具行业的新贵。

掌声有请天天研究与钱相伴的辰泰电子！

最佳进步奖：

一个为世界500强做配套的企业，一个为世界著名冰箱企业、汽车零部件企业长期青睐的优秀供应商。经历了连续两年业绩下滑的痛楚，经历了擂台赛初期垫底的打击，他们猛然奋起，调整步伐，突"瓶"而出、破"颈"而飞，实现模具生产准交率由60%大幅提升到88.62%，一举扭转局势，实现了尤为珍贵的业绩强势提升。他们带给我们的是一种不屈不挠、永不服输的企业精神。

掌声有请让我们由衷尊敬的申大科技！

最佳进步奖：

他们始终书写着一个行业的传奇：21年的历史，坚持为残疾人提供就业，行业独有的400多项专利，引领着世界胶黏剂的发展方向。但持续3年的业绩下滑，尤其是2010年前9个月形成的亏损，促使他们积极加入到100天的管理升级擂台赛中来，他们善于学习、勤于思考、敢于行动的潜质，缔造了一个最短时间扭亏为盈、利润猛增的传奇，创造了一个与时俱进、敢为人先的典范。

让我们掌声有请又一个值得尊敬的企业——神力实业！

最佳进步奖：

十年磨一剑。10年里，坚定奉行技术路线的他们，创造了多个国内领先，填补了诸多国内空白，参与制定了我国水泵业的国家和行业标准，但他们却始终没有跨过亿元这个坎儿。在 100 天的管理升级擂台赛中,他们充分运用对阵营销方法,打破了多年的"魔咒",全年销售额首次突破亿元大关,创造了新的历史。

有请水泵行业坚定的技术路线实践者——耐普泵业!

最佳进步奖:

这是一家拥有多项独立自主知识产权、专门研制"好"磨的企业,这是一家善"磨"、精"磨"的企业。6 年多的时间,他们的好"磨"博得了国内外广大客户的喜爱。他们的好"磨"也带来了特别多的订单,但生产供应不能及时满足交付、公司有钱赚不了。100 天的采购瓶颈突破,生产准交率获得显著提高,其中 2010 年 11 月一个月收回的现金就相当于 2009 年全年的销售收入。我们希望在长沙这样善磨好磨的企业越多越好。

下面,掌声有请我国数控磨床领域的技术集大成者——宇环同心!

最佳组织奖:

他们是全国最大的猴车生产基地,也是我国猴车设备的开创者,还是国内第一家获得煤安标志且种类最为齐全的猴车生产企业,是国内多项行业标准的起草者。100 天管理升级擂台赛中,他们制定了 30 家企业中最优秀的备件营销黑手党提案,一举打破了行业传统的潜规则,自此从乙方变成了甲方,客户主动上门,订单陡然暴增,销售业绩、预收款和销售回款额都突破了历史的新高。

让我们掌声有请中国最大、最权威的猴车制造企业——正忠科技!

最佳组织奖:

有一种魅力源自内秀和内修,有一种专业源自对美的执著追求。18 年来,他们一直在塑造最美的事业,张扬量身定制"职业装"的个性,标新立异,尽善尽美。100天的管理升级实践中,他们以高端品牌服装团购定制为突破瓶颈,整体促动,最终获得魔力般的业绩数字,但他们收获的却远不只是这些数字。

让我们最后以热烈的掌声有请美丽的服装企业——派意特!

随着颁奖人对于这 17 家获奖企业的颁奖词的逐一宣读和颁奖,那些刚刚过去的透支般付出、特别充实而富有成就和乐趣感的百日岁月,又一幕幕从我们的脑海中流过;那些凝聚了各方的智慧和汗水的成就数据,如同目前虽小、却价值意义重大的脚步,从我们走过的身后,一直延伸到充满阳光般希望的远山深处……

2011 年 1 月 15 日,长沙市工信委主办、长沙市中小企业服务中心承办、效果咨询机构智力支持的"长沙市中小工业企业十百千管理升级擂台赛"经过紧张有序的发动、组织、推进和验收工作，终于完美地落下了帷幕。

来自不同行业的30家企业经过入门海选、集中学习、方案制作、方案定案、实践100天瓶颈突破、结果验收后，参与擂台赛的30家企业均取得了超出预期的、收获丰硕的成果。

28家愿意公开披露、有数据可查的企业销售收入、利润总额和上缴税金。经过统计分析，汇总结果见表1-1、表1-2和表1-3。

表1-1 　　　　　　　28家企业年度同比增长情况

	销售收入/万元	利润/万元	上缴税金/万元
2009 年	366086	41138	25586
2010 年	489324	60668	32761
年度增长率	33.66%	47.47%	28.04%

表1-2 　　　　　　　28家企业擂台赛期间同比增长情况

	销售收入/万元	利润/万元	上缴税金/万元
2009 年同期	125794	15827	8738
2010 年擂台赛期间	183269	28182	12880
同比增长率	45.69%	78.06%	47.41%
相比年度率增长点数	12.03	30.59	19.37

表1-3 　　　　　　　28家企业擂台赛期间环比增长情况

	销售收入（万元）	利润（万元）	上缴税金（万元）
2010 年前期同期	98796	10641	6425
2010 年擂台赛期间	183269	28182	12880
环比增长率	85.50%	164.85%	100.48%
相比年度率增长点数	51.84	117.38	72.44

数据本身能够说话。短短的100天时间，企业"管理升级"实践在基本没有增加投入的情况下，经过政府引导和专家辅导，参加本次"长沙市中小工业企业十百千管理升级擂台赛"的30家企业（上述表格仅包括28家愿意公开数据的企业）在销售收入、利润总额、上缴税金三个结果指标方面都取得了巨大突破，规模和效益的增长速度明显提升。

第二节　政府和企业都迫切需要 "管理升级"

"长沙市中小工业企业十百千管理升级擂台赛"第一期活动的成功举办和完美落幕，应该只是中国企业管理升级活动新产品、新模式、新方式、新效果探索的一个开始，是社会贡献价值、企业利益价值和政府服务价值等集于一体的综合价值同步实现的一个全新的试点。

在这次试点探索中，参与进来的四方力量包括长沙市工信委、长沙市中小企业服务中心、效果咨询机构及 30 家企业，都在"长沙市中小工业企业十百千管理升级擂台赛"这一共同平台上找到了各自利益的结合点，找到了各自价值的共同实现方式。

长沙市工信委作为长沙市政府的工业经济主管部门，通过擂台赛这一方式，以很有限的政府资金投入，统一打包购买智力服务，既在短短的 100 多天时间里换来了 28 家企业的规模扩大，利润增长，特别是相比上年同期税收增长了 47.41%，净增税收 4142 万元，又通过这一方式，客观公正、透明公开地产生出了管理潜力和发展潜力都更大的、应当通过多种方式重点帮扶的企业；既更好地发挥了政府的引导和服务职能，又通过"相马"向"赛马"的转变，"赛"出合适的企业，降低了"相马"的风险，令人信服和信赖。正如长沙市工信委领导所说："擂台赛这一有效的形式，我们以不大的投入，换来了远远超出想象的产出回报，我们当初是没有估计到会有这么好的效果。"湖南省政协调研小组对此进行调研后，总结说："小的投入就能换来这么好的效果，政府的这笔资金不是该不该投的问题，而是投得还不足够，应当继续坚持下去，应当投得更多。"

长沙市中小企业服务中心成立数年来，一直在努力探索更好、更有效率和更有质量的服务中小企业的方式和方法，通过优秀的中介平台的搭建，上承接部分政府服务职能，下为企业组织值得信赖、更高质量的增值服务，以此体现自身存在的价值。其领导人称："自接触效果咨询机构的'绩效突破集训营'服务模式后，感觉眼前一亮，量化指标，快速突破，对最终效果负责，这正是我们寻寻觅觅很久、长沙企业特别需要的智力服务。"遂果断引进，大力配合和推动，并参与将其共同改造成更适合长沙企业当前现状的"长沙市中小工业企业十百千管理升级擂台赛"形式，充分体现了其"成人达己，成己达人"的宗旨，树立了自己在长沙企业群体中的威望。同时，在此基础上，长沙市工信委也正式将服务中心的职能建设进行了大规模扩充，对应工信委的 8 个处，建立起了"一个中心，八个平台"的全新的中小企业服务中心。

积极投身到第一季擂台赛中的 30 家企业，在 100 多天的时间里，不仅收获了快速增长的喜悦、突破瓶颈后必将带来企业管理系统全面升级的希望，而且掌握了以简单有效著称的效果咨询机构的对阵方法论。通过公司内部的广泛复制，统一了企业内部的管理思想，大幅度提升了沟通的效率和解决经营管理问题的能力，迅速完成了管理团队的能力再造，为企业的长远发展夯实了基础。正如 30 家企业领导者在评语中所说的那样，这场管理突破给参与企业带来的影响是深远的。他们在结营仪式上戏言："听了国内外很多好的课程和管理思想，也读了很多 MBA、EMBA 的课程，从没有像效果咨询机构的对阵方法论这样，简单直接、清晰系统、非常实用，学习后茅塞顿开，马上可以在企业内应用，并在短期内就可以看到明显的效果。"也有人说："长沙自改革开放以来，像这样一次性地集中几十个董事长在一起、封闭式学习几天时间，并得到热烈反响和广泛拥护的事情，以前从来没有过。"很多身为人大代表、政协委员的企业家们在参加两会时，纷纷主动向领导建言擂台赛的重大意义，强烈建议要持续深入下去，让成果巩固，效益扩大。

而被邀请设计该项目、并全程智力支持和过程指导的效果咨询机构，在参与这场充满激情和期望的试验活动中，也收获良多、感悟良多。数年研发出的对阵方法论已经多次被证明是科学的、简单直接、非常有效的管理突破方法；国内独家推出的"绩效突破集训营"项目，也在长沙的擂台赛项目上被证明是可行的、非常成功的。活动中，还吸引了几位中南大学的教授参与进来，分享和学习，争取合作创造更高的推广价值。创立之初就立志站在中国企业最需要的地方、为中国企业的快速发展而身体力行的效果咨询机构，证明了以集训营的方式批量化服务企业，让自己独特的服务以更快的速度、更大的规模、更广的范围为尽可能多的企业创造增长的价值，这条道路虽然难度和要求很高，但能够走通，而且很通畅。现在，擂台赛这一项目已经被写进长沙市工信委的十二五规划，效果咨询机构被要求在长沙以擂台赛的形式为 1000 家长沙企业提供 5 年的智力服务。

"长沙市中小工业企业十百千管理升级擂台赛"充分表明，政府工业经济主管部门和广大的企业群体都迫切需要管理升级，管理升级必将带来参与各方价值和效益的全面提升。同时表明，效果咨询机构的对阵方法论和集训营模式，切合并能够更好满足各方的需求。

第三节　全国各地的探索和效果咨询的"集训营"

企业管理升级的重要性和迫切性早就引起了各级各地政府的高度重视，并展开了多年的积极探索。

一、全国各地对企业管理升级的探索

1. 2004 年 7 月，杭州市萧山区政府［2004］112 号文件正式发布了"企业管理创星级活动基本规范与评价标准"，坚持"管理创星"是一个循序渐进的过程，实行"一年打基础，两年抓推进，三年见成效"的做法。

企业管理创星级活动蓝本：涵盖企业发展战略规划、法人治理结构和组织结构、财务管理体系、质量管理体系、安全生产管理体系、环境保护管理体系、市场营销与品牌建设、科技进步与信息化建设、人力资源管理和绩效考核、企业文化建设十大内容。

主要做法：首选百家试点企业；部门、镇街联手，创建共性服务平台；实行捆绑式教育，创建人才培训平台；与浙江大学联手，搭建专业性的研究、深化平台；树立先进典型，创建经验示范和交流平台；转变认识，强化服务，提高工作效率；设定三步走目标，创建萧山管理区域品牌；设立全区企业管理专项资金，创建管理创星的长效机制。

2. 2006 年年底，云南省政府下发"关于加强全省企业管理工作"的若干意见（云政发［2006］208 号），提出加强和改善企业管理水平，实现内涵式扩大再生产，坚持走新型工业化道路，提高全省企业和产业竞争力。

主要内容：完善管理制度，创新管理模式；优化法人治理结构和组织管理；注重战略管理；推行人本管理；健全质量管理；提升营销管理；完善成本管理；严格资金管理；强化投资管理；加强安全生产管理；推进管理信息化；注重企业文化建设；加强组织领导，完善工作机制；搞好指导服务，强化舆论宣传。

3. 2008 年 7 月，山东省政府下发"进一步加强企业管理工作"的文件（鲁政发［2008］71 号），在全社会营造重视企业管理、强化企业管理的良好氛围。

主要内容：加强安全生产管理；努力降本增效；加强技术创新和质量管理；积极促进工业化与信息化融合；充分发挥行业协会作用，搞好指导服务；建立激励机制，加强对企业管理的组织领导。

4. 2009 年 1 月，吉林省工信厅发布《吉林省关于加强企业管理工作的指导意见》，大力推动企业管理创新，不断提高企业综合素质，增强企业抵御各种风险的能力。

主要内容：制订切实可行的战略规划；积极实行企业股份制改造；加强技术创新管理；加强企业风险管理；积极稳妥地加强管理与信息化融合；加强质量管理，提高品牌影响能力；加强企业文化建设，增强企业凝聚力；加强政府指导，实施企业管理创新支持计划，设立管理创新奖，举办管理创新高峰论坛，加大宣传力度，推动管理创新。

5. 2009 年 7 月，四川省经委下发"关于加强企业管理工作"的指导意见（川经

[2009] 220 号），决心把企业管理不断引向深入，在全社会营造提高企业管理水平的良好氛围。

主要内容：建立规范的法人治理结构；强化企业战略管理；加强信息化建设；严格质量管理，提高"四川造"产品水平；加强成本控制，努力实现降本增效；强化财务管理，严控经营风险；加强技术进步，夯实发展后劲；注重品牌建设，提升营销管理水平；加强节能管理，建设环境友好企业；抓好安全生产管理；创建特色文化；各级经委要强化指导和服务，做好发展保障，推动企业管理水平升级。

6. 2009 年年底，国家工信部印发《关于进一步加强纺织企业管理的指导意见》的通知（工信部消费 [2009] 438 号），以促进纺织企业降本增效，提高产品质量和企业竞争力，转变发展方式，促进纺织工业的调整和振兴。

提出 10 个加强：加强现代企业制度建设和管理创新；加强基础管理；加强质量管理；加强营销管理；加强财务资金管理；加强成本管理；加强节能降耗管理；加强信息化建设；加强人才队伍建设；加强企业文化建设。

7. 2010 年，福建泉州市经委"大干 150 天，打好五大战役，实施两个加快，推动跨越发展"，帮助泉州中小鞋服企业管理变革全面升级。

主要做法：开辟"提升企业管理水平"专栏，成功推广近 200 家企业在管理提升、技术改造、项目创新、节能减排等方面的好做法、新经验，并促成了中小鞋服企业与专业咨询公司的 100 个智业合作项目。

就企业绩效管理、企业目标运营管控等问题，采用公开集中、走进企业、网络平台等形式，开展集中培训 2200 场次，实现了"送培训进企业"。

创造性地开展了三项服务：2010 年泉州市中小企业服务日活动；在全省率先成立市级企业管理专家顾问团；组织企业负责人到珠三角、长三角等发达地区，向先进企业学习，实行远距离考察，近距离对比。

二、效果咨询机构的"集中训练营"模式

效果咨询机构依赖于自己创立的、简单直接、充分有效的对阵方法论体系，经过反复论证研究，并与多家企业沟通演练，创造性地推出了目前国内唯一的"集中训练营"产品模式。

1. 变一对一的为每一家企业提供单独的咨询服务，为一对多的批量化对企业提供全过程的复合式、教练式服务，一般每期训练营同时集中 20～30 家企业，提供统一服务。

2. 变单一的咨询、培训、教练等服务形式，为从企业目标的精确设定、量化分解、全价值链产出分析等开始，到独特的对阵方法论的 4 天封闭式学习、方法考试、解决方案制订、最终方案确定、100 天执行最终解决问题达成目标、达成结果验收、分析进

入新一轮改进循环等全过程的服务，包括了现状分析、对阵方法论的培训学习、掌握程度考试、方案辅导、教练技术、中立的促进技术、TOC 聚焦、方针管理、共同定案、共同执行、量化验收、目标的全过程管理、精确的量化管理和量化分析等多种服务形式。

3. 变模块化的局部咨询服务，为企业整体系统的产出分析服务。

4. 变全面改善、处处放火、可能导致全盘混乱的风险式服务，为整体系统分析，找准当前发展的最关键瓶颈，聚焦于一点，实现快速突破，以短期内迅速见效的结果，换来整个团队"抓准管理改善，立见效益提升"的强烈信心。

5. 变经验式、理论式、思想式服务，为可以清晰见到进步的精确目标、逻辑过程、必达结果式的服务，即为效果。

6. 变成本控制出效益，为效率提升出效益。

7. 变只管培训和方案，不对执行和结果负责，为一切都为了更好的效益、更高的结果达成而负责到底；变依靠理论和经验，为依靠逻辑和方法；变只管创意和方案，为落实工具和标准执行；变只管自己讲明白，为企业整个团队熟练掌握方法和工具、自己动手解决问题、复制成整个团队的管理能力和解决问题的能力。

8. 变说教、单方解决问题和各吹各的调，为共同学习、共同交流、共同解决问题，从共识的形成到共同的行动，从聚焦一点快速突破，到授人以渔，形成团队能力，使目标让结果成为必然、逻辑让执行成为必然、方案让达成成为必然。

9. 变从问题开始、追究原因和责任，为从目标开始、协调力量凝聚共识。

10. 变职能部门推动，为 CFT（跨职能部门）推动。

11. 变依靠英雄和经验，为依靠团队和方法。

12. 变模块化管理，为流水线式管理。

效果咨询机构的"集中训练营"服务模式受邀进入长沙后，经过与长沙市工信委、长沙市中小企业服务中心的共同研究，因地制宜地改造成为"长沙市中小工业企业十百千管理升级擂台赛"，并展开运用，每期擂台赛最多接受的企业确定为 30 家。参与企业和各方热情高涨，首期擂台赛即取得了 96.7% 的成功率，被称为"创造了长沙企业管理升级的历史"。

效果咨询机构在"长沙市中小工业企业十百千管理升级擂台赛"开赛时提出了"五个一切"，即一切分析从目标开始，让数字说话；一切改善从瓶颈点入手；一切以改善目标的最终达成为成败的衡量标准；一切以简单直接、快速有效的方法为选择的原则；一切以实现知识向企业的转移、形成企业团队的整体能力为衡量依据。以此体现效果咨询机构对自己的要求、对擂台赛的负责。

其实，这也是效果咨询机构"集中训练营"的特点。

长沙市工信委副调研员、中小企业处处长贺长春先生曾经深有感慨地说："效果咨询团队的高度专业性是不用质疑的，但让我更为敬佩的是他们高度的负责态度和敬业精神，是我很少见到的优秀团队。"我们坚信：只要足够专业、足够敬业、足够负责，只要坚持合作、承担和诚信，效果咨询机构的"集中训练营"不仅将在长沙继续取得成功，而且还将在全国其他区域市场获得不一样的发展。

第四节　变"要我升级"为"我要升级"

"十一五"时期是长沙工业历史上发展最快、变化最大，结构调整稳步推进、比较优势日益突出的五年；也是企业苦练内功、确保后劲、内部管理强化、产品结构优化的五年。长沙市一直在思考如何真正探索出一条长沙地方特色的"转方式调结构"的新型工业化道路，如何通过企业管理升级和"软实力"的提升来提高企业赢利能力和管理水平。

2010年2月26日，长沙市以"长沙市加速推进新型工业化工作领导小组"名义下发《关于引导企业加强管理，推动企业全面升级的意见》的文件，在明确企业自主管理与政府创造环境和服务相结合、企业自主创新与借用外脑相结合两大基本原则基础上，提出了长沙市"十二五"期间的引导企业管理升级的目标：

> 到2010年年末，培育评定20家规模以上工业企业成为全市"管理示范性企业"；
> 到2012年年末，以"管理示范性企业"为标杆，推动300家规模以上工业企业达标升级；
> 到2015年年末，以"管理示范性企业"为标杆，推动1000家规模以上工业企业达标升级。

在此基础上，2010年4月30日，长沙市以"长沙市经济和信息化委员会（时称，编者注）"名义下发《关于开展管理升级星级评定工作的通知》的文件，发布了组织国内知名专家、教授制定的《长沙市管理升级星级评价标准》，并于6—8月组织十几名国内知名管理专家对初选的40家规模以上工业企业，对照《长沙市管理升级星级评价标准》进行管理升级预评估，对长沙工业企业管理现状进行了充分的摸底调查。

专家组经过两个多月的辛勤工作，对长沙市规模以上工业企业现状和管理升级推动中存在的问题进行了梳理和分析，并得出结论：长沙市规模以上工业企业普遍存在三大极端反差。

1. 企业核心竞争力之强与企业管理水平之短的反差（如表1-4所示）。

表1-4　　　　　　　　　　核心竞争力和基础管理薄弱反差分析

核心竞争力的具体表现	基础管理薄弱的具体表现
原创技术	锁定市场过窄，缺乏技术的关联复制，没有实现应用效益扩大
产品创新	每一次产品的创新成果都没有把利益放大到极致，过于依赖创新的推动，导致营销能力退化
集约加工能力	缺乏科学规划，导致加工能力过大，造成产能闲置和阶段性浪费
领袖型的战略客户	不懂得充分发挥标杆效应，以快速扩展更多有价值的当前客户和未来客户，也缺乏销售工具及说辞的有效表现
较为先进的重大设备	基本没有企业为重大设备的投资做过对比分析、投入产出分析和绩效管理分析，多为拍脑袋投资，经验式管理
低成本资源的获取及努力放大	在发展期低成本获取各种关键资源，每个企业都各有门路，但在资源价值的放大上是围绕资源而放大，不是围绕核心能力而放大

　　长沙市规模以上工业企业普遍有核心竞争能力，却普遍没有做大。虽然企业普遍都具有自己的核心竞争能力，但这种能力并没有迅速而显著地扩大为企业的产出效益，低效管理严重制约了企业发展，两者构成了典型的反差。

　　2. 企业未来宏观期望和基础管理薄弱支撑不足的反差。

　　本次管理升级活动共完成企业评估40家，形成数据分析报告的有36家。从调查的情况来看，40家企业无一例外地都怀有尽快上市的强烈梦想，但是，究竟为什么要上市？上市要解决发展中的什么关键问题？上市后融来的大量资金准备如何使用？投向何方？将给企业带来一条怎样不同的发展道路？这一系列问题却没有谁能够回答清楚。除了两家企业对未来资金的投向有设想外，其他企业连想都还没有想过。

　　3. 长沙市经济委员会（以下简称"长沙市经委"）希望用政策唤起企业对管理内升能力提升的良苦用心与企业对管理升级的认识之粗浅和初级的反差（如表1-5所示）。

表1-5　　　　　　　　　政府期望和部分企业认识反差分析

政府期望	企业认识
出资帮助企业推动管理升级，极端重视，大力度推进，希望借此带来企业整体管理水平的大幅度提升	认为是一件切实帮助到自己的好事，但属于应付检查式、被动等待式，还没有从内心深处唤起强烈的自我改善、时不我待的渴求
为了确保管理提升效果的达成，在出资的基础上，还推出了达标授牌、奖励及其他系列倾斜政策。关注焦点是"实际效果"，授牌和奖金是一种象征性手段	把授牌和奖励视为一种大锅饭式的福利，视为一种白给的扶持资金，努力争取。挣到手最好，没到手也无所谓。关注焦点在"牌和钱"，管理提升是顺便而为之

续　表

政府期望	企业认识
认为这次是帮真忙，做实事，活动启动时宣传发动力度不够	认识参差不齐：部分极为重视，关键团队整体参与；部分应付检查，资料一堆不痛不痒，小恩小惠重在关系；个别的半理不睬，关键团队各忙各的，安排几人胡乱应付

　　长沙市规模以上工业企业的管理现状让长沙市有关领导明白：长沙市规模以上工业企业迫切需要"管理革命"，需要迎来一场内部管理的深刻变革，促进长沙市工业企业管理水平迈上一个标志性的台阶。

　　基于科学管理必能带来更理想的效益的基本认识，长沙市工业和信息化委员会、长沙市中小企业服务中心、效果咨询机构湖南公司紧密合作，在全国首创推出的"长沙市中小工业企业十百千管理升级擂台赛"活动，以促进提升企业自主管理意识和管理能力为目的，变"要我升级"为"我要升级"，以此形成长沙企业争先开展管理升级的浓厚氛围，为真正创造政府引导的企业管理升级的"长沙管理升级模式"进行大胆地探索。

第二章 "十百千"管理升级擂台赛流程设计和执行

"十百千"管理升级擂台赛完全达到了起初设计的"政府搭台唱戏，企业积极参与；著名专家引导，紧盯改善效益；多方联动深度实操，全面推动达标升级"的目的，可以总结为政府引导、专家辅导、企业参与，可有效复制推广、带动企业全面升级的"长沙管理升级模式"。

第一节 "十百千"管理升级擂台赛的6步 PK 流程设计

要实现突破性目标，必须寻求突破性的做法。

长沙市工信委经过几次高节奏的紧密研究，调整思路，作出果断决策，根据 2010 年 2 月 26 日下发的《关于引导企业加强管理，推动企业全面升级的意见》的文件要求，采用政府服务外包的形式，根据 6 步 PK、连环赛马、多方联动、确保效果的原则，设计了"长沙市中小工业企业十百千管理升级擂台赛"活动。

此项活动以长新工办［2010］5 号文件《并于下发〈"长沙市中小工业企业十百千擂台赛"实施方案〉的通知》下发，努力达到"政府搭台唱戏，企业积极参与；著名专家引导，紧盯改善效益；多方联动深度实操，全面推动达标升级"的目的。

一、"十百千"管理升级擂台赛的目标

1. 长沙市中小工业企业十百千管理升级擂台赛的活动目标。

十——10 天集中训练进行改善方案编制竞赛；

百——100 天实践进行管理升级改善效果竞赛；

千——带动 1000 家规模以上中小工业企业管理提升。

2. 释义。

十：用 10 天集中、分散的时间，由组委会统一安排对参与管理提升的长沙市中小

企业核心管理团队进行针对培训和方案制作辅导，使长沙市参评企业在统一起跑线上、统一的时间内接受训练，制订管理提升方案，保证管理升级在起步阶段的公平、公正和阳光。

百：用100天的时间，企业进行管理升级方案的实践，组委会组织对口支援的专家导师对其进行指导和服务，保证管理升级的效果。

千：真正赛出管理升级达标企业，形成中小工业企业管理升级活动的"长沙管理升级模式"，建立成功典范，快速有效复制，推动长沙1000家中小工业企业整体管理水平的全面提升。

3. 此次擂台赛要达到的预期效果。

对于企业而言，通过专家培训指导和企业管理升级，帮助企业准确界定发展瓶颈，迅速解决瓶颈制约，树立起"管理出效益"的信心。

对于长沙市政府而言，要借助此次探索实践，寻找出一套可操作、可复制、可推广的促进中小企业管理升级的"长沙管理升级模式"。

二、"十百千"管理升级擂台赛的组织与领导

1. 组委会组织机构（见图2-1所示）。

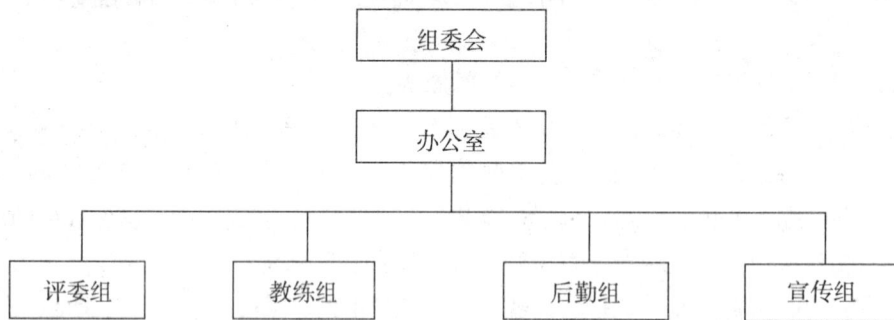

图2-1　长沙市中小工业企业十百千管理升级擂台赛组委会组织机构

2. 组委会组成人员。

组委会由相关领导和专家参加的办公室和各专业组组成，并明确了相关责任者的职能和职责。

三、"十百千"管理升级擂台赛的保障措施

1. 政策保障。

（1）参赛企业通过擂台赛活动，如果能够达到管理示范性企业标准，将享有以下系列鼓励政策：

优先获得政府的上市名额及推荐支持；

优先获得国家、省、市的相关项目扶持资金及扶持政策；

优先参加政府出资的专题培训、研讨和提升活动；

优先列入产业集群核心企业，优先成为行业协会的龙头单位；

优先进入下一年度的管理升级评选活动；

星级挂牌，授予"长沙市管理示范性企业"称号；

报纸、电视台等媒体宣传报道，开设示范性企业推广榜；

公众活动、颁奖仪式的示范性企业发言推介机会；

建立推动企业与优秀中介企业的合作机制。

（2）差额奖励：在达到五星级管理水平的基础上，设置不同的奖励额度，一等奖1名、二等奖2名、三等奖3名，其余为优胜奖和单项奖（进步最快奖、方案创意奖等），以扩大参与面。

（3）参赛企业实际案例将入选《100天突破——长沙管理升级擂台赛纪实》，本书将在擂台赛结束后公开出版发行。

2. 专业保障。

组委会聘请已参与管理升级预评估阶段的、著名的效果管理团队作为智力支持机构，以其为主组建实践性教练团队指导参赛企业，效果团队将向参赛企业传授其独创的理论、方法和工具，帮助参赛企业围绕瓶颈问题寻求快速解决方案。同时，该团队将跟进执行100天，保证有效促进参赛企业内部管理工具、方法和人才复制。组委会还将全程监控教练的工作质量，建立奖惩和淘汰机制。

3. 过程和公信力保障。

以公平、公正、阳光的竞赛机制，保证擂台赛效果和管理升级的整体效果。如提前明确评价标准，组委会监督评价过程，教练组与评委组共同评价，及时公布评价结果等。

四、"十百千"管理升级擂台赛的具体实施步骤

按照层层递进的竞争原则，"长沙市中小工业企业十百千管理升级擂台赛"将擂台赛全过程设计为6步竞赛方案，以保证有效竞争和层层递进（如图2-2和下表所示）。

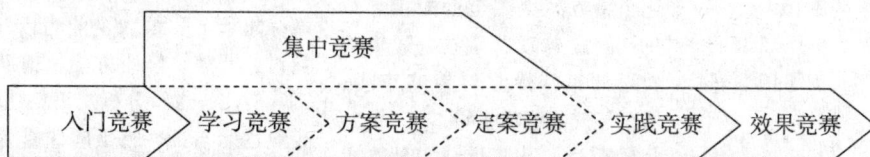

图2-2 长沙市中小工业企业十百千管理升级擂台赛6步竞赛推演示意

长沙市中小工业企业十百千擂台赛6步竞赛安排

竞赛阶段	时间安排	竞赛活动内容	关键控制要素
入门 初评 阶段	2010年 8月19日起 8月25日止	企业填写并提交参赛申请表; 公司董事长或总经理亲自带队参加; 认真填写并按时提交参赛系列表格; 与市中小企业服务中心互签《参赛协议书》	强烈改善意愿,迫切寻求改变,希望短期内寻求管理的提升和业绩的突破; 清醒认识到企业的管理问题,能够初步把握企业发展的瓶颈问题; 参与人员资格:企业决策者1名,企业瓶颈环节的核心管理者2名,熟悉本行业及企业状况,具备管理及实际操作能力,敢于颠覆传统; 良好的资金及企业信用,对确定的方案能够坚决执行
学习 训练 阶段	2010年 9月4日起 9月7日止	按照报道函要求,按时报到学习; 书面提交问题补充、资料补充和企业发展瓶颈的初步确认; 两天两夜的针对性方法论学习; 一天的案例解剖及解决方案训练; 参赛企业人员参加开卷考试	非常认真地准备企业的管理问题、发展瓶颈和数据资料; 经过初步的瓶颈问题把握之后的针对性分组,根据共性与个性瓶颈,分组确定培训教材和训练方向; 强烈的学习兴趣和学习能力,比较熟练地掌握方法论和应用工具; 企业领导带头,严格遵守学习期间的纪律和要求
方案 制作 阶段	2010年 9月8日起 9月11日止	参赛人员回到企业,5天内带领公司员工完成企业管理升级及瓶颈突破的方案编制; 向擂台赛组委会提交方案,方案明显未达到指导要求的,发回企业建议重新制作方案	较强的学习应用能力,能够将学习到的方法论、工具和案例与企业实际有机结合,制订出可操作、易复制、优秀的解决方案; 瓶颈问题的准确把握和有效突破; 公司整体团队的参与,共识的形成
方案 定案 阶段	2010年 9月12日起 9月19日止	按照方案提交的先后顺序,分批分组安排方案的讨论、修改和完善; 逐个给方案提供全面的指导意见:问题与现状审视,逻辑与效果评审,行业与策略审视,修改建议与策略指导; 共同研讨,不断优化,最终实现方案定稿	开放的心态和参与的精神,贡献智慧并实现集体共同成长; 目标与瓶颈的聚焦,方案的针对性、快速显效性和可执行性; 教练团队全程编入企业组内,共同商讨、调整、修改方案,辅助企业工具应用、逻辑分析及策略建议等; 企业达标与否、瓶颈问题是否有效解决等,作为顾问本次服务的考评依据

续 表

竞赛阶段	时间安排	竞赛活动内容	关键控制要素
实践过程阶段	2010年9月20日起12月31日止	按照既定的管理升级和瓶颈突破方案落实时间、责任者和资源、政策;高效执行,并实现过程的管控,发现异常及时处置和有效改善;寻求教练团队的支持和过程辅导;参与每月的集中讲评会	责任者和资源、政策的落实,董事长推动作用的发挥;开放的心态和持之以恒的作风,对确定的方案能坚决执行,并提供可查记录;能按所学方法创造性解决执行中的问题;执行教练能按规定时间指导,超出自身能力的重大问题,24小时内集中反馈,寻求集体解决;不同小组交叉评分
结果验收阶段	2011年1月5日起2011年1月12日止	对管理指标根据管理升级文件聘请"管理升级专家团队"进行评价;对照管理升级方案目标、瓶颈突破方案和执行效果进行评价,对照记录和依据;综合前五个步骤的评价结果	是否运用所学方法和工具解决了遇到的问题,并成功复制给了整个团队;是否理想解决了参赛时的聚焦问题,是否彻底执行了解决方案;管理水平是否取得了显著提升,整体价值是否得到了有效放大;是否成功达标到85分,最终的评审结果相对于预审结果的提升率
颁奖大会	2011年1月	设置一、二、三等奖,各类奖项由评委组评出,市领导审定;省市领导对获奖企业颁奖、达标企业颁牌	公平、公正、公信的分类奖项的评定;对优胜参赛企业进行大力度的宣传和推广,倾斜性的政策支持

第二节 "5+2"和"白+黑"的倾情付出

"5+2"和"白+黑"是本次擂台赛组委会领导对本次活动推进过程中几方参与者的工作付出,从时间角度给予的评价。

"5+2":"5"是指星期一到星期五"5"个工作日,"2"是指星期六和星期日这两个休息日,意指组委会成员基本没有休息时间,全部时间都投入到了工作之中。

"白+黑":"白"是指白天,"黑"就是指晚上,是指很多同志是白天黑夜连续工作。

"5＋2"和"白＋黑"的付出，也是保证本次"长沙市中小工业企业十百千管理升级擂台赛"成功的关键因素之一。

一、充分发动，广泛宣传第一

2010年8月19日，长沙市中小工业企业管理升级讲评会暨擂台赛动员大会在长沙市会议中心隆重举行，与会的200多家长沙企业代表共600多人聆听了有关领导和专家的发言（见图2－3、图2－4）。

图2－3 管理升级讲评会暨擂台赛动员大会现场

图2－4 长沙市文树勋副市长、工信委周双恺副主任、
东方时装罗文亮董事长、核心专家杨勇教授（左至右）现场发言中

二、入门PK，董事长参与第一

通过广泛动员后，158家企业报名参加首次"长沙市中小工业企业十百千管理升级擂台赛"。通过参与意愿海选，51家企业入围参与入门PK。在此基础上，进行了资格评选，38家企业进行了能力答辩和填写参赛资格表，最终确定30家管理基础较好、有改善管理的强烈意愿的企业脱颖而出，进入擂台赛决赛（见图2-5）。

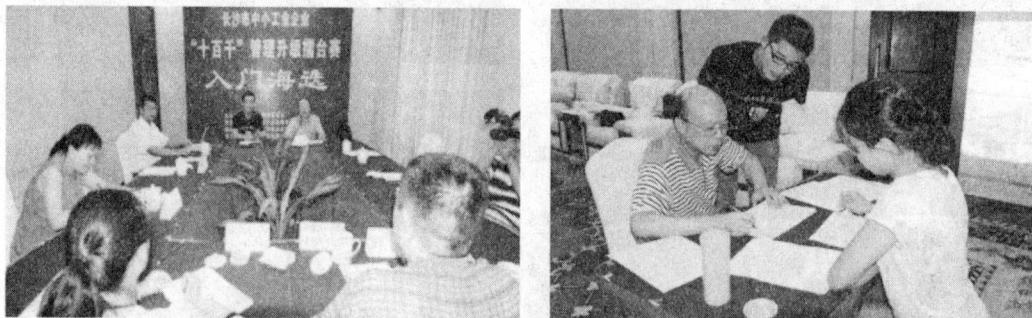

图2-5 耐普泵业参与入门海选现场

三、学习训练，学习理解能力第一

2010年9月4—7日，为期三天四晚的长沙市中小工业企业十百千管理升级擂台赛封闭式学习训练营正式开营，并于6日晚进行了方案制作考试（见图2-6、图2-7和图2-8）。

图2-6 长沙市中小工业企业十百千管理升级擂台赛参赛30家企业学员教练全家福

图2-7　长沙市中小工业企业十百千管理升级擂台赛训练营现场

图2-8　苦尽甘来的长沙市中小工业企业十百千管理升级擂台赛训练营结业合影

三天四晚的训练有以下三个特点。

第一，企业参训人员规格高，基本都是董事长和总经理带队参与。

第二，培训课程实战性强，效果咨询机构独创的以对阵方法论为核心的理论、方法、工具循序渐进，理论丰富，方法简便，工具简单。

第三，培训安排严密紧凑，白天连着晚上的高强度学习演练，教练应用高效的现场演练技术，做到了边学边练，现场学习和制作企业自己的管理升级方案。

四、方案制作，应用能力第一

训练营结束后，组委会安排掌握高效团队推进技术的实战专家走进企业，参与优化方案，使方案初具可操作性。其中，7家企业被现场指导2次，1家企业被现场指导3次，为后续的方案执行打下了坚实的基础（见图2-9）。

图2-9 教练走进企业进行方案制作辅导

五、方案定案，创新指数第一

2010年9月12—19日，企业方案制订后，由各个企业的改善项目组负责向组委会专家教练组逐一汇报方案，并由专家提出改进建议，根据改进后的最终方案，统一对方案进行评分（见图2-10）。

图2-10 专家和评委组进行企业瓶颈突破方案评审

六、方案实践，团队效能第一

2010 年 9 月 20 日—12 月 31 日，由企业按照最后确定的方案，正式展开了为期 100 天的瓶颈突破实践活动。

实践中，组委会教练组以核心专家为主，派出三组专家，每组专家辅导 10 家企业，每月辅导企业一天。同时，在每月辅导结束后，于次月统一召开讲评会，总结不足，交流经验，围绕结果优化推进方案和方法（见图 2 - 11）。

图 2 - 11　方案实践月度讲评会现场

七、结果验收，数字化效果第一

2011 年 1 月 5 日—1 月 12 日，组委会派出评委组专家对企业 100 天突破情况进行了数据化验收。按照统一的要求设计表格，到企业现场采集最真实的第一手数据，通过达成的数字体现改善的效果。至此，才汇总出了本书第一章表 1 - 1、表 1 - 2 和表 1 - 3 的数字化结果。

第三章 100天突破应用方法和
工具解析：对阵方法论

只有美好的想法，没有有效的方法，不可能取得成功。长沙市工信委聘请的管理升级智力支持方——效果咨询机构结合多年来企业管理咨询服务经验，融合多位具有实操经验的管理专家研发的对阵方法论，在十百千管理升级擂台赛的企业学习、实践中发挥了巨大作用。很多企业将其称为化繁为简的方法，认为它具有化腐朽为神奇的力量。

第一节 对阵方法论的核心思想和具体推进步骤

一、对阵方法论的核心思想

对阵方法论是在方针管理、限制理论和麦肯锡方法的基础上，根据系统分析和逻辑方法发展出的一套企业整体改善的流程和规则，从准确定义企业经营发展目标开始，聚焦少数有形和逻辑标杆点（瓶颈），充分利用复杂系统的固有简单性实现企业全价值链系统优化，从而推动企业绩效整体改善，并创建有效持续改善文化的方法。

对阵方法论借鉴了方针管理的目标制定与分解的工具和方法，借鉴了限制理论聚焦与突破思维，借鉴了麦肯锡方法全价值链和流程化思维，认为企业的经营目标没有实现就是因为达成目标的充分条件不具备。为了有效达成企业的阶段或长远目标，效果咨询机构的专家根据多年的企业经营管理实践，将相关业务领域的目标和达成目标的充分条件进行了有效梳理构建。通俗而言，就是帮助企业编制了一个化繁为简的相关业务突破的标准思维流程和条件——各个价值链环节目标达成的理想状态的充分条件图，各企业可以结合自身实践对照优化——"对阵"一词也由此而来。

总而言之，对阵方法论的核心思想可以概括为：瓶颈突破带来管理系统的全面升级。

二、对阵方法论的具体推进步骤

对阵方法论的对阵可以概括为 5 个步骤。

第一步，一切从目标开始。

对阵方法论认为，一切必须从目标开始，没有目标就没有方向。

企业的整体目标必须是"现在和将来都赚钱"。基于这个整体目标，企业必须明确不同时间段和不同职能业务部分的目标，而且必须是量化的、可以有效测量、不至于产生歧义的收益力和竞争力目标。

只有明确了企业的收益力和竞争力目标，企业才具备了前进的动力和方向。

第二步，构建达成目标的充分条件，并层层分解。

所谓充分条件，就是结果出现的必需条件（要出现这样的结果必须有这样的条件）。

对阵方法论认为，企业相关目标没有达成，预期的结果没有出现，仅是因为没有围绕目标将必需的条件（充分条件）有效配置。反过来说，只要配置了达成目标的充分条件，那么目标一定能够达成，期望的结果一定能够出现。

第三步，准确定义和识别现状中的瓶颈。

对阵方法论认为，企业在现实的经营管理中是不可能 100% 实现充分条件配置的，这也导致了目标的达成并不充分。不充分的方面就是目标达成的瓶颈所在。

瓶颈必须进行准确定义、有效识别，只有有效识别瓶颈，才能为下一步突破瓶颈、达成目标打下基础。

第四步，聚焦资源，突破瓶颈。

明确了瓶颈的所在，首先要做的就是明确瓶颈突破的目标和充分条件，其次要做的就是落实瓶颈突破的行动计划，再次就是制订激励政策激励团队共同努力达成目标。瓶颈突破将带来管理系统的全面升级。

结合上述瓶颈突破的目标和过程，有效配置资源，调动企业所有力量服从、服务于瓶颈突破，充分保证瓶颈突破，促使目标达成。

第五步，重新确定下一步目标。

瓶颈一旦突破，目标就将有效达成，接下来将重新确定新目标，围绕企业目标不断提升和优化上述管理过程。

以上这 5 个步骤就是对阵方法论的简单描述，也是擂台赛教练组对参赛企业管理改善、管理升级的具体推进步骤。

第二节　对阵方法论的四大简单工具

对应对阵方法论的对阵五步骤，效果咨询机构将方法论落实到简单高效的工具上，以期通过工具实现管理过程的数据化、流程化、标准化、可视化。

一、瓶颈识别工具

瓶颈识别工具的标准形式与目标蓝图一样，主要通过对相关充分条件与企业目标对标的结果进行图表化的分析，有效地明确企业真正的发展瓶颈。

二、目标蓝图

目标蓝图如下图所示。

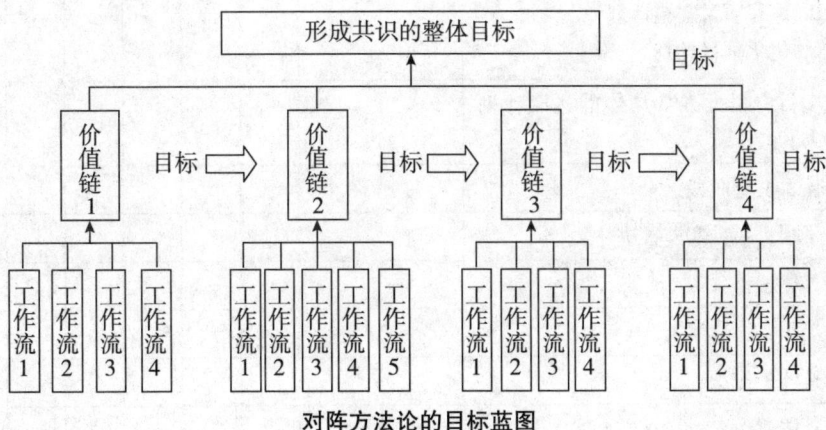

对阵方法论的目标蓝图

目标蓝图就是明确目标和构建达成目标的充分条件，并进行目标和充分条件的层层分解。对于一个标准的目标蓝图，应该分解成最少五个层次：第一个层次是本瓶颈突破的目标；第二个层次是达成目标的价值链；第三个层次是价值链之下的工作流程节点；第四个层次是达成工作流程节点的要点和关键控制点；第五个层次是实现要点或关键控制点的具体工具，如一些应用图表等。

目标蓝图是对整体瓶颈突破目标的系统化梳理，是对阵方法应用的关键环节。

三、项目实施计划

项目实施计划如表 3 - 1 所示。

表 3-1 _____项目实施计划（WBS）

项目名称： 项目经理： 项目编号：

序号	项目计划内容	子项目经理	人力资源配置	资金预算	开始时间	完成时间	阶段目标	阶段实绩	节点评价	备注
1	项目启动和策划阶段									
1.1	项目开发申报： A. 项目背景；B. 目标设定；C. 含可行性分析；D. 人力资源配置；E. 资金预算；F. 收益分析；G. 风险评估									
1.2	组建项目组成员和分工（组织机构图、项目管理办法、绩效评价办法）									
1.3	A. 项目小组讨论 B. 编写项目实施计划 C. 优化项目计划									
1.4	项目申报批准（具体的达成计划书）									
2	项目实施阶段									
2.1	子项目一：实施推进									
2.1.1	具体工作一									
	工作一：分解 1									
2.1.2	具体工作二									
2.1.3	具体工作三									
2.2	子项目二：实施推进									
	具体工作									
2.3	子项目三：实施推进									
3	项目总结验收阶段（项目输出成果验收）									
3.1	子项目阶段成果验收 A. 项目资料齐备；B. 费用决算与审计；C. 项目交接与清算；D. 项目审计与评估；E. 项目后评价									

续 表

序号	项目计划内容	子项目经理	人力资源配置	资金预算	开始时间	完成时间	阶段目标	阶段实绩	节点评价	备注
3.2	总项目验收 A. 项目资料齐备；B. 费用决算与审计；C. 项目交接与清算；D. 项目审计与评估；E. 项目后评价									
3.3	A. 成果发表申报（编制报告书）； B. 项目激励申报									

备注：必须标示关键控制点和里程碑节点和节点目标，此系教练员后续支援企业推进瓶颈突破和项目目标达成的关键节点和评价基准。

　　项目实施计划是目标蓝图的具体化，将围绕瓶颈突破目标分解的第二、第三、第四、第五层次的内容落实到具体的责任者、时间节点，并明确相关资源配置，是目标蓝图充分达成的过程管理工具，通过过程节点保障，以充分确保目标保质、保量、按期完成。

四、KPI 及激励政策

　　没有目标就没有方向，没有考核就没有压力，没有激励就没有动力。

　　针对目标蓝图的目标和层层分解的分目标，将量化的目标转化为可以测量的指标，并明确可用于测量目标达成程度的关键指标——KPI。通过 KPI 的设立，以及 KPI 设置之后的激励政策的明确，达成压力与动力共存的目的，充分激励员工协同努力，达成目标（如表 3-2、表 3-3 所示）。

表 3-2 ＿＿＿＿＿ KPI

编号	区分	指标名称	权重（%）	必达目标	挑战目标
1					
2	指目标或对策或QCD分类	指KPI管理项目名	几项权重之和100%	以战略层层分解落实为准	
3					
4					
5					

部门领导签名　　　　　　　　　　　　　直接上级领导签名
　日期　　　　　　　　　　　　　　　　　　日期

表 3 – 3   _____ KPI 达成月度评分汇总表

KPI (QCD)	区分	目标值	实际值	得分	权重	资料来源
	指目标或方策或QCD分类			最终实际得分由实际值与目标值的评分比例计算得出		

KPI综合得分：

    4 个简单而又实现了有效逻辑关联的工具，将企业的瓶颈突破过程进行了梳理，每家参加擂台赛的企业都凭借统一的工具，结合自身的特点进行瓶颈突破方案设计和工作展开，在简化工作的同时，保证了企业瓶颈突破的效果，实现了擂台赛过程的公平、公正、阳光。

    同时，上述 4 个工具也是企业内部管理有效复制的基础，企业的其他相关管理工作也可以按照相关工具进行设计应用。

第三节　授人以渔的"团队推进方式"

一、共识：从共识到共同行动

"团队推进方式"强调顾问作为外部观察者的角色，促进企业自主学习方法、自主制订方案、自主执行方案，提升参与度、互动度、认同度、协同度，形成内部广泛的共识，共同行动以取得预期效果。

二、聚焦：从聚焦瓶颈到全面升级

识别瓶颈，聚焦瓶颈，配置资源，通过瓶颈突破带来企业管理最短板的突破，进而带来企业管理的全面升级，促使企业经济效益和市场竞争力的有效提升。

三、授人以渔：我的地盘我做主，我的方案我执行

企业项目团队既是方案的设计者，更是方案的最终执行者，这样就做到了"我的地盘我做主，我的方案我执行"，充分保证了方案的可执行性，确保了目标的有效达成。这就要求顾问按照对阵方法论的逻辑梳理企业团队的经验和智慧，制订并执行符合实际的行动方案，帮助企业在实施瓶颈突破过程中同步做到团队训练和培养，真正由"授人以鱼"到"授人以渔"。

第二编
案例分析

第四章　泰嘉新材：100 天攻克高端产品技术难关

2010 年管理升级总结表彰大会颁奖词：研发管理示范奖

8 年的磨砺与奋进，他们始终满怀热诚，放眼国际，致力于民族品牌的振兴；8 年的执著与艰辛，他们改变了高端锯材依赖进口的局面，实现了双金属复合钢带和双金属带锯条的国产化和产业化，填补了国内市场的空白。在管理升级的 100 天实践中，他们一举攻克了持续 4 年的高端产品技术研发难关，最终实现了产品定型与量产，产品性能达到了世界顶尖水平的 90%~93%。

有请名副其实的国内第一"锯"人——泰嘉新材！

"100 天突破"效果总结

100 天时间，完成"泰钜"和"超级 AA"两项高端产品的研发定型和初步批量生产，以及高端新产品在市场上的供不应求，促使泰嘉新材 2010 年第四季度的销售、利润、利润率与 2010 年同期相比，均增长了 50% 以上。

此举既为泰嘉新材 2011 年业绩的全面提升奠定了坚实的基础；也为其从国内带锯第一品牌向世界带锯一流企业的发展，迈出了关键的一步；还为长沙市其他中小企业运用研发管理的手段推动企业技术创新工作塑造了一个典范。

参赛背景概述

湖南泰嘉新材料科技有限公司在成立的短短 8 年间，已成为国内最大的锯带和锯条生产基地，是国内名副其实的第一"锯"人。在参加管理升级擂台赛之前，泰嘉新材的产品质量虽处于行业领先地位，但产品的结构与档次仍属于市场大路货的角色，时时面临市场竞争的侵蚀，被动地周旋于激烈的价格竞争中。此时，奠定泰嘉市场地位的两项高附加值、高端产品的战略研发项目立项已经几年了，却一直难以实现实质性的突破。是被动地参与市场的恶性竞争，还是继续技术攻关，主动获得绝对竞争优势，泰嘉新材处于难以抉择的两难境地。

第一节 中国第一"锯"人

泰嘉新材料科技有限公司（以下简称"泰嘉新材"）坐落在风景秀美的望城经济开发区。自 2003 年成立以来，通过国际一流技术和设备的引进，及对湖南机床厂的收购和自主科技研发等实践活动，成为了国内最大的双金属复合钢带、双金属锯条的研发和生产基地。连续多年来销量稳居全国第一，产品远销东南亚、中东、南美等地区，并结束了中国带锯条长期以来只有进口，没有出口的局面。

20 世纪末，随着世界制造中心向中国转移和中国制造业的崛起，双金属带锯条越来越广泛地被运用于钢铁、有色金属的基础工业和制造业，市场需求正在迅速增加，已成为国内日益重要的产业。然而，多年来国产的带锯条生产仍处于技术落后、产品质量极不稳定的状态，机械加工需要的大部分锯条还是不得不依靠进口。由于进口产品存在运输远、价格高等因素，使得锯切割行业曾一度出现"买得起锯床，用不起带锯"的尴尬局面。

泰嘉新材自成立以来，以"做中国最好的锯条，振兴中国锯条行业"为战略目标，经过几年的努力奋斗，在成功实现双金属复合钢带和双金属带锯条国产化、产业化的基础上，加快了规模化生产的发展。泰嘉新材还分阶段不惜重金引进了国际顶尖的生产设备和技术力量，同时通过对行业内研发、制造等资源的有效整合，不断发展新产品和提高产品性能，以满足市场快速发展的需要。3 年来，泰嘉新材已推出泰钜、AA、飞钜等国内品牌及出口品牌 Bichamp，可为客户提供 13mm～80mm 宽的各种型号高速钢双金属带锯条及硬质合金带锯条，用于切割各种碳钢、合金钢、不锈钢、高温合金及铜、铝等有色金属等。如今，泰嘉新材自主研发的"AA"牌双金属带锯条已成为湖南省的著名商标，"Bichamp"品牌更是湖南省内的国际知名品牌。

泰嘉新材高度注重技术创新和技术队伍的建设，建立了市级工程技术中心和我国行业内首家省级企业技术中心，并与国内外知名高校、科研院所建立了长期合作机制，不断提升产品技术，加快产品工艺的优化，挑战世界高端品牌。同时，泰嘉新材与湖南大学、法国埃赫曼集团 ERASTEEL KLOSTER AB 公司实验室的合作项目被列为湖南省产学研结合创新平台，承担了多项省市重点科研计划，获批专利 16 项。泰嘉新材还先后被评为长沙市创新型企业和湖南省创新型企业。

规模化的生产、技术的不断创新、产品质量的不断提升，使泰嘉新材实现了跨越式发展，销售收入和利税大幅增长，短短的 8 年时间，泰嘉新材便跻身于湖南省千万元纳税企业行列。

鉴于泰嘉新材所生产的产品对促进我国锯切割工业发展的重要意义，国家发改委于 2005 年将"高速锯切用双金属复合钢带产业化"项目列入了"国家高技术产业化示范工程"重点支持项目。泰嘉新材还被列为中国机床工具行业的重点企业，金属切割锯床、锯条行业标准和国家标准的编制单位。此外，泰嘉新材还成为国家引智示范单位，"湖南省高新技术企业"和"省创新型试点企业"、湖南省"四大千亿产业"、长沙市"三百工程""三百之星"重点支持企业和拟上市重点后备企业。

第二节　何去何从：满足现状还是挑战高端

已处于国内锯业领先地位的泰嘉新材，在几年的时间里，生产规模成倍扩大，市场份额不断上升。然而国内迅猛发展的市场需求，也吸引了越来越多的企业加入带锯条行业，目前已有数十家厂商在同质竞争，国外品牌也在大举进入并瓜分着中国的市场，一时间行业内纷纷大打价格战。

泰嘉新材通过市场研究发现，国内的带锯条行业主要围绕着中低端客户市场展开竞争，约占市场容量的50%~70%，而高端市场基本被进口品牌占领。泰嘉新材虽然在技术研发领域取得了长足进步，获得了国内客户较为广泛的认可，但其产品的性能和质量与国际一流产品相比，还存在很大的差距。

面对复杂的市场环境，泰嘉新材作为中国锯切割行业的龙头企业，到底应该如何发展？他们一直在深入思考和研究探索。

一、高速发展的锯条行业

1. 国内双金属带锯条的市场规模在强劲增长。

国家经济建设的大力投入和国民经济的快速发展为我国双金属带锯条整体市场的增长提供了强劲动力，2006年我国双金属带锯条整体市场规模为2056万米，到了2009年就增长到了3610万米，预计到2015年有望突破11000万米，达到11250万米，2006—2015年年均复合增长率将达到20.7%（如图4-1所示）。

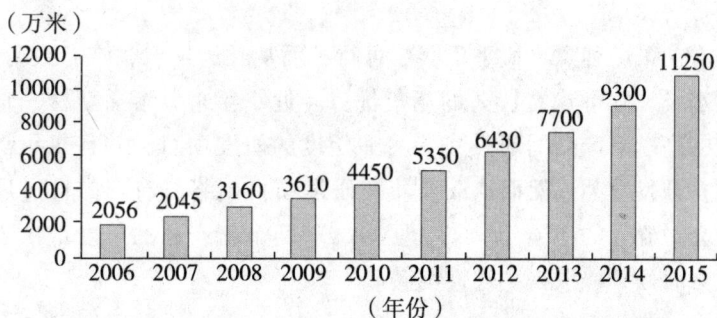

图4-1　2006—2015年中国双金属带锯条总体市场规模

数据来源：机床工具行业协会锯床分会。

2. 国际双金属带锯条市场规模在持续扩大。

2006 年全球双金属带锯条市场规模达到 12.79 亿美元，同比增长 7.5%，2010 年全球双金属带锯条市场规模达到 17.41 亿美元，同比 2008 年增长 8%，预计 2011 年全球市场规模将达到 18.63 亿美元。

3. 客户对锯条的技术性能要求越来越高，但我国当前的产品仍有较大差距。

双金属带锯条主要用于切割金属材料，随着金属材料行业的发展，被切材料的切削难度和加工精度要求都在提高，客户对锯条的寿命、性能、效率、稳定性等要求也越来越高。近年来，国内带锯条虽然在技术上得到了较大的发展和提高，但与国际先进水平相比仍然存在较大的差距。如汽车零部件、模具、航空航天工业、涡轮机、汽轮机、发动机等行业以及外资企业，大部分仍在使用进口锯条，这部分优质客户多年来都被国外品牌所占据。

二、安于现状，或者发起挑战，是一个问题

面对当前的市场特点，泰嘉新材下一步的发展方向是在普通产品上继续扩大再生产，与国内同行拼价格？还是加强开发高端新产品，积极参与同进口产品的竞争？这个问题一直困扰着泰嘉新材。

1. 意见一：维持规模化成本优势，抢占国内中低端市场。

中国经济高速发展为企业的发展带来了很好的机遇，双金属带锯条行业面临极好的发展机会，泰嘉新材应该扩大现有产品的生产销售，通过规模化生产获得成本和价格优势，以扩大市场份额。而开发高端产品难度大、有风险，一旦失败，不只是研发经费有去无回，还可能丧失市场，更何况泰嘉新材现有的技术和产品在国内已经具备了一定的品牌、服务和质量优势。

2. 意见二：打造高利润产品，和国际一流品牌竞争，以追求市场利益的最大化。

集中力量加大研发投入，加快自主研发的步伐，力争关键产品的性能能与国际一流品牌产品看齐，既可替代进口，又可扩大出口，从技术创新的角度来深入打造企业的核心竞争力。

从短期来看，第一种意见似乎更实在可行；而从长远来看，唯有致力于技术研发，赶上国际先进水平，才可建立持久的竞争优势。近 4 年来，泰嘉新材一直以能与国际一流产品匹敌的高端新产品的研发作为每一年度的研发项目，并且每年都成立了项目小组，进行项目开发攻关。然而连续 4 年，研发项目始终没有突破性进展，长期的裹足不前，致使公司确立的"泰钜"、"超级 AA"两个新产品的研发都快成了应景的台布，不知道什么时候才能取得关键性突破。

突破，路在何方？

第三节　聚焦瓶颈，知难而上

正当泰嘉新材高管层和研发团队都感到困惑之时，长沙市工信委组织开展的"长沙市中小工业企业十百千管理升级擂台赛"正式开始了，泰嘉新材果断抓住这一时机，组织参赛队伍参加了为期三天四夜的封闭式培训。在掌握了如何准确界定和聚焦瓶颈、构建目标蓝图、制订行动计划和激励方案等一系列的方法和工具后，泰嘉新材的领导班子在擂台赛教练的指导下开始了第一次对影响泰嘉新材目标达成的瓶颈的探讨。

一、瓶颈的首次聚焦

泰嘉新材通过重新确立年度和未来几年的发展目标，并对企业全价值链中营销、研发、制造等各个环节的分析后确认，实现泰嘉新材未来目标的瓶颈就在研发上，唯有在重点新产品的研发上有所突破，才能实现泰嘉新材的未来跨越式发展。

这也正是泰嘉新材几年来始终不能突破的研发任务。但以技术攻关作为这次擂台赛的瓶颈突破目标，是不是选错了管理突破的方向呢？一个几年都攻克不了的技术堡垒，三个月的时间能完成吗？企业提升销售收入有多条路径，何必一定要套牢在研发这一棵树上？泰嘉新材选定的突破课题在训练期间也受到了营内专家和其他参赛企业的质疑。

二、矢志不移，知难而上

泰嘉新材参赛小组带着在训练营里学到的新方法和新工具，也带着更多的迷惑和不解，回到了企业，立刻召集经营管理层扩大会议，系统学习训练营所教授的方法，并再次在企业内部扩大范围以进行瓶颈分析确认的探讨。

按照培训学到的系统方法再次定目标、找瓶颈，并要求各个环节都用数据说话。由于2010年度目标已经确定能够实现，泰嘉新材决定以2011年度目标作为参数分析，2011年度计划完成销售1000万米，较上年度增长50%，利润增加50%。泰嘉新材管理团队对国内外市场、产品种类、产品研发、原材料供应、销售渠道以及售后服务等各项指标进行了详细分析，发掘各方面存在的问题。分析结果表明，目前国内的带锯市场中，进口品牌的中高端产品约占55%，而泰嘉产品仅占1%，价格比进口产品低10%，性能仅达到进口产品的65%～80%，性价比方面存在明显差距；通用产品约占45%，泰嘉产品的市场占有率达到15%，价格略高于竞争对手，性能处于伯仲之间。产品种类方面，泰嘉产品中约有95%为通用产品，新推出的高端产品约占5%。

基于上述分析，要达到年销售目标及利润目标，必须增加泰嘉产品在高端产品上的市场份额，增加高端产品的性价比，并不断扩大通用产品的市场占有率；而且高端产品的产量需要迅速增加；同时，还需要增加高端产品直接销售及锯切服务销售模式的销售份额和销售量。

泰嘉新材通用产品的主要竞争对手是国内厂家，其产品在性价比上仍然具有竞争优势；高端产品的竞争对手是国外厂家，其高端产品性能与国外同类产品相差20%以上，严重影响到销售额的增长。高端产品技术含量高，附加值高，是利润的增长点。要实现销售目标和利润指标的快速大幅提升，单靠通用产品不足以支持目标完成，只有高端产品在技术上有突破，在性能上接近国外先进水平，才可以较大幅度地增加销售和利润，达到目标。通过这样全面系统地分析，确认的瓶颈再次得到验证（如图4-2所示），而高端产品性能突破的关键在于研发改进，这与近几年泰嘉新材的发展战略相吻合。

面对企业瓶颈的最终确认，泰嘉新材又惊又喜，喜的是这个瓶颈正是自己原本就想攻克的难题，惊的是在这一难题上已卡壳了很久，却意识不深刻。对于这一无法再绕开的难关，泰嘉新材内部出现了前所未有的一致意见，那就是要迎难而上，攻坚达标。要成为中国锯条行业真正的第一，就绝不是单纯的数量第一，而是在生产、质量、技术性能上都是第一，那才是一流的企业。

面对难度很大、任务很艰巨的瓶颈突破目标，泰嘉新材做出了坚定的选择，那就是：锁定高端产品"泰钜"、"超级AA"产品的研发定型，与某国际一流的产品对标，作为本次瓶颈突破的方向，再难也要上。

第四节　好锯炼成三部曲

泰嘉新材寻找到了制约企业发展的瓶颈，并不意味着能在擂台赛的100天执行时间内成功解决瓶颈。这其中，确定科学合理的目标，明确达成的充分条件，形成工作推进计划和考核激励方案，又是一个反反复复、柳暗花明的过程。

泰嘉新材项目组由董事长方鸿亲自挂帅，分管副总直接专管，技术中心主任重点跟进，下设"泰钜""超级AA"两个独立子项目部，调配相关各专业人员（机械工程师、热处理工程师、材料工程师、锯切应用工程师）负责项目的细节工作，形成了分工明确、责任到人、以目标为导向、高效有力的跨职能小组。两个技术攻关小组还展开了竞争式开发。

项目组通过对企业所处阶段的客观分析及对市场的系统分析，最终提出了一个明确的目标：那就是与国外两大知名企业A公司和B公司的产品对标，泰钜（TANCUT）性能要达到国外著名企业A公司同类产品的90%以上，而超级AA要达到欧洲某著名B公司同类产品的90%以上。

在管理教练团队的专项辅导下，项目组对于如何"聚焦瓶颈""制定目标蓝图""寻找充分条件"等又有了新的认识和理解。项目组以产品试制流程的关键要素作为充分条件，绘制了"目标蓝图"（如图4-3所示），和"实施行动计划"（如P43表格所

销售数量达1000万米（比上年度增长50%），利润比上年度增长50%

产品研发、改进

目标：高端产品性能达到跟竞争对手的性能水平。现状：竞争对手快速切削时能对高硬度材料（HRC40-42）切削；切削普通碳钢材料时：8.00㎡；目前只能达到其80%

材料：采用与竞争对手同牌号同材料制造商的原料制造

冷加工设备：行业中最先进的进口设备，且可可测量的精度、光洁度不逊于对手

热加工设备：新引进的热处理设备，且可处于行业内领先水平

热处理工艺：每个工厂在工艺上都有诀窍，排除其他因素后确认是瓶颈所在

供应

目标：原材料供应100%满足生产需要。现状：与国外的原材料供应商有长期的合作协议，部分材料有独家供货协议，供应环节处于优势地位，已做到了100%满足。

供应周期长，议价空间小，供应商固定

生产

目标：性能达到目标要求，质量稳定合理的成本控制，100%满足销售需求。现状：现有生产设备已达到世界领先水平，产能基本可以支持2011年的销售目标。

计划完成率≥95%

成材率≥95%

产品合格率≥95%

销售

目标：销售数量比上年度增长50%。现状：今年生产大于去年生产，产品销售已成明年销售和利润目标，现有产品需有更强的侵略性。

现有产品通过经销商

变销售产品为提供服务的销售模式的创新

高端产品经销商，部分直销

售后

目标：收集客户反馈的实物信息和信息，为生产改进提供依据。现状：基本能满足要求。

价值空间无，可提供产品收集改进信息

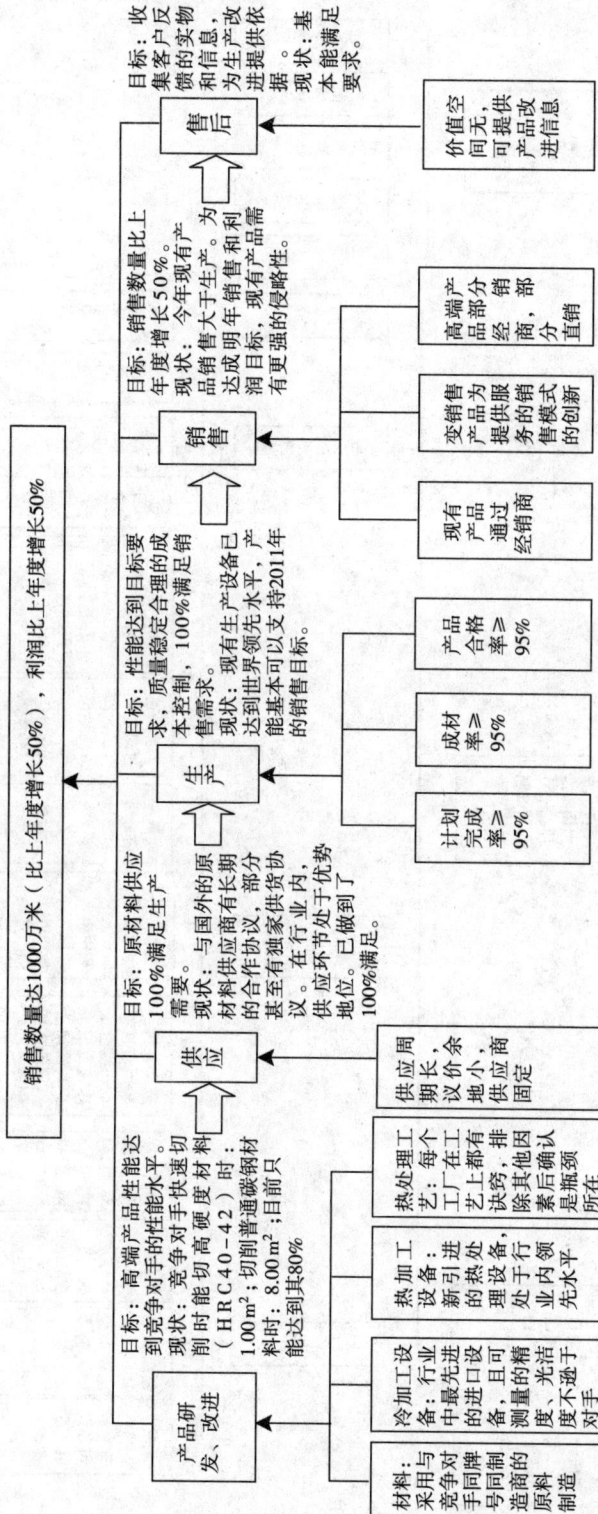

图 4-2　泰嘉新材2011年目标达成瓶颈识别分析

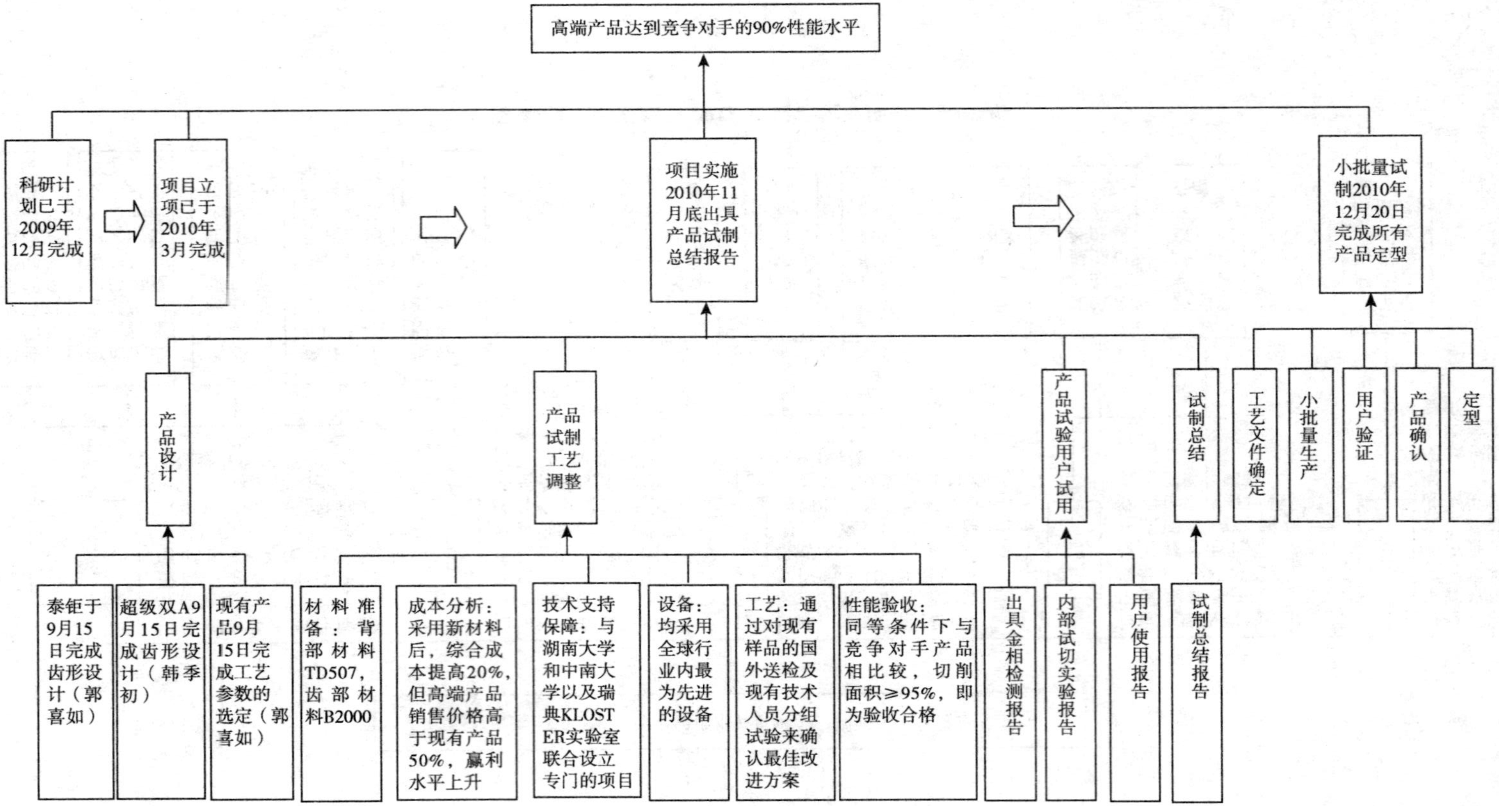

图 4 - 3　泰嘉新材瓶颈突破目标蓝图（部分）

示）。实施计划包括产品设计、产品试制、工艺调整、产品实验、小批量生产、用户验证、产品定型等多项具体工作。又对各项具体工作进一步进行了详尽分解，明确了责任人，配备了合理的人力资源及资金预算，设定了工作的起止时间，制订了合理的阶段性目标，对产品各工艺流程的质量控制、参数优化、产品检测及工艺改进也进行了全面的设定，并由项目负责人进行节点监控，保障各项工作的顺利实施。

泰嘉新材产品研发、改进项目实施计划（WBS）（部分）

项目名称	泰嘉新材产品研发、改进				项目经理：方鸿	项目编号：	
序号	项目计划内容	子项目经理	资金预算	开始时间	完成时间	阶段目标	
3	子项目三：项目实施	彭动军	111 万元	2010 年 9 月 6 日	—	—	
3.1	具体工作一：产品设计	—	—	—2010 年 9 月 6 日	2010 年 9 月 15 日		
3.1.1	工作分解一：高端泰钜齿形设计（已完成）	郭喜如	—	—2010 年 9 月 6 日	2010 年 9 月 15 日		
3.1.2	工作分解二：高端超级双 A 齿形设计（已完成）	韩季初	—	2010 年 9 月 6 日	2010 年 9 月 15 日		
3.1.3	工作分解三：现有品牌产品工艺参数的选定	郭喜如	—	2010 年 9 月 6 日	2010 年 9 月 15 日	—	
3.2	具体工作二：产品试制、工艺调整	—	100 万元	—	—	—	
3.2.1	工作分解一：铣齿工序（分三个项目进行）采用进口设备进行铣齿加工，采用五轴联动刃磨机进行铣刀刃磨，确保铣齿精度	成有才	50 万元	2010 年 9 月 6 日	2010 年 9 月 20 日	每刀锯条宽度差异在 0.05mm；齿尖毛刺不大于 0.025mm	
3.2.2	工作分解二：分齿工序（分三个项目进行）采用进口分齿机，按照高端品牌分齿工艺操作规程进行操作	成有才	20 万元	2010 年 9 月 6 日	2010 年 9 月 25 日	分齿量的对称度达到 0.03mm、偏差量达到 0.03mm	

序号	项目计划内容	子项目经理	资金预算	开始时间	完成时间	阶段目标
3.2.3	工作分解三：热处理（分三个项目进行）热处理参数调整：温度、时间、锯带运行速度等数据的摸索和调整	郭喜如、韩季初	30万元	2010年9月6日	2010年10月15日	热处理工序：背材硬度波动在±10HV；齿材硬度波动在±15HV

一、第一部曲：初显锋芒

"泰钜"和"超级AA"产品的初期性能与对标产品相差20多个百分点，要在短短100天内提高20%，必须找到研发推进的关键控制点。然而，从原料进入车间开始，到最终形成产品发往客户手中，整个过程中有十几道工序，每一道工序会对性能产生多大的影响，哪道工序才是提高产品性能的关键，在这些工序中是不是也有瓶颈？

技术中心的彭主任发现，技术人员大多是发散性思维，大家讨论时常常会因为一个想法无边扩展而偏离了主题。训练营所学习的方法论给了他启发，是不是可以运用瓶颈寻找的方法令大家既发散又聚焦，迅速找到问题的焦点呢？

彭主任活学活用，立刻用充分条件识别瓶颈的方法组织起项目组对影响产品性能的原因进行分析。

按照生产达成的要素来分析，就将分析方法落到了人、机、料、法、环等上面，泰嘉新材采用的原材料与竞争对手并无差别，是同牌号同制造商的原料制造的，因此原材料不是主要问题。

是设备问题？泰嘉新材关键工序的设备也是采用进口的先进设备，并不差于甚至优于竞争对手，因此设备也不是主要问题……

经过按照生产达成的要素进行系统梳理分析，彭主任还是难以找到关键点。

于是项目组决定再换个方式，先追本溯源，从产品失效的角度入手进行分析。泰嘉新材产品性能与国外同类产品存在着一定的差距，客户反映最多的问题是不耐切，齿尖相对来说更容易发生磨损。也就是说，产品的耐磨性相比国外产品有差距。因此，要提高产品性能，关键在于提高耐磨性。而影响耐磨性的主要因素是齿部硬度，调整热处理工艺参数解决齿部硬度是主要问题，因此热处理工序是泰嘉新材苦苦寻找的技术瓶颈。

对于这一发现项目组都感到十分欣喜，原来产品性能与国外同类产品的差距，主要是没有找到合适的热处理工艺参数，导致产品的耐磨性较低。也就是说如果对热处理工艺进行研究，优化热处理工艺参数，从而提高产品的耐磨性，就可缩短与竞争对手的差距。

这一发现使得项目组信心倍增，立即开始着手解决技术瓶颈，具体实施突破。彭主任开心地说："原来将'瓶颈识别'的方法用在技术改革、产品研发突破上也同样管用。"

二、第二部曲：好"锯"多磨

找到了技术突破的瓶颈点，仍需通过大量的试验来验证，需要寻找到可行的方法来解决瓶颈问题。

双金属带锯条的齿部和背部是由两种不同的金属材料组成的。齿部作为攻城拔寨的"矛"需要硬度，而作为保证攻击效率的背材则需要有像"盾"一样的柔韧，在与齿部材料和背部材料这两个矛盾的"争战"过程中，技术人员也着实"纠结"了一把。既然耐磨性不如对手，就需要通过热处理提高硬度，使耐磨性提升从而超过对手。可是齿部硬度的提高，势必造成背部的伤害，从而降低背部的疲劳性能，使其更容易开裂。此时，泰嘉新材自主研究开发的淬火—回火一体化生产线，对于热处理试验提供了很多便利，经过反复试验，项目组尝试在"矛"与"盾"之间寻求平衡。一次次的失败教训说明，盲目增加齿部硬度虽可以提高产品的耐磨性，增加切削的效率，但很快会由于背部材料的失效，而在齿部依然锋利的情况下败下阵来，使得好"矛"英雄无用武之地。若通过工艺调整而达到保护背材的效果，齿部便会早早退休，再好的"盾"也无法攻城略地。为了解决这一矛盾，泰嘉新材特别聘请了国内外知名的材料及热处理专家与公司技术人员，进行了多次有针对性的内部研讨，最终形成了一套科学、严谨、可靠的实验方案（见图 4-4）。

图 4-4　泰嘉新材各部门员工齐抓产品质量

专家们多年的经验及坚实的理论基础为实验的顺利进行提供了有力保障。泰嘉新材的产品所经历的热处理工艺包括退火、淬火和回火，每道工序都是温度和时间的组合。参数这么多，如果一个一个调整，周期太长，即便找到了最佳参数，估计也被对手远远甩在后面了。因此，专家们决定在一个参数范围内，通过正交试验，在背部疲劳性能够满足要求的前提下提高齿部硬度，寻找出一个最佳的参数组合。时间不等人，项目组迅速组织相关人员开展热处理试验，并对实验样品进行了金相和硬度的检测，最终找到了最佳参数。

机会果然眷顾有准备的人，经过泰嘉新材全体项目组成员一段时间的准备和努力，结果喜人，所获得的硬度和金相与国外同类产品的水平十分接近，甚至超过了对手。而且产品质量稳定，齿部及背部的硬度波动均≤2%，波动值甚至低于挑战目标（齿材硬度波动5%，背部硬度波动3%）。以热处理工艺优化的样品与国外同类产品进行内部对比锯切试验，结果证明"泰钜"和"超级AA"均超过了竞争对手的90%。

通过进一步的硬度、金相以及锯切试验，获得了良好的数据验证，试生产的产品性能也达到了预期目标，但是客户是不是认同呢？一个企业要发展，产品研究必须以市场为导向，以客户满意为目标。只有客户认同了泰嘉新材的产品，才算真正达到了技术攻关的目标。因此，试制产品通过用户现场使用验证，是最终验证研发试制的产品是否真正达标的必不可少的条件之一。

三、第三部曲：锋芒毕露

2010年12月初，新试制的小批量产品开始投入用户使用阶段。由产品应用主管、加工项目部部长、材料热处理工程师组织了一支产品使用测试的"全明星阵容"，带着不同规格的产品及国外对标的同规格产品，也带着项目组乃至泰嘉新材全体员工的期望，分别前往已经联系好的用户处进行试用。如果试用成功，就意味着项目的目标宣告达成，这是一件多么令人激动和振奋的事情啊！

但一想到接受产品试用的客户生产锯切的条件非常恶劣，与泰嘉新材内部试切的环境简直是天壤之别，项目组成员的心里又不免有些忐忑。恶劣的锯切条件对带锯条肯定有很多副作用，会不会由于适应性的问题，造成带锯条不如国外的产品？然而一根高质量的锯条，应该不管在什么条件下，性能表现都能优于其他锯条，这才能验证出其优秀的实际性能。

经过现场反复而又紧张的切割对比试验，结果表明：泰嘉新材新研制产品的性能完全超过了国外A公司的产品。在带锯技术研发的战场上，中国人自主研发、生产的锯带第一次战胜了国外的产品，在场的客户对泰嘉新材的产品立刻刮目相看，向他们竖起了大拇指。这家客户10多年来长期使用进口锯条，以前从不相信国产锯条的质量，经过这次现场使用试验后，对泰嘉新材新研制的高质量、高性价比的产品大加欣赏，当即签下了100根新产品的订单。

在随后进行的其他规格和其他客户试用的对比性试验中，泰嘉新材的"泰钜"和"超级AA"的性能指标都基本接近甚至个别指标还超过了所选取的国外A公司和国外B公司对标产品的性能指标。泰嘉新材的这次技术瓶颈突破，通过方法及思路的调整，最终大获全胜。

第五节　不断超越，问鼎世界

泰嘉新材通过多个使用高端锯条产品的客户现场对比测试，综合总结各个客户使用的对比测试数据，"泰钜"和"超级AA"的性能指标分别为国外对标产品的91%和93%，最终项目所有规格产品性能指标均超额达成，胜利实现了新产品研发技术的突破，为这次十百千管理升级擂台赛画上了圆满的句号。

接下来项目组按计划对"泰钜"、"超级AA"进行了产品定型，并制定工艺标准和检验规范，为下一步大批量生产打下了很好的基础。

在客户现场与国外产品的对比性试验，不仅收获了验证项目成功所需要的指标，也使客户对泰嘉新材的产品有了一个新的认识，更重要的是，泰嘉新材内部各个部门在这次管理升级擂台赛中学会了运用对阵方法论，及应用工具来解决、分析企业管理问题的方法，也因这次研发瓶颈突破而受到了极大的启示和鼓舞。幽默的员工开玩笑说："以后的瓶颈怕是产品太好了呢！"

管理擂台赛收官之时已是岁末年初，经过100天的探索、实践及团队的协同努力，泰嘉新材喜讯不断：一是负责高端锯条销售的泰钜项目部2010年12月一个月的销量超过前两个月的总和；二是泰嘉新材在开展管理升级活动的2010年10—12月，生产、销售、利润及税收均比上年同期增长50%以上，瓶颈突破的收获可谓硕果累累。

在成绩面前，泰嘉新材的管理者们依然保持着清醒的头脑，既看到了希望，也看到了差距。他们知道，要在竞争激励的市场中立于不败之地，在提高产品性能的同时，还要提高质量的稳定性，要在产品品种的开发上做得比对手快，要在管理和技术的学习上学得比对手更快。

100天的管理升级擂台赛中，泰嘉新材通过瓶颈识别、目标计划制订、项目管理等方法，解决了长期以来一直未能解决的高端产品研制的技术难题，使高端产品的性能可与国际品牌媲美，为企业未来迈向国际一流品牌跨出了关键性的一步，也为泰嘉新材2011年业绩的全面提升奠定了坚实的基础。

泰嘉新材不会因为阶段性的成功而满足于现状。2011新年伊始，泰嘉新材每个部门都展开了对阵方法论及其系列应用工具的学习与推广，并将"寻找瓶颈"的方法、"项目实施计划表"等系列工具进一步推广到各项管理中，努力促进泰嘉新材的管理水平再上一个台阶。

泰嘉新材将始终坚守最初的梦想、目标和承诺：做中国带锯条第一品牌，争做世界一流带锯条制造企业！

第五章　星港家居：首月利润增长4倍

2010年管理升级总结表彰大会颁奖词：营销管理示范奖

26年以来，孜孜追求，情系万家，为的是圆中国人一个梦的质量；到现在，企业综合实力跻身全国同行业前五强，成为国家标准和行业标准的制定者之一。他们总是敢为人先，率先在家具行业执行8年品质保证和自然灾害免赔保证。100天里，他们以季节性产出不均衡为突破瓶颈，极大程度地均衡了订单的波动，打破了行业长久不变的特性，开创了淡季不淡、旺季更旺的良好局面。有他们，我们会睡得更香、更甜！

让我们以微笑和掌声，有请星港家居！

"100天突破"效果总结

星港家居的订单波动率从130%下降到49.64%，在当前各种要素成本上升一倍的环境下，擂台赛首月利润实现环比4倍增长，2010年第四季度实现销售收入同比增长39.11%，环比增长93.44%；公司的利润总额比2009年同期增长了95%，环比增长277.42%，销售利润率更是提高到18%的行业较高水平，为企业的发展壮大打下了坚实的基础。

更重要的是，他们创造性地将本次擂台赛的组织规则、方法与工具全面复制到经销商，全体互动，既显著提升了企业的经济效益，加快了发展速度，也为长沙市消费类中小工业企业快速放大管理效益，作出了示范性的贡献。

参赛背景概述

星港家居经历了26年的风雨，算是国内生产弹簧软床垫的老字号，虽已跻身全国床垫行业综合实力前五强，但论规模还只能算是中小企业。多年来，行业性淡旺季订单不均、产能失衡问题一直困扰着企业。淡旺季订单不均，导致生产能力难以均衡利用，市场投入大，经营成本居高不下，利润水平偏低。面对股东的不满，经销商的抱怨，内部的不断摩擦，向管理要效益势在必行。

第一节　全国床垫行业综合实力前五强

1985 年创建的湖南星港家居发展有限公司（以下简称"星港家居"），是湖南最早的以生产弹簧软床垫为主的中外合资企业，也是湖南乃至中南地区最大的专业床垫制造企业。经过多年的持续发展，星港家居现已跻身全国床垫行业综合实力前五强。

26 年来，星港家居重视改革创新和市场开拓，现已在全国 20 多个省市建立了近 800 个销售网点，其中在湖南、江西两省一直保持着市场占有率第一的位置，在河南和广西已发展为当地市场主导品牌，销售区域已扩展到北至黑龙江、西到重庆、南到深圳、东至浙江的中国大部分地区。

作为首家中国旅游饭店业协会会员单位的家具制造商，星港家居在湖南省宾馆市场占有率高达 70% 以上，其中五星级以上酒店市场占有率达到 90% 以上，四星级以上酒店市场占有率达到 80% 以上。

现在，星港家居旗下有三大品牌：五星之家系列产品定位于高端市场，以多年服务五星级酒店的经验，依托国际领先的行业技术和睡眠理念，提供具有高科技含量的个性化定制产品以满足对奢华生活品质的追求；星港系列定位于中高端主流市场，以高附加值的产品满足广大消费者对健康优质睡眠的需求；爱斯达系列定位于中低端市场，以高品质和高性价比的产品致力于引导和满足国人的睡眠文明和健康生活品质。

为了更好地服务于消费者，星港家居率先在家具行业执行 8 年品质保证和自然灾害免赔保证，并为此建立了完备的质量跟踪售后服务体系，此举获得中国质量万里行委员会的多次赞赏和肯定。2003 年成为首家通过环保总局颁发的绿色十环认证企业。作为中国驰名商标获得者和中国家协理事单位，星港家居获邀成为 2011 版弹簧软床垫新国家标准主要起草及审定单位。

基于中国高速发展的经济环境和对创新的不懈追求，星港家居成为伴随改革开放 30 年仍在健康发展的为数不多的企业之一。

第二节　市场无限，发展受限

一、市场潜力大，远未被满足

中国的家居市场是一个高速发展中的市场，多年来年均增幅保持在 20% 以上；这是一个远未被满足的市场，其中，弹簧软床垫类产品年均消费能力与美国市场相当，而中国的市场总消费人口却是美国的 4 倍；这也是一个高度分散的市场，目前国内最大的床垫品牌市场占有率不到 2%，而在美国市场，他们的第一床垫品牌市场占有率超过 20%。随着中国经济的持续发展和人民生活水准的提高，弹簧软床垫类产品市场在未来的一段时期仍将拥有巨大的增长空间。

二、行业老字号，规模中小号

经历了多年的发展，星港家居在品牌的无形资产和市场营销的组织能力方面建立了广泛的基础，在市场上不断引领行业发展的同时，消费者对星港家居的高度认同也使企业获得了持续的市场份额。

通过寻找研究标杆企业，对自身和环境的内外对比分析，星港家居发现他们自身在企业规模和业务运营模式上仍属于中小型制造企业，其历年的年均增长速度与国家 GDP 增长幅度相当。如何突破增长的瓶颈，实现企业跨越式的增长，成为新时期摆在星港人面前的挑战。

三、订单不均，产能失衡

星港家居为保障产能对市场的供给，持续多年对制造环节进行投资，但行业销售淡旺季变化非常明显的特点还是使得星港家居供需矛盾日趋紧张。

淡季时，星港家居的经销商库存是空的，客源也相当少，销售明显下降，送货的车辆停在仓库外，工厂送货车辆一天送一次（2 小时）就可以了，车辆大多数闲置，工人一个星期可以休息三四天，许多设备长时间不需要开动，产能闲置，成本费用大幅上升。

旺季时，客流如织，星港家居的经销商持币盼购，销售旺盛，工人虽然每天送货到很晚，仍然有很多顾客订购的产品不能及时送达。同时，由于大面积缺货，星港家居的经销商叫苦连连，抱怨星港家居"眼睛里看到的钱都挣不到"。

四、三管齐下，收效甚微

针对上述情况，星港家居也采取了不少的应对措施，但效果均不理想。市场方面，淡季加大促销活动力度，提高市场投入，使得经营成本提高，销售也未有大的起色；物流方面，星港家居增加车辆，增加人员，旺季的紧张局面得到缓解，但是一到淡季，这些车辆、人员就又成了星港家居的负担；生产方面，旺季时加人、加班，仍然存在缺货现象，同时导致整体生产成本大幅度上升，淡季为了留住工人则需增加额外的工资。三管齐下，依然没能解决星港家居供需不平衡的难题。

因为不能解决供需的矛盾，星港家居无法有效释放产能，导致在生产的规模化建设和订单的及时处理上，一直处于困惑和徘徊境地，这又反过来制约了星港家居市场的拓展速度和渠道的建设速度。

面对股东的频频不满，经销商的连连抱怨，员工内部的不断摩擦，星港家居的领导层一直在思考：到底该怎么办？

第三节　瓶颈突破，寄予厚望

2010年6月，长沙市工业和信息化委员会组织开展了"长沙市中小工业企业十百千管理升级擂台赛"，旨在帮助企业解决管理难题，突破发展瓶颈。星港家居在了解后发现，此次活动的宗旨和目的与他们的需求不谋而合。于是，星港家居的董事长胡杰先生高度重视，由总经理徐建民先生亲自带队，成立专门的瓶颈突破项目组积极参与，谋求突破。

在本次十百千擂台赛中，星港家居表现出高度的"渴求精神"，他们从"谦虚"和"扬弃"的视角出发，以否定之否定的态度希望本次活动能够让星港家居突破发展局限，实现更高一层的发展壮大，实现企业管理升级。可以说，星港家居从入营开始就对本次十百千擂台赛抱有非常高的期望。

一、从目标开始，寻找瓶颈

经过3天的封闭式学习，星港家居项目组成员明白了价值链的作用，并学会了如何从企业的全价值链分析来确定企业当前发展的瓶颈。他们认识到，一切从目标出发，通过价值链或者资源构建的方式进行梳理，会发现影响企业管理系统的因素虽然很多，但总有一个最薄弱的限制环节，好比一根链条所能承载的负重，是由最弱的链环所决定的一样，最弱的链环就是瓶颈。此瓶颈链环一旦突破，一方面将会带动这一环节的提升，另一方面也会带动企业整体管理水平的提升。

星港家居的目标是提升销售收入和利润总额，有两条实现途径：扩大销售额和降低成本。通过对价值链各个环节的财务分析发现：销售费用的增长幅度超过了销售额的增长幅度；原材料费用的增长幅度低于销售额的增长幅度；因为淡旺季的影响，直接人工费率上涨60%，运杂费增长174%；旺季库存资金占运营资金的50%左右。通过这些数据可以确定，原材料的增长不是成本增长的主要因素，主要因素在于订单不均衡所引起的销售费用、人工费用、运杂费用及库存费用的增长，由此确定了星港家居的瓶颈为淡旺季销售不均，即订单不均衡。

星港家居项目组运用价值链、资源配置等分析方法，识别出了发展受阻的瓶颈，用数据说话，思路清晰、逻辑严密，瓶颈确认得到了星港家居上下员工的一致认同（如图5-1所示）。

企业本年度目标：销售收入1.6亿元，利润总额2000万元

| 扩大销售额 | 2009年1—7月销售收入5298万元
2010年1—7月销售收入7226万元
同比增长36.41% | 降低费用比 | 2009年1—7月费用1509万元
2010年1—7月费用2387万元
同比增长58.18% | 降低材料比 | 2009年1—7月材料成本2720万元
2010年1—7月材料成本3656万元
同比增长34.43% |

| 产品技术创新提高售价（11%） | 销售网络拓展（15%） | 单店销售能力提高（10.41%） | | 销售增长快于费用上升（21.77%） | | 销售额上升大于材料上升（1.98%） |

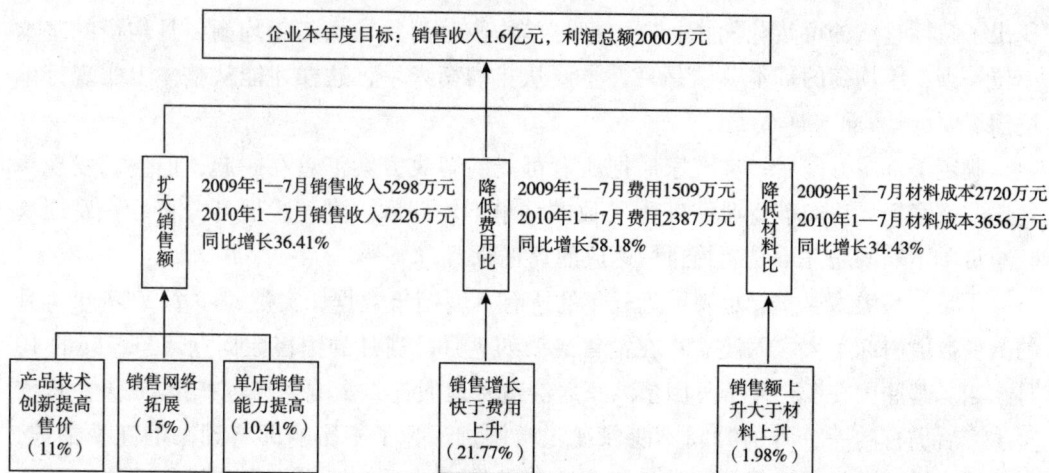

注1：在2010年1—7月销售收入同比是增长的，材料同比增长的幅度低于销售的增长幅度，而费用的增长幅度高于销售的增长幅度，因此我们可以认定：影响2010年度目标的实现主要是销售增长率低于费用增长率。

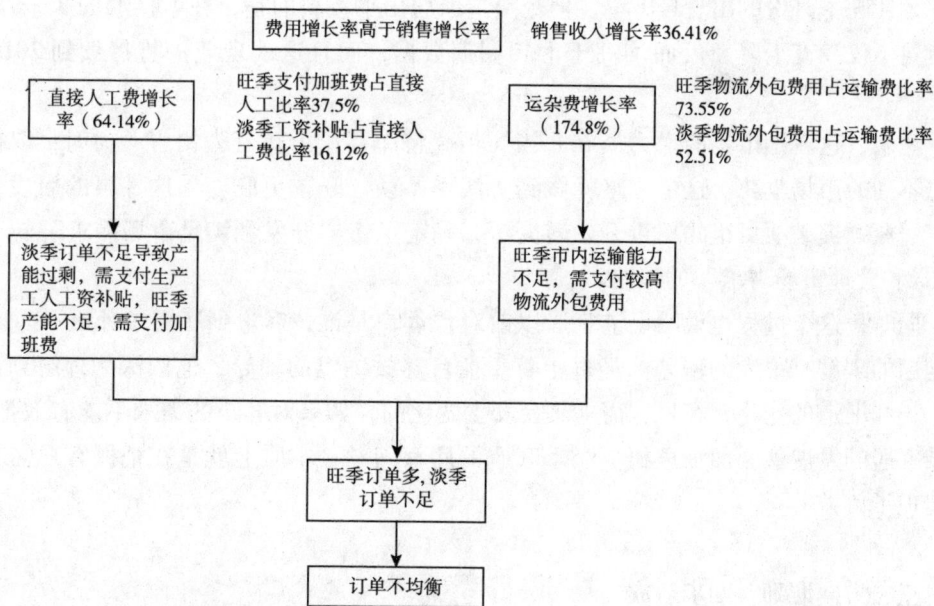

| 费用增长率高于销售增长率 | 销售收入增长率36.41% |

| 直接人工费增长率（64.14%） | 旺季支付加班费占直接人工比率37.5%
淡季工资补贴占直接人工费比率16.12% | 运杂费增长率（174.8%） | 旺季物流外包费用占运输费比率73.55%
淡季物流外包费用占运输费比率52.51% |

| 淡季订单不足导致产能过剩，需支付生产工人工资补贴，旺季产能不足，需支付加班费 | | 旺季市内运输能力不足，需支付较高物流外包费用 |

旺季订单多，淡季订单不足

订单不均衡

注2：因此我们可以看出，如果订单能做到全年均衡，则可避免上述情况出现，不浪费生产能力和运输能力，而且也不会在旺季来临的前一个月，进行大量备库来应付旺季的提货，导致库存高达1万床，比正常期多7千床，从而加大库存成本600万元，所以我们认为订单的不均衡成为了我们完成年度目标的瓶颈。

图 5 - 1 星港家居瓶颈分析识别过程

二、原因的背后，才是根本

瓶颈锁定后，就是如何解决这个瓶颈问题。星港家居首先确定了企业的目标，并进行目标分解。合理的目标，既具备挑战性，又具备达成的可能性。于是，星港家居

找出了目标达成的可量化的指标——把订单均衡分为月均衡与年均衡，月均衡的基本单位是天，年均衡的基本单位是月，主要从年均衡入手，这样才能从整体上实现订单均衡。

确定了基本方向后，星港家居把所有可能的解决方案汇总在一起，但他们发现单凭这些方案仍无法突破行业淡旺季导致的订单不均问题。进一步展开分析后，发现淡旺季订单不均问题并不是制约目标达成的真正原因。

于是，星港家居重新审视了近五年的所有月度销售数据，突然，一个2007年7月的突变数值引起了大家的注意：在销售最淡的7月，当月的销售数据竟然与最旺的10月相当。其原因在于当年7月因星港家居制造基地搬迁，影响生产停产近20天，且恢复生产后仍有约一个月的时间不能保证正常供货。为了不影响即将到来的旺季销售，大多数经销商选择了提前备货且备货量充足，结果就导致了当年常规销售最淡月的出货量与旺季的月度相当。星港家居判断旺季月份到来时，经销商手上会有大量库存商品，才使旺季月份的出货量下降。但令星港家居出乎意料的是，在紧接着的3个月里，出货量不仅没有下降，反而均高于上年同期数据，而且这一现象一直持续到2010年年底。

原来，这就是市场的潜力所在。当经销商将库存压力转变为销售动力时，取得了意想不到的市场收获。这个思路就做到了淡季不淡，旺季更旺。受这件事的启发，星港家居瓶颈突破项目组的思维开始转变了，确定了将"开发和满足市场需求"转变为"引导和管理市场需求"的策略。

同时，这个过程也说明星港家居以前对"客户是谁，客户到底需求什么"这个基本问题的理解有很大的偏差。经过十百千擂台赛教练组的辅导，他们深刻理解到：由于市场和渠道的变化，客户和需求是会发生变化的，如果对客户的需求不能有效把握，星港家居的发展就会面临危机。淡季旺季的库存问题，本质上就是在把握客户需求方面出现了偏差。

三、方向准确，四步达成

在新策略的指引下，星港家居针对瓶颈突破的四步解决方案一气呵成。

1. 第一步，准确定位。

正因为订单来源于需求，所以只有掌握了客户的需求，星港家居才能满足它，赢得订单，从而达到订单均衡。星港家居将客户分成五大类：宾馆、经销商、直营店、OEM厂商和全国套房品牌企业。并对每一类客户都做了需求分析：宾馆重视的是档次与交付期，经销商与直营店重视的是产品的吸引力与价位，全国套房品牌企业重视的是交付与售后，OEM厂商重视的是订单量。

为此，星港家居首先针对不同客户进行了全价值链的标准化管理流程设计和执行。

例如针对酒店客户，就专门制定了"酒店客户信息反馈机制"，具体执行方案如下所述。

（1）由专人负责固定的业务区域。按地域划分，将业务区域分为四大部分，包括省内三部分和省外一部分。由专人负责固定的区域，这样有利于业务的延续性，从签合同到最后送货、收款、售后服务等，避免了因为交接或沟通不及时而造成的信息错误，从而影响订单的计划均衡。

（2）业务员填写客户走访表格。每个月，每个业务员在自己的区域必须走访30家客户，并如实填写走访表格，在走访的过程中，业务员可将现在酒店行业床具的消费潮流及星港家居现在的产品特性告诉客户，挖掘潜在需求，并了解客户对现在使用产品的意见，及时回馈给产品开发部，调整产品的开发方向，这一点同时有利于流转部在旺季来临前准备库存的品种。

（3）业务员填写信息反馈表格。每一个业务信息，都必须填写反馈表格，从开始跟单到最后成交或未成交，都必须详细记录，最后还要进行总结，这样，客户的真实需求就会从每次的联系中逐步显现，有利于星港家居向客户推荐合适的产品，避免出现"做很多的样品没有一个合适"的情况出现，不会造成产能浪费和样品的不正常积压。

（4）合同签订后，找到正确的时间节点后，再下达生产计划。星港家居下达生产计划要必备一个标志性的事件，即酒店铺好地毯、家具进房，这样就不会出现"产品做出来几个月都不送，堆在仓库里占地方"的现象了，更重要的是，能在旺季来临时不影响产能及计划。

（5）提前三天，安排送货计划。在跟客户联系时，尽量将送货的时间定为3天之内，这样即使没有现货，临时加工也不会出现问题，同时流转部门在送货时也有缓冲的余地。

2. 第二步，确定商务政策。

所谓商务政策，就是客户无法拒绝、竞争对手短时间内无法模仿的满足客户需求的政策。如何让星港家居的商务政策达到这一要求呢？经过反复讨论，星港家居确定了以下内容：一是用库存面料定制淡季促销品，引爆淡季促销；二是帮经销商优化库存，对滞销品予以免费调换；三是与套房品牌进行价格对赌；四是淡季经销商享受提货折扣；五是与宾馆建立快速信息反馈机制。为使提案落到实处，星港家居对每个提案的目标均实现了量化（如图 5 - 2 所示）。

3. 第三步，确定项目实施计划。

为保证项目实施计划成功，星港家居从以下几个要点入手：一是将项目分为主项目与子项目，子项目全部量化；二是责任到人，每个子项目都有主要负责人与协助人员的划分；三是开始时间与完成时间精确到天；四是将完成要求作为考核标准进行考核（如表 5 - 1 所示）。

日订单波动率=全年日订单标准差/全年日订单平均值；

淡旺季月份波动率=淡旺季订单标准差全年订单月均值。

淡旺季月份波动率的降低提高了日订单平均值，所以降低了日订单波动率；旺季订单标准差降低使全年日订单波动率降低。

◆ 9～12月订单波动率目标：58%
◆ 1～8月实际：130%

订单均衡（日订单波动率58%）

目标：日订单波动率50%

将全年分为旺季、淡季、正常三个时间段；
目标：淡旺季月份波动率22%；现状：淡旺季月份波动率13%，与旺季同段。

营销

商务政策

客户定义

目标：现有客户

现状

淡季：10000床/月（4月、5月、9月、10月、12月）
正常：14000床/月
旺季：22000床/月

目标

淡季：12500床/月
正常：14000床/月
旺季：23000床/月

OEM订单满足为OEM厂80%（与OEM厂建立产品共同研发和生产机制，以补无旺季产能不足）

以销售最淡月为基准，经销商提货的折扣率以淡季产品生产成本为基准计算。

淡季经销商特制产品满足率为100%

零散订单供货3天之内，物流附近集散地设立分仓，满足零散订单及零散客户供货需求。

宾馆订单交货期为3天，供货订单信息反馈时间为12小时，宾馆交货时波动率低于10%（与宾馆建立一对一订货信息反馈机制）

1.滞销品调换率为65%，每年两次（滞销6个月连续销售产品无销售的产品）；

2.质量问题产品退货率为100%，每月按国标执行。

为全国套房品牌提供淡季供货并以满足淡季产品发货量为基准（满足率为98%）

60%的经销商参与淡季促销活动，以增加经销商淡季订单

1.经销商客户订单需求；旺季订单及时供货，淡季减少库存，库存结构合理；
②淡季需要促销产品引爆市场；
③降低仓储运输成本。

2.集团客户订单需求：及时供货。

3.订单计划变动后的供货及时性：及时准确供货。满足客户订单需求。

4.直营店套房品牌订单需求。

5.OEM客户需求：满足合同订单量。

1.经销商客户（湘、桂、粤等区域）500个；2.集团客户（宾馆、酒店等）历年客户群体1400家；9～12月合同订单200家；3.直营店（长沙市16个）；4.全国性套房品牌（供应中南8省经销网络，1家）；5.OEM客户（2家）

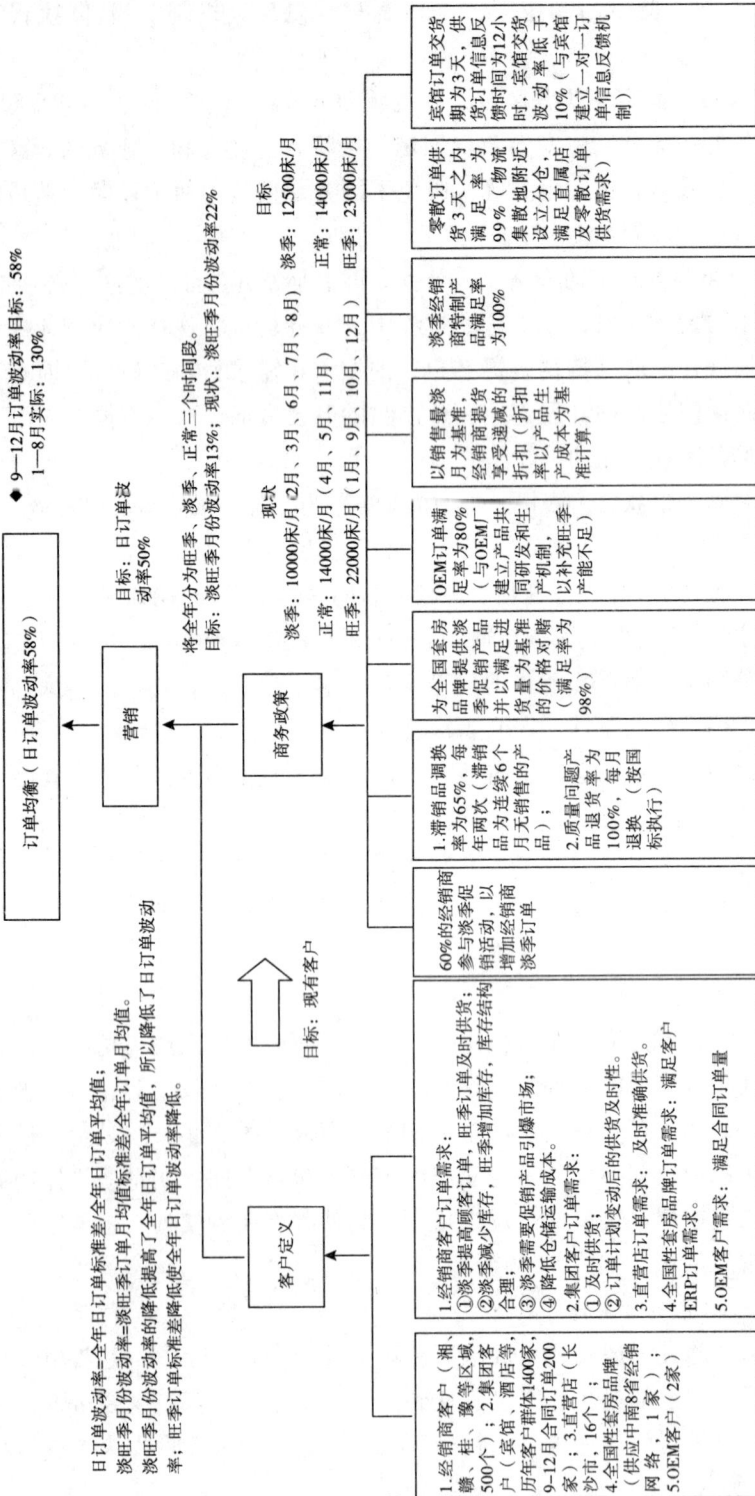

图5-2 星港家居目标蓝图（部分展示）

表 5-1

项目名称：星港"订单均衡"提升项目

星港家居订单均衡项目实施计划（WBS）（部分）

项目经理：徐建民（总经理）　　　　　　　　　　　　　总预算资金：950000 元

序号	项目计划内容	子项目经理	人力资源配置	资金预算（元）	开始时间	完成时间	阶段目标
1	项目启动和策划阶段	罗际飞	所有项目组成员	—	2010-9-6	2010-9-10	—
1.1	项目开发申报	罗际飞	所有项目组成员	—	2010-9-6	2010-9-6	完成申报资料准备
1.2	组建项目组成员和分工	罗际飞	所有项目组成员	—	2010-9-7	2010-9-7	项目组成立
1.3	项目进度规划	罗际飞	所有项目组成员	—	2010-9-8	2010-9-9	完成规划表
1.4	项目申报批准（具体的达成计划书）	罗际飞	所有项目组成员	—	2010-9-10	2010-12-25	批准通过
2	项目实施阶段	—	—	—	2010-9-25	2010-10-10	—
2.1	营销方案实施推进	张丰良	—	650000	2010-9-25	2010-10-10	—
2.1.1	具体工作一：客户定义	张丰良	市场部	—	2010-9-25	2010-9-30	—
2.1.1.1	确定经销商客户（湘、赣、桂、豫等区域）	张丰良	市场部	—	2010-9-25	2010-9-26	500 个
2.1.1.2	确定集团客户（宾馆、酒店等）	张丰良	团体部	—	2010-9-25	2010-9-26	合同订单 200 家
2.1.1.3	确定直营店（长沙市）	张丰良	市场部	—	2010-9-25	2010-9-26	16 个
2.1.1.4	确定全国性套房品牌（供应中南 8 省经销网络）	张丰良	OEM 项目组	—	2010-9-25	2010-9-26	1 家
2.1.1.5	确定 OEM 客户	张丰良	OEM 项目组	—	2010-9-25	2010-9-26	2 家
2.1.1.6	确定经销商客户订单需求	张丰良	市场部	—	2010-9-27	2010-9-30	文本化的需求文档
2.1.1.7	确定经销商客户订单需求	张丰良	团体部	—	2010-9-27	2010-9-30	文本化的需求文档
2.1.1.8	确定直营店订单需求	张丰良	市场部	—	2010-9-27	2010-9-30	文本化的需求文档
2.1.1.9	确定全国性套房品牌订单需求	张丰良	OEM 项目组	—	2010-9-27	2010-9-30	文本化的需求文档
2.1.1.10	确定全国 OEM 客户需求	张丰良	OEM 项目组	—	2010-9-27	2010-9-30	文本化的需求文档
2.1.2	具体工作二：商务政策	张丰良	—	550000	2010-10-1	2010-10-4	—

续 表

序号	项目计划内容	子项目经理	人力资源配置	资金预算（元）	开始时间	完成时间	阶段目标
2.1.2.1	淡季为特定经销商定制引爆促销	张丰良	市场部	100000	2010-10-1	2010-10-2	提案审批通过
2.1.2.2	以满意服务的手段帮经销商优化库存	张丰良	市场部	—	2010-10-2	2010-10-3	提案审批通过
2.1.2.3	为全国套房品牌提供淡季促销产品并以满足进货量为基准的价格对赌	张丰良	OEM 项目组	—	2010-10-1	2010-10-2	提案审批通过
2.1.2.4	如旺季产能不足时委托 OEM 厂商生产利润率最低的产品或因设备限制产出效率过低的产品	张丰良	OEM 项目组	—	2010-10-3	2010-10-4	提案审批通过
2.1.2.5	以销售最淡月为基准，经销商提货享受递减的折扣	张丰良	市场部	300000	2010-10-3	2010-10-4	提案审批通过
2.1.2.6	淡季为经销商整体促销活动提供特制产品	张丰良	市场部	—	2010-10-3	2010-10-4	提案审批通过
2.1.2.7	物流集散地附近设立分仓，满足直属宾馆店及零散订单供货需求	张丰良	流转部	150000	2010-10-1	2010-10-4	提案审批通过
2.1.2.8	建立宾馆一对一供货订单信息反馈机制	张丰良	团体部	—	2010-10-1	2010-10-4	提案审批通过
2.1.3	具体工作三：精准传播	张丰良	市场部	50000	2010-10-5	2010-10-7	统计分析完毕
2.1.3.1	B－B 一对一充分沟通，填写沟通信息反馈表	张丰良	市场部	—	2010-10-5	2010-10-7	总结报告
2.1.3.2	订货会并进行反馈总结	张丰良	市场部	50000	2010-10-5	2010-10-7	总结报告
2.1.3.3	客户服务中心实行跟单制	张丰良	流转部	—	2010-10-5	2010-10-7	实施完成

4. 第四步，设定 KPI 指标。

按照 QCD 考核方法，星港家居的 KPI 指标确定为 4 个方面：一是销售额，因为要实现利润最大化，销售额是实现利润最大化的基础，权重占 35%；二是日订单波动率，日订单波动率直接影响日订单均衡与年订单均衡，所以星港家居将日订单波动率作为订单考核的指标，权重占 40%；三是预算使用率，预算使用率直接关系到成本，同时影响到年终利润总额，所以预算使用率必须考核，权重占 15%；四是进度达成率，管理升级活动的时间为 100 天，项目实施时间为 90 天，星港家居的项目基本上可以说是整个供应链的调整，所以工作紧张，必须考核进度保证项目的正常实施，权重占 10%（如表 5 - 2 所示）。

表 5 - 2　星港家居 KPI 绩效考核指标

编号	区分	指标名称	权重（%）	必达目标	挑战目标
1	Q	销售额	35%	1.6 亿元	1.8 亿元
2		日订单波动率	40%	58%	50%
3	C	预算使用率	15%	100%	90%
4	D	进度达成率	10%	时间节点为基准	缩短 5%

四、我的方案，我做主

这个方案的制定区别于一般咨询公司服务模式的显著特点是：由星港家居自己制作方案，教练只是提供逻辑的引导，方案最终由星港家居自己完成、自己执行。

这个特点颠覆了星港家居以前邀请其他咨询公司所做的传统咨询模式，创造了解决企业管理升级问题的新思路。首先，它避免了过去外来方案在企业内部推行中碰到的不理解、不接受、不认可、不执行的"四不"现象，因为方案是企业自己做出来的，更容易使企业内部对问题、问题产生的原因、执行方案等形成共识；其次，打破了过去由一两个精英制订方案的局面，以前的方案由于不是星港家居执行团队员工参与提出的，因此很难理解，加之企业内部贯彻不到位，方案执行在每个环节都会打折扣，让最终方案的执行效果失之千里。而此次星港家居广泛组建了跨职能部门的项目组，由项目组成员一起贡献智慧，大家一起制订方案，最后一起执行，为后续的目标有效达成打下了坚实的基础。

让企业自己制作方案，使他们能够了解和掌握执行方案的要点，同时因为是自己智慧的结晶，所以会更加珍惜，即使方案不完美，也会在执行过程中根据实际情况进行优化完善。

第四节　灵活执行，变通思维

一、促销活动，被动变主动

在方案的实际运用中，星港家居瓶颈突破项目小组成员充分做到活学活用，在2010年10月的旺季促销活动中，突破了传统的活动方式，将以前星港家居总部制定和下达活动方案（下面渠道只负责执行）的方式，改为由星港家居制订活动方案评选标准，各区经理和经销商一起根据当地实际情况制订方案，最后星港家居再根据方案制订、方案实施和方案执行结果进行评选，对活动开展效果好的经销商给予费用补贴和奖励。

这样一来，改变了星港家居的经销商们"等、靠、要"的心态，充分调动了渠道的积极性和参与度，从而激发出一批狼性十足的经销商，在活动期间亮点层出不穷，市场反响比预想要好得多。

星港家居株洲经销商在活动期间的销售额与去年同比翻番；长沙地区的经销商突破了历史最高销售纪录；永顺经销商在全市范围内开展了品牌新形象的宣传攻势；怀化经销商全地区联动，以团队精神一致对外，解决了活动期间加盟商内部竞争的老问题；河南经销商结合当地实际情况开展活动，消化老产品库存，并推出针对北方市场的定制产品，取得了良好的执行效果……

二、反常规，不按合同下单

擂台赛教练组第一个月去星港家居进行执行辅导时，其宾馆事业部的负责人就找教练组老师评理。一问才知道，原来是公司扣了她一个多月的仓库租金费，原因是合同签订之后产品生产出来了，却躺在仓库里一个多月没有交付。这位负责人说："我们无法预计客户什么时候开业，因延迟开业而导致无法发货我们也没有办法啊。"

根据这位负责人描述的情况，教练组老师一下子就抓住了问题的关键点，问了她一个问题："什么情况下，宾馆一定会开业？"她想都没想脱口而出："宾馆铺了地毯，搬了家具之后一定会开业。"教练组老师笑着说："那你明白什么时候下生产单了吧。"这位负责人恍然大悟。原来诀窍在这里，宾馆铺地毯、搬家具至少要一个星期，而星港家居的生产交付三天就可以完成，这个时候下生产单完全来得及，还有几天缓冲时间，交付完全没问题。以前，星港家居宾馆事业部只跟酒店下订单的人（一般是采购负责人）联系，没有关注到宾馆的情况，如此思路一变，就算问一个在宾馆打扫的阿姨都能确定宾馆开业的大致时间了。

教练组就是这样通过逻辑串联常识，将复杂的事情简单化，充分发掘企业的智慧，让企业自己找出解决办法，用引导的方式把知识、技巧、方法真正转移给企业管理层。

三、物流外包，物流公司的仓库就是星港家居的仓库

星港家居流转部由十几个女同志组成，十百千擂台赛教练组 2010 年 10 月去辅导时，她们每天加班加点，但发货一直不顺畅，她们自己也找不出问题出在哪里，情况不容乐观。联系确定送货车一直是星港家居的老大难问题，旺季大量缺车、淡季大量闲置，成本居高不下。

擂台赛教练组老师在现场同她们一起梳理流程，最后建议物流外包，既一并解决车和人的问题，又变物流公司的仓库为星港家居的仓库，一举三得。淡季时，车是物流公司的车，由物流公司打理，人是物流公司的人，由物流公司发工资；旺季时，这些车和人又为星港家居所用，既节省了成本又提高了效率，这个方法进一步解决了星港家居最开始因淡旺季订单不均导致的直接人工费率上涨、运杂费增长、旺季库存资金占运营资金比例过高等一系列问题。

第五节　点的突破，系统的提升

经过 100 天的努力，星港家居取得了不俗的成绩，首月利润较上月增长 4 倍，订单均衡问题也解决了（如图 5 - 3 所示）。

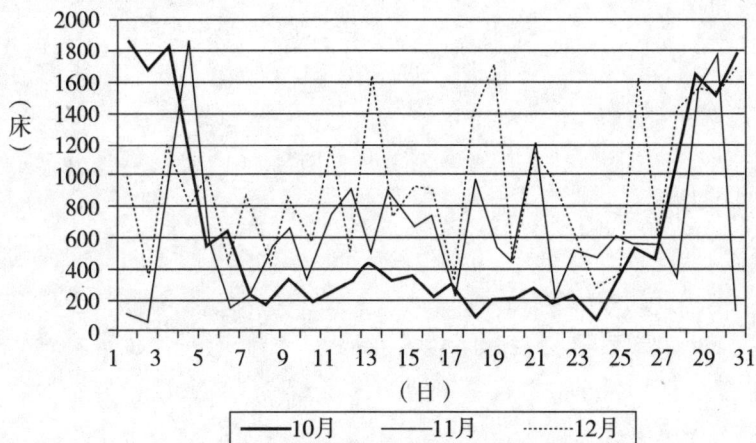

图 5 - 3　2010 年星港家居第四季度订单波动情况

2010 年 10 月前，星港家居日出货量一直呈现比较大的波动，并且两极化变动明显，日波动率维持在 130% 左右，经过对图 5 - 3 的计算得出，2010 年 10—12 月的日出

货逐渐均衡，10 月的日波动率是 94.47%，11 月的日波动率是 71.01%，12 月则达到了比较理想的 49.64%。

点的突破，带来了系统的提升，星港家居 2010 年 10—12 月的收入完成了全年总额的 39.19%，利润完成了全年总额的 48.22%（如表 5 - 3 所示）。

表 5 - 3　　　　　　　　星港家居 2010 年月度销售、利润占比情况

指标名称	1—9 月完成占比	10—12 月完成占比	10 月完成占比	11 月完成占比	12 月完成占比
完成全年收入	60.81%	39.19%	11.62%	10.61%	16.96%
完成全年利润	50.78%	48.22%	16.82%	17.77%	13.64%

2010 年 10 月的销售收入完成了必达目标的 110%，与 2010 年 9 月环比，利润是 9 月份的 4 倍，并且促销成本降低了 70%。

2010 年 11 月的销售收入同样完成了必达目标的 110%，同时做到了为宾馆与区域客户提供特制产品，提升终端形象，为 12 月打下良好的基础。

2010 年 12 月是一年中市场交锋最激烈的一个月，也是星港家居大丰收的一个月，网点覆盖面提高了、单体销量提升了。同时，由于物流实施外包和 OEM 合作的推行，星港家居的后方市场经受住了严格考验，为一线的硬仗提供了充分保障。

100 天虽然过去了，星港家居的管理升级脚步仍在前进，这是一个漫长而艰辛的过程，星港家居有信心面对新的机遇和挑战，紧紧把握时代赋予的社会责任和无限商机，走在湖湘企业改革与发展大潮的前排，谱写出更加华美的时代篇章。

第六章 天鹅工业泵：76、94和68的故事

2010年管理升级总结表彰大会颁奖词：交付管理示范奖

这是一家国家电力设备定点生产企业，是中国泵行业屈指可数的重点骨干企业，十几年的努力，企业经济效益综合指数在全国同类行业名列前茅。在100天的管理升级中，围绕大量订单无法准交的难题，集中企业内部智慧，将准交率由76%提升到94%，并一举解决了困扰水泵行业多年的铸造件准交率和质量合格率双低的共性问题。

有请声名远播的天鹅工业泵！

"100天突破"效果总结

天鹅工业泵通过管理升级，瓶颈突破，在短短的100天内实现了准时交付率从76%到94%的跨越。订单准交的提升，最终实现了销售收入同比25%、利润同比68%、销售利润率同比35%的超常规增长，瓶颈突破带来了企业经济效益的最优化。

该公司能将学习到的对阵方法论灵活复制到上游供应环节来解决瓶颈问题，为长沙市装备制造类中小企业生产基础管理水平的提升作出了有效示范。

参赛背景概述

天鹅工业泵是国家电力咨询公司泵类辅机设备定点生产厂家之一。

近3年来，企业的销售收入一直保持在小幅度的增长水平，企业发展速度趋向缓慢。是销售部门接单的质量问题，还是生产交付拖了销售的后腿？企业内部对限制发展的因素各执一词。在参加擂台赛之前，部门之间相互推诿、相互扯皮，部门之间不能达成共识是比较常见的现象。

第一节　天鹅翔舞，泵流盛世

长沙天鹅工业泵股份有限公司（以下简称"天鹅工业泵"）坐落于湖南天心环保工业园，地处长株潭一体化建设优先发展区的长沙市芙蓉南路。

自2000年创办以来，经过10年的发展，天鹅工业泵从单一的工业泵生产企业发展成为集工业泵研发与生产、专业机械铸造、流体机械科技顾问、泵体节能技术的股份制有限公司，是一家国家电力咨询公司200MW（含200MW以下）、300MW、600MW火电机组泵类辅机设备的定点生产厂家，并具备承接制造1000MW机组循泵能力。专业生产和制造HLBK型立式斜流泵，LW型立式蜗壳泵，LDTN型筒袋式凝结水泵，S、SA、TS型单级双吸离心泵，WLZ、WZY无泄漏立式自吸泵，LC型立式长轴泵，DL型立式多级泵，D、DG型多级离心泵等24个系列近3000种产品。天鹅工业泵现有水泵技术专家和中高级工程师88名，装备有6m立车、大型镗床、数控车床、铣床及常规加工设备302台套，现有生产装备和技术力量可保证年产中、小型泵12000台套，口径1m以上大型泵180台套，通过了ISO 9001：2000、ISO 14001、OHSAS 18001体系认证。

天鹅工业泵曾获得湖南省高新技术企业、湖南省小巨人计划企业、湖南省重合同守信用单位、湖南省百家质量信得过单位、湖南省通用工业设备协会知名企业荣誉称号。旗下拥有长沙翔鹅机械铸造有限公司、长沙恒流流体机械科技顾问有限公司、长沙翔鹅节能技术有限公司三家全资子公司。其中，翔鹅铸造子公司以经营铸造产品为主，年生产铸件能力8000吨，采用树脂砂等先进工艺，3年内将建成集铸钢、铸铁、精铸为一体的专业性规模铸造企业，并逐步发展成为湖南地区高端品质铸造厂家。恒流子公司检测站试验水池容量7000m³、可测功率4200kW、口径2600mm，采用优化的管道系统和创新的水工结构，解决了大型泵不能做真机汽蚀试验的难题，为国内首创，填补了国内泵行业空白。翔鹅节能子公司通过3+1流体输送节能技术，采用EMC合同能源管理商业模式为客户进行节能改造，是水系统节能的专业服务商。

第二节　困境束缚，掣肘高飞

天鹅工业泵作为一家发展中的民营企业，同一些大型企业相比，在资金、人才、技术等各种生产要素上均不占优势，在激烈的市场竞争中处于相对不利的竞争地位。此外，天鹅工业泵的内部管理也存在很多的问题与困惑，各管理层次、各价值环节上的种种问题最后都反映在经营指标上，制约着企业进一步的良性发展。

经济危机以来，大部分中小企业都为如何打开市场而发愁，而天鹅工业泵却恰恰相反，他们产品成熟，市场形势也一直较好。天鹅工业泵制订了一个稳健的 3 年经营目标，2008 年的目标销售收入是 18000 万元；2009 年要增长 3000 万元，达到 21000 万元；2010 年要增长 2000 万元，达到 23000 万元。应该说，这个目标是非常务实的，天鹅工业泵没有因为市场形势好就头脑发热，盲目求快求大。

按照常理推断，有好的市场环境，又有稳健的经营目标，企业应该是发展良好才对。然而事情往往出人意料，两年多来，这个目标的执行情况让人大跌眼镜：2008 年只完成了目标的 87.9%，实现销售收入 15833 万元；2009 年更低，只完成了 76.6%，销售收入为 16103 万元，仅仅比 2008 年多了区区不到 300 万元；2010 年已经过去 3 个季度，虽然公司上下相当努力，销售收入达到了空前的 16595 万元，但也只完成了当期销售收入目标的 72.1%，很难实现全年目标。

为什么市场环境这么好，销售业绩却屡屡不佳？

为什么销售目标完成率会逐年下降？

从几个简单的数据就可看出，这 3 年来，天鹅工业泵的发展仅从销售收入来看还是略有提升的，但是从销售收入目标的完成率来看是不断降低的，所以总体状况基本上是在原地踏步。

天鹅工业泵几次研讨原因，销售部门说是生产部门的问题，生产部门反而认为销售部门有问题，各执一词，莫衷一是。销售部门认为生产交货周期太长，铸件废品率高，铸件采购到货不及时是根本原因。生产部门认为营销数量大的订单偏少，交货时间紧且不确定是根本原因，导致生产计划变动大，经常出现好不容易加班生产出来的货却发不了，客户要的货又没生产出来。天鹅工业泵的高层领导也拿不准谁对谁错，觉得每个环节都有问题，一时也没个头绪。问题的根源究竟在哪里？真正的瓶颈在哪里？天鹅工业泵的高层意识到：这个问题不解决，企业就不可能发展。

第三节　喜得梵音，拨云见日

正在天鹅工业泵困惑之时，恰逢长沙市工信委主办、长沙市中小企业服务中心承办、效果咨询机构提供全程智力支持的长沙市中小工业企业十百千企业管理升级擂台赛开赛。机不可失，天鹅工业泵经过争取，立即投入到擂台赛中，通过海选、入门 PK 等环节，一路冲到最后的集中培训环节。

在擂台赛训练营里，天鹅工业泵的项目组在老师的指导下使用对阵方法论，围绕经营目标从产供销全价值链来系统分析问题。通过三天四晚的强化学习与训练，天鹅工业泵的高层领导感到这是一个可以让他们找到瓶颈的新工具。但是，正如天鹅工泵董事长欧亚云所说，"学习方法论好懂，真正应用却很难"。

一、构建2010年经营目标蓝图

2010年销售收入目标为2.3亿元，要在公司上下哪些环节做好才能完成这2.3亿元目标？每个环节要做到什么程度才可以？这是目标蓝图首先要解决的问题。项目组从2010年销售收入目标为2.3亿元出发，围绕研发、销售、生产、采购和售后服务全价值链流程来对经营现状进行识别。为了在任何情况下都能充分保障经营目标的如期实现，必须在计划中建立适当程度的缓冲，即在第二层级中的产供销环节要计划实现签约2.5亿元，准时交付率达到94%，这样目标实现才有充足的保证。

二、找到了阻碍目标实现的瓶颈

经营现状图确定后，项目组遇过对每一个环节的计划目标和现状数据之间的对比，终于确定了瓶颈之所在。订单准时交付率低，只有76%，而目标是94%，相差了18%，差异较大，因而是当前的主要瓶颈。

根据这一瓶颈，项目组又进行了历史数据的回顾，结果发现，近年来，随着订单量的上升，天鹅工业泵的交付能力显现持续下降的态势（如表6-1所示），到了不得不突破的关口了。

表6-1 　　　　　　　　　天鹅工业泵近3年准时交付率数据

指标	2007年	2008年	2009年	2010年1—8月
订单准时交付率	82%	81%	83%	76%

三、组织资源突破瓶颈

瓶颈是找到了，那么怎样才能突破瓶颈？项目组从训练营回到公司后，将瓶颈作为目标，使用对阵方法论构建瓶颈突破的目标蓝图（如下图所示），通过产供销全价值链对整个制造环节进行全过程分析。

通过系统的数据分析发现，准时交付率低主要由以下因素导致。

1. 装配品质保证能力差，一次检验合格率低，装配错、漏装、磕碰伤等问题频繁发生，导致产品因返工耽误出厂时间。

装配车间的员工大多是按自己的经验而不是工艺标准进行装配，普遍认为没有标准同样可以将零件装配好，即使装错了再重新装一次就可以了，整个装配过程无论是在标准作业还是质量保证上都是失控的。装配一次的检验合格率一直在60%的低水平徘徊，造成售后维修频繁，客户抱怨极大。2010年，公司售后服务人员在增加了30%的情况下，仍不得不经常向生产部门借调人员，可见影响之大。

天鹅工业泵构建的目标蓝图

提高生产交货的及时率

目标：按合同评审后确定的交货时间的交货及时率为94%，现状只有75%。

1 计划下达

目标：1.分通用件、分类零件、普通件、内部采购件；2.分类关键件、3.分内确定不同的交货时间。

现状：没有分开和设定缓冲期，计划跟踪导致采购到货不成率和机加工完成率达不到目标的主要原因。

1.1 计划下达

1.2 计划跟踪

目标：1.按半月滚动计划跟踪；2.按周计划跟踪；3.将合同按交货期进行分类，并分类跟踪。

现状：按有按上述要求操作，从以上情况分析，计划跟踪导致交货及时率完不成的问题之一。

2 设计

目标：设计与工艺及时完成率为100%，销售订单计划完成率为94%，省规件计划分解流转时间为2天。

现状：分解准确率为99%，有30%的计划分解超过2天。

目标：设计与工艺及时下发后更改率为4%，生产应对工作文件和BOM的缺失失误投诉率小于6%，投诉处理时间在8个工作小时内。

现状：设计及时率为90%。

2.1 设计及时性

目标：96%
现状：90%

2.2 BOM制作及维护及时性

目标：及时率98%、投诉率6%
现状：96%

2.3 工艺工作文件编制

目标：及时率96%
现状：92%

2.4 生产现场技术服务

目标：及时率96%
现状：92%

2.5 工艺工装加工计划

目标：及时率96%
现状：投形成O.A.

3 采购

目标：采购及时交货率95%、已经入库铸件报废率小于8%，500公斤以上的10日内，500公斤以下的6日内，采购入库及时交货率为75%。

现状：已经入库铸件报废率两70%。

3.1 采购交货及时率

目标：及时率95%

现状：铸件及时交货率75%、现状分析，铸件报废率及货期超标影响机加工及时完成率主要同题之一。

3.2 采购质量控制与同题处理及时率

目标：1.入库铸件报废率小于8%；2.电机及配套件合格率两90%。

现状：1.已经入库铸件报废率为20%；2.电机及配套件合格率99%、状况分析，铸件报废率及货期超标影响机加工及时完成率的主要同题之一。

4 生产组织

目标：生产计划完成率为95%，产品出厂无故障率为90%，实现6S管理标准化。

现状：交货及时率为75%。

4.1 机加工合格与计划完成率

目标：1.机加工及时率95%；2.机加工合格率99.5%。

现状：1.机加工完成及时率为75%、机加工合格率为99.4%。从以上分析，机加工完成及时性达不到目标影响机加工完成率的主要问题之一。

4.2 装配合格率与计划完成率

目标：一次检验合格率90%。

现状：一次检验合格率为75%，从现状一次合格率及装配交货要求成的主要问题之一。

4.3 现场6S管理

目标：每周生产计划检查发现不符合项在5项以内

现状：每周生产检查发现6S，现场发现不符合项在10项左右，6S现场管理不到位导致产品工序流转时间增长，使机加工完成率受到影响。

5 质量控制

目标：4个工作小时内完成检验，重大质量事件在当日内完成。

现状：部分检验不及时。

5.1 检验及时率

5.2 处置响应时间

2. 机加工环节准时完成率低，生产计划和监控体系不健全、不完善。

机加工车间设备多，品种也多，加上现场管理差，物流混乱，源头铸件毛坯质量不稳定，设备等待时间长，大家为了保生产都疲于奔命，处处救火，生产计划和进度监控形同虚设，准时完成率很低。

3. 已入库的铸件毛坯废品率高，切削加工开始后才能检测出有无砂眼，导致准时到货率低，现场待料，生产时间浪费大。

铸件品质问题一直是天鹅工业泵最关注、最伤神的事情。长期以来，大部分铸件无法按期交货，特别是泵体、叶轮等关键坯件。2010 年 1—10 月，铸件采购毛坯平均内废率为 20%，废品率最高的为叶轮（叶轮是水泵中最关键的零部件），直接导致铸件采购准时到货率仅仅只有 75%。

第四节　抽丝剥茧，冲天而出

基于上述的分析结果，项目组设定了提高订单准时交付率的过程目标（如表 6 - 2 所示），分别成立了对应的子项目组，编制了"行动计划"（如表 6 - 3 所示）和"KPI 激励政策"，开始突破瓶颈。

表 6 - 2　　　　　天鹅工业泵提高订单准时交付率的过程目标

序号	指标名称	类别	权重	2010 年 10 月目标	2010 年 11 月目标	2010 年 12 月目标	挑战目标
1	订单准时交付率	目标	40%	80%	85%	94%	95%
2	装配一次检验合格率	措施	20%	80%	85%	90%	93%
3	机加工计划准时完成率	措施	20%	85%	90%	95%	96%
4	已入库铸件毛坯废品率	措施	20%	20%	15%	8%	6%

表 6 - 3　天鹅工业泵项目实施计划表 WBS（部分）

序号	项目计划内容	子项目经理	开始时间	完成时间	阶段目标
2	项目实施阶段				
2.1	子项目一：计划的合理性、及时性，监督、跟踪的改进	总计划：王幸德	2010 年 9 月 22 日	2010 年 12 月 31 日	2010 年 10 月 12 日前完成基础数据的分析，2010 年 10 月 15 日前确定计划编制时间标准并下发，2010 年 10 月 16 日下达计划并实施

续　表

序号	项目计划内容	子项目经理	开始时间	完成时间	阶段目标
2.1.1	具体工作一：建立基础数据分析，确保计划的合理性和准确性	总计划：王幸德	2010 年 9 月 22 日	2010 年 10 月 15 日	形成总表
2.1.1.1	技术部对主导产品进行梳理，制定出分系列的《公司主导产品专用和通用自制件明细表》，提交至计划组、生产部、供应部、质保部	技术部长：刘冬桂	2010 年 9 月 22 日	2010 年 10 月 12 日	形成系列表格
2.1.1.2	生产部依据 2010 年 1—8 月份的统计数据，详细分析每个系列产品在生产流程中对机加工完成率影响排前五位的关键零部件明细表，提交至计划组、供应部、质保部、生产执行人	生产部长：刘建军	2010 年 9 月 22 日	2010 年 10 月 12 日	形成系列表格
2.1.1.3	供应部依据 2010 年 1—8 月份铸造坯件内废情况，列出铸件坯件内废率在 10% 以上的产品零件明细，提交至生产计划员，生产计划员提供明细表所列产品从铸坯到机加工完成的生产周期，制定明细表，提交至计划组、生产部、翔鹅子公司、质保部	供应部长：欧亚峰	2010 年 9 月 22 日	2010 年 10 月 12 日	形成系列表格
2.1.1.4	生产部对产品生产线流程进行分析，找出每个系列产品在生产线中产能最低的工序和环节，并列出明细，提交至计划组、生产执行人、质保部	生产部长：刘建军	2010 年 9 月 22 日	2010 年 10 月 12 日	形成系列表格
2.1.2	具体工作二：计划下达的合理性	总计划：王幸德	2010 年 10 月 16 日	常态化执行	根据总表制订计划下达时间标准和数量标准

序号	项目计划内容	子项目经理	开始时间	完成时间	阶段目标
2.1.2.1	计划组应根据设计提供的产品通用件和专用件明细表，根据销售订单核算出通用件每月所需数量和生产周期及专用件的生产周期，分别制订通用件的库存计划以及专用件计划的预留时间表，按此时间表下达采购和生产计划	总计划：王幸德	2010年10月16日	常态化执行	2010年10月16日开始，按建立的明细表及计划编制时间标准下达计划并常态化执行
2.1.2.2	计划组应根据供应部提供的报废率在10%以上的零件明细，对这些零件在下达计划时，至少预留一个从铸件生产到机加工完成的时间周期以备零件的补废生产	总计划：王幸德	2010年10月16日	常态化执行	2010年10月16日开始，按建立的明细表及计划编制时间标准下达计划并常态化执行
2.1.2.3	计划组必须依据生产部提供的最小产能的工序能力来安排与之匹配的其他工序的节点生产计划标准，确保机加工产出的匹配性	总计划：王幸德	2010年10月16日	常态化执行	2010年10月16日开始，按建立的明细表及计划编制时间标准下达计划并常态化执行
2.1.3	具体工作三：计划的监督、跟踪	总计划：王幸德	2010年9月22日	常态化执行	2010年9月22日开始，对合同执行情况进行跟踪并按确定的计划下达标准执行
2.1.3.1	计划组应将订单合同按交货时间长短分为A、B、C三类，紧急特殊合同按紧急程度分为J_1、J_2、J_3三类，制定出A、B、C类和J_1、J_2、J_3类不同类型合同的执行流程、执行标准和跟踪措施，并严格执行	总计划：王幸德	2010年9月22日	常态化执行	2010年9月22日开始，对合同进行分类，按分类执行标准执行，2010年10月10日前制订跟踪措施

续　表

序号	项目计划内容	子项目经理	开始时间	完成时间	阶段目标
2.1.3.2	计划组对常规合同应制定半月生产滚动计划，特殊合同应制订周控制节点计划，并制订跟踪措施，严格执行	总计划：王幸德	2010 年 9 月 22 日	常态化执行	2010 年 9 月 22 日开始，对常规合同制订半月生产滚动计划，特殊合同应制订周控制节点计划，10 月 10 日前制订跟踪措施
2.1.3.3	计划组应对合同执行情况进行跟踪，掌握计划执行过程的动态情况，组织生产等相关部门召开生产调度会议，形成会议纪要，按会议纪要的执行时间进行检查、督促	总计划：王幸德	2010 年 9 月 22 日	常态化执行	2010 年 9 月 22 日开始，每两周至少召开一次生产调度会

通过三个重点子项目组的基础性和创造性工作——天鹅就是这样翱翔的。

一、装配子项目组活动

装配项目组的主要工作是提高一次检验合格率，通过一次把事情做好、做对，来提高整体装配的效率。他们主要开展了下列活动。

制定装配各工序装配工艺标准，使装配严格按照工艺标准进行装配。具体工作是完善了《产品装配通用工艺文件和操作规程》，制定《产品工序关键零件和标准件明细表》等。所有标准在现场实行目视化管理。

制定了装配质量检验体系，规范了管理办法和标准及过程质量数据记录表格，如《装配过程自检项目及检验标准》《装配过程自检记录表格》等标准化管理工具。

开展员工技能训练，使所有员工都掌握标准。工艺组专门组织装配员工进行钳工基础知识、自检量具使用标准的培训。

研发和工艺部门共同优化 ERP 系统 BOM 清单，做到通用件不编号建立数量缓冲，专用件编号建立时间缓冲。

经过这些措施的实施，2010 年 10 月装配检验一次合格率为 75%，11 月为 80%，12 月达到了 94.4%，达到设定的改善目标。

二、机加工子项目组活动

机加工子项目组主要围绕提升瓶颈工序的产能开展工作，构建完善的生产计划编制和管控体系。具体工作包括：

　　缩短瓶颈设备故障停止时间和待料时间，提高设备开动率；

　　按零件的实际生产周期来安排生产计划；

　　召开生产碰头会，每日对当日的生产完成情况进行管理；

　　分专用件和通用件分别建立缓冲库存；

　　开展3S活动和物流改善，缩短物料搬运时间……

　　到2010年12月底，机加工环节准时交付率从85%提升到了91.8%，但还是未达到设定的目标值95%。

三、采购子项目组活动

　　采购子项目组的工作是负责降低铸件毛坯的废品率。天鹅工业泵的大部分铸件都由子公司翔鹅铸造来提供，只有少量特殊材质坯件、精密铸造坯件等由其他供应商提供，所以子项目组主要针对翔鹅公司进行改善。

　　采购部与生产部一起，通过统计分析近8个月的铸件内废情况，统计出内废率10%以上的产品明细，提供给供应商。

　　生产部门牵头，根据废品率计算出缓冲库存数量，在入厂环节和供应商处设立两级缓冲库存和计划反馈体系，尽可能减少突发品质不良对生产交付的冲击。

　　供应商重点对内废率10%以上的产品开展针对性的品质改善，并且增加其在制品库存……

　　经过不懈地努力，已入库铸件毛坯废品率居然降低到了4.63%。这充分说明对于铸件毛坯废品率高这个水泵的行业性难题，依靠管理升级这种非技术改进活动，也能取得极大的效果。

第五节　浩瀚穹宇，天鹅之志

　　通过100天的企业管理升级擂台赛实践活动，天鹅泵业在短短的3个月时间内，实现了生产交付率从76%~94%的大幅度改善，同时一举解决了困扰全国泵行业多年的铸造件准时交付率和质量合格率双低的共性问题。更为可喜的是，通过管理升级、瓶颈突破，最终完成了2010年销售收入目标2.3亿元，近年来首次100%完成目标。实现销售收入同比25%、利润同比68%、利润率同比35%的超常规增长，谱写了一个76（改善前准时交付率只有76%）、94（改善后准时交付率达到94%）和68（利润实现同比增长68%）的传奇故事（如表6-4所示）。

表 6 - 4 　　　　　　　　　　订单准时交付率目标达成情况

序号	指标名称	类别	权重	2010 年 12 月目标	2010 年 12 月实际	是否达到目标
1	订单准时交付率	目标	40%	94%	94%	是
2	装配一次检验合格率	措施	20%	90%	94.4%	是
3	机加工计划准时完成率	措施	20%	95%	91.8%	否
4	已入库铸件毛坯废品率	措施	20%	8%	4.63%	是

注：机加工环节未达到目标，但是装配环节超过了目标，所以整体上订单准时交付率达到了目标。

天鹅工业泵的高层管理团队锁定生产管理的准时交付作为本次瓶颈突破的方向。他们充分学习掌握"一切从目标开始"的对阵方法论，并将准时交付率提升目标有效落实到全价值链上进行分析把握，分 5 个子项目聚焦于准时交付率的提升，调动全公司全价值链的力量进行有效突破。具体执行过程中，成立以董事长为组长的瓶颈突破跨职能项目组，将目标蓝图、行动计划和 KPI 激励政策有效运用于项目运作始终，保证了瓶颈突破的结果和过程可控。

同时，他们真正应用瓶颈思维，不是就准交瓶颈而单纯抓生产制造环节，而是将改善活动水平延伸到研发和售后等上下游环节，通过全价值链的系统策动，通过简单有效的思维和工具，将看似复杂的问题简单化，做到了高效执行，做到了好的策划让执行成为"没有必要"。

天鹅工业泵的案例为长沙市装备制造类中小企业生产管理等基础管理水平的提升作出了有效的示范。

第七章 长缆附件：留人、增收——人力资源管理老树发新芽

2010 年管理升级总结表彰大会颁奖词：人力资源管理示范奖

一个历尽 50 年沧桑的老企业，一个包揽行业多项之最的专业骨干企业。是他们，带动了国内高压、超高压电缆附件行业的零的突破；是他们，打破了国外产品在国内的垄断，并在国际市场四处出击，成为令世界一流企业尊重的对手。在经历了结构调整、改制、搬迁等重大变动之后，人力资源的新老更替、顺利交接成为企业健康发展的一个重大考验。100 天的管理升级实践中，公司元老们敢于打破陈规，以创新的思维，最终实现了留人与增收的同步达成。他们带来的不仅是管理思维转变过程中的点滴感动，更大的价值在于一家老企业的管理新启迪和新探索。

掌声有请令人尊敬的长缆附件！

"100 天突破"效果总结

在新老交替的敏感时期，选择人力资源管理作为瓶颈突破的方向，需要莫大的勇气与智慧。长缆附件选择成型车间作为切入点，通过 100 天的努力，取得了人均收益率提升 18%、新用员工合格率 89% 的良好成绩。公司 2010 年第四季度在行业竞争环境加剧、要素成本上升的不利局面下，销售收入同比增长 24%，利润总额同比增长 35%。

尤其可贵的是，试点的成功让公司上下凝聚了共识，为新老班子的顺利交替起到了关键性的作用，也为长沙市其他类似企业解决新老班子平稳过渡以及提升人力资源管理的有效产出水平等，作出了非常有益的探索。

参赛背景概述

一个凭借自主研发力量，为民族电力事业作出了突出贡献的老企业，50 年沧桑历尽。在国家电力事业高速发展、企业蓄势腾飞之时，却深感年龄结构老化、人力资源青黄不接的困顿。在参加擂台赛之前，人力资源管理老化，不能适应企业自身快速发

展，招人难、留人难，人才储备不足，车间流失率达到 53%，绩效与激励形同虚设等问题，一直是困扰在长缆人心中难以解开的"结"。

第一节　成长·价值·使命

一、五十载春秋

已经有着近 50 年历史的长沙电缆附件有限公司（以下简称"长缆"），是国内生产电缆附件历史最长、品种规格最全、生产规模最大、试验及检测能力最先进、技术一流的国家定点生产高压电缆附件的专业性骨干企业。

在过去的 50 年里，长缆从一个小型集体企业，历经了 1997 年和 2007 年两次"改制"的风霜雪雨，终于成长为一个民族电力工业中的奇葩，是高压电缆附件的领军企业。截至 2009 年年底，拥有总资产 3.8 亿元，净资产 3.1 亿元，员工 400 余人，其中对国家有突出贡献的专家 1 人、中高级专业技术职称人员 180 余人。长缆在国内同行业中率先通过 ISO 9001 质量管理体系认证和 ISO 14000 环境管理体系认证，并于 2009 年通过电气产品国际权威检测机构 KEMA 公司试验认证。在 2008 年北京奥运会场馆电力建设中，作为国内唯一电缆附件产品供应商，获得第 29 届奥运会电力安全保障贡献奖章。

二、零的突破

20 世纪 90 年代，中国已成为电缆生产大国，但作为城市电网、大型水电站站内电能输送主要方式的电缆连接系统的研发和生产却尚未国产化。电缆附件无法国产，高压电缆附件完全依赖进口，不但严重制约了国内高压、超高压电缆行业的发展，还给电网发展与安全带来巨大隐患。

为打破国外企业对我国高压电缆附件产品的垄断，1994 年 4 月，由长缆董事长俞正元老先生（以下简称"俞老"）亲自挂帅，聚全企业之智慧，历时两年完全自主研究试制，中国人自己的高压电缆附件——"110kV 户外电缆终端头"终于诞生了！该项目的成功标志着国内高压电缆附件自主研发生产零的突破，一举打破了国外对高压电缆附件的垄断。同时，该项目也标志着长缆的高压电缆附件研发技术已独步国内，并逐步与国际接轨。

2000 年，长缆实现 110kV 系列电缆附件全系列国产化，并逐步替代进口产品，迫使国外 110kV 产品在国内的销售价格从 8 万余元/台套降到目前的 3 万余元/台套。

2004 年，长缆在国内又率先开发出 220kV 产品，并于 2007 年 8 月一次性通过国家电网公司电力研究院历时一年的预鉴定试验，其各项技术指标均优于国际 ICE 标准，绝缘耐受能力、工频耐压和局部放电等关键指标均达到国际同类产品的领先水平。

220kV 超高压电缆附件成功投运，标志着长缆在电缆附件行业自主创新领域取得了重大突破，同时也标志着长缆超高压电缆附件技术已达到国际超一流水平。

2010 年，长缆突破了国内电缆附件行业体积最大、重量最重、要求最高的橡胶成型工艺，实现了 500kV 超高压电缆附件产品的成功研发，该电压等级产品代表着当前国内外电缆附件的最高水平。近年来，长缆的新产品产值均占企业年度总产值的 85% 以上。

三、累累硕果

长缆不仅拥有技术产品研发上的优势，其生产设备与生产能力也是国内顶尖的。长缆投入巨资先后引进了国际一流的生产设备以及国际先进的电缆附件检测、试验设备，如程控注橡机、单机混合冷浇道橡胶成型机、数控车床、铣床及各种常规注橡、注塑、化工混炼、金属加工、中高压电器检测设备等 800 余台套。长缆建立的专业试验检测中心，能进行从 35kV ~ 500kV 的各级高压及超高压试验，是我国电缆附件行业中首家具备完成 500kV 电缆及附件试验能力的厂家。

长缆年生产电缆附件能力达 150 万台套，产能达到国内同行业竞争厂家的两倍以上，已经形成系统化、多元化的生产格局。到目前，长缆电气试验设备的先进性比肩国家电网公司电力研究院的电力电缆试验所。

凭借着先进的生产设备和技术能力，长缆的所有产品均能按国际标准进行生产，并已广泛应用于各类国家重点工程建设中的综合工程、铁路、核电、风电等工程项目，其中包括：长江三峡电力工程、北京中南海电缆工程、北京奥运村和亚运村电缆工程、青藏铁路、广州地铁、秦山核电、大亚湾岭澳核电、华能阜新阜北风电场、大唐依兰富强风电场等。不仅如此，长缆的产品还广泛畅销于西欧、东南亚和非洲等地区，为国家的电缆附件产业作出了巨大贡献。

第二节　困扰·掣肘·思考

50 多年历史，400 多名员工，3 个亿元的年产值，近 200 亩厂地，实现利税 7000 多万元，并且没有内外债。近几年，长缆的业绩年均以百分之二十几的速度增长……这些辉煌成绩，为国家、民族的电缆附件产业作出了巨大的贡献，值得所有长缆人骄傲和自豪，足以执掌国内电缆附件行业企业之牛耳，前景可谓一片光明。70 多岁的俞老率领长缆数十年如一日，披荆斩棘，排除万难，集中精力于技术革新和市场开拓，"聚精会神搞建设"，从改革开放之初的几百万元到今天的几个亿元，打下了一片锦绣江山。

一、壮志，寄青云

见好就收，躺在过去的功劳簿上睡大觉，满足现状过舒服日子，踟蹰不前，不是长缆的作风。在辉煌的业绩面前，古稀之年的俞老仍然是壮心不已——誓要将长缆打造成为世界一流的电缆附件研发基地和生产基地，为振兴民族电缆附件事业之追求永不停止。

中国是一个用电大国，国家建设的高速发展对电力设备和附件提出了更高的要求。2006年2月13日，国务院发布了《关于加快振兴装备制造业的若干意见》，长缆也肩负起了加快发展超高压、特高压、智能化电缆附件和特种（如核电、风电、海洋石油工程、高铁等）附件产品的行业责任。

对于长缆未来的发展战略，退居二线的俞老对新一届经理会成员殷殷语长："革命虽小已成功，同志仍需继续努力……"俞老和所有长缆的老一辈领导对新一代的长缆接班人寄予高度的期望，希望年青的一代能够实现民族电力设备强盛的梦想。

二、危言，不耸听

研发、生产和销售是支撑一个制造型企业生存和发展的"三套马车"，而对这"三套马车"的驾驶能力，就是一个企业基本的管理能力。

2010年7月，长沙市工信委组织了对中小企业管理升级的预评估活动。评审专家对长缆进行预评估调研后，对长缆过去的成绩作出了肯定，但也指出长缆目前在人力资源管理和基础管理上与世界一流企业还存在着很大的差距，具体表现在以下诸方面。

1. 人才储备不足、存量不够。长缆的快速发展，需要大量的人才支撑，而目前技术人才、管理人才、高级技能人才的存量均不能满足这种需求；随着老领导班子的退居二线，年轻的管理人才也是青黄不接……

2. 人员流动性较大，2010年1—8月，长缆新进员工留用合格率这一项指标值仅为72.9%。每年春节过后员工离职情况屡见不鲜；技术部门从高校不断引进毕业生，花大力气培养，但一两年后却被大猎头公司挖走；生产部门也在一年之内"痛失"4位生产骨干。

3. 人力资源管理机制不适应长缆新形势下的发展需要，考核、培训、薪酬等体系都只是浮在表面，产生不了激励作用。

4. 人才流失与人才窘境，与长缆的技术研发水平和在市场上的品牌形象形成较大反差。居安思危，人才问题如若得不到根本性的解决，长缆将会出现发展停滞甚至走向衰落的严重后果。

基础管理薄弱，人力资源薄弱，会拖慢企业发展的进程，企业发展将后劲不足。预评估活动给长缆敲响了警钟，这似乎是盛世危言——但危言绝不耸听。

三、剪不断，理还乱

对于上述存在的问题，长缆早已有所关注，也开始了深度的反省，努力寻求解决之道。

客观地讲，在困扰长缆人力资源管理的诸多问题之中，有些问题是伴随着企业的特殊发展阶段而产生的。长缆是家老企业，自然有着不同于新生企业的负担和时代的局限。企业历经了结构调整、改制、搬迁等重大变动，在经济建设的时期，企业要生存下去，首先要有能力为市场提供优质的产品，在有限的能力下，要集中所有的精力致力于技术攻关和市场开拓。因此，长缆一直保持着自力更生、"勒紧裤带搞建设"的优良传统。但是当企业迅速成长、规模扩大、面临着全新的发展态势时，传统的思维习惯则有可能会制约和禁锢企业的发展。长期以来，长缆还沿袭着传统的计划经济时代的劳资管理和人事管理模式，人力资源管理理念未能与时俱进，及时创新。

在过去的两年里，长缆年青一代的领导班子励精图治，积极舞动改革的大旗，期望通过引入现代管理工具来提升企业效益。于是，先进的办公软件得到了引进，获得了"质量、环境"双体系认证，企业管理制度也是每年一编且一编一大本，还有2010年年初两次工资普调，绩效管理的初步尝试等。可是这些方法似乎都只治标不治本。长缆出台的各项政策性制度性的文件，要么是文件（部分）本身有待商榷，要么会在具体执行过程中走偏，一些历史遗留问题和劳务纠纷所带来的负面影响也更进一步凸显出来，比如人才流失程度加剧，企业成了许多年轻员工的"培训学校"——入职一年半载，"翅膀一旦长硬就飞了"；绩效管理和薪酬管理一直难以取得实质性的突破和进步……这些问题和负面影响是困扰在长缆人心中难以解开的"结"，人力资源管理看起来积弊丛生，实可谓"剪不断，理还乱"。

第三节 瓶颈·涅槃·蓝图

长沙市工信委举办的长沙市中小工业企业十百千管理升级擂台赛活动，为长缆的人力资源管理改革带来了转机，参加管理升级活动得到了以俞老为首的老一代长缆领导们的高度重视和大力支持。

一、瓶颈再现

虽然在参营前长缆期望的是解决人力资源管理的问题，但来到训练营，长缆遇到了新的挑战。教练组传授的方法是通过系统分析、逻辑梳理的方法串联起企业日常管理的常识，用精确的数据分析来准确寻找瓶颈，不是依靠经验和直觉来判断问题。长缆总经理罗兵带领的学习小组根据集训营教练组的指导思路和工作方法，用学会的对阵方法和工具重新寻找瓶颈（如图7-1所示）。

战略目标
1.3年内实现年度销售回款增长1倍；
2.继续保持行业领先地位

充分条件

支撑条件

- 销售订单
  - 商务政策：……满足要求
  - 营销团队：人员素质和数量均不能适应市场扩张需要
  - 激励机制：公司内部的销售考核和激励政策有待完善提升

- 新产品研发和推广
  - 研发基础：现有新产品开发综合能力和技术水平处于行业领先地位
  - 研发队伍：研发推广后劲不足，引进困难，缺乏有效的培训、绩效评估机制
  - 研发激励机制：针对性不强，有待健全

- 生产保证
  - 生产场地和设备：满足要求
  - 物资采购：由于物资管理人员专业技术知识不足，缺少管理知识，不能满足发展的需求
  - 人员：现场和计划管理人员水平不能完全满足市场扩张对生产的要求；现场生产技工流动过大、不能满足生产工人增长对工人稳定性的要求

- 安装服务
  - 人员数量：能满足售后安装服务要求
  - 人员素质：不能满足销售服务营销后续价值再造的要求

- 其他要素资源
  - 资金流：能满足要求
  - 人力资源：管理人员、专业技术人员、营销储备人员的培养不足，不能满足公司持续发展的要求

瓶颈界定

经过上述分析，管理体系中的人力资源管理急需完善优化，方能保证公司的持续发展

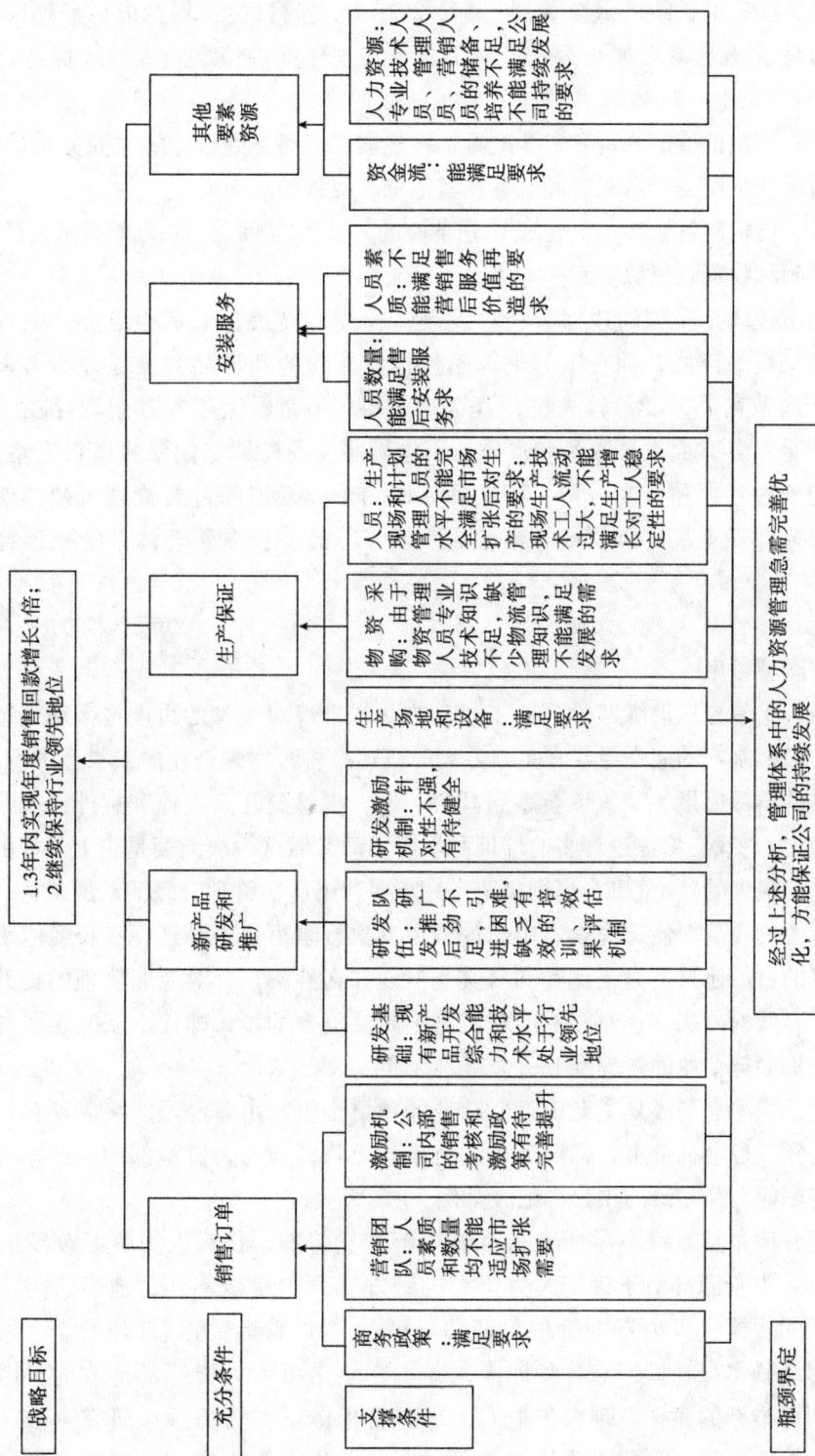

图7-1 长缆管理体系中的瓶颈分析路线

　　首先，明确了长缆的战略发展目标。2010 年度的目标计划达成已经稳操胜券了，那么就将目标锁定得更加长远："3 年内要实现年度产值翻番，继续保持行业领先地位。"

　　其次，围绕价值链分析和资源配置，构建实现战略发展目标的"充分条件"，包括营销、研发、生产、产品安装和服务及其他资源要素等。

　　最后，再构建各个环节里达成充分条件的"支撑条件"，这又离不开人员、资金、设备、时间和物资等资源要素。

　　经过上述 3 个步骤的逐层分析后发现，长缆目前及在未来相当长一段时间内面临产品市场前景广阔，拥有国内电缆附件行业领先的新产品开发综合能力和技术水平，生产场地宽裕，设备较先进，资金流充裕。但是，上述各方面均存在一个隐性的共同不足：各方面人员数量和素质均不能满足企业持续走内涵式增长道路的需要。学习小组通过数据和事实分析，再次确认制约企业发展的首要管理瓶颈：现有的人力资源管理体系无法支撑长缆 3 年的大发展。至此，长缆管理体系的瓶颈终于凸显出来了。

　　二、涅槃重生

　　学习小组带着从训练营学到的工具和方法，带着对瓶颈的再度推衍和论证，带着教练组对长缆制定的瓶颈寻找和实施方案的概述报告，回到企业向董事会进行了汇报。这样扎实的学习成果，令董事会感到耳目一新，也感到几分震惊和意外，长缆管理层人员评价说："我们参加过许多的培训和学习活动，但这一次无疑是史上最好的！对企业的帮助是最大的！"董事会当场决定，一定要利用这次管理升级活动的机会，推动企业人力资源的改革，使长缆焕发出新的气象。执行董事肖上林还说：长缆原来参加这次擂台赛的目的还只是为了比赛和获奖，但现在猛然醒悟，对企业管理的提升居然有如此简单有效的方法，企业能不能获奖已不是最重要的了，即使不获奖也要扎扎实实利用这次机会把企业的管理推上一个新的台阶！

　　为此，长缆立刻成立了老中青三结合的项目小组，由总经理罗兵为项目组长亲自挂帅，老领导肖上林董事、陈董事也亲自披挂上阵，与人力资源部和生产车间干部共同组成跨职能、跨年龄的项目小组（如图 7-2 所示）。

　　然而，改革从来就不是所有人都能理解和支持的，作为人力资源改革的瓶颈所在部门，人力资源部对于确定人力资源为管理瓶颈更是想不通，他们认为：长缆发展至今天的规模，人力资源管理可谓功不可没，其管理各方面已经健全。诚然，人才流失困境确实存在，但有各种原因，并不完全是由人力资源部造成的，用人部门也负有不可推卸的责任。现在，把人力资源管理体系作为瓶颈来研究突破，是不是想要秋后算账？是不是要对人力资源部的工作予以全盘否定？已有的工作成绩是否

```
┌─────────────────────────────────┐
│ 项目经理：罗兵（总经理）         │
│ 项目执行经理：周顺先（行政副总） │
│ 项目专责：季忠发                 │
└─────────────────────────────────┘
```

"人力资源规划"子项目经理:肖上林（执行董事）	"提高新进人员留用合格率"子项目经理：陈均山（执行董事）	"成型车间试行绩效承包方案"子项目经理：吴小林（生产副总经理）
组员：李润霞、唐秋奇、季忠发、沈娟、龙寿丹、李刚、廖玉奇、各部门和车间负责人	组员：周顺先、李润霞、唐秋奇、季忠发、沈娟、廖玉奇、李刚	组员：罗兵、周顺先、徐平、唐秋奇、王灿

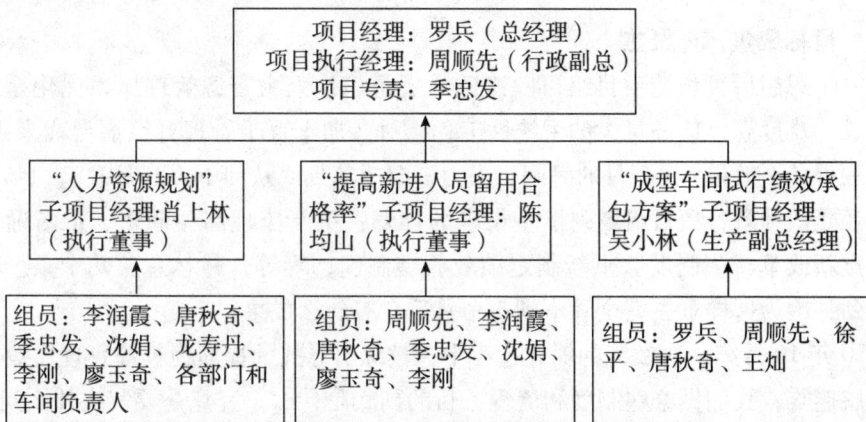

图 7 - 2　长缆人力资源管理体系优化项目组组织结构

将会被全面抹杀？再说，3 个月的擂台赛就一定能使人力资源管理大变样吗？不就是一个擂台赛嘛，企业内部其他方面（如生产管理、质量等，笔者注）不也或多或少存在着比人力资源管理更多的问题吗？为什么先拿人力资源管理（人力资源部门）开刀呢？

时任人力资源部部长李润霞，是一位从事"管人"工作几十年的老同志，亲历了长缆从计划经济到市场经济、从集体企业到股份合作公司的改制，以及厂址从赤岗冲到麓谷的搬迁，曾为解决诸多历史遗留问题和企业的发展立下过赫赫战功，被单位的同事亲切地称为"姨妈"。关键时刻，她站了出来，说："我和大家一样，一开始因为以人力资源来作为长缆打'擂台赛'的瓶颈而感到有些意外和难解，感觉是不是要拿我们老同志开刀？是不是要否定我们这么多年的成绩？但是转念一想，不否定怎么会有成长呢？长缆是要朝前发展的，我们这么多年的忘我工作不就是为了企业有更美好的未来吗？再说，从人力资源部门开刀也是我们学习的好机会，又有什么不好呢？"

带头转换了观念的李润霞，积极参加到项目的活动当中，协调大家的关系和感情，如同一只浴火凤凰，涅槃新生，为年轻人树立了一个好榜样。她也因此被请到了管理升级活动的"擂台赛集中讲评大会"的讲评主席台上，向与会的市领导和众多兄弟单位分享她的感想和经验，受到了大家一致的好评和尊敬。

任何一个改革项目，企业内部思想的统一必将直接影响到项目的成功与否。如果仅仅是高层领导的重视，却得不到中层执行者的支持，或者不能从上至下、从下至上都发生观念的改变，那这种改革是一定无法成功的。如同在长缆，人力资源管理体系优化项目若不能得到人力资源部的积极配合和全力参与，其后果简直不堪设想。

三、目标聚焦，再聚焦

统一了思想后，长缆项目组再一次陷入了沉思：人力资源管理体系优化是一项耗费时间长、难度高、任务量大的系统性工程，对参加十百千管理升级擂台赛来讲，100天内能取得什么效果？3个月的时间，人力资源改革到底从何下手？是改组织结构，改薪酬，还是改绩效？项目组罗列了一长串的计划：重新梳理岗位职责、重新确定招聘流程、重新改革薪酬制度、重新制定绩效管理制度，等等，林林总总几十条。但越看越不对劲，因为这样下去完全看不到3个月后会有什么成果。

2010年10月第一次教练的辅导过程中，教练引导式的提问为长缆管理层拨开了心中的层层迷雾：我们做这些制度和流程，目的到底是什么，究竟是要解决什么问题呢？

长缆执行董事肖长林第一个发言："长缆最大的一个痛处就是很难招到人才，招来了又留不住人才。如果这样下去，企业的研发优势都难以保证。"

"还有，希望员工的积极性增强。"有人接着补充。

教练继续问："那什么是我们的人才呢？过去几年里流失了多少人才呢？原因是什么？人才愿意留在什么地方呢？"

"员工积极性增强了对企业有什么帮助呢？怎样才能使积极性增强呢？"教练继续发问。

辅导教练环环相扣的提问，使长缆项目小组成员茅塞顿开，最终确定了3个月的时间里瓶颈突破的分步目标：第一，探索人才留不住的原因，制定相应的对策，并结合长缆发展战略做出相应的人力规划；第二，提高员工满意度，降低人员流失率，招聘并留住员工，以提高员工留用合格率为分项目标；第三，提高员工积极性，以一个车间为试点，设定以提升人均收益率和提高劳动生产效率为目标，并明确对策，有序展开。

如是，长缆改革人力资源管理体系的瓶颈目标被再次聚焦在"规划""留人"和"增收"上。2010年10月21日，在教练的辅导下，在长缆人员流失状况摸底调查，以及员工满意度调查的基础上，项目组再次对3个主要目标进行聚焦，一直聚焦到可以设立出具体可量化的KPI（如图7-3和表7-1所示）。

3个目标也被分为3个子项目并有效展开。

1. "规划"：结合长缆的发展战略完成未来3年的人才规划。

2. "留人"：即提高新进人员留用合格率，从过去的72%提高到85%。

3. "增收"：以长缆成型车间为试点，将员工工资与产量和质量挂钩，人均收入提高15%。

项目组根据新的目标蓝图，制订了详尽的项目实施计划（WBS），并制定了专门的《公司人力资源管理体系优化项目管理办法》。

为实现公司战略目标：继续保持行业领先地位，3年内实现年度销售回款增加1倍，优化人力资源管理体系

目标：1.100天内，制订公司2011年度"人力资源规划"，为优化人力资源管理、实现公司战略目标奠定基础；2.100天内，实现新进人员留用合格率达85%；3.100天内，试点车间（成型车间）人均月工资收入提高15%。

1.人力资源规划
目标：100天内，优化公司岗位职级分类，优化公司岗位说明书；制订2011年公司人力资源规划。

- 1.1确定公司近三年的战略发展规划
- 1.2公司人力资源现状分析
  - 1.2.1公司员工岗位胜任力分析（学历、职称、年龄）
  - 1.2.2公司组织架构、岗位结构图
  - 1.2.3统计分析公司近两年的人员流动情况和比率
  - 1.2.4统计分析近两年的人均劳动生产率、人均万元产值工资成本
- 1.3优化公司岗位职级分类
- 1.4优化公司岗位说明书
- 1.5制订2011年公司人力资源需求计划

2.提高新进人员留用合格率
现状：2010年1—9月新进人员留用合格率为72.8%。目标：2010年10月6日—12月31日达到85%。

- 2.1统计公司2010年1—9月员工流失率及新进人员留用合格率
- 2.2分析新进人员留用合格率低的原因
- 2.3制定提高新进人员留用合格率对策
  - 2.3.1规范招聘流程制度
  - 2.3.2规范培训制度，培训效果的评估机制
  - 2.3.3健全绩效管理制度、薪酬福利制度、晋升机制
  - 2.3.4健全"师父带徒弟""一帮一"的人才培养机制
  - 2.3.5了解员工的需求，对员工的职业生涯进行规划
  - 2.3.6优秀员工在公司的成长历程
  - 2.3.7加强人力资源部门员工对上述各项制度的培训和学习，提高制度的执行力

3.成型车间承包试验
目标：方案试行后，人均月度工资收入提高15%。

- 3.1制定《成型车间集体承包方案（试行）》
  - 3.1.1车间基础管理现状、工作绩效、员工需求调研
  - 3.1.2方案的可行性分析及新出台
- 3.2《成型车间集体承包方案（试行）》
  - 加强生产过程控制（月度统计分析产品合格率、员工月人均工资、月人均两项指标）
- 3.3方案试行后的整体效果评估，分析、改进及推广
  - 3.3.1试验综合评估（主要指标：产品合格率抽样、员工月人均工资收入）
  - 3.3.2试验的总结分析、改进和推广

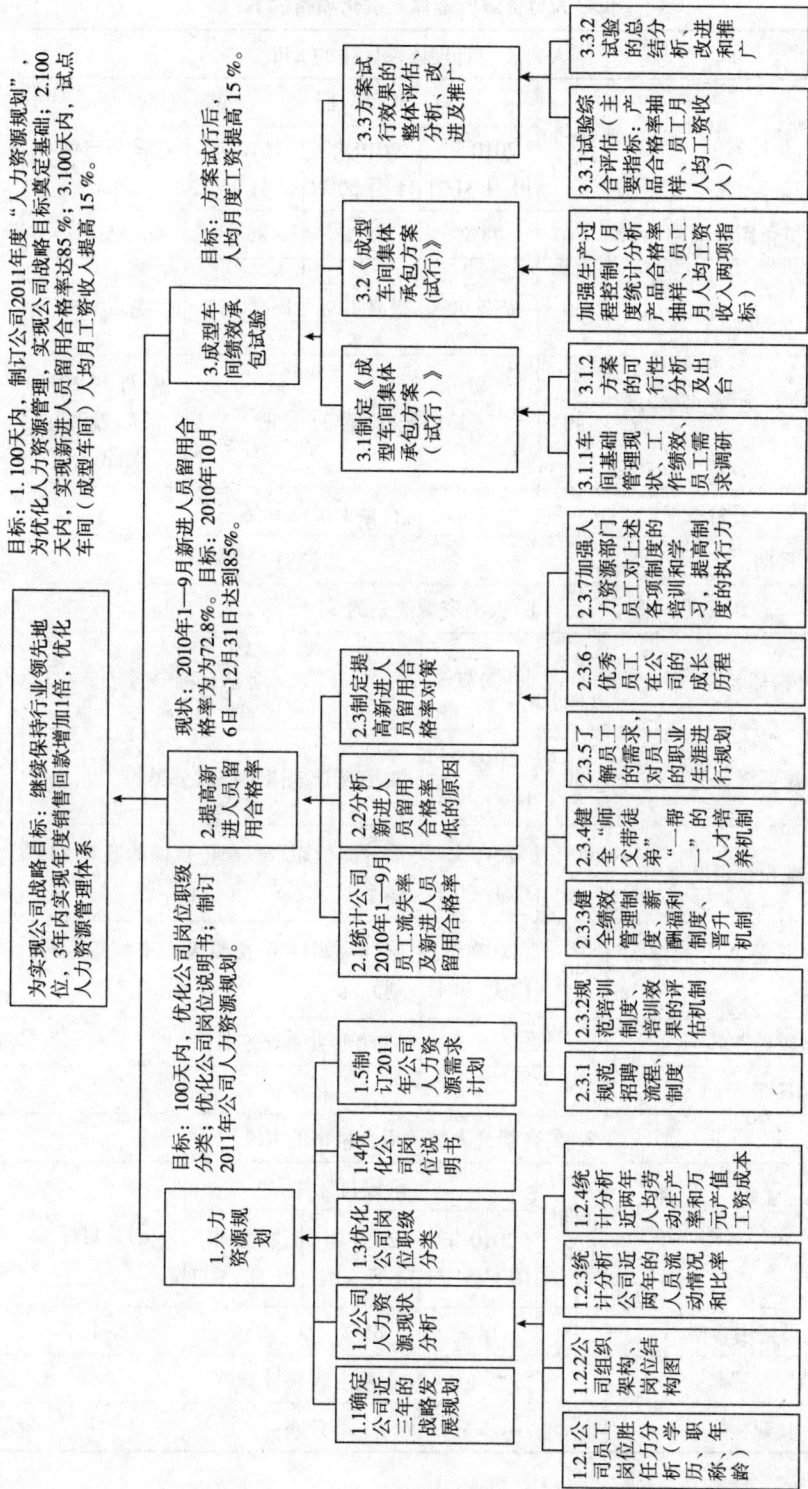

图7-3　长缆人力资源管理体系优化项目目标蓝图

表 7-1　　　　　　　　　长缆人力资源管理体系优化项目的 KPI

人力资源管理体系优化的 KPI

编号	指标名称	权重(%)	阶段目标			必达目标	主要责任人
			2010年10月31日	2010年11月30日	2010年12月25日		
1	新进人员留用合格率	30	78%	81%	85%	85%	罗兵
2	提高试点车间人均月工资收入	30	提高6%	提高12%	提高18%	提高15%	
3	2011年人力资源需求计划	40	2010年12月31日前			制订《2011年人力资源需求计划》	
部门领导签名:				直接上级领导签名:			
日期:				日期:			

1. 人力资源规划的 KPI

编号	指标名称	权重(%)	时间节点	必达目标	主要责任人
1	优化岗位职级分类	30	2010年11月20日	制定《长缆岗位职级分类》	肖上林
2	优化长缆岗位说明书	30	2010年12月20日	修订岗位职责、岗位目标体系和KPI体系	
3	2011年长缆人力资源需求计划	40	2010年12月30日	制订《2011年长缆人力资源需求计划》	
部门领导签名:				直接上级领导签名:	
日期:				日期:	

2. 提高新进人员留用合格率的 KPI

编号	指标名称	权重(%)	阶段目标			必达目标	主要责任人
			2010年10月31日	2010年11月30日	2010年12月25日		
	新进人员留用合格率	100	78%	81%	85%	提高10%	陈均山
部门领导签名:				直接上级领导签名:			
日期:				日期:			

3. 成型车间试行公司绩效承包方案，实现车间人均月工资收入稳定增长的 KPI

编号	指标名称	权重（%）	阶段目标			必达目标	主要责任人
			2010 年 10 月 31 日	2010 年 11 月 30 日	2010 年 12 月 25 日		
1	车间产品合格率抽样	50	80%	85%	92%	达到 90%	吴小林、周顺先
2	人均月工资收入提高	50	6%	12%	18%	15%	
部门领导签名：				直接上级领导签名：			
日期：				日期：			

说明：长缆此项目的绩效考核按上述各表格进行考核评分，阶段目标的考核结果计入月度绩效考核按分值评定计发每月绩效奖金，项目执行完毕的各项 KPI 指标得分作为此项目长缆发放奖励金的考评依据。

第四节　过程：破茧·美丽

项目组成员在长缆项目组领导的带领下，按照已制订的《项目实施计划》有序地展开相关工作。每一个子项目和任务项都有专人负责，并定期进行检查和总结。项目组定期召开会议，及时总结问题和成果。难能可贵的是，长缆的老领导自始至终地参与着整个项目推进的每一步，这种对项目的重视及对企业的高度责任心、使命感，也影响着年轻的长缆人。因此，项目组无论是工作总结，还是决策探讨，或是教练的指导，项目组成员都会准时参加，从不以工作忙为借口推脱项目的工作和活动。更为可喜的是，在项目执行的后期，越来越多的管理干部都被活动所吸引，认为能解决他们的实际困惑，所以每次教练组来企业指导时，干部们都跑过来参与，提问、探讨、表达自己的意见，一向略显沉闷的干部们也表现得活跃起来。

然而，长缆要在人力资源管理上取得突破，并不能只是简单地停留在政策的修订或单一的说教上，观念和意识形态上的突破才能带来行为和结果上的改善。改变是痛苦的，但改变也有如蚕蛹破茧，势必迎来美丽新生。3 个月的时间里，长缆的管理决策层、人力资源部门、中基层管理干部对人力资源的认识都有了革命性的改变，收到了意想不到的效果。

一、从"把手背在后面"到"把手放在前面"

围绕项目目标和关键绩效指标，为了更彻底地理清员工的工作现状和思想状况、车间基础管理情况，项目组协同人力资源部开始了具体的实地调查和分析。2010 年 10

月初，项目组深入到长缆所有用人部门，虚心请教部门一线经理，拉开了"地毯式"的项目调研和工作访谈。

期间，人力资源部了解到一线经理们的苦处和痛楚，如岗位人员编制紧张、事事在等人；对于近年来已有的生产骨干和技术精英人才的流失，经理们（尤其是生产经理）可谓"痛心疾首"；想要的人才难进来，已有的人才又难留住；同时，结合长缆经营效益和员工们的工作付出，经理们一致认为员工收入水平普遍有待更进一步提高。

人力资源部因此完成了《员工状况调查》《新进员工需求调研》《成型车间基础管理现状》《成型车间绩效承包方案可行性分析》等。针对离职流动率高的原因，人力资源部门统计了近3年内的相关人事报表数据，并作为项目会议讨论专题，以此总结了员工流失的9大原因，分别是：薪酬待遇因素、用人部门领导无留人责任、招聘工作质量不高、人才测评体系不健全、员工职业生涯规划尚有欠缺、激励机制不尽科学、员工关系有待进一步管理、企业文化因素的影响和其他因素影响。

与基层员工的深层接触，对人力资源管理者的心态产生了极大的触动，他们发现，过去自己只是坐在办公室里做计划、写制度、对员工做评判，却没曾想到，这些制度和计划与现实工作原来是脱节的，员工（尤其是骨干员工）的心理变化和需求没有得到足够的重视和适当的引导。那么，人力资源管理部门到底应该履行什么职能呢？是传统的命令，控制，还是现代的帮助，指导，服务？答案显然是后者。人力资源部的李部长说："过去我们去车间，是把手背在背后踱着方步，像个指挥者；而今天，我们是把手放在前面，关注基层和员工的状况，随时准备做好服务工作。"这种从"指挥、命令、控制"到"指导、服务、帮助"的认知和角色的转换，使得人力资源管理部门对现代人力资源管理工作有了质的认识，从所从事的工作中感受到了更大的快乐。

二、从"要我加班"到"我要加班"

成型车间是长缆的重要车间之一，其生产的产出对其他车间和工序有着直接的影响。然而该车间近年来员工流失率一直高居各车间之首①。项目组将成型车间作为管理试验田，制定了专门的《成型车间绩效承包方案（试行）》，着眼于激励机制的改变，进行车间绩效承包，将车间的管理权充分释放，责权利对等一致，使试验取得了意想不到的成果。

以前安排工人加班，工人们总是以要约会、要进城等理由拒绝。试验第二个月，工人的工作态度发生了明显变化，主动向车间主任要求安排加班，并主动学习生产技

---

① 该车间2010年1—9月员工离职人数达33人（期间车间月平均员工数为62人），流失率较其他车间明显偏大。尽管期间新招进员工26人，一定程度上弥补了车间生产用工的紧缺，但由于新进员工需要较长适应期才能熟悉生产工艺工序，反而又延缓了车间产值的增长速度，影响了车间生产效率的提高。除此之外，值得深思并警觉的是，成型车间的员工流动情况对其他车间的人员稳定性也产生了不良影响。

能以提高自己的工作质量和效率。

员工的变化，终于带来了车间业绩的提升，生产计划准时完成率、产量、产品质量都在提升，这种提升也使得员工的收入得到大幅提升（如表 7 - 2 所示）。

表 7 - 2　　　　　　　　　　长缆成型车间试验相关数据

时间 指标	2010 年 1—9 月（平均）	2010 年 10 月	2010 年 11 月	2010 年 12 月
合格率抽样（66kV ~ 110kV 中间接头）	78.98%	84.52%	89%	87%
流失员工数	33 人	3 人（客观原因）	0	0
人均工资收入提高	—	7%	16%	31.26%

注：2010 年 12 月，因生产所用原料对产品合格率存在一定影响，故 12 月 66kV ~ 110kV 中间接头合格率较 11 月有所波动。

截至 2010 年 12 月底，工人工资较试验前提高了 31.26%，车间无一人流失，困扰了长缆多年的员工流失问题终于得以控制。工人笑了，车间领导笑了，长缆领导也笑了。

三、从"给我人就行"到"人人有责"

以往由于员工流失带来的影响，人力资源管理工作局面较为被动，整天疲于招聘；同时，其他用人部门工作也较为紧张，一部分部门经理甚至不得不花相当一部分时间去补漏，做较低层次的基础工作。"我就要人，给我人就行"甚至一度成了经理们对人力资源部的口头禅。基层领导似乎永远都在抱怨人不够，然而，人招来后，培训合格不久后又流失了。久而久之，人力资源部门也开始抱怨，怎么刚刚招来不久的人又走了呢？缺人——招人——走人——继续缺人，大家就处在这样的恶性循环中。

那么，人才流失到底是谁的责任？过去，基层领导往往将员工的流失率高、员工积极性低落等问题归于因为人力资源部或管理层的错误政策。教练组召集来中基层管理干部，和大家一起寻找留住人才的充分条件。会议中，教练还教会大家采用"会议推进"的方式，要求每个人都发表几条意见，但不能攻击其他人。于是大家开放思想、七嘴八舌地找出了要留住员工除了要有竞争力的薪酬待遇外，还需考虑工作环境、晋升空间、成长路径、领导的培养和重视、人际关系、企业文化等要素。这些要素使得大家认识到：除了人力资源部和企业政策，每一个管理者都肩负着人力资源管理的职能——高层要制定好人力资源管理战略和政策，基层干部要关心员工的发展、给予其工作指导和培训。人力资源管理工作，人人有责。

四、让"工资"与"子弹"齐飞①

传统的企业"人事管理"模式将企业与个人两者的利益置于相对立的地位，即个人收入高，则意味着企业收入的减少，反之亦然。在这种模式下的人才成本理念，始终将员工和企业二者的利益置于一种博弈状态。为了节约所谓的人力资源成本，"减员增效"自然成了人力资源管理首要考虑的问题，因此员工收入始终得不到有竞争力的稳步提高，难以有效分享企业的发展成果。

而通过成型车间绩效承包的试验就能充分证明，员工与企业在收入方面完全可以达到双赢：企业人均劳动生产率提升，利润增长，员工的收入也应得到相应提升，而员工个人的收入增加才会更进一步促进其发挥积极性和创造性，最终促进企业利润增长。

有了这样的观念进步，长缆的领导层开始检讨过去薪酬体系的不足，再次意识到过去传统僵化的人事薪酬制度是企业发展的绊脚石。对人力资源管理的重视程度不够、缺乏有竞争力的薪资待遇，是人才流失的重要原因。痛定思痛，高层领导终于作出决策，一定要让人力资源政策和薪酬待遇达到先进企业的水平。只有这样，长缆的发展才是可持续的、有后劲的。

总经理罗兵豪言："年底了，那我们就让'工资'与'子弹'齐飞吧！"

第五节　后记：求索·展望

截至 2010 年 12 月底项目落下帷幕，项目各项可量化的 KPI 指标均已经超额完成：项目执行期间，长缆新进人员留用合格率提高比例较项目前提高了 14%；试点车间人员的流失率得到了完全控制，试验后两个月车间员工流失率为 0；员工工资较试验前提高了 31%。车间王主任在月底工作汇报时说："几年来，我还是头一次在几十天都没有收到过一份辞职申请书。"

成型车间绩效承包试验的效果也影响了其他车间和其他部门：其他车间的员工甚至开始羡慕成型车间的员工，其他车间的主任也要求长缆尽快进行试验总结，以便其成功经验得以及早推广。

另外，长缆的招聘制度与流程，培训、薪酬制度等相关制度也相应地进行了系统性的梳理和完善，对人力资源管理部的专业管理与业务部门的人力资源管理有效结合

---

① 2010 年年末，姜文导演的电影《让子弹飞》在全国各地热映。据报载，上映头半个月票房总收入突破 5 亿元，一举刷新了华语电影史上的票房新纪录。（笔者注）

进行了有益探索。人力资源管理体系优化项目"留人""增收"，在长缆这棵具有50多年历史的老树上终于发出了点点新芽。

　　然而，长缆管理创新升级的步伐并没有就此止步，长缆在顺利实现2010年年度发展目标的基础上，为2011年设定了增长33.3%的目标。这对长缆的人力资源管理工作而言仍然是个挑战。100天时间对于企业人力资源管理体系优化这项艰巨的系统性工程来说，实在太短太短，单单一个项目也似乎难以承担如此"重任"，长缆人力资源管理系统的优化和管理水平的提升仍将是一个长期的、系统的、持续的"求索"过程。应该说，长缆企业管理系统升级和各方面管理提升才刚刚开始，长缆表示：将继续运用管理升级活动中所学会的管理瓶颈寻找和突破方法，走出一条具有长缆特色的企业管理瓶颈突破道路，从而真正实现企业的系统管理升级（见表7-3）。因为，项目带来的管理升级理念已经深深植入每个人的心中。有道是：

　　　　　　　　经五十载雪霜路，
　　　　　　　　兼一百天风雨途。
　　　　　　　　长缆之春息息渐，
　　　　　　　　管理创新来提速。

表7-3　　　　　　长缆人力资源管理体系优化项目关键时间汇总

时间	地点	参与人员	主要内容
2010年7月13日	所有部门和车间	专家组评委、相关领导	"长沙中小企业管理升级"预评估
2010年8月17—19日	三楼会议室	项目组成员	会议研讨，完成《项目申请报名》系列表格内容
2010年8月底	湘麓山庄	项目组成员	现场答辩
2010年9月2—5日	石燕湖	项目组成员	封闭式训练
2010年9月20日	三楼会议室	项目组成员	项目启动会议
2010年9月24日	—		《成型车间绩效管理承包方案（试行）》颁发试行
2010年10月21日全天	三楼会议室	教练、项目组成员	首次项目辅导会议
2010年10月22日上午	小会议室	项目组成员	项目蓝图和项目推进计划修编
2010年10月22日下午	三楼会议室	项目组成员	项目组工作会议：项目蓝图和项目推进计划定稿
2010年11月17日下午	三楼小会议室	项目组成员	项目组工作会议：阶段工作小结

时间	地点	参与人员	主要内容
2010 年 11 月 23 日上午	三楼会议室	教练、项目组成员	第二次项目辅导会议
2010 年 11 月 23 日下午	成型车间	教练、项目组成员	车间人力资源管理调研
2010 年 11 月 25 日上午	一楼会议室	组委会相关领导、项目组成员	市工信委领导项目督查、项目汇报会议
	成型车间	组委会相关领导、项目组成员	车间采访与项目调研
2010 年 11 月 26 日下午	蓉园宾馆	项目组成员	擂台赛项目集中讲评会
2010 年 11 月 27—30 日	各部门、车间	项目组成员	人力资源管理（绩效、薪酬）非正式工作调研及与辅导老师沟通培训辅导事宜
2010 年 12 月 2 日下午	三楼会议室	教练、项目组成员	第三次项目辅导
2010 年 12 月 2 日晚上	公司培训中心	外培老师、项目组成员、主要领导	人力资源管理培训与辅导（侧重绩效过程管理）
2010 年 12 月 7 日上午	三楼会议室	项目组成员、部门负责人	部门、岗位说明书编制会议
	三楼会议室	人力资源部、主要高管	薪酬：调资方案
2010 年 12 月 8 日始持续一周有余	各部门、车间	项目组成员	部门说明书、岗位说明书编制辅导串跑
2010 年 12 月 24 日	三楼会议室	教练、项目组成员	项目辅导会议：项目小结与反思（侧重留人分析）
2010 年 12 月 25—31 日	三楼小会议室	人力资源部、各车间负责人、高管	薪酬调整（车间计件工资调资方案研讨）

第八章　亚太实业：对阵营销，
让销售目标轻松翻番

2010 年管理升级总结表彰大会颁奖词：擂台赛优胜奖

这是一家汽车集成模块化配套的专业企业，10 多年在汽车内饰领域的奋斗，使之成为国内著名汽车制造商的首选供应商之一。100 天的管理升级中，他们以营销为突破瓶颈，收获了大量订单的同时，收获更多的是客户一致的肯定与信任，是企业管理提升的持久效应。

掌声有请不甘平庸、奋勇争先的亚太实业！

"100 天突破"效果总结

100 天的项目实施，最终使 2010 年第四季度的销售收入同比增长 166.5%，利润同比增长 294.66%，为亚太实业 2011 年的销售实现跨越式增长打下了坚实的基础。公司各个部门已完全运用掌握的方法与工具，规划公司新年度的各项工作，这种学以致用、掌握即扎根的做法，值得充分肯定和提倡。

参赛背景概述

湖南亚太实业，以汽车内饰为主营业务，主要与国内宇通、金龙、北汽福田、猎豹、三一、中联等知名汽车主机生产厂家配套。企业在参加擂台赛之前，管理体系没有定型、问题不聚焦，内部有多种管理体系并存。为了提升管理水平，企业不惜成本和代价做了大量的尝试和努力，结果都没有本质上的改变。在宠大的客户群面前，如何与客户建立长效的战略合作关系，也一直是困扰企业发展的难题。

第一节　汽车内饰的主力军

三湘四水，唯楚有才；两型先行，潇湘有为。坐落在长株潭核心，两型社会前沿区域暮云工业园内的湖南亚太实业有限公司（以下简称"亚太实业"）成立于 1997 年，是国内集研发、生产、销售于一体的综合型汽车零部件制造企业。主要经营以汽车内饰为核心，涵盖注塑件、模具、坐椅、油漆等业务单元，以集成模块化配套为特色，与国内外知名汽车主机生产厂家包括安凯、江淮、宇通、金旅、金龙、北汽福田、陕汽环通、猎豹、三一、中联重科等建立了长期稳定的合作关系。

亚太实业坚持开放发展的战略，积极参与国际化合作。自 2007 年起启动海外市场开发，业务范围已辐射至东南亚及欧美市场，与意大利 Lexea、Volvo、奔驰等国际大公司建立了直接联系。

在 2010 年的长沙市科博会上，亚太实业与美国陶氏公司就聚氨酯高性能材料的研发和生产签订了战略研发联盟意向书，与德国克劳斯玛菲公司签下了聚氨酯高性能发泡设备的专属供货协议。这表明亚太实业为实现国际化战略迈出了重要的步伐。

截至 2010 年，亚太实业年均销售收入以每年 20% ~ 30% 的速度在增长，实现汽车内饰全年供给份额占国内市场的 30%。

亚太实业自创始以来，先后被评为湖南省小巨人企业、湖南省高新技术企业、湖南省省级技术中心、湖南省著名商标、湖南名牌、长沙市知识产权优势培育企业。

第二节　管理困境，良师难求

竞争，是任何一个生命体都无法回避的生存现实。伴随中国汽车行业的高速发展，汽车内饰行业市场竞争日益激烈。亚太实业地处中南，汽车资源配套优势不及江浙，生存环境远不及江浙发达地区的配套企业。

亚太实业的困惑和烦恼同众多中小企业一样，企业的管理体系没有定型，太多的问题不聚焦，也有太多的问题难聚焦，亚太实业的管理层一直非常困惑，什么才是企业发展的真正核心单元？工作总是很累，效果却很差，企业的潜能挖掘总是不充分，执行结果总是与预期目标存在较大的差距。

为了解开这些疑惑，亚太实业董事长董升顺一直不惜成本和代价做了大量的尝试和努力，试图探索出有效的突破方式和方法。

从 2003 年开始，亚太实业每年都在引进中高级管理人才，有名牌院校的 MBA、大型国企出来的老高管、经验丰富的人力资源专才，还有日资、韩资企业出来的管理精英。这些人才的引进的确给亚太实业带来了一些先进的管理理念和管理方法，亚太实业也为此制定了一套又一套体系和制度。但几年过后，真正能留用下来并沉淀成为具有适合亚太实业自身管理特点的管理方法和工具却寥寥无几，大多数方法理念和管理思维难以与亚太实业匹配，有时候亚太实业内部甚至出现几个体系制度并存的情况，相互抵触，造成管理效率低下，问题周而复始地出现，那些尝试对于亚太实业来讲是治标未治本。

2009 年，亚太实业希望通过利用社会资源来提升企业的基础管理水平，组织了班组长以上的管理人员奔赴各先进工厂参观学习，取得了一些短暂的成效。但是这种方式也只是学到其他企业的皮毛，不能学到其中的管理精髓。过了两三个月后，亚太实业的各项管理工作又回到原点，没有本质上的改变。

亚太实业董事长和总经理面对这样的局面心急如焚，布置的很多工作执行不下去，每次召开中层会议就像是在培训，重复讲了几次，执行结果还是不理想。究竟有没有一种简单又有效的管理方法，能迅速改变亚太实业的整个管理现状，并能持续地帮助企业管理朝既定的目标迈进？到底哪种方法适合亚太实业，并能快速提升企业业绩？亚太实业一直在思考、探索和寻觅。

2010 年 8 月，长沙市工信委组织推动的长沙市中小工业企业十百千管理升级擂台赛，为中小企业提升管理、谋求发展提供了一个良好的机会。亚太实业把握住了这次难得的提升机会，通过企业海选关，进入到活动最终确定的 30 家参赛企业名单中，开始了 100 天的管理升级擂台赛之旅。

第三节　授渔之道，其道必昌

怀着期望之心，亚太实业董事长亲自带队，带领总经理、副总经理参加了石燕湖管理升级擂台赛训练营，经历了为期三天四晚的封闭式训练。

训练营中，教练组给企业教授了对阵方法论方法和工具，特别是全价值链瓶颈分析、识别、突破的工具和模型，帮助企业树立整体观、逻辑观、有效产出观，以逻辑串常识的引导，深入浅出，并现场让企业根据自身的实际情况进行训练、考试和实战，让企业收获很多，更是让亚太实业的参赛小组感受颇深。这种系统的理论方法，化繁就简，聚焦目标，学得容易，应用舒畅，切合企业所需，真正教会了企业如何应用方法论和工具，自主去解决问题。亚太实业的领导如久旱逢甘霖，感到这正是他们一直寻找的方法和体系。

在训练营瓶颈确认的过程中，亚太实业根据所学的瓶颈分析路径和方法，根据 2010 年企业经营的目标，对年度订单量、产品研发、产能支持、流动资金需求及供应商交付等环节进行了全价值链分析，通过数字逻辑的梳理、现状与目标的对比找出瓶颈。亚太实业 2010 年的销售目标锁定为 1.45 亿元，通过一客一策、一品一析、层层分解，核算出现有订单总额保有量仅为 1.35 亿元，离年度目标还有 1000 万元的差额，亚太实业最终聚焦并确认年度订单不足为企业现阶段发展的瓶颈（如图 8 - 1 所示）。

年度订单量（万/年）		必要条件	完成难易程度
目标	14500	订单量	5
现状	13500	产能	0
差距	-1000	供应商交付率	1
差异率	-6.89%	流动资金需求额	0
解决难易程度：		产品研发	0

产品研发				供应商交付率	
目标	40天/项	客户满意	研发队伍	目标	100%
现状	35~50天/项	客户满意	力量较强	现状	99%
差距	0	0		差距	-1%
差别率	0.00%	0.00%	0.00%	差别率	-1%
解决难易程度：				解决难易程度：	

产能（万/年）		供应商交付率	
目标	15000	目标	100%
现状	15000	现状	99%
差距	0	差距	-1%
差别率	0	差别率	-1%
解决难易程度：		解决难易程度：	

流动资金需求额：万元	
目标	4500
现状	7000
差距	2500
差别率	55.56%
解决难易程度：	

全年销售收入1.35亿元

瓶颈：销售订单不足，距目标差1000万元

瓶颈分析趋势图

	订单量	产能	供应商交付率	流动资金需求额	产品研发
系列1	5	0	1	0	0

◆ 订单量
■ 产能
▲ 供应商交付率
✕ 流动资金需求额
✳ 产品研发

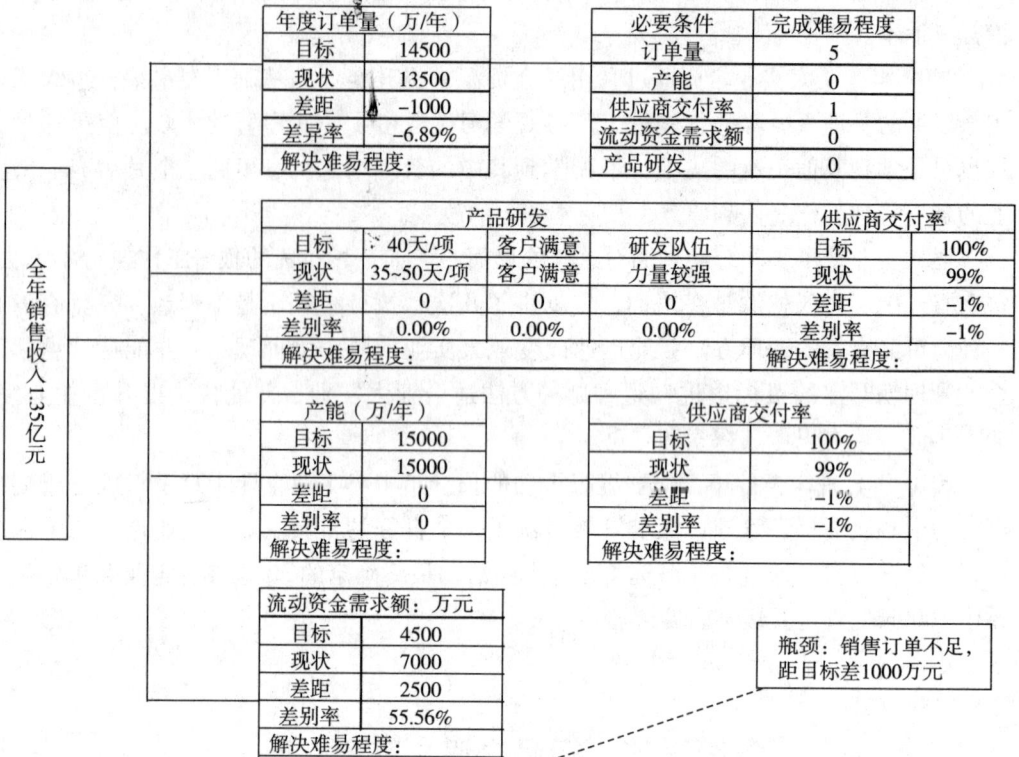

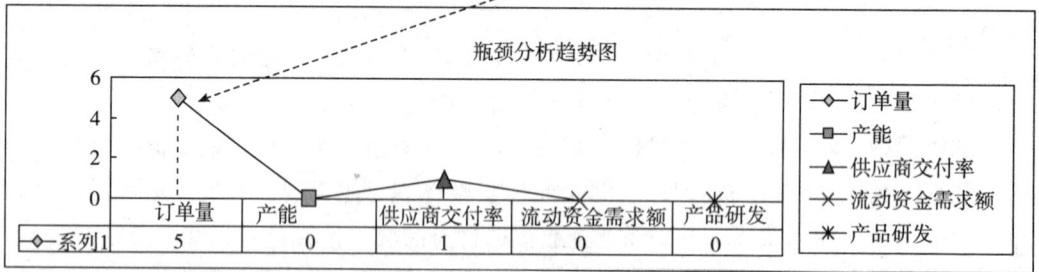

图8-1 亚太实业瓶颈分析路径

　　亚太实业确认企业发展瓶颈在销售订单不足后，按照训练营中所学习的对阵营销方法，按突破瓶颈构建充分条件的方式，根据营销、销售和价值挖潜的逻辑顺序，层层分解，经过团队研讨，制定出瓶颈突破的目标蓝图，并编制出瓶颈突破项目的实施计划表。

　　亚太实业参赛小组从石燕湖训练营回来后，随即成立以徐总经理为组长的跨职能项目小组，组织企业营销环节及相关各个部门推广和复制方法论，继续分解目标蓝图，制定出部门级（二级）和部门业务科室级（三级）的目标蓝图和实施计划表，使全公司上下形成一个严密的实施系统。

根据对阵营销的逻辑，亚太实业对定义客户有了全新的认识，经过对目标客户的现状把握和分析，把突破阶段内的目标客户定义为反配套公交、金龙联合、安凯客车（如表 8-1 所示）。同时，重点寻求介入时间短、批量快、维护简单、收益最大的公交和旅游产品的突破。

表 8-1 　　　　　　　　　亚太实业重点客户配套份额突破分析

序号	客户基本信息				配套现状			目标配额		
	客户	车型	月产量（量份）	价格（元）	现占有率	配套量（量份）	金额（元）	目标占有率	目标配套量（量份）	目标产值（元）
1	安凯	K40	200	24000	30%	60	1440000	60%	120	2880000
2		K03D	80	30000	50%	40	1200000	90%	72	2160000
3	金龙	6858	500	5500	30%	150	825000	90%	450	2475000
4		6117	300	8700	40%	120	1044000	90%	270	2349000
5	深圳反配套	6100G	400	13000	0%	0	0	25%	100	1300000
*	合计	—	1480	81200	—	370	4509000	—	1012	11164000

为保障供需关系实现成交和增长，亚太实业根据对对阵营销"商务政策"的领悟，在商务策略上进行了组合策划，采用"商务＋服务＋组织"的三维关系构建，充实合作背景。同时，分步制定了各个子目标，层级分解、一客一策、一品一析，在此基础上再制定针对性强的实施策略（如图 8-2 所示）。

通过团队的反复探讨与论证，最终补充和完善了瓶颈突破目标蓝图（如图 8-3 所示）。

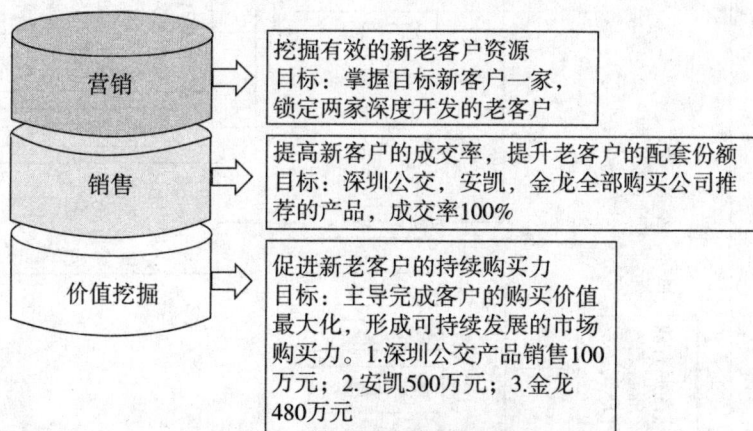

营销 ⇒ 挖掘有效的新老客户资源
目标：掌握目标新客户一家，锁定两家深度开发的老客户

销售 ⇒ 提高新客户的成交率，提升老客户的配套份额
目标：深圳公交，安凯，金龙全部购买公司推荐的产品，成交率100%

价值挖掘 ⇒ 促进新老客户的持续购买力
目标：主导完成客户的购买价值最大化，形成可持续发展的市场购买力。1.深圳公交产品销售100万元；2.安凯500万元；3.金龙480万元

图 8-2 亚太实业目标蓝图策略分解

突破年度目标1000万元销售差额

挖掘有效的新老客户资源

目标：掌握一家目标新客户、锁定两家深度开发的老客户。

定义客户
黑手党提案
精准传播
涂胶水

提高新客户的成交率、提升老客户的配套份额

目标：深圳公交、安凯、金龙全部购买公司的产品，成交率为100%。

产品定义
道具表现
渠道与终端
程序与话术
团队激励

自主知识产权、经量、节油、可拆洗，性价比高

更新企业对外宣传册
产品PPT介绍针对客户不同需求，制作含产品技术参数及效果展示的PPT介绍
企业网站

继续巩固和拓展国内外主机制造厂的渠道

通过与主机厂的销售部门协助，以及公交系统资源利用，建立用户终端销售渠道，实施终端拉动的销售模式

编制营销人员销售手册

借助季度、年度营销工作会议，以及行为规范和商务流程培训规划，给团队培训学习的机会

制定突破瓶颈额的考核指标

确定考核与激励政策

促进新老客户的持续购买

目标：主导完成客户的购买价值最大化，形成可持续发展的市场购买力。1.深圳公交产品销售100万；2.安凯500万；3.金龙480万。

定义购买价值
关联购买
重复购买
打台球

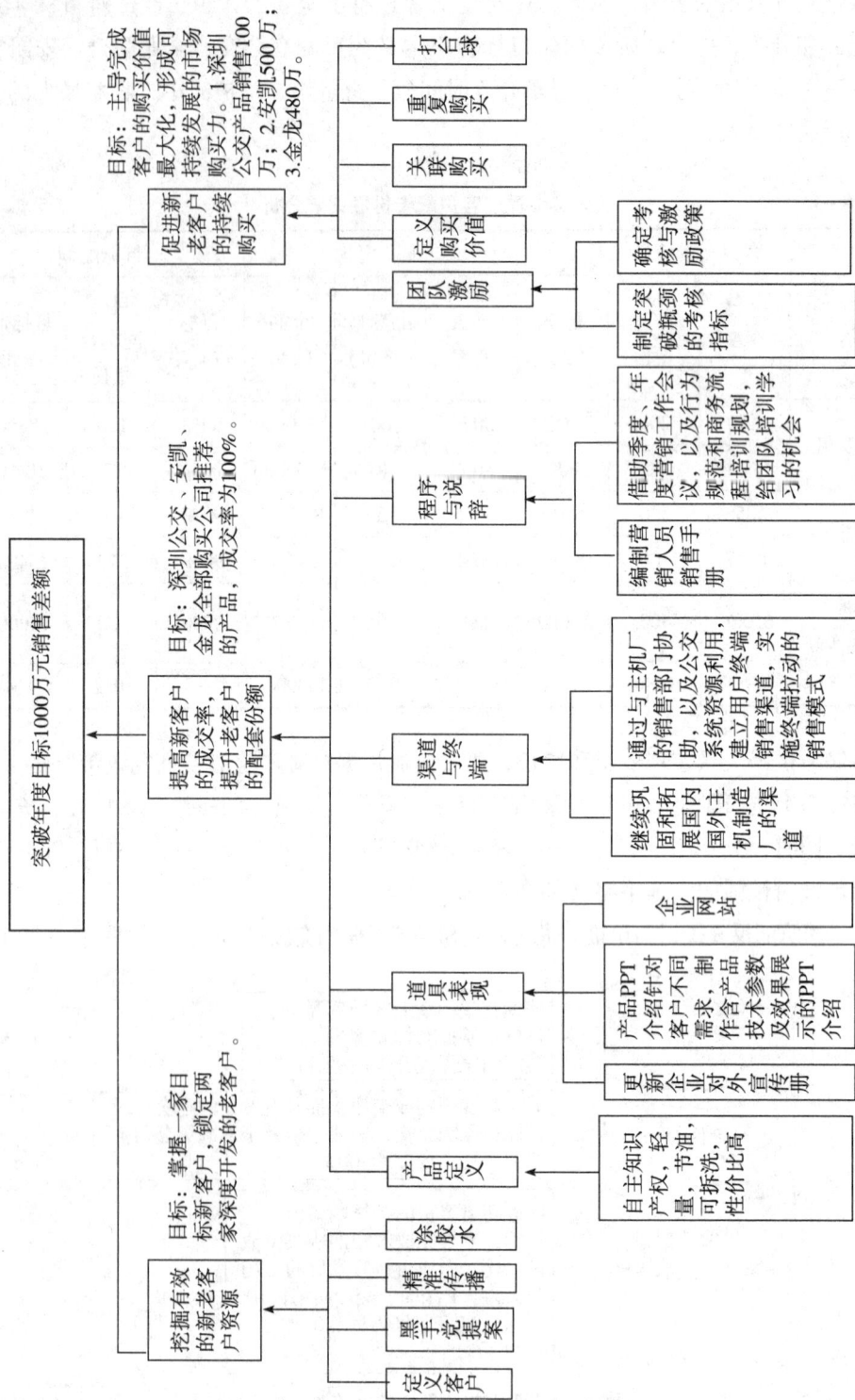

图 8-3 亚太实业 1000 万元销售订单瓶颈突破目标蓝图（部分）

随后，根据各个子项的目标，依次落实到责任人、时间、实施方案和验收标准，完善项目实施计划表（如表 8 - 2 所示），同时在每个子项目的过程控制中设立关键控制点。

表 8 - 2　　　　亚太实业销售 1000 万元瓶颈突破项目实施计划 WBS（部分）

序号	项目计划内容	子项目经理	人力资源配置	开始时间	完成时间
1	瓶颈分析	黄斌	1 人	2010 年 9 月 10 日	2010 年 9 月 12 日
2	营销				
	挖掘有效新老客户资源	黄斌	4 人	2010 年 9 月 10 日	2010 年 9 月 15 日
2.1	定义客户				
2.1.1	新客户定义在全国公交运输公司，老客户群体锁定为现有的一类客户		1 人	2010 年 9 月 10 日	2010 年 9 月 15 日
2.1.2	收集全国公交运输公司，锁定长株潭、广东两地的运输公司做前期突破。老客户锁定安凯和金龙		1 人	2010 年 9 月 10 日	2010 年 9 月 20 日
2.1.3	对目标客户所需要的产品、质量、成本、交期等进行分析，形成《客户需求分析表》	黄斌	3 人	2010 年 9 月 10 日	2010 年 10 月 31 日
2.1.4	锁定客户决策者类型，按现有行业分类，公交公司为销售导向型，金龙为采购导向型，安凯为技术导向型，然后点对点攻破		3 人	2010 年 9 月 10 日	2010 年 9 月 30 日
2.2	商务政策				
2.2.1	通过股权链接，促使供需双方利益捆绑	李林	1 人	2010 年 9 月 10 日	2010 年 10 月 31 日
2.2.2	承接客户的产品全程设计或协助设计，自主设计优化，实现设计外包	汤青红	1 人	2010 年 9 月 10 日	2010 年 10 月 31 日
2.2.3	设立异地中转仓库，自主管理，降低客户资源储备风险和资金周转	李林/贺应龙	2 人	2010 年 9 月 10 日	2010 年 10 月 31 日

序号	项目计划内容	子项目经理	人力资源配置	开始时间	完成时间
2.3	精准传播				
2.3.1	片区经理和技术人员上门拜访推介	李林/贺应龙/殷允刚	2人	2010年9月10日	2010年12月31日
2.3.2	片区经理每月形成片区回访报告		2人	2010年9月10日	2010年12月31日
2.4	涂胶水		4人	2010年9月10日	2010年12月31日
2.4.1	对易损产品，三包服务期由一年延长至三年	李林/贺应龙/殷允刚	4人	2010年9月10日	2010年12月31日
2.4.2	在安凯进行批量返利试点		2人	2010年9月10日	2010年12月31日
3	销售	李林/贺应龙/殷允刚	5人	2010年9月10日	2010年12月31日
	提高新客户的成交率，提升老客户的配套份额		5人	2010年9月10日	2010年12月31日
3.1	产品定义	汤青红	1人	2010年9月15日	2010年9月30日
3.2	道具表现		1人	2010年9月10日	2010年9月30日
3.2.1	更新企业对外宣传册	张兰	1人	2010年9月10日	2010年9月30日
3.2.2	企业网站		1人	2010年9月10日	2010年9月30日
3.3	渠道与终端	李林/贺应龙/殷允刚	3人	2010年9月10日	2010年12月31日
	继续国内主机制造厂的渠道巩固和拓展		3人	2010年9月10日	2010年12月31日

续　表

序号	项目计划内容	子项目经理	人力资源配置	开始时间	完成时间
3.4	程序与说辞	黄斌	1 人	2010 年10 月 7 日	2010 年10 月 30 日
	编制营销人员销售手册		1 人	2010 年10 月 7 日	2010 年10 月 30 日
3.5	团队激励	王姜	2 人	2010 年9 月 25 日	2010 年10 月 30 日

在编制项目实施计划表后，亚太实业依据目标蓝图子目标的分解，设置各个子项目的相关 KPI 值（如表 8 - 3 所示），使过程目标数字化，项目执行责任化。

表 8 - 3　　　　　　　　　　亚太实业销售 1000 万元营销突破项目 KPI

编号	指标名称	权重（%）	必达目标	挑战目标	月度目标（万元）			责任人	验收标准
					2010 年10 月	2010 年11 月	2010 年12 月		
1	目标客户的挖掘	5	掌握目标新客户一家，锁定两家深度开发的老客户	掌握目标新客户两家，锁定两家深度开发的老客户	达成	—	—	黄斌、殷允刚、贺应龙、李林	出具完整的《目标新客户开发项目书》和《老客户深度开发项目书》并实施完成
2	新增客户目标销售收入	25	100 万元	120 万元	—	40	80	殷允刚	新增客户销售收入达到目标
3	老客户新增部分目标销售收入	70	900 万元	980 万元	100	300	500	贺应龙、李林	老客户新增部分销售收入达到目标

KPI 绩效指标设置后，依据量化指标建立激励措施，采取定额货币方式奖励结果，大力鼓励项目实施中创造性和突破性的工作方式。

在落实绩效推进计划时，亚太实业意识到 KPI 的实施重点是考究的细节设计，尽可能量化完善每一个子项目目标及验收标准，编制完整的项目策划和项目验证计划，并落实到责任人和关联协助部门，这样才能促进团队协助和荣辱意识的产生，也才能主动促进资源信息的共享，保证项目整体与细节的推进。亚太实业还加大激励力度，销售收入超过必达目标30%以上的部分都按完成挑战目标的标准进行激励，上不封顶，绩效核算做到目视化，让项目经理能够简单清晰地预知自己的收益结果，最大限度地激励员工（如表8－4所示）。

表8－4　　　　　　亚太实业销售1000万元营销突破项目KPI达成评分表

KPI	区分	120分	100分	80分	权重
目标客户的挖掘	营销	按挑战目标的实施到位	按项目书实施到位	没有按项目书实施到位	5
新增客户目标销售收入	销售	实际值除以目标值，120分为上限值	100万元	实际值除以目标值，80分为下限值	25
老客户新增部分目标销售收入	价值挖潜	实际值除以目标值，120分为上限值	900万元	实际值除以目标值，80分为下限值	70

第四节　思路决定出路，方法大于经验

营销首要的关键是客户的突破，而客户突破的关键是把握住客户是谁和他的真实需求。

对阵营销方法，是根据瓶颈目标的逻辑关系层层分解出营销、销售、价值挖潜与品牌规划间的相互关系，这些环节组成一条完整的营销产出价值链，缺一不可，只有把这些环节都分析透了才能真正把握住客户的需求。

一、案例分享1：对阵营销在江淮6608星巴内饰开发项目上的应用

以往亚太实业参与投标，总是根据企业自身对汽车内饰的理解及企业自身的角度来设计汽车内饰竞标内容，在计算出成本后，再参与客户竞标。这种方式由于没有从客户真实需求的角度出发，往往使企业做了大量的工作，还吃力不讨好，中标的概率很低。

这次在江淮6608星巴内饰项目上，亚太实业深受对阵营销的启发，一开始就力求牢牢把握住客户的需求。在投标前期就组织团队根据竞标目标构建充分条件，综合分析江淮现有的产品、车型的定位、价格范围等相关要素，深入终端市场了解该项目的未来市场需求，对车型进行了系统分析。然后再了解竞争对手的优势和劣势，评估自

身的优势和劣势。最后综合以上信息后再进行产品定型，启动产品设计。

在产品设计过程中，亚太实业项目组主动与客户密切沟通，让客户也参与到产品的设计过程中，让产品在开发过程中就融入客户的意见及思路，再一步一步让客户在后期产品试装过程中主动参与进来，慢慢让客户感觉亚太实业所提供的产品如同自己辛辛苦苦养大的"孩子"。同时采用设计竞赛的形式缩短产品开发周期：如在该项目车型的风球设计中，在短短的 6 个小时内，参与的所有成员即兴创作，通过专业评委投票确定最终方案。整个项目的开发过程仅仅用了 10 天的时间，并且第一次试装就大获成功。

在做好充足的准备后，亚太实业提出了优化造型与结构设计、全方位为客户考虑的方案，大大优于对手的三套产品方案，一举中标。此次项目的达成，进展快速、质量高、效果好，在产品的最终评审时，得到了客户的高度认可，尤其是速度与效果让客户惊讶，给他们留下了深刻的印象。

二、案例分享2：对阵营销助力研发打开新市场

通过对阵方法论确定目标以及用逻辑构建达成目标的路径方法，通过对阵营销定义客户、定义产品的启发，亚太实业在新产品开发和新市场开拓上取得明显成效，在工程车板块（卡车、重工和火车领域）产品研发上也取得诸多突破，极大提升了产品群的竞争力。

2010 年 10 月，亚太实业首次进入卡车领域，实现福田 2200 卡车驾驶室的全套内饰（地板以上）的批量供货。2010 年 11 月，亚太实业开发完成陕汽 2400 的卡车内饰产品。同时，宝鸡南车的火车项目产品研发成功并量产，且已拓展到了其他车型，亚太实业首次成功进入了火车产品领域；中联重工起重机驾驶室内饰与三一右舵半驾内饰开发项目也顺利完成。

第五节　收获：效果在放大

100 天管理升级擂台赛中，从培训学习到实践，亚太实业学会了全价值链系统分析的方法和工具，学会了围绕目标识别瓶颈以及瓶颈突破的方法，实现了整体观、逻辑观及有效产山观在管理中的应用，并先后在生产、财务、品质、一线市场等开展对阵方法论的复制与推广，目标、充分条件、系统瓶颈、突破方案、实施计划等词汇已经成为亚太实业耳熟能详的标准用语和工作指南。

管理升级 100 天的有效执行，使亚太实业的生产交付率由 72% 提升至 88%，产品合格率由 92% 提升至 98.5%，客户满意度由 86% 提升至 95%；出色完成了 2010 年度

1.68 亿元的销售目标，超越了原定销售目标的 15%；2010 年第四季度实现销售收入同比增长 166.5%，利润同比增长 294.66%，销售利润同比增长 48.09% 的骄人业绩。

然而，这些业绩指标的收获只是阶段性的，在这 100 天管理升级的活动中，亚太实业收获更多的是管理的蜕变：企业内部员工的精神面貌、观念意识、工作方法、工作效率发生了根本性的变化，管理层的管理理念和工作方法也在不断改变，客户满意度在不断提高。

管理升级活动，让亚太实业瓶颈突破的效果在不断放大。

第九章　正大轻科：日均挖潜超三万，百天创利胜一年

2010 年管理升级总结表彰大会颁奖词：擂台赛优胜奖

短短几年的发展，核心产品列为国家火炬计划项目，销售产值虽仅 1 亿多元，却是细分市场中难以撼动的霸主地位。他们曾戏言"中国印刷行业热能循环利用的招投标项目，我们不到，就无法开标"。然而，销售的高歌猛进，却掩盖不了利润水平的持续低迷。100 天的管理升级擂台赛，锁定降低成本、提升利润为突破瓶颈，最终实现"日均挖潜超三万，百天创利胜一年"，塑造了一个实现企业利润最大化的经典案例。

下面，掌声有请这一经典的创造者——正大轻科！

"100 天突破"效果总结

正大轻科通过标准化的建立和执行，3 个月节约直接材料成本 304 万元，日均节约成本 3 万元，年利润同比增长 142.41%，2010 年第四季度利润同比增长更是达到惊人的 400.9%，最终为企业实现效益持续最大化找到了一条有效路径。

参赛背景概述

以专业生产造纸通风机出名的湖南正大轻科有限公司，近几年业务得到迅猛增长，年产值从创业阶段的几百万元发展到了过亿元，但产值的增长却没有带来利润同比例的增加。参加擂台赛之前，正大轻科为提升管理、提高企业利润率等一系列的问题，曾尝试过多种探索、多种改进措施，但收效甚微。正大轻科充分认识到：要突破企业发展阶段的瓶颈，还缺乏一套科学、系统的方法和手段。如何改变成为他们思考的重点和课题。

第一节　国内造纸通风干燥设备第一品牌

湖南正大轻科机械有限公司（以下简称"正大轻科"），坐落在湖南省环保科技产业园内，是一家民营股份制高科技中小型企业，占地面积近4700平方米，生产面积13000多平方米，办公面积5500多平方米。现有员工200余人，其中各类技术人才80余人，高级技术职称6人，中级技术职称28人。

正大轻科致力于现代造纸生产线最优通风干燥技术与设备和环保成套技术与设备的研究、开发和应用，在不断消化、吸收国外先进技术的同时，结合国内实际，率先开发设计制造了造纸机密闭式气罩、造纸车间通风系统、通风热回收系统、扬克式气罩、穿透式热风干燥箱、高速宽幅刮刀涂布机、烟草薄片高效热风干燥箱及叠式高效浆板热风机、地铁专用风机、造纸通风专用风机等多项填补国内空白的产品，其中"造纸机密闭式气罩及通风热回收系统"获轻工业部评定的"国产优质先进造纸机械产品"荣誉称号，"年产10万～30万吨叠式高效浆板热风干燥机"被评为国家火炬计划项目和2008年度长沙市科技计划产业化重点项目，穿透式热风干燥箱、高速宽幅刮刀涂布机、叠式高效浆板热风干燥机等均获国家专利。

正大轻科的产品以其先进的技术和良好的性价比，获得了用户的极大认可，国内市场占有率超过50%，在行业内享有盛誉，并且其设计制造的造纸机通风干燥设备、扬克式气罩等产品已出口到缅甸、澳大利亚、英国、美国、印度尼西亚等国家。

正大轻科已获ISO 9001（2000）国际标准认证，2006年5月获湖南省科技厅颁发的"高新技术企业认定证书"；2008年12月获湖南省科技厅、财政厅和税务局联合颁发的"高新技术企业认定证书"；其技术研究开发中心是长沙市首批"市级企业技术中心"；2008年度和2009年度获得长沙市"小巨人企业""湖南省科技创新单位""民营科技企业""长沙市节能示范单位""湖南省最受尊敬的非公有制企业""AAA级信用企业""三百之星"等多项荣誉，2008—2009年被列为长沙市重点帮扶企业和"两帮两促"企业。

正大轻科秉承"与时俱进、创造创新"的生存法则，坚持"己所不欲，勿施于人；己所追求，实施于人"的经营哲学和"以诚为正，以精求大"的市场理念，在造纸行业列入国家战略发展重点的大好形势下，凭借其人才优势和先进的行业技术不断创新，积极谋求可持续发展。

第二节　业务迅猛增长，利润率却低迷的困惑

正大轻科从 2003 年成立以来，经过 7 年的发展，已经取得了一定的成绩，形成了一定的规模，年产值从当初的几百万元发展到了过亿元。近年来，正大轻科业务增长迅速，企业规模也不断扩大，无论从产值产量和利税利润等经济指标，还是从人员、技术、竞争能力来看都有了长足的发展，但发展方式比较粗放，在度过早期的快速增长期后，出现了发展停滞的现象，特别是在产值增长的前提下，利润未能出现成比例的增加。

为什么过去的成功不再延续？创业者是能够让正大轻科继续快速发展的管理者吗？正大轻科的工作基础是否已经发生了根本变化？管理焦点在哪里？管理的手段怎样才能有效？利润如何在目前的状况下最大化？许许多多的困惑和问题摆在了正大轻科管理者的面前。

针对一系列的问题，正大轻科也曾尝试、探索过很多改进措施，包括：完善员工的薪酬体系，提高员工的福利水平，加强员工队伍建设；引进风险投资，解决发展的资金障碍；加强科研投入，积极开展产学研活动，积累正大轻科发展的科技力量；提高产品质量，创造品牌效益，努力提高产品的附加值。

随着工作改进和重点的不断转移，正大轻科深深体会到：在识别和确认企业发展的瓶颈上，企业还缺乏一套科学的方法和手段，因此突破很难有清晰的思路和达成路径，每一个阶段的重点工作完成后往往难以带来立竿见影的预期效果。

第三节　聚焦瓶颈，直奔目标

2010 年 8 月份开始，长沙市工信委举行了长沙市中小工业企业管理升级擂台赛活动，正大轻科经过层层筛选赢得了擂台赛的参赛门票。

2010 年 9 月 3—6 日，正大轻科带着企业发展过程中积累的诸多疑问，带着期望，由其总经理带队，参加了为期三天四晚的训练营。

在训练营学习过程中，通过对方法论和工具的应用和理解，正大轻科感觉受益匪浅。在训练营期间，正大轻科参赛小组针对他们目前利润率指标严重偏低的现状，运用所学习的"对阵方法论"，以"逻辑"串"常识"的思路，迅速查找到了目前影响他们利润的瓶颈——"直接材料成本高"，并确定以"100 天内降低直接材料成本"为突破目标（如图 9－1 所示）。在教练组的引导下，制定了围绕瓶颈突破，用充分条件

在完成年度营业收入10000万元的前提下，实现营业利润1500万元，营业利润率不低于15%

科目	1—6月现状值	全年目标值
营业收入	5600万元	10000万元
利润	610万元	1500万元
利润率	10.9%	15.0%

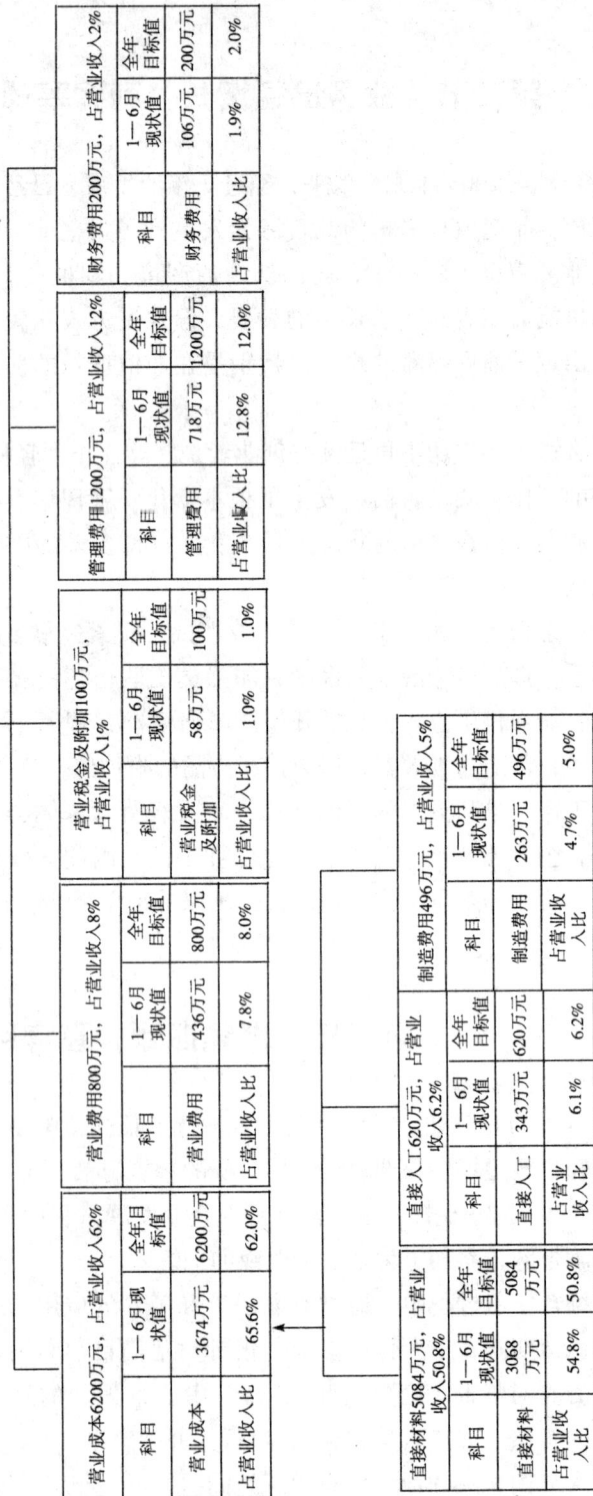

营业成本6200万元，占营业收入62%

科目	1—6月现状值	全年目标值
营业成本	3674万元	6200万元
占营业收入比	65.6%	62.0%

营业费用800万元，占营业收入8%

科目	1—6月现状值	全年目标值
营业费用	436万元	800万元
占营业收入比	7.8%	8.0%

营业税金及附加100万元，占营业收入1%

科目	1—6月现状值	全年目标值
营业税金及附加	58万元	100万元
占营业收入比	1.0%	1.0%

管理费用1200万元，占营业收入12%

科目	1—6月现状值	全年目标值
管理费用	718万元	1200万元
占营业收入比	12.8%	12.0%

财务费用200万元，占营业收入2%

科目	1—6月现状值	全年目标值
财务费用	106万元	200万元
占营业收入比	1.9%	2.0%

直接材料5084万元，占营业收入50.8%

科目	1—6月现状值	全年目标值
直接材料	3068万元	5084万元
占营业收入比	54.8%	50.8%

直接人工620万元，占营业收入6.2%

科目	1—6月现状值	全年目标值
直接人工	343万元	620万元
占营业收入比	6.1%	6.2%

制造费用496万元，占营业收入5%

科目	1—6月现状值	全年目标值
制造费用	263万元	496万元
占营业收入比	4.7%	5.0%

图9-1 2010年正大轻科降低直接材料成本项目瓶颈识别分析路径

构建的"目标蓝图"以及100天瓶颈突破的"项目实施计划"。

训练营结束后，正大轻科参加训练营的领导回到公司，立即组织全体中层及以上干部围绕瓶颈突破方法进行学习和方法复制。

为确保实现瓶颈目标突破，正大轻科成立了"降低直接材料成本项目实施"跨职能项目组，由正大轻科总经理曹忠明担任项目组组长，各部门负责人为小组长，行政部长为助理，建立了全员参与的组织结构。其具体分工为：组长，全盘负责整个项目的推进、各关键控制点的把握，对各项目成员进行工作分配；助理，对项目情况进行汇总，定期组织召开专题会议，还有各项资料的收集归总，任务和信息的上传下达，以及对外联系；小组长，负责相关部门的全盘工作，严格按照项目实施计划开展本部门的工作，还要负责进度控制，资料收集和部门内部问题的解决汇报。

在整整两天的时间里，正大轻科的总经理曹忠明明确要求各个部长自行制定本部门有效的瓶颈突破方案。各部门集思广益，提交了具体的实施措施。

一、设计部

1. 技术方案优化：保证技术方案100%准确；一个项目至少要拿出3个方案，从中选出最优方案；技术方案的制定必须规定流程和参与的人员。

2. 标准化：建立标准化的设计流程；组织设计人员学习统一图纸的设计要求，统一思想。

3. 材料选型：建立《优选材料和备选材料标准》，尽量采用通用材料；仓库保管人员定期向设计人员提供仓存信息，使设计人员有效利用仓库和余料。

4. 产品结构优化：设计人员之间及与其他部门要加强沟通，了解各类信息；组织力量对产品进行计算，建立合理的用料标准；外购设备选型优化。

5. 工艺从设计分离，工艺对材料的利用率有决定性影响，建议成立专门的工艺部或者招聘专门工艺人员。

二、供应部

1. 集中采购，规模采购。

2. 根据市场价格波动趋势适时采购。

3. 了解新工艺新材料，寻找物美价廉的替代品。

4. 进行供应商评审，选择有实力和信誉好的供应商合作。

5. 熟读技术文本，了解采购要求。

6. 提前下达采购计划，有充足的时间准备。

7. 尽量采购通用常规材料，建立采购标准和规范采购流程。

8. 合理利用税票，了解税票的形式，及时回票。

三、制造部

1. 一次性合格率要达到 100%，不出错，不返工。
2. 提高余料、型材、板材的利用，改善下料的规格程序。
3. 对包装箱设计制作进行规范，满箱率、满车率控制在 90% 以上。

四、仓库

1. 减少仓存，控制最佳仓存量。
2. 账卡物相符在 95% 以上。
3. 处理积压多年的仓存。
4. 建立低质易耗、工用工具的管理规范。
5. 现场退货、退料及时入库，发领料严格控制。
6. 建立余料、废料衡量标准。

正大轻科以前一直没有充分认识到设计对成本的影响，认为减低材料成本供应才是关键，而从设计上很难采取措施来降低成本。经过几天的集中研讨，正大轻科利用团队的智慧集思广益，通过查看 ERP 数据、质检部反馈的质量问题和分析、汇总结果，确认应以设计为源头，严格控制成本，并最终决定：设计部承担降低直接材料与营业额比例的 1.5%，工艺部承担降低直接材料与营业额比例的 1%，供应部承担降低直接材料与营业额比例的 0.8%，制造部承担降低直接材料与营业额比例的 0.3%，仓库承担降低直接材料与营业额比例的 0.4%。最终，正大轻科根据各个部门所提交的方案，再次对"目标蓝图"（如图 9-2 所示）和"实施计划表"（如表 9-1 所示）进行了修改完善。

根据企业全价值链的梳理，正大轻科从设计、工艺、供应、制造、仓库 5 个方面拟定降低直接材料成本的具体指标，具体包括：设计降低直接材料成本 66 万元、工艺降低直接材料成本 44 万元、供应降低直接材料成本 35 万元、制造降低直接材料成本 22 万元、仓库降低直接材料成本 9 万元等初步目标，使得正大轻科的项目实施方案更具可操作性。

在方案定案阶段，正大轻科设计的瓶颈突破目标蓝图、项目实施计划表等系列方案，获得擂台赛组委会专家团的一致好评，以 93 分的高分获得了 30 家参赛企业中第三的好成绩。

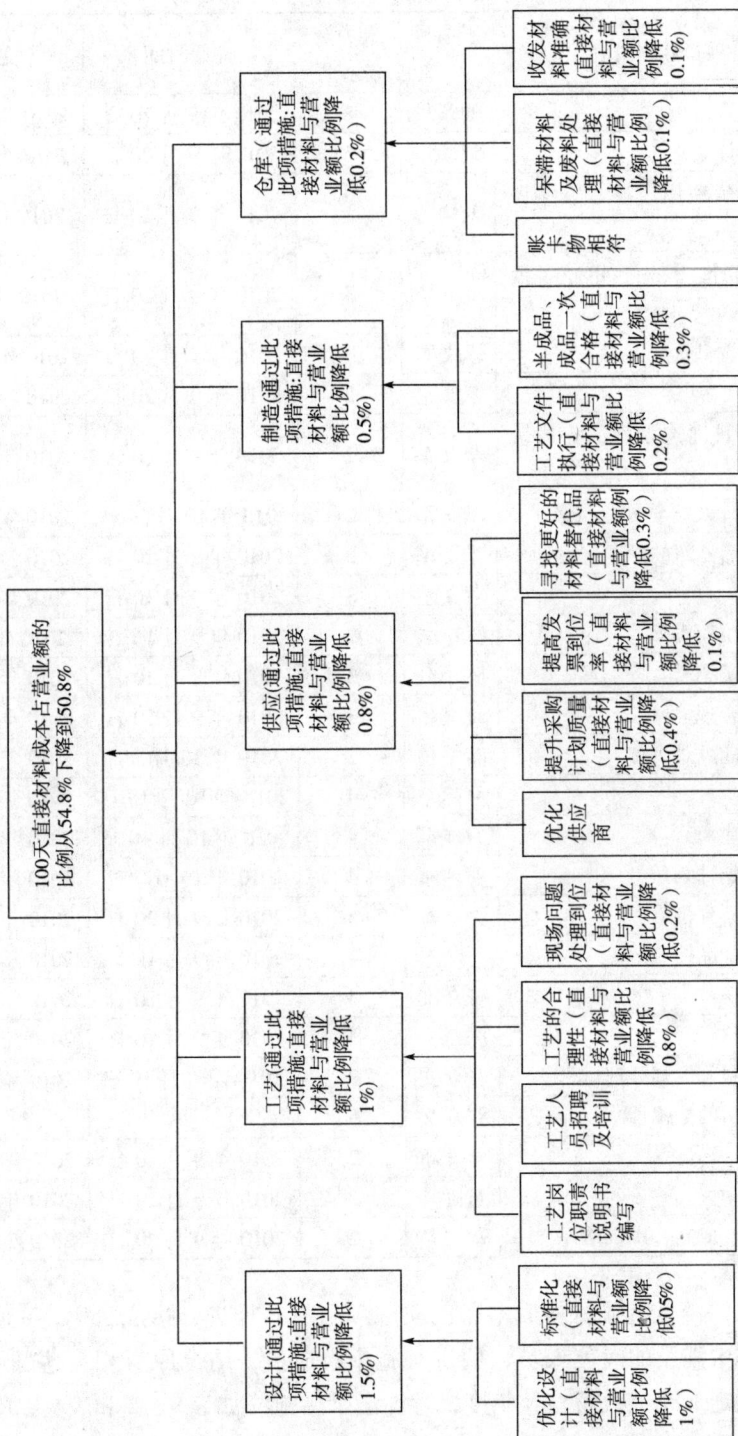

图 9 - 2　正大轻科降低直接材料成本项目实施目标蓝图（部分）

表9-1　　　　　　　　正大轻科降低直接材料成本项目实施计划（部分）

序号	项目计划内容	子项目经理	人力资源配置	开始时间	完成时间
1	设计	刘颂华	8	2010 年 9 月 20 日	2010 年 12 月 30 日
1.1	优化设计	刘颂华	5	2010 年 9 月 20 日	2010 年 10 月 30 日
1.1.1	编制材料使用《技术方案评审制度》	刘颂华	1	2010 年 9 月 20 日	2010 年 9 月 25 日
1.1.2	完善设计、校对、审核、批准程序	刘颂华	3	2010 年 9 月 20 日	2010 年 9 月 30 日
1.1.3	设备的选型优化	李文军	各工程师	2010 年 9 月 20 日	2010 年 10 月 30 日
1.2	标准化	李文军	2	2010 年 9 月 20 日	2010 年 12 月 30 日
1.2.1	常用材料优选系列、备选系列表	李文军	2	2010 年 9 月 20 日	2010 年 10 月 30 日
1.2.2	组织设计人员学习标准化	李文军	2	2010 年 10 月 30 日	2010 年 11 月 10 日
1.2.3	SRZ 加热器新的标准化设计	李文军	2	2010 年 9 月 20 日	2010 年 11 月 10 日
2	工艺	蒋文超	3	2010 年 9 月 10 日	2010 年 12 月 30 日
2.1	工艺岗位职责编写	陈小彪	2	2010 年 9 月 10 日	2010 年 9 月 20 日
2.2	工艺人员招聘	陈小彪	3	2010 年 9 月 10 日	2010 年 12 月 30 日
2.3	工艺的合理性	蒋文超	3	2010 年 9 月 20 日	2010 年 12 月 30 日
2.4	现场问题处理到位	蒋文超	2	2010 年 10 月 7 日	2010 年 12 月 30 日
3	供应	尹建军	4	2010 年 10 月 10 日	2010 年 12 月 30 日
3.1	优化供应商	尹建军	4	2010 年 10 月 10 日	2010 年 12 月 30 日
3.2	提升采购计划质量	尹建军	4	2010 年 10 月 7 日	2010 年 12 月 30 日
3.3	提高发票到位率	尹建军	5	2010 年 9 月 20 日	2010 年 12 月 30 日
3.4	寻找替代品控制	尹建军	4	2010 年 9 月 10 日	2010 年 12 月 30 日
4	仓库	张众文	3	2010 年 9 月 10 日	2010 年 12 月 30 日
4.1	账实相符	张众文	3	2010 年 9 月 10 日	2010 年 11 月 10 日
4.2	呆滞材料及废料处理	张众文	3	2010 年 10 月 10 日	2010 年 11 月 10 日
4.3	收发材料的准确性	张众文	3		
5	制造	蒋文超	2	2010 年 9 月 20 日	2010 年 12 月 30 日
5.1	合理化建议	黄胜其	2	2010 年 9 月 20 日	2010 年 12 月 30 日
5.2	半成品、成品一次合格	蒋文超	2	2010 年 9 月 20 日	2010 年 10 月 25 日

　　为了确保"降低直接材料成本"的实施项目有效推进、达成目标，正大轻科针对项目实施工作中涉及的岗位人员、项目实施小组成员，结合原有相关薪酬制度及考核制度，专门制定 KPI 绩效考核及年度、月度激励措施（如表9-2和表9-3所示）。

表9-2　正大轻科降低直接材料成本项目 KPI

岗位名称	考核指标（KPI）		权重（%）	KPI考评结果与KPI评价值对应关系									
				KPI考评	KPI评价值	KPI考评	KPI评价值	KPI考评	KPI评价值	KPI考评	KPI评价值	KPI考评	KPI评价值
设计员、设计工程师	1. 设计优化	必达44万元 / 挑战52万元	70%	降52万元以上	1.2	降44万~52万元	1	降38万~44万元	0.8	降32万~38万元	0.6	降32万元以下	0
	2. 标准化	必达22万元 / 挑战28万元	30%	降28万元以上	1.2	降22万~28万元	1	降18万~22万元	0.8	降14万~18万元	0.6	降14万元以下	0
采购员、采购工程师	1. 税票到位抵扣	必达4.5万元 / 挑战7万元	20%	降7万元以上	1.2	降4.5万~7.0万元	1	降3.5万~4.5万元	0.8	降2.5万~3.5万元	0.6	2.5万元以下	0
	2. 提升采购计划	必达9万元 / 挑战16万元	20%	降16万元以上	1.2	降9万~16万元	1	降6万~9万元	0.8	降4万~6万元	0.6	降4万元以下	0
	3. 优化供应商	必达9万元 / 挑战16万元	20%	降16万元以上	1.2	降9万~16万元	1	降6万~9万元	0.8	降4万~6万元	0.6	降4万元以下	0
	4. 材料采购合理化建议	必达13.5万元 / 挑战21万元	40%	降21万元以上	1.2	降13.5万~21万元	1	降10万~13.5万元	0.8	降8万~10万元	0.6	降8万元以下	0

续　表

KPI考评结果与KPI评价值对应关系

岗位名称	考核指标（KPI）	权重（%）	KPI考评	KPI评价值	KPI考评	KPI评价值	KPI考评	KPI评价值	KPI考评	KPI评价值	KPI考评	KPI评价值
工艺员、工艺工程师	1. 工艺的合理性　必达35万元　挑战42万元	80%	降42万元以上	1.2	降35万～42万元	1	降30万～35万元	0.8	降25万～30万元	0.6	降25万元以下	0
	2. 现场问题处理　必达9万元　挑战11万元	20%	降11万元以上	1.2	降9万～11万元	1	降6万～9万元	0.8	降4万～6万元	0.6	降4万元以下	0
车间主任	1. 合理化建议　必达4.5万元　挑战8万元	30%	降8万元以上	1.2	降4.5万～8万元	1	降6万～8万元	0.8	降4万～6万元	0.6	降4万元以下	0
	2. 一次合格　必达9.5万元　挑战14万元	70%	降14万元以上	1.2	降9.5万～14万元	1	降7万～9.5万元	0.8	降5万～7万元	0.6	降5万元以下	0
仓库管理员	1. 呆滞废料处理　必达9万元　挑战16万元	50%	降16万元以上	1.2	降9万～16万元	1	降6万～9万元	0.8	降4万～6万元	0.6	降4万元以下	0
	2. 出入库控制　必达9万元　挑战16万元	50%	降16万元以上	1.2	降9万～16万元	1	降6万～9万元	0.8	降4万～6万元	0.6	降4万元以下	0

表 9 - 3　　　　　　　　正大轻科降低直接材料成本项目年终奖 KPI

部门	100% 达到降低成本目标	降低成本目标 80% 以上	达成降低成本目标 60% 以上	达成降低成本目标 60% 以下
技术中心（万元）	10	8	5	0
工艺组（万元）	8	6	4	0
供应部（万元）	5	3.5	2.5	0
制造部（万元）	3	2	1.5	0
仓管（万元）	1	0.8	0.5	0

第四节　步步把关，强力执行

正大轻科在确定了"目标蓝图"和"实施计划"后，及时召开了动员大会（见图 9 - 3），在其内部掀起了"献计献策，降低成本"的热潮。

图 9 - 3　正大轻科动员大会现场

一、2010 年 10 月执行手记

在实施的初步阶段，正大轻科对项目实施方案采取了目视化管理，营造了良好的氛围。针对余废料混淆、到处乱丢乱放、员工节约意识不够、浪费严重、员工出错返

工等现象，制定相关措施，强化现场管理。

1. 完成的子项目的内容。

《设备优化选型操作规程》的初稿，《常用材料和五金件优选系列、备选系列表》的编制，《余料利用说明》的编制，《生产下料员工作业规程》的编制，《常用材料和五金件优选和备选标准》的编制，《供应商拜访日程表》的编制，完成了SRZ加热器5种规格标准化的设计。

招聘到两名工艺人员并进行了入职培训。

完成了设备的选型优化工作。

对仓库进行了全面盘点，建立《余废料鉴定标准》并组织培训。

组织生产人员再学习《生产工人作业规程》。

2. 项目推进过程中值得总结的经验。

成立项目领导小组，进行明确的分工，再由各负责人督查各项工作的开展情况，做到有领导、有计划、有检查、有督促。

作为项目组长的总经理直接指挥，执行力得到高度保证；各子项目计划清晰，目标明确，可操作性强，具体岗位人员执行起来直接明了，效果良好。

建立奖罚机制，对跟踪的结果进行通报，让全员及时了解相关信息。

让相关的上下道工序人员参与标准和流程的制度化编制，有效确保了制度的全面、合理和可操作性。比如《常用材料和五金件优选和备选标准》让供应部参与了制订，《生产工人作业规程》由质检部门、工艺部门、项目管理部门提出了很多好建议。这些子项目可操作性强，考核指标明确、可量化。

3. 项目推进过程中值得总结的改善点。

为降低直接材料成本，正大轻科出台了好几个规章制度，这些规章制度为各相关部门开展的降低直接材料成本提供了规范的操作程序，将持续影响材料成本的降低，但一些规章制度、作业流程还需建立一套合适的评价方法和体系。

有些子项目对降低直接材料成本的作用难以量化，考核不能有效落实。

4. 项目推进改进考虑。

加强各类资料的收集归档；进行目视化管理；对KPI进行调整，关键指标要分解到具体时段；对各子项目进展情况进行跟踪和通报；各子项目节点所达成的结果要尽量数字化、可评价、可对比；及时调整子项目的进程时间，使各环节各部门工作的开展更加紧凑，环环相扣。

二、2010年11月执行手记

1. 完成的子项目的内容。

完成了技术中心《设备选型优化操作规程》的培训；组织技术中心完成《常用材

料和五金件优选系列、备选系列表》的学习；完成了 SRZ 加热器所有规格标准化的设计；完成了《生产现场技术问题处理规程》的编制并组织工艺人员和车间班组长进行学习。

基本完成仓存呆滞料的清理分类，并由制造部和供应部进行利用、变卖和报废处理。

设计完成材料选型控制，节约直接成本 8.9 万元。

完成了 12 家供应商的考察、咨询、评估，最后选定了 4 家碳钢和不锈钢供应商，2 家铝材供应商，5 家其他部件供应商；完成常用材料价格变更趋势分析，采取适时采购策略，降低采购成本 21.6 万元。

通用材料和标准零部件采取集中规模采购策略，降低成本 4.86 万元。

通过一个半月对供应商所欠发票的催收，催回 200 余万元发票，抵扣税金 19.7 万元；采购员了解技术文件，掌握各种材料在项目中的用途；寻找新材料，已采用新材料锟涂聚脂铝卷代替氟碳锟涂铝卷，每年可节约材料成本 10 万余元。

组织车间员工学习工艺文件和有关合理化建议奖励办法；员工提出合理化建议被采纳三条，将对节约材料成本产生持续影响。

2. 项目推进过程中值得总结的经验。

在对技术中心进行相关优化选型和规范工作流程的培训学习中，正大轻科总工程师以制作产品为例进行讲解，培训效果非常好。

现场技术问题处理规程出台，规定了处理时间和操作流程，使生产现场的技术问题处理速度和效率大大提高。

仓库的清理整顿，呆滞物品的处理，为仓库腾了空间，提升了仓库的管理水平。

供应采购是降低直接材料成本的部门，供应商的选择至关重要。通过拜访供应商，增强了了解，建立了良好的合作关系。在拜访过程中，首先要确定拜访的目的，拜访的时间要先和对方沟通好，确保拜访不落空，拜访后要及时进行整理、进行评估。采购人员对市场价格和材料的了解和分析，对降低材料采购成本影响非常大，要加强采购人员的培养学习；供应商评审时让其他相关部门参与进来，对选择优秀供应商作用非常大；采购人员对项目用料了解，通过寻找替代材料和新材料，促进了新材料新工艺的使用，并节约了采购成本。

降低材料成本需要全员共同参与，要充分发挥生产一线员工的智慧和创造性；适当的激励措施对员工保持持续的热情，效果明显。

3. 项目推进过程中值得总结的改善点。

供应商的评估选择每年要进行一次，建立长效机制，对同类材料供应商进行分析和比较，选择优质供应商；适时的规模采购必须建立在充分的市场了解和分析基础上，使风险降到最低。

加强6S管理工作，对各死角、仓库进行整理、整顿，清理出呆滞物品并及时处理，确保账卡物一致。

培训的方式和培训老师的选择对培训的效果影响非常大，以后的内部培训将进行改善。

催收发票时不能过急，要了解供应商的情况，达到共赢的目的。

4. 项目推进改进考虑。

要求各部门加强材料的及时整理收集工作，不能等成果出来了，却没有及时进行归纳汇总。

要对作出成绩的部门或个人，及时按照《激励政策》给予奖励表彰，刺激积极性，发挥模范效应。KPI考核要与直接节约金额挂钩；对各相关部门所取得的成果，需要行政部联合财务部门进行核实；分阶段及时进行KPI考核，提升员工的积极性。

对一些好的措施手段要建立标准和流程，并进行长时期的推广。

三、2010年12月执行手记

1. 完成的子项目的内容。

利用余料达到20.2万元；下料和制作时，材料利用率达90%以上。

工艺人员对现场技术问题处理得非常到位，车间员工非常满意。

经过材料价格分析和提前下达采购计划，采取了规模采购，降低了材料成本；供应人员提交了材料代用意见，降低材料成本18.6万元；采购合同在40万元以上的，采取了合同评审，确保采购质量和价格最优。

对各部门进行总结，对节约的直接材料成本进行核实，将一些好的措施、方法、经验以制度化的方式规定下来，并予以推广。

按照激励政策给予相关部门和个人奖励。

2. 项目推进过程中值得总结的经验。

各项目规定必须有《余料利用说明》，此项增强了工艺人员的工作主动性。

通过采购总重量和废料处理进行对比，得出材料利用率，以此考核制造部管理人员和工艺人员，提高了材料利用率；提前下达采购计划有利于供应人员充分询价和规模采购的实施；促进供应人员及时了解代用材料的库存和市场最新信息；大金额采购合同采取公开、集体评审的方式规避了暗箱操作，提高了采购质量。

按照实施计划逐项进行检查和总结，这样可以发现实施过程中存在的问题，并采取措施予以解决；总结时，召开项目成员会议，让每个成员参与进来，分享成绩和经验，查找不足。

相应的激励措施提升了员工的积极性，为后续开展相关课题打下了基础。

3. 项目推进过程中值得总结的改善点。

材料利用率的计算怎样变得更加科学，操作性更强。

提前下达采购计划要求设计准确性高，材料预算准确，这样才不会产生材料堆积使得仓库放置不了，仓库堆放问题使得仓库账卡物一致的难度加大。

对表现好的部门和个人实施奖励，对表现差的也应该有相应的处罚措施，这样才能真正起到激励作用。

4. 项目推进改进考虑。

整改项目已经取得了巨大的成绩，远远超过了预期的目标，正大轻科将把降低成本的措施以制度化和程序化的方式固化下来，持续实施。

加强各相关部门的考核工作，对表现突出的个人和部门按照激励政策进行奖励。

下一阶段正大轻科将继续推行与降低直接材料成本相关的有效措施，形成长效机制；同时正大轻科将运用所学到的瓶颈突破方法，攻克新的瓶颈——人力资源管理的薪酬与绩效考核问题。

第五节　100 天收获一年的利润

经过 100 天的奋战，正大轻科适时调整并修正目标蓝图和实施计划表，紧盯瓶颈突破目标，取得了重大的突破，收获了骄人的成就（见表 9 - 4）。

正大轻科这 100 天的收获，不仅仅是企业利润的大幅度提高，更重要的是管理思维的转变及部门管理的全面升级。

制造部形成了节约成本的良好风气，每个员工都能站在自己的岗位上积极想办法节约成本，整个车间现在变得干净整洁，6S 整理效果明显，材料领用规范，各岗位建立了规范的操作程序，错误和工伤大幅度减少。

设计部改变了设计不对成本负责的错误观念，深刻认识到设计对降低成本的重要性，实际达成的效果使整个设计部感到震惊，一些规范和标准的建立对节约材料成本将起到长期作用，为后续的采购、制造等工作提供了便利。仓库管理基本上做到了账卡物一致，材料的领用和发放、借用，控制基本到位，呆料余料的清理利用效果明显。

供应部在项目实施过程中所采取的措施用制度化规定下来，形成长效机制。

工艺部通过优化下料工艺、改装工装夹具、及时处理现场工艺问题，采取拼凑焊接等方式利用余料和边角废料，为后续的工艺改进提供了很好的方法与经验。

截至 2010 年 12 月 30 日，制造部共节约直接材料成本 32.2 万元，设计部共节约直接材料成本 92.8 万元，仓库节约材料成本 37.4 万元，供应部降低采购成本 76.8 万元，工艺部降低直接材料成本 64.7 万元。

正大轻科的方案必达目标为节约直接材料成本 178 万元，挑战目标为节约直接材料成本 249 万元，实际节约直接材料成本 304 万元（如表 9 - 4 所示），超额完成必达目标 71%。

表 9 - 4　　　　　　　正大轻科降低直接材料成本项目指标完成情况

部门	KPI	必达目标（万元）	挑战目标（万元）	实绩（万元）	超必达目标百分比
设计	优化设计	44	52	60.02	36%
	标准化	22	28	32.8	49%
工艺	工艺合理性	35	42	37.7	0.8%
	现场问题处理	9	11	27	200%
供应	优化供应商	9	16	18	100%
	提升采购计划质量	9	16	24.6	173%
	提高发票到位率	4.5	7	29	544%
	寻找材料替代品	13.5	21	5.27	-61%
制造	生产合理化建议	4.5	8	21.5	378%
	半成品、成品一次合格	9.5	14	10.7	13%
仓库	呆滞、废料处理	9	16	29.65	229%
	收发材料准确性	9	16	7.75	-14%
总计		178	247	304	71%

"降低直接材料成本"项目实施的 100 天时间里，正大轻科节约的直接材料成本相当于 2009 年度全年的总利润，真可谓"日均挖潜超三万，百天创利胜一年"！

第十章 怡清源茶业：瓶颈突破，销售断货

2010 年管理升级总结表彰大会颁奖词：擂台赛优胜奖

冠誉地方特色产业的代表，独享一处唯一的骄傲。然而，荣誉的光环并没有带来销售业绩的阳光照耀。在 100 天擂台赛期间，放下身段，潜心学习，灵活应用，颠覆行规，制造稀缺，创造奇迹。是他们，由开始愁"卖"，到再现了客户争相打款、领导批条发货的计划经济年代的"紧缺"现象；是他们，全员营销，群策群力，再度创造了湖南"黑茶"营销的一个神话。

下面有请创造黑茶营销传奇的怡清源茶业！

"100 天突破"效果总结

通过 100 天的努力，公司 2010 年第四季度销售收入、利润总额和上缴税金分别比 2009 年同期增长了 109.77%、88.12% 和 112.96%。他们创造出"员工当老板了""发货要批条了""生产供应叫苦了""业务员不要底薪了""经销商追着我们跑了""产品全部限量了"等诸多经典故事。

怡清源已全面运用对阵方法论和系列应用工具分析、解决面临的其他发展问题，系统规划来年的整体工作。公司现在掌握的 2011 年的订单，需要公司生产线全年两班倒才能基本满足，我们有理由相信，怡清源 2011 年会更好。

参赛背景概述

来自世界唯一黑茶原产地中国安化的唯一一个"中国驰名商标"——怡清源，其商业背景可谓占尽天时地利，然而其营销业绩却一直差强人意。在参加擂台赛前，怡清源"黑茶"的营销问题集中表现在：大客户销售终端不够，高附加值产品难以放量导致企业经营利润率低，经销商利润低导致积极性不高，使区域销售力受限、网络扩张及网点建设力度弱、跨区域招商难。资源的优势受到营销的制约，企业的发展面临前所未有的压力，突破营销、加速发展是怡清源面临的首要难题。

第一节　世界唯一黑茶原产地的中国唯一驰名商标

世界上只有一个黑茶产地，那就是中国；中国只有一个黑茶产地，那就是湖南安化；安化只有一个中国驰名商标，那就是怡清源。

湖南省怡清源茶业有限公司（以下简称"怡清源"）集茶叶科研、茶园基地建设、茶叶生产、加工、销售、茶文化传播于一体，是国家商务部认定的全国百家大型农产品流通企业、国家农业部认定的"全国新农村建设百强示范企业"、中国茶叶流通协会认定的"中国茶叶行业百强企业"、湖南省人民政府认定的"湖南省农业产业化龙头企业"、湖南省经济和信息化委员会认定的"湖南省小巨人"企业。

湖南省人民政府、湖南省财政厅将怡清源列入中国黑茶重点龙头企业，从资金、政策等多方面扶持怡清源安化黑茶做大做强。现在怡清源已是安化县委县政府重点发展地方特色——黑茶产品的龙头企业，国家财政部投资参股的黑茶企业，安化县工商局"一化三基"的定点服务企业。

2007年，为了大力发展中国地方特色产业，国家财政部投资重点项目——怡清源中国黑茶生产加工中心，支持怡清源建设中国一流的黑茶加工中心。这是中国唯一由国家财政部投资参股的安化黑茶产业化项目，包括有安化黑茶生产加工茶厂建设，安化茶马古道文化品牌——茶马驿馆建设，安化黑茶生态茶园基地，有机茶基地建设，等等。

早在2000年，怡清源就在长沙市解放路开办了最早的专卖店，此后，怡清源开办专卖店的势头一年高过一年。当省内茶界还在家门口打价格战的"血拼"中，怡清源已放眼九州，巧手布"子"起风云，先后在北京、上海、广州等一线城市，以及西安、石家庄、沈阳、济南等二线城市，建起了几百家专卖店。2006年，怡清源还将茶叶专卖店开到了伦敦，在省内茶界格外引人注目。经过十几年的发展，怡清源慢慢走出了一条"连锁专卖、特约经销、电子商务、国际贸易"的特色营销之路，给他们的加盟商带来了巨大的行业优势和经济利益。

作为世界唯一黑茶原产地的唯一中国驰名商标，怡清源旗下拥有以"野尖"为代表的黑茶系列，以"黑玫瑰"为代表的功能茶系列，以"野针王"为代表的绿茶系列等众多核心产品。而众多产品中，最为突出的是怡清源黑茶。怡清源的黑茶至少拥有9个"中国第一"：安化黑茶第一品牌；中国第一款女性生态美容养颜黑茶黑玫瑰；中国第一款走进北京人民大会堂的安化黑茶黑玫瑰，成为"祥和中国节"七夕定情茶；安化黑茶倡议申遗第一茶；中国第一个国家财政部投资重点支持项目——怡清源中国黑茶加工中心；中国第一个中国黑茶驰名商标；中国第一款原叶茯茶；中国第一款荷香茯茶；中国第一款野尖茉莉黑茶。

　　怡清源重视自主创新，重视产品科学研发。其生产副总经理、总工程师张流梅是湖南省著名黑茶专家、高级评茶师、茶叶理论专家、实践专家，从事茶叶科研与产品开发 20 余年，除了负责怡清源生产质量管理工作，还是高新技术产品"怡清源野针王"的主要开发和研究带头人。依据着本土的优势，怡清源与湖南农大合作，由刘仲华、熊兴耀、刘昭前等茶叶知名专家教授牵头，组成科研攻关队伍，开发出拥有独立知识产权的产品，取得了多项专利与科研成果，使怡清源的产品具有强大的竞争力。

　　怡清源秉承"振兴民族茶业，弘扬中国茶道"的企业宗旨和"不做别的，一切为了茶"的企业信条，在茶叶的科研开发、生产、加工、销售和湖湘茶文化的研究与推广上都起到了龙头企业的带头作用。怡清源的目标是：把茶产业做精做好，把"怡清源"品牌做大做强，把湘茶推向全国，推向世界。

第二节　销售乏力，五大课题

　　一个木桶能装多少水，并不取决于最长的那块木板，而是取决于最短的那块。

　　虽然怡清源占据着地理和技术的优势，但部分销售目标始终未能完成。为此，怡清源增加了大量营销投入，开发了不少新客户，可是销售仍然没有大起色；怡清源又研发了多款新产品投放市场，但还是没有带来销量上的提升。总之，怡清源从产品研发到生产，从生产到销售，从销售到茶文化推广，用尽浑身解数，多管齐下，极力想促进销售突飞猛进，但效果都不尽如人意。

　　面对这样的问题，怡清源专门展开了各项原因的分析排查，发现了不少问题。

问题一：大客户终端销售不够

　　通过前期的建设，到 2010 年，怡清源已经达到每年 3000 吨茶叶的产出供应能力，产值每年可达到几亿元。但根据现有的销售途径与渠道发现：专卖店等终端销售渠道的销售任务量完成较好，而电子商务、定制、团购、经销商等大客户渠道却总不能完成任务。从 2010 年 1—8 月的销售数据来看，定制、团购、经销商等大客户终端实际销售情况与预期目标差距较远（如表 10－1 所示）。

表 10－1　　　　　　　　　2010 年 1—8 月怡清源各销售途径的销售情况

销售途径	预计成效
专卖店	预计能够完成
国际贸易	可超额完成任务
电子商务	预计能够完成 80%，差额 20%
定制、团购、经销商等大客户	预计能够完成 50%，差额 50%

问题二：产能与产品价值的最优化不够

同样按 3000 吨的生产量来计算，生产不同类茶可带来的产出价值是不同的，要想实现产出价值的最大化，应大力发展价值较高的茶类生产（如表 10－2 所示）。但由于传统销售渠道的需要，目前怡清源在供应上，暂时还是倾向于边销茶等产出价值较低的茶类生产，这样一来，怡清源的生产虽然达到了一定规模，但利润点低，实际产出价值没有达到最大和最优化。

表 10－2　　　　　　　　　　　怡清源各茶类产能和产出价值对比

茶类	生产能力（吨）	产出价值（万元）
边销茶	3000	1500
A 茶	3000	4000
B 茶	3000	8000
C 茶	3000	12000
D 茶	3000	20000

问题三：业务发展范围不够

一是怡清源的业务地域范围，一直以来都是以湖南为重点，在其他省份的影响力远远小于湖南。二是怡清源之前的茶叶品牌以绿茶为主，而绿茶选择的地域性非常强，如杭州的消费者就只偏爱龙井，对外地品牌有很强的排斥心理。

问题四：代理加盟商积极性不够

之前，怡清源的专卖店都是直营店，这两年才放开政策吸引各地的代理加盟经销商。虽然怡清源对代理加盟一直有优惠政策，但似乎对代理商的激励作用不大，代理商的工作积极性与主动性没有被充分调动起来。

问题五：员工积极性不够

怡清源业务部门的员工是"高底薪加提成"，业务员业绩的好坏没有充分与业务量挂钩，因此业务员的销售积极性和业务潜能没有完全发挥出来。

各方面的问题聚集，最让怡清源头疼的是销售滞后问题，特别是电子商务与定制、团购、经销商等大客户资源的开发情况不容乐观。2010 年，怡清源计划针对省内终端的销售目标任务是 6000 万元，但是实际最多只能达到 5000 万元的销售额，最后的三个月时间里，按照原来的销售进度，至少还有 1000 万元的销售差距没有着落。

销售滞后的木桶短板效应严重制约了怡清源的发展。销售收入是一个公司的利润之源，是其长远发展的不竭动力，一个公司要想做大做强，就必须在销售方面跃上新台阶。如何为怡清源的销售业绩增长注入一支强心针，成为怡清源发展过程中迫切需要解决的问题。

第三节　管理升级浅试水，营销对策条条来

竞争激烈的商海，如逆水行舟，不进则退。正当怡清源还在徘徊之际，长沙市工业和信息化委员会针对全市中小工业企业开展了十百千管理升级活动。怡清源觉得这是一次很好的尝试机会，在董事长简伯华的亲自督促下，怡清源高层领导迅速融入"管理升级"学习活动热潮当中。在管理升级专家的指导下，怡清源采用价值链分析的方式，经过反复论证，最终将他们的瓶颈准确锁定为——营销环节的大客户销售。

一、瓶颈锁定大客户销售

怡清源以年度销售额为目标，并分解为专卖店、国际贸易、电子商务、大客户（定制、团购、经销商）四大目标，经过目标与实际结果数据对比，发现差距最大的是大客户销售，与预期目标相差1000万元。这个分析用数据说话，非常具有说服力和可信性，让怡清源上下更加确信瓶颈所在（如图10－1所示）。

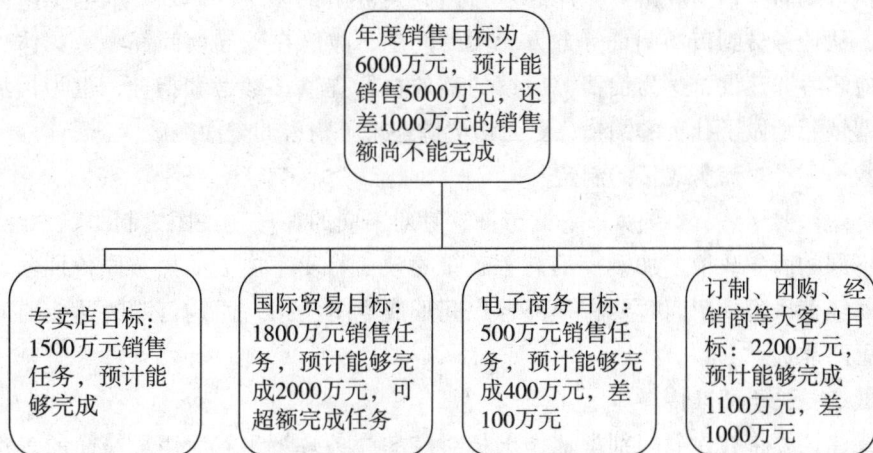

年度销售目标为6000万元，预计能销售5000万元，还差1000万元的销售额尚不能完成

专卖店目标：1500万元销售任务，预计能够完成

国际贸易目标：1800万元销售任务，预计能够完成2000万元，可超额完成任务

电子商务目标：500万元销售任务，预计能够完成400万元，差100万元

订制、团购、经销商等大客户目标：2200万元，预计能够完成1100万元，差1000万元

图10－1　怡清源管理升级瓶颈分析

二、"零风险、零库存"的绝佳商务政策

经过定义客户，怡清源发现大客户不外乎希望自己的经营品牌风险低、升值潜力大。黑茶本身具有升值潜力，放得越久价值越高，而且世界上只有一个黑茶产地，那就是中国湖南安化，因此黑茶每年的产量有限，所以就更有增值价值。怡清源在十百

千播台赛教练组老师的指导下，提出了针对大客户的"零风险、零库存"的商务政策——怡清源将以原价回收客户卖不出去的库存产品，且一年回收一次。这样就消除了客户投入资金的风险和库存压力，同时也使客户的销售赢利心理被有效满足，怡清源和客户实现了双赢。

三、目标蓝图考虑周到，额外加分

在目标蓝图的制定环节中，怡清源是30家企业的方案中唯一一家获得额外加分的企业，因为怡清源的目标蓝图除了对营销、销售、价值放大和品牌四大部分都有考虑外，还考虑到了负面效应以及执行障碍的解决方案。任何优秀的方案都有负面效应和执行障碍，越好的方案负面效应和执行障碍可能越大。怡清源在制作目标蓝图方面的考虑周到，受到了十百千播台赛教练组的一致认可和表扬，最后，方案以96分的优异成绩在学习训练阶段PK中夺得桂冠（如图10-2所示）。

第四节　教练辅导，招招破敌

在执行期间，怡清源由一个问题点带出其他环节的多个问题——从电子商务部到人事部，从业务员到市场调查等方方面面的问题，教练在辅导期间都一一具体分析并作了相应解答和建议，这为怡清源后续的高效执行提供了参考和指导，也为怡清源成功突破营销瓶颈做了扎实的铺垫，更为怡清源迎来了销售的全面突破。

招数一：针对商务政策的制定

教练建议要聚焦，不要太多、太分散；针对不同的客户（集团定制团购、经销商）要制定不同的商务政策。加盟商的商务政策建议：将卖不出去的黑茶原价回收，免去经销商的经营风险；招商时要在外部客户间形成竞争关系，团购订购的达成要向创造稀缺的思路靠拢。

招数二：关于精准传播

教练建议要将客户分门别类地作出相对应的商务政策，然后用最精简的表达方式精确传播出去。同时，坚持一对多的传播原则，如采用会议营销，或者借助其他会议将怡清源的宣传巧妙地结合在一起。

招数三：对于老客户的价值挖潜

教练建议怡清源找客户的客户，找客户的供应商，围绕一个客户的上下游找客户，充分用好关联购买、重复购买、打台球三大价值挖潜策略，实现客户购买价值的最大化。

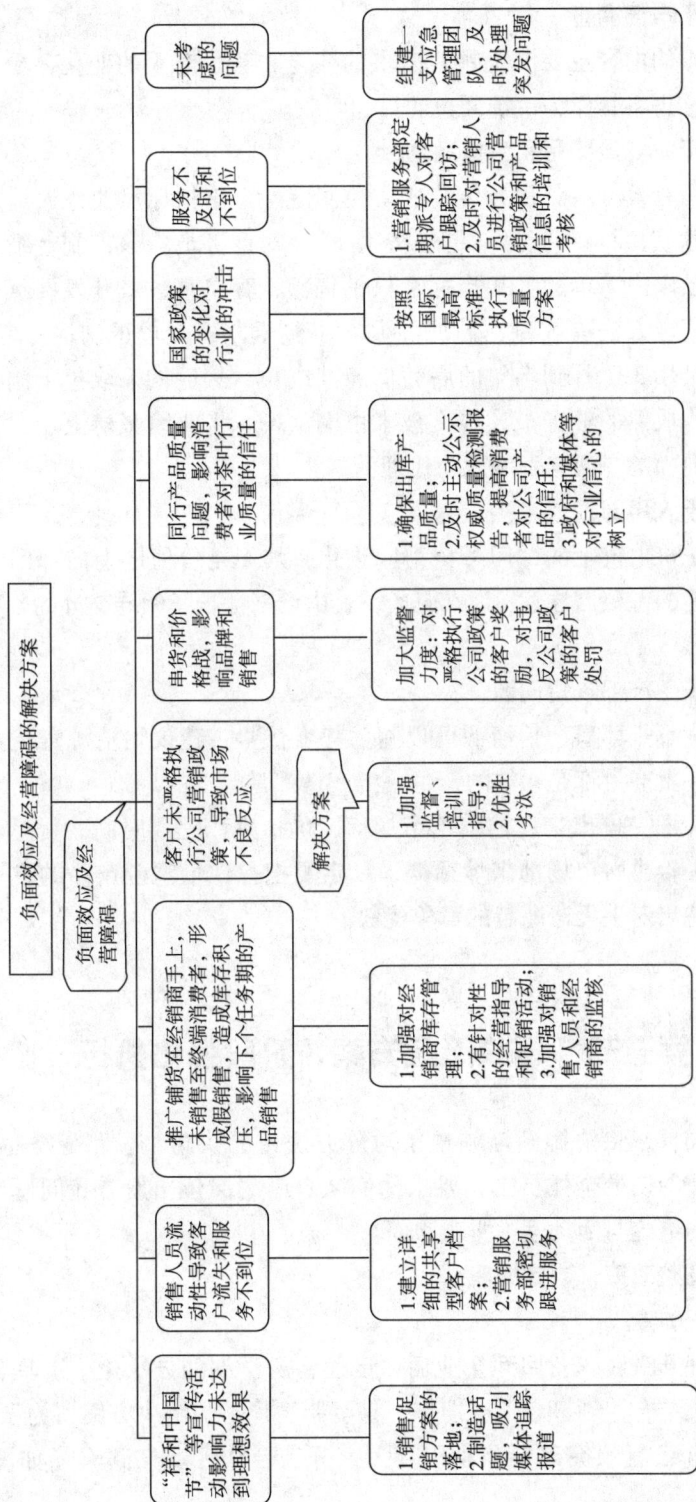

图 10－2　怡清源负面效应和执行障碍解决方案

招数四：对于市场调查

教练建议调查的内容主要围绕顾客需求的变化和竞争对手的变化，看什么人员最紧密接触这二者，再将其作为市场调查的目标对象。

招数五：对于业务员费用和考核激励

教练建议应用有效产出观代替传统成本控制观。产出指标对业务人员来讲就是业绩指标，即"销售费用/业绩指标＝销售费用率"，对业务员应该控制业绩指标、销售费用率。通过5项以内简单的KPI指标考核销售额、客户基数或开发网点、销售费用率等，业务员的薪金方法有3种，即底薪制、小包干制、大包干制，三者层层递进。对初入行的业务员用3个月到半年的底薪保障其成长，然后就采取包干制，这样一来业务员要么成长为成熟的业务员，要么被末位淘汰掉。将业绩张榜上墙，每月淘汰最后一名，每年将前面的一两名发展成为代理商。

招数六：对于人事部绩效考核

教练建议凡是价值链上的部门考核都应量化，凡不是价值链上的部门考核就要标准化。非价值链上的考核需注意：为谁服务，就由谁来考核，领导交办的临时性工作由领导考核。

招数七：对于生产部缺货问题

教练认为缺货不是坏事，怡清源可以将劣势变优势，建议怡清源宣传每一批产量都是有限的，每一批产量都是稀缺的，每一批产量都是畅销的。

生产部生产计划一排出来就输出给市场部，包括生产完成时间、货量。先将每一批的产量宣传出去，再由市场部来炒稀缺，一定要把握住怡清源产品的唯一性与稀缺性，这样才能创造出对手无法超越的竞争优势。

第五节　调政策定方案，阶段强化执行

通过教练的辅导，怡清源渐渐领悟了对阵方法论的诀窍，思路变得越来越清晰。在此基础上，怡清源动员全体员工，要求他们从自己的岗位出发查找问题，一系列针对解决营销瓶颈的措施与活动逐一露出水面。

第一阶段：调整政策，制定方案

1. 专项小组的成立。

怡清源从管理升级训练营回到企业后，迅速将所学到的方法论、工具和案例与自己的企业实际有机结合，制订出了可操作、易复制、优秀的解决方案，为了达成共识，他们成立了管理升级瓶颈突破专项小组，大家分工合作，责任到人（如图10－3所示）。

副组长一：由怡清源总经理负责整个公司的人力资源与大客户组，利用网络媒体等一切渠道为公司开发大客户资源

组长：

由怡清源董事长担任，负责整个专项活动的整体把控，对活动过程中的重大问题进行决策

副组长二：由怡清源常务副总经理负责财务组和营销服务，主要从营销服务上突破，争取现有大客户的转介绍资源

副组长三：由怡清源副总经理负责产品研发与生产供应，保证大客户渠道开通后，产品生产供应不脱节

副组长四：由怡清源副总经理负责整个项目的营销策划工作，进一步推进怡清源品牌形象树立，增强企业软实力，吸引更多大客户资源

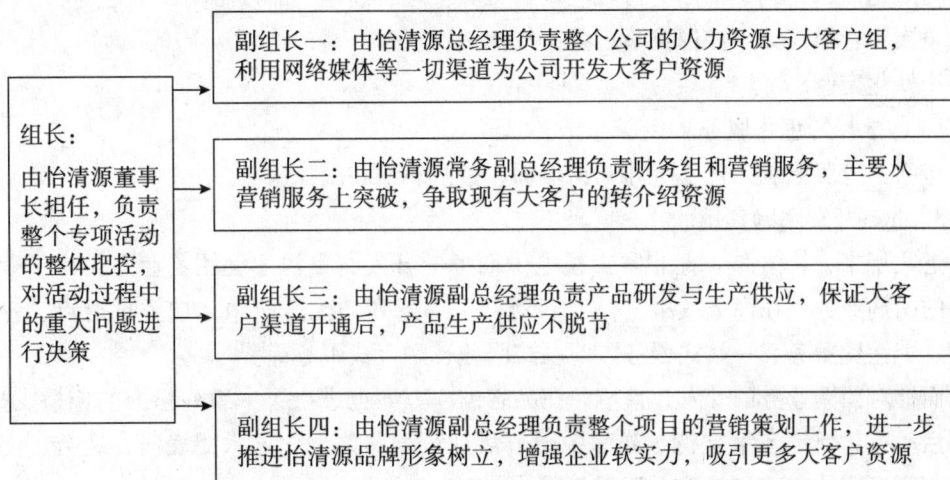

图 10-3　怡清源管理升级瓶颈突破专项小组组织结构

2. 重点开发加盟经销商。

按照目标蓝图，怡清源迅速成立大客户部，对加盟经销商市场进行重点攻坚。主要从以下四方面着手。

（1）定义客户。

锁定重点客户群：有经济实力的、有经营场所的、茶叶同行、商贸公司、零售私营业主、加盟商。

分析客户所在地：茶馆、烟酒柜、商超、食品经销公司、商贸公司、茶叶店、批发市场。

接触客户的途径：熟人介绍、市场走访、广告招商、网络招商、同行转型。

分析客户需求：品牌影响力大、产品性价比高、配套服务完善、利润可观。

（2）分析企业吸引力。

三个唯一：唯一黑茶中的驰名商标；唯一通过出口认证的黑茶加工厂；唯一的黑茶新品。

比同行更优惠的销售政策：一对一的帮扶政策。

成熟的经营管理体系，连锁专卖超过 200 家；无公害茶园基地；一流生产线；多项质量认证：如 QS ；市级技术中心；野生茶树品种。

（3）制定商务政策。

零加盟费，风险低。

开业支持：开业促销策划、开业赠品、茶艺表演。

定期促销：每年定期四档大型促销。

经营扶持：选址、设计、装修、培训、督导、广告。

提成返点：特约经销商、区域经销、区域代理、商超产品按不同比例返点。

退换货：黑茶无条件退换货；绿茶按比例退货。

个性化定制。

（4）推行特色化服务。

包括：专版定制茶艺、专业知识培训、茶艺表演和跟踪服务。

3. 重点开发团购营销。

近几年来，怡清源一直非常重视电子商务的开发，重视发展团购业务。为了吸引更多的团购业务，在商务政策上，他们制订了一系列的优惠政策：如凭量返点、专版定制、个性化服务、一站式服务、双赢式服务、融合式服务等。

而针对团购业务的开发，怡清源在品牌推广方面也进行了一系列精准的传播支持，主要活动有：促销政策支持、祥和中国节活动策划、茶文化艺术团表演、展会、传统媒体、新型媒体宣传、跟踪上门服务等。

为了鼓励更多的团体参与团购业务，怡清源还采取了一些激励措施，如：积分兑换或赠送、周年庆大客户抽奖、安化与桃源茶基地特色游、一次签约 5 万元以上的客户赠送一小时茶艺表演一场，等等。

4. 员工培训激励政策。

要想销售增长，业务员素质的提高必不可少。为了推动销售，怡清源一方面加强自己员工的业务培训，另一方面加强对广大加盟经销商的专业培训，双管齐下，提高了销售人员的专业水平和市场管理水平，从而促进产品的销量。

（1）员工专业培训。

怡清源设有专门的营销公司，将所有的业务人员集中起来，统一进行茶业专业知识与销售业务拓展能力培训。怡清源内部培训师组织产品培训课堂，由茶叶专家给员工普及安化黑茶的知识，由市场销售负责人员对产品销售环节中的各大细节进行讲解，使所有业务人员了解加盟招商的一系列操作流程。另外，怡清源还聘请湖南省内高校市场营销教授讲师给员工授课，从理论到实践，让业务员更加清楚自己的薄弱环节和提高的方向。

（2）对加盟经销商进行运营培训。

许多加盟商对怡清源的品牌文化以及茶叶方面的知识不是很了解，怡清源专门组织培训人员，分地区对原有加盟经销商进行专卖店后期管理运营环节培训，并且通过对整个茶叶市场基本情况的调查，与其他茶叶品牌的比较，讲述怡清源独有的优势与特色，效果非常明显。在长沙本部的加盟经销商系统培训中，现场气氛非常活跃，加盟商们就自己在运营过程中遇到的问题请教专家，并互相交流切磋，不断提高自己的经营管理能力和水平。

（3）对怡清源业务部人员实行激励方案。

为了激励员工提升销量，怡清源参照十百千擂台赛教练的建议，施行了"零底薪、高提成"等一系列针对业务部员工的营销鼓励措施。实现了怡清源赚钱，员工借助怡清源的平台也为自己赚更多的钱，最大程度地调动了员工积极性。怡清源的激励措施主要包括：奖励新开怡清源加盟店、首批进货提成鼓励、奖励新铺店面、后期销售返利等。

第二阶段：媒体活动，强力造势

为了让广大客户更好地了解怡清源、认可怡清源，吸引大客户自己找上门来，怡清源策划了一系列精准传播活动，推广怡清源的品牌文化特色，更好地提升怡清源在市场上的知名度、美誉度。怡清源投入了大量资金用于品牌宣传，宣传渠道涵盖了电视、广播、网络、报纸等媒体，地域覆盖广阔，基本上各一线中心城市的媒体宣传上都可以看到怡清源的影子。《参考消息》、《北京青年报》、《南方都市报》、《香港大公报》、《海峡导报》、红网、第一茶叶网、湖南卫视、湖南经视等多路媒体上都对怡清源展开宣传，收效甚好。

在管理升级活动期间，怡清源策划了一系列公关活动，其中办得最有声有色的就是"祥和中国节全球华人申遗宣传活动"，此活动的启动仪式在人民大会堂举行，怡清源董事长简伯华担任了申遗声援团团长，于丹教授担任了此次活动的形象大使。此活动影响范围非常广泛，使怡清源的知名度得到迅速提升。此外，怡情源还精心策划了千古名楼赏月会、百孝登高慈满天下重阳节、长沙社区文化节等大型活动，均收到了非常高的赞誉。

第三阶段：借茶博会，推动销售

在媒体活动的宣传造势下，为了进一步拓宽怡清源在全国各地的影响力，使怡清源走向全国，为更多的消费者所熟悉，让怡清源的品牌效应从湖南遍及全国，吸收全国各地的大客户资源，怡清源加强行动，充分利用各地茶博会平台。

通过目标蓝图的分析，怡清源发现大客户群体可能存在的范围主要在茶叶批发市场、集团公司、各企事业单位、茶馆等处，而要把这些大客户优势群体集中起来，全国各大城市举办的茶博会无疑是最好的平台。为此，怡清源员工开始频繁出没各大城市，带着怡清源的核心产品重磅出击，参与了北京、上海、广州、香港、武汉、郑州、深圳、中山、厦门、济南等各地举办的各类茶业文化博览会（如图10-4、图10-5所示）。

每场茶博会，怡清源都会以其古香古色的展区造型、极具古典气息的茶艺表演带给参展人员全新的视觉冲击。最重要的是怡清源所携带的产品屡获茶博会金奖，如怡清源荷香茯茶获第二届湖南茶博会金奖、怡清源黑玫瑰获第三届深圳茶博会金奖等，这在茶博会上也掀起了一阵阵怡清源名茶热潮，吸引了众多茶商洽谈合作事宜。

图 10－4　2010 年 12 月 23 日广州茶博会上，怡清源董事长简伯华发言

图 10－5　湖南茶博会上，省人大常委会副主任蔡力峰
饶有兴趣地在听工作人员介绍怡清源的特色产品

　　每一次展会不仅让怡清源在销售上有量的突破，更重要的是怡清源借茶博会平台，进一步将自己的品牌推广开来。在茶博会，怡清源凸显了自己高水平深层次的文化定位，展示了自己强势的高质量茶叶产品，也向人们推荐品茶这种健康的生活方式。基于此，大家对怡清源不再陌生，更多的茶商选择与怡清源合作，更多的消费者选择信赖怡清源的茶品。

　　第四阶段：跟进服务，盯紧大客户

　　通过强势的品牌推广后，怡清源继续完善相关跟进服务，目光紧紧围绕能突破销售额的大客户团体。

1. 为大客户提供最优的后续服务。

怡清源派专人对全国各地的大客户提供扶持，帮助大客户拓展市场。而客户通过怡清源专门的培训考试，还可获得劳动部门认可的技能证书。大客户中特别是 VIP 客户可享受怡清源提供的增值服务等优惠政策。为了培养与客户的感情，怡清源也开通茶园、基地体验式旅游服务，使他们更好地融入怡清源文化。

2. 对于渠道终端实行统一管理。

对于全国几百家专卖店，怡清源进一步加强统一管理，具体体现在以下的"六统一"：统一形象、统一理念、统一产品、统一价格、统一管理、统一服务。同时还规定，针对黑茶市场的火暴局面，专卖店应主推怡清源高档黑茶如黑玫瑰、千两茶等。

3. 对已有大客户进行价值挖潜。

在确定茶叶的购买价值后，怡清源对现有客户展开了价值挖潜活动，进一步加强大客户的开发与利用。

（1）关联购买。

买茶叶送茶馆茶水消费券，例如消费满 200 元送 50 元茶水消费券。

针对不同茶产品有专版茶具，如黑玫瑰的专版茶具如诗杯、黑茶专版茶刀等。

产品捆绑销售。

（2）重复购买。

会员制：推出会员套餐，每个月有 1～2 次会员套餐购买活动；会员积分，积分累计到一定程度赠送产品。

买产品，送产品现金抵用。

记录客户需求，定期短信访问、新品推荐。

（3）联动购买。

在长沙团购网进行团购促销。

专卖店 VIP 客户在怡清源茶吧、茶马驿馆可享受 8.8 折优惠。

对团购客户每年进行两次产品现金抵用券赠送（春节前夕、中秋节前夕赠送；金额根据总消费额的 3%～8% 核算）。

与美容院、药店、湘菜馆等合作，会员共享，如怡清源 VIP 客户去关联定点美容院可享受优惠折扣，而关联美容院 VIP 客户来怡清源消费也可享受优惠折扣。

4. 特色合作。

在大客户价值挖潜的基础上，怡清源针对相应客户，推行特色合作。

与长沙 30 多家 4S 店展开合作，在其店内开辟怡清源茶吧，提供茶水服务的同时吸引更多的客户资源。

与三一重工合作，展开"第一高度与第一高度"对接活动，将古朴大气的千两茶与三一重工的大型产品对接销售。

与相关酒厂合作，以物易物，各取所长，将酒产品与茶产品销售结合起来，为大客户量身定制特色产品与服务。

第六节　瓶颈突破，销售断货

通过营销商务政策的认真贯彻和执行，怡清源大客户的开发实现突破，不到 100 天的时间里，拓展了 15 家专卖店、70 家经销代理商、50 家团购客户（如表 10 - 3 所示）。

表 10 - 3　2010 年怡清源开展管理升级后新增大客户销售额情况（单位：万元）

月份	加盟店	经销代理	团购客户	合　计
9 月	25.94	83.03	152.74	261.71
10 月	30.5	105	172	307.5
11 月	49.3	180.5	260.2	490
12 月	48.7	149.6	258.3	456.6
合计	154.44	518.13	843.24	1515.81

销售情况呈现井喷之态，来势喜人，部分产品一度断货，2010 年第四季度销售额同比增长了 109.77%，利润同比增长了 88.12%，税金同比增长了 112.96%。

除了业绩上的突飞猛进，怡清源还出现了其他可喜现象。

一、买茶批条了

以前，怡清源只有在物质紧缺，供不应求的时候，才会出现这种买货还须先批条的情况。怡清源根据商务政策中的稀缺手法，打造了一个"唯一性"的特色产品，借助"祥和中国节大型申遗活动"，打造了一款限量版纪念型茶叶"祥和中国节"，该产品限量编号生产，一经推出很快就销售一空。跟随着这股热潮以及商务政策的提出，怡清源所有库存千两茶也全部卖光，很多商家与茶叶收藏者因没能抓住这个机会争取到这些限量版茶叶而深感遗憾。

随后，怡清源趁热打铁，又推出了新产品"金手筑"，该产品由纯手工筑制，一上市，就引发了新一轮抢购热潮。为此，怡清源只得采取最高限购政策，提前批条订货，方能按时发货。

二、生产叫苦了

原来销售滞后时，怡清源生产基地只需一个班次的工人作业就可满足销售。随着黑茶的升温，市场需求量大，怡清源产品供不应求，现在工厂员工分三个班次作业，还是不能满足所有需求。

虽然市场前景出现这些良好的势头，但怡清源并没有一味追求规模化生产，而是严把产品关口，很多产品都实行限量生产，限量批售，坚持打造自己产品的"唯一性和稀缺性"。

即使限量生产，怡清源生产厂长手里依然压着一大摞订单，跟上销售节奏显得有些吃力，这位厂长感慨地说："销售上不去，生产起来没动力，现在销售冲上去了，生产却叫苦啰。"（如图 10－6 所示）

图 10－6　怡清源安化黑茶加工厂车间工人们紧张备货

三、经销商争地盘了

通过商务政策的执行，怡清源吸引各地经销商的加盟势头大好。借助怡清源整体市场声誉度和最新一轮的安化黑茶热，怡清源的招商广告一经推出，就吸引了大批商家的注意。在怡清源品牌的强势推动下，经销商们为了取得怡清源在当地的经销权，纷纷开始行动，抢占属于自己的商机与地盘，竞争激烈。

深圳茶博会后，深圳当地经销商曾总和宁总为了取得怡清源在当地的经销权，通过各自的渠道多次与怡清源沟通交流，互相公平竞争，加大出资，以赢得怡清源的青睐，加盟经销投入从最初的 100 万元抬升到 200 万元。而在西安，刘总与黄总也正在为当地的怡清源品牌经销权展开激烈的较量。乘安化黑茶热的春风，借怡清源品牌，大家都看好怡清源茶叶的投资热点，希望在欣欣向荣的茶叶市场上捞金。

怡清源现在已经从主动找客户转变为客户主动找上门，赢得了大客户市场营销的全面突破。

四、黑玫瑰卖哭了

"生态美容"是广大爱美女性的热门话题,是一种讲究既能活血滋养、深层排毒,又能安全方便健康的美容调理方式。怡清源黑玫瑰一推出,就受到广大爱美女性的青睐。

"祥和中国节"北京新闻发布会后,这款茶已从国内走向世界。北京电视台著名女主持、高校教授以及不少白领小资们在品用了黑玫瑰后,都对它赞赏有加。

在《参考消息》2010年12月24日的报纸上,一篇题为《怡清源黑玫瑰茶火暴南粤茶博会》的文章里讲述了这样一个故事:在茶博上,怡清源野尖安化黑茶六款高档产品卖得断了货,包括黑玫瑰茶、原叶茯茶、荷香茯茶、金手筑等,连野尖千两茶的座子也被藏茶者买走了。在展会的最后一天,黑玫瑰茶紧缺,出现排队购买的情况。深圳茶博会组委会介绍,这在历届茶博会上都从没出现过。深圳茶博会撤展之时,不少女孩子因为没有买到黑玫瑰甚至哭起来了(如图10-7所示)。

图10-7 怡清源深圳总经销刘沛灵(左一)向客户介绍"黑玫瑰"

五、原业务部员工不要底薪了

为了调动员工积极性,怡清源对原业务部员工施行了"零底薪、高提成"的鼓励措施,员工们不再领"死工资"。这个零薪酬制可以更好地鼓励员工冲刺高收入,多劳多得,不但充分调动了员工们为自己打拼的积极性,也使他们在市场业务开拓上变得更为主动,借助公司的平台,做自己的老板。

以前怡清源员工都不愿意去的业务部,现在成了怡清源的香饽饽,而且业务人员都憋着一股劲,彼此还相互竞争,每月都比比看谁有实力冲击更高的目标。这一点正是从十百千擂台赛教练的建议中受到的启发。

六、秘书当老板了

在管理升级活动中，怡清源对营销部门的政策倾斜，市场加盟场景火暴，让怡清源董事长的秘书小艾也心动了。在管理升级教练组老师的指导下，她联合了两个闺蜜一起开了一家怡清源专卖店。新店开张之际，不仅得到了怡清源领导的亲临支持，为其开业仪式进行剪彩，还吸引了不少媒体进行现场报道。

3个店主都是刚毕业不久的女大学生，她们的自主创业行为赢得了赞赏声一片。当然，这3个女孩子选择自主创业开黑茶专卖店这条路，也经过了审慎的考虑，其中一个店主李敏笑说："开头是觉得怡清源的茶馆氛围特别好，真有那种闹市当中一方净土的感觉；后来了解之后发现怡清源安化黑茶专卖店管理制度非常规范，怡清源的专卖店开到了全国各地，在英国还有两家，感觉加盟怡清源，心里有底。"据悉，开业当天，世嘉新店的营业额就高达2万元（如图10-8所示）。

图10-8　怡清源董事长的秘书开店剪彩现场

通过此次活动，怡清源强烈意识到：第一，一个企业的发展要从一个点着手，通过这一个瓶颈突破带动其他环节的提高和升级；第二，有了方法还需要有计划，有了计划还得注重落实，并在过程中不断发现问题、解决问题，不断根据实际情况调整方案，将管理升级的思路转变为强大的执行力。

当这场如火如荼的管理升级活动落下帷幕时，它产生的积极影响却永远不会谢幕。行远必自迩，登高必自卑，相信怡清源只要一步步踏踏实实地走下去，在新的一年，通过全价值链分析，发现瓶颈，解决问题，将会不断实现管理的再次升级，实现新的跨越，创造新的辉煌！

第十一章　兴嘉生物：渠道赢利能力成倍增长

2010 年管理升级总结表彰大会颁奖词：擂台赛优胜奖

这家企业的成长史，代表了国内一个行业的发展史。他们是国内微量元素添加剂行业的隐形冠军，是坐拥多项独立自主知识产权的行业领跑者。他们扛起了环保、抗污染、做良知企业的大旗。在 100 天的管理升级实践中，围绕 1—9 月只完成全年任务 23.35% 的核心新品 J 展开营销突破，实现了超常规增长，到 2010 年年底时，不仅全面补上了前期的销售欠账，还超出了年度目标的 16.23%。

掌声有请我国饲料微量元素添加剂行业的隐形冠军——兴嘉生物！

"100 天突破"效果总结

兴嘉生物 2010 年第四季度的利润总额和销售利润率分别比 2009 年同期增长了 59% 和 82%，远超销售收入增长速度。这为企业的发展奠定了坚实的基础，必将进一步巩固其行业隐形冠军的地位。

参赛背景概述

坐拥多项独立自主知识产权，微量元素饲料添加剂行业领跑者兴嘉生物，虽然保持了年均增长 40% 的速度，但与饲料行业的整合速度还有差距，兴嘉生物要发展，要从大型饲料集团企业抢到订单，还缺少一套简洁高效的方法，还没有形成规模化。因此，如何有效实现销售的高速增长甚至是爆炸式增长，成为摆在兴嘉生物面前的严峻课题。

第一节　以技术创新推动行业进步，以良心产品赢得社会尊重

长沙兴嘉生物工程股份有限公司（以下简称"兴嘉生物"）是一家专业从事新型、

高效、安全和环保的微量元素饲料添加剂研发、生产与销售的高新技术企业，是中国饲料工业协会理事单位、全国饲料添加剂科技创新优秀企业、湖南省饲料工业协会副会长单位。

兴嘉生物依托湖南发达的冶金工业资源、技术及人才优势，结合自身在饲料添加剂行业多年练就的市场洞察力与研发能力，针对常规微量元素添加剂产品吸收利用率低、排放污染大、质量不稳定、重金属及有毒有害物质残留量超标、氧化剂残留导致预混料变色等问题，从成立之初就致力于新型微量元素的研究与推广，着力改变微量元素的使用观念及习惯，促进微量元素行业健康和良性发展。

到目前为止，兴嘉生物渐次搭建了以碱式氯化铜、碱式氯化锌为代表的新型无机微量元素、以氨基酸系列螯合物为核心的有机微量元素及新型的复合微量元素三大产品体系，是全国品种较齐全、产品技术含量较高的专业化微量元素饲料添加剂高新技术生产企业，取得了两个国家新产品证书，制定了三项国家标准，申请并获得了20多项国家发明专利。

兴嘉生物的成长史，就是一部中国饲料微量元素的发展史。

2000年，创始人黄逸强先生率先在行业内研发、推出羟基蛋氨酸螯合物系列产品。

2002年，制定氨基酸螯合物国家标准，推动了中国氨基酸螯合物的有序发展。

2003年，率先推出碱式盐产品，应用于饲料行业，改变行业一直以来使用硫酸盐的状态，同年其碱式氯化铜获得国家首家新产品证书，被公认为行业内最有价值的国家新产品。

2006年，其碱式氯化锌研制成功，获得国家新产品证书，成为首家在全球实现该产品产业化的企业。

2008年，制定碱式氯化铜、碱式氯化锌国家标准。

兴嘉生物持续专注于新型、高效、安全、环保的微量元素添加剂研发与推广，着力改变微量元素产品质量不稳定、利用率低、浪费大、污染环境等问题，以自主创新的产品、完善的服务营销网络、独有的经营理念，和对得起良知、对得起行业、对得起子孙后代的高度责任感，自觉担当起造福社会的历史使命，为我们的子孙后代留下一片碧水蓝天。

做安全、高效、值得信赖的微量元素全球供应者，是兴嘉生物不懈追求和为之奋斗的最高目标。

第二节　成长的烦恼

作为一个发展中的工业型中小企业，兴嘉生物在成长的过程中面临很多困扰。

一、市场培育成本高，传统认识难打破

兴嘉生物所有产品都是针对传统微量元素产品吸收利用率低、排放污染大、质量不稳定、重金属及有毒有害物质残留量超标、氧化剂残留导致预混料变色等问题而研发的。

传统的微量元素添加剂产品都存在上述一个或几个问题，以兴嘉生物此次在管理升级活动中重点突破的J产品为例，其主要的竞争对手就是传统的铜源产品L产品。铜元素是动物生长必不可少的元素，属于饲料添加剂中的营养型产品，在饲料中必须添加，对饲料企业（微量元素添加剂企业的直接客户）而言是刚性需求。饲料中铜元素的添加，传统上都由L产品满足，但L产品因为工艺的问题，在生产过程中容易形成有毒有害物质，而且动物吸收率低，不能吸收的部分会以铜的形式排泄，对环境污染极大。J产品是针对L产品上述的三大隐患开发而成的，是L产品的替代品。如果以L产品的全年销量来折算，J产品全年市场容量大概在5亿元以上，但目前市场份额尚不足20%，主要问题是饲料企业对J产品的认知还不够充分，并且政府层面也还尚未开始相应的引导。

L产品的萎缩虽然已成定局，但还会经过一段时间。如何快速扩大J产品的销售，使市场广泛认可J产品是兴嘉生物急需解决的问题。

二、快速成长难维系，发展后劲需培育

相比大型企业，中小企业最大的优势就是经营灵活、发展速度快。如果失去了发展的速度，中小型公司随时会面临被淘汰的危险。

兴嘉生物在建立了自己的生产基地后，加强了品牌建设、科技研发和品质控制管理，销量节节攀升。成立之初，因为兴嘉生物规模不大，销售额几乎年年翻倍增长，从2008年开始销售额的增长趋于稳定。2008年销售额（含J产品，下同）为8588万元，2009年销售额突破13157万元，较2008年增长了53%，2010年销售额达到18156万元，较2009年增长了38%，2011年兴嘉生物设定的目标为3亿元。从以上数据可以看出，兴嘉生物的年销售额从2008年开始基本保持了40%左右的增长水平。

但是从市场角度来分析，饲料行业也在高速增长，同时行业处于快速整合中，集中度在显著提高。饲料企业从2009年的13612家，逐步变成2010年的12291家，数量下降幅度为9.7%。中小型饲料厂要么联合、要么被兼并、要么被大饲料厂收购，区域性的大型饲料集团企业不断涌现。这些大型饲料集团为降低成本，都会采取大规模采购的模式，这就对作为供应商的微量元素添加剂企业的规模提出了要求。反观兴嘉生物所处的微量元素添加剂行业，没有明显的集中趋势，兴嘉生物虽然保持了年均增长40%的速度，但与饲料行业的整合速度还有差距，兴嘉生物要发展，要从大型饲料集

团企业抢到订单，必须有规模的优势。因此，如何实现销售的高速增长是兴嘉生物面临的严峻问题。

三、营销定位不清晰，营销模式待创新

在产品新、市场竞争激烈、发展速度需要保障的多重压力下，兴嘉生物的营销模式不能落于"常道"，必须走一条"非常道"。兴嘉生物在营销模式上也有过很长时间的探索，包括采取销售承包制、经销商制、经销商＋直销制、大客户销售制等，无论采取何种方式，从效果来看虽然对销售起到了不同程度的作用，但要实现兴嘉生物销量的快速增长还需要探索新的模式。

在管理升级之前，兴嘉生物对原属于各销售片区的大客户实行了集中管理。通过这种模式，保障了兴嘉生物每年销量 40% 的增长率。但将大客户从各省区剥离后，各省区的销售任务只能通过中小型客户完成，中小型客户存在采购量小、销量不稳定以及厂址分布分散的特点，给销售带来了很大困难。针对各省区的中小型客户，兴嘉生物在采取直销还是经销上一直没有清晰的定位。针对直销，兴嘉生物一方面希望通过广泛布点，确保网络体系的健全，同时培养自己的营销队伍，但实际情况是兴嘉生物的销售经理要面对大量的客户，时间和精力投入有限，销售效果并不理想；另一方面，兴嘉生物希望利用当地经销商的客户资源稳定和客情好的优势，加大兴嘉生物产品的销量，但在实际操作中，因缺乏有效的政策支持，导致经销商对兴嘉生物没有足够的信任，销售动力不足。同时，因为兴嘉生物在经销商销售区域也配置了自己的销售经理，在销售过程中难免出现冲突，打击了经销商的信心，经销渠道优势没有得到充分发挥。

正因为存在上述两方面的原因，每年区域的销售任务达成率平均都达不到 60%，成为兴嘉生物发展的瓶颈，需要找到全新的销售模式突破现状。

第三节 兴嘉和"管理升级"的故事

一、相识

兴嘉生物与管理升级相识是通过参加 2010 年 9 月由长沙市工业和信息化委员会主办、长沙市中小企业服务中心承办的"长沙市中小工业企业十百千管理升级擂台赛"活动。

在当今社会培训满天飞的情况下，兴嘉生物最初参加这次活动时只是一种应付的态度，认为这只是一次简单的培训，不同的地方可能是和政府有关部门联合举办罢了。

但从这次活动事先的安排上，兴嘉生物还是感受到此次管理升级的不同之处。首先，此次的管理升级采取的是一种竞争的方式，先从长沙市几百家中小型工业企业中海选，在形式上符合湖南特有的娱乐精神，有新鲜感，也增强了企业的竞争意识。有了竞争的压力，企业才会认真起来。通过海选后，兴嘉生物进入了第二轮的填表初试。初试阶段，管理升级选派了老师到企业进行实地讲解。开始的时候，兴嘉生物还抱有戒备心理，但通过和管理升级老师的沟通，从专业的视角讨论企业的管理问题，兴嘉生物管理层感觉到：原来自己的企业并不完全是自己平常所认为的样子，还有很多地方需要提升，看来是该升升级了。

二、相知

对管理升级的深入了解是从 2010 年 9 月的集中培训开始的，这次培训不但从培训本身的组织、教练团队的准备都进行了精心安排，而且参加培训的企业基本都是董事长和总经理带队，在培训过程中各企业互相学习、方案互相竞争的氛围促进了兴嘉生物对管理升级的更进一步认知。

在管理升级培训的过程中，在老师的方法指导下，兴嘉生物开始审慎地思考企业存在的问题。为了能找到兴嘉生物市场的培育问题、快速实现成长的解决办法，甚至找到新的赢利模式，兴嘉生物选择了其中的一类产品——J 产品作为分析的对象。J 产品在兴嘉生物销售中占有较大的规模，具有代表性。在分析之前，兴嘉生物以 2009 年 1—9 月 J 产品的销售额 1401 万元作为一个基础，将管理升级期间的销售额目标定为 6000 万元，希望以此来验证管理升级的实际效果。

通过运用管理升级传授的工具，在 100 天的管理升级结束后，兴嘉生物设定的 J 产品销售额目标达到 6973.56 万元，较目标 6000 万元超额完成 973.56 万元，完成率达到 116.2%，比去年同期的销售额增长了 397%；市场占有率在管理升级之前为 17%，100 天后 J 产品市场占有率达到 25.6%，市场占有率提高 5.6%。两项指标都超额完成，验证了管理升级效果明显。

通过集中培训，兴嘉生物找到了 J 产品销售的瓶颈问题，不过，让兴嘉生物对管理升级深入了解的还不仅在于此。在将整个管理升级的思维、方法和工具导入企业的管理后，他们在不同业务模块都开始运用这种思路和工具，并很快找到了各模块的管理困惑和解决办法。正是因为这套方法的有效性，才使兴嘉生物在不同层面广泛地接受它，去真心学习和了解它。

三、相依

从最初只是将管理升级的思维模式运用到 J 产品的分析这一点，到将这种思维模式和方法工具全面导入企业的管理，兴嘉生物和管理升级已经到了相依的阶段。

在100天管理升级的执行过程中，兴嘉生物原设定J产品的突破目标在实施的中期已经基本达成，为充分发挥管理升级提升管理水平的功效，兴嘉生物将提升J产品销量的思路运用在他们的各业务模块和智能模块上。兴嘉生物从2010年12月开始实施数字化战略管理导入，通过数字化战略编制的实施，将兴嘉生物的各业务和职能模块按管理升级系统化思维进行有效整合。

要实施数字化管理，必须进行大量的数据收集，这对各部门的工作又提出了挑战。之前兴嘉生物没有数字化的概念，每年的数据都没有进行汇总和整理，重新去收集整理需要耗费大量的时间，使得各部门开始的时候都有畏难情绪。兴嘉生物的决策层已经在J产品数字化的分析中尝到了甜头，所以为了保证管理升级在企业落地生根，兴嘉生物董事长专门成立了数字化战略实施小组，自己任组长，并指定兴嘉生物各业务模块直接负责人加入项目组。工作开展期间，各业务模块直接负责人基本都牺牲了周末的休息时间，全身心地投入到这项工作中。工作期间，各业务和职能模块提供的表格数平均达到10张，填报的数据超过10万个。一份份表格、一个个数据通过他们的辛勤努力展示在管理层面前，有了这些数据，兴嘉生物的决策再不是靠"拍脑袋"，而是通过科学的分析判断来制定了。

通过管理升级的这套方法和图表工具，兴嘉生物着手制订了2011年的销售目标，2011年制订的目标不仅让董事长清楚了，也得到各执行部门的广泛认可。兴嘉生物将会总结100天管理升级中的经验和数字化战略实施的经验，将管理升级继续运用于今后的发展当中。

管理升级在兴嘉生物的内部管理中已经生根发芽，同时通过管理升级，教练老师也为优秀企业间互相学习搭建了一个桥梁。管理升级期间，老师定期到企业进行辅导，一方面启发了企业的瓶颈突破和科学发展思维，另一方面将各企业好的经验在参赛企业之间进行传播，各参赛企业可以通过其他企业的经验不断完善和提升自己的管理水平，特别是可以使他们跳出原有的思维模式，跳出本行业的思维惯式，找到新的发展思路。

从相识到相知，从相知再到相依，兴嘉生物已经和管理升级建立了深厚的合作基础。在管理升级伴随着兴嘉生物的不断发展中，兴嘉生物将通过管理升级工作真正实现"内生式"的跨越发展。

第四节 "管理升级"给兴嘉生物带来的改变

一、观念和思维方式的改变

一切的改变都是从观念和思维模式开始的。企业发展观念和思维方式的改变是从领导决策层开始的，领导决策层的改变又是一个最艰难的环节，而这个环节之所以会突破，是因为管理升级确实是企业需要的，就像在管理升级第二次讲评会上兴嘉生物董事长黄逸强先生总结的一样（见图 11-1）：对管理升级这种新鲜的事物，就像将一种全新的产品推入市场，客户都有一个认识和接受的过程，但只要是好的产品，只要自己去不断地宣讲、坚持，能为客户创造实实在在的价值，迟早会得到客户的认可。

图 11-1 兴嘉生物董事长黄逸强先生在管理升级讲评会上发言

二、改变从寻找瓶颈开始

企业的发展涉及方方面面，发展达不到预期目标，有时候是生产问题、有时候是采购问题、有时候是销售问题、有时候是执行和人力资源问题等。兴嘉生物过去面对繁杂的问题，往往抓不住重点，在此次管理升级过程中，兴嘉生物对发展瓶颈的寻找也经过了几次反复的过程，但他们最大的收获和体会就是：寻找瓶颈必须由数据说话，只凭借某个人的模糊判断是片面性的，会对企业的战略抉择带来风险。

兴嘉生物寻找瓶颈的路径是按照产供销这条企业最核心的价值链展开的（如图 11-2所示）。

兴嘉生物选择了产品系列中的一种产品"J产品"进行全面分析，引申出各方面的管理问题。

1.J产品的采购环节：分三个主要指标来分析，其中计划满足率预定是95%，实际为95%，对目标的影响率为0；到货及时率预定是98%，实际因为运输的影响达到95%，但3%的差距并没有对销售造成同比例的影响，通过生产环节的缓冲，对销售额目标的影响在5‰，影响极小；到货合格率预定的目标是95%，但因为供应商产品质量

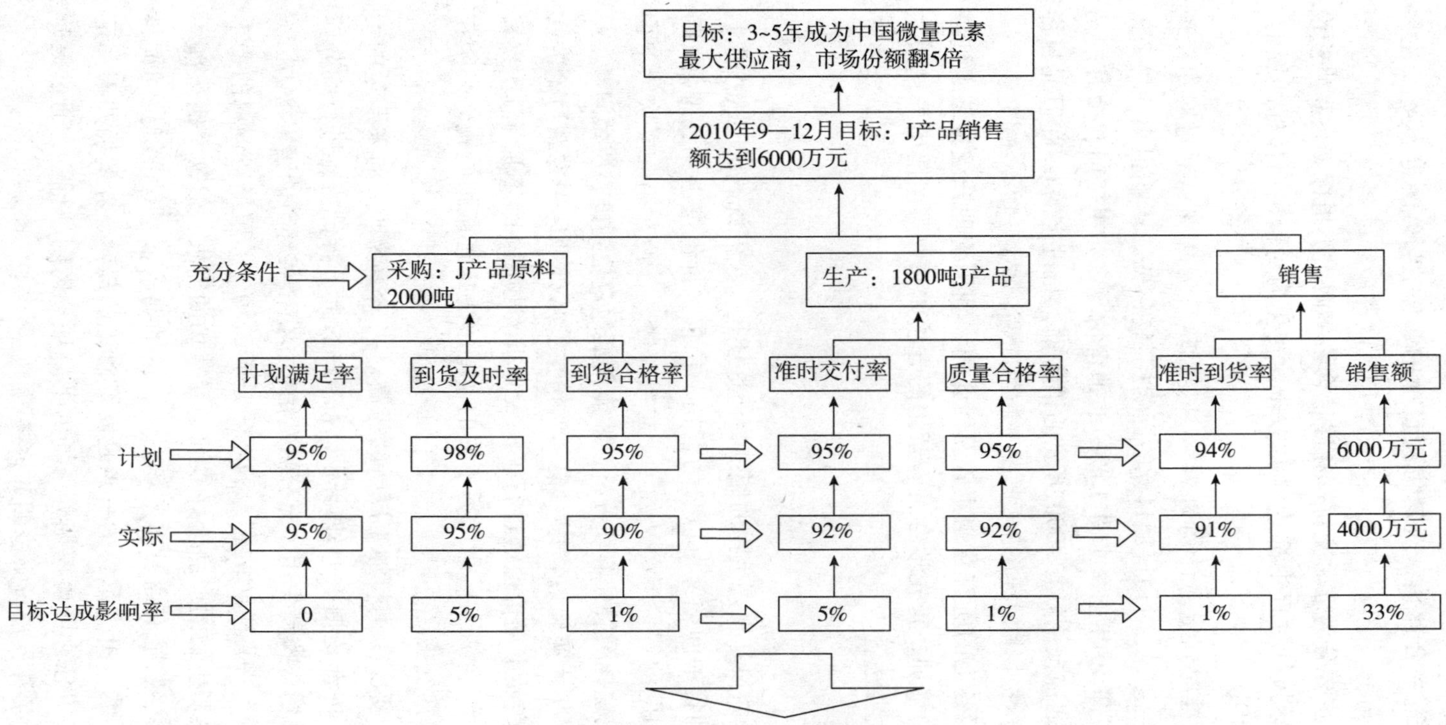

充分条件 ——→

| 目标：3~5年成为中国微量元素最大供应商，市场份额翻5倍 |
| 2010年9~12月目标：J产品销售额达到6000万元 |

采购：J产品原料2000吨 ——→ 生产：1800吨J产品 ——→ 销售

	计划满足率	到货及时率	到货合格率	准时交付率	质量合格率	准时到货率	销售额
计划	95%	98%	95%	95%	95%	94%	6000万元
实际	95%	95%	90%	92%	92%	91%	4000万元
目标达成影响率	0	5%	1%	5%	1%	1%	33%

说明：1.此图只针对"J产品"进行了分析。

2.综合分析：采购对目标的影响为90万元，可以通过准确制订采购计划，及时和供应商沟通来保障采购目标的达成；生产对目标的影响为90万元，可以通过补充新设备、增加生产人员、改进工艺来保障生产目标的达成；销售能力为4000万元，离目标为2000万元，存在的问题是J产品的高性能并不能支出相应的高价格，客户以普通产品的价格衡量J产品，在J产品价格高于普通产品时，会有部分客户放弃J产品而选择普通产品，直接影响销售目标的达成，属瓶颈问题。

图11-2 兴嘉生物管理升级瓶颈分析（说明：此图只针对"J产品"进行了分析。

的不稳定，实际只有90%，在生产过程中，兴嘉生物对部分原材料会进行预处理，优化品质后再投入生产，经过综合评估，对销售额目标的影响占1%，也不属于主要问题。

2.J产品的生产环节：主要分为准时交付率和质量合格率两大类指标。兴嘉生物设定的计划都是95%，在实际执行过程中都达到了92%，转化为对销售额目标的影响，合计15‰，也不是主要问题。

3.J产品的销售环节：准时到货率计划为94%，实际执行为91%，通过客户经理与客户的沟通，基本都不会跑单，对销售额目标的影响控制在1‰，影响很小。对销售额的分析，兴嘉生物参考了2010年前9个月J产品的销售情况，如果按前9个月的销售平均量，在2010年年底之前预估只有4000万元的销售额，与设定的6000万元目标差2000万元，对销售额的达成影响占到33%，属于瓶颈问题，必须想办法解决。

为此，兴嘉生物将全国各地的所有营销主管召回公司，利用管理升级教练组到兴嘉生物指导的机会进行集中培训，首先学会对阵营销的方法体系，再层层引导销售主管分析市场问题，寻找解决办法。

三、定位瓶颈

虽然找到J产品的销量缺口是兴嘉生物的瓶颈，但这还是一个笼统的范围，按照管理升级的对阵营销体系，销售的问题又可以分为营销、销售、价值挖潜和品牌规划4个层面的问题，在这4个问题的下一层面又分若干思维路径，甚至在第二层次的下面还可以不断分解，只有通过这样层层分解和分析，才能精准地定位到核心瓶颈问题。

兴嘉生物在管理升级100天实施过程中召集其营销主管从外地回来专题讨论的次数多达10次，并对他们的产品市场价值链进行了深入分析（如图11-3所示）。兴嘉生物认识到仅将客户定义在饲料加工厂是远远不够的，要解决销售瓶颈问题，必须在产品的整个市场价值链上寻求突破。

从图11-3可以看出，要实现饲料加工厂持续提高对兴嘉生物产品的采购量的销售目标，除了在饲料加工厂内部挖掘潜力外，还需从客户的上下游价值链进行细分营销，充分发挥客户的客户的销售拉动作用，充分激发销售价值链各环节的销售潜力。

从客户的客户角度分析，兴嘉生物的客户的客户是养殖场，养殖场对饲料的要求主要是性价比高、安全，兴嘉生物的产品恰好能满足养殖场的需求，但这个需求并不是饲料厂的直接需求，兴嘉生物唯有通过养殖场对饲料厂的要求，才有可能拉动饲料厂加大对兴嘉生物产品的采购。更为重要的一点是安全意识的提升，养殖场并不一定能够意识到或真正履行社会责任，可再挖掘养殖场的下游环节肉制品行业，通过提升消费者对肉制品安全意识的关注，反过来影响养殖场。

通过影响客户的客户实现销售拉动不是短时间能见到成效的，兴嘉生物为此制定

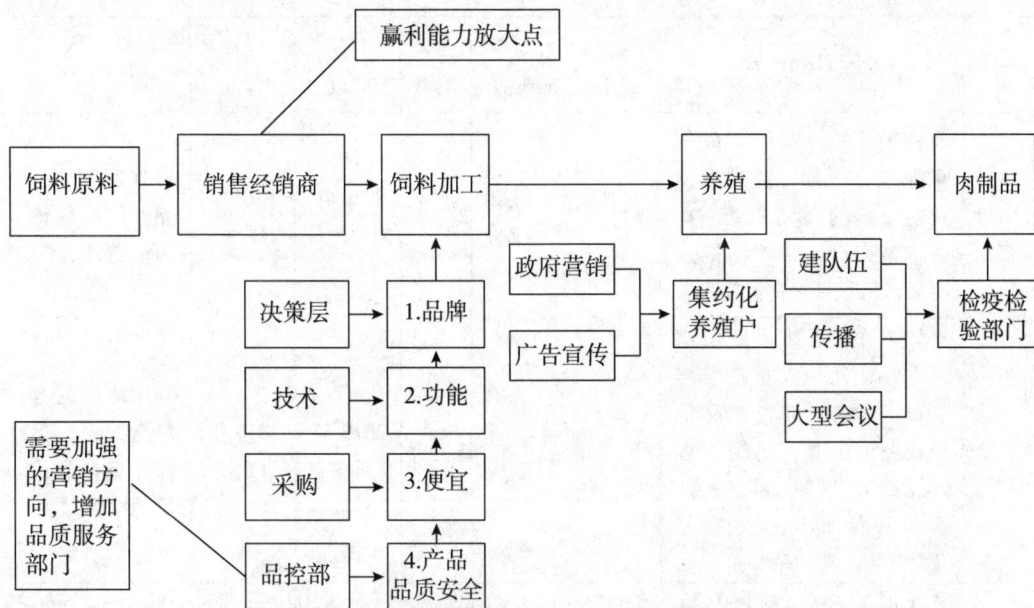

图 11-3 兴嘉生物对其产品市场价值链的分析

了中长期营销实施方案（见下表）。通过筹办第三次微量元素技术研讨会（国际），进一步唤起大众对肉制品安全的重视程度，提升养殖企业对使用高效、安全微量元素添加剂的正确认识。

兴嘉生物将 J 产品市场份额提高到 25％，销售额达到 6000 万元项目实施计划（WBS）（部分）

项目名称： 项目经理：

序号	项目计划内容	子项目经理	人力资源配置	资金预算	开始时间	完成时间	阶段目标
2.4	子项目四实施推进：涂胶水						
2.4.1	具体工作一：筹备微量元素技术研讨会（国际）：总结前两届国际论坛的成功经验，收集目前客户对公司产品价值认识的盲区，筹备第三届数量元素技术研讨国际论坛，并向公司提交实施方案	刘总	营销中心	0	2010年11月1日	2010年12月底	方案提交通过

续 表

序号	项目计划内容	子项目经理	人力资源配置	资金预算	开始时间	完成时间	阶段目标
2.4.2	具体工作二：制订年度技术推广会计划，针对目前可能上量的区域开展一次技术推广会，并评估推广会后该区域销量提升情况	徐博兰	市场技术服务部	2万元	2010年9月3日	2010年11月	计划制订，开完推广会后该区域销量增长
2.4.3	具体工作三：每季度组织一次行业品控人员技术培训班，总结对公司产品价值检测的方法，组织大客户品控人员进行培训，使客户了解如何检测产品优势	班总	品控部	5万元	2010年9月3日	2010年11月	参加培训的客户品控人员掌握评定产品优势的检测方法
2.4.4	具体工作四，结合不同的订货量和回款及时率，设计销售返利激励措施	朱金同	—	0.2万元	2010年9月3日	2010年10月底	设计方案出台，并通过公司审核

四、锁定瓶颈

就像之前提到此次管理升级的收获之一——利用数据找依据、找趋势，兴嘉生物在管理升级教练团队的辅导下，对2010年经销商的销售情况进行了分析，通过分析（如图11-4所示），兴嘉生物看到了2010年经销商对销售增长作出了不容忽视的贡献，而这样的贡献还是在兴嘉生物对经销商提供较少支持的情况下完成的。

上述的各项方案都是中长期才能见效的，如何在短期内从根本上提升销售的赢利能力是重中之重，通过图11-3的分析，兴嘉生物高层感觉到经销商赢利能力放大也许就是兴嘉生物要寻找的核心瓶颈突破口。

从图11-4可以看出，经销商销售J产品占71%的份额，占直销网络渠道（大客户、国贸除外）销售额的55%。如果将经销商的赢利能力成倍放大，对销量的快速增长将起到不可估量的推动作用。因此，兴嘉生物借助J产品的分析，将销售的瓶颈突破口锁定在经销渠道上。

五、制定"商务政策"

一般的企业都有自己特有的经销渠道和销售政策。兴嘉生物考虑到，如果只是简单的加大对经销商政策的扶持力度，效果不一定明显，更不能达到本次管理升级的目

经销商销售品种分布

D产品7%

A产品14%

X产品8%

J产品71%

□ J产品　□ X产品　■ A产品　■ D产品

经销商销售额占网点销量比

45%

55%

■ 经销商销售合计　□ 其他销售渠道合计

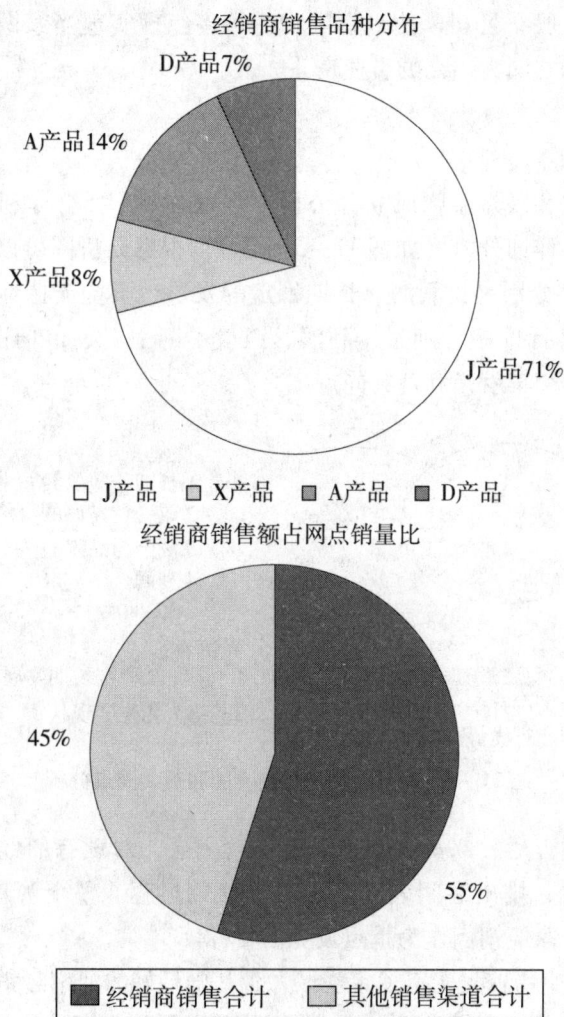

图 11－4　兴嘉生物经销商销售情况分布

的，兴嘉生物需要寻找的是其他竞争对手无法模仿的模式。通过和管理升级教练多次思维碰撞后，兴嘉生物提出了直销网络经销商分公司化的渠道改造方案，改造要达到几个目的：

第一，充分激发经销商的销售热情，实现网络销售的爆炸性增长；

第二，理顺网络销售直销和经销的关系，使销售的效率得到显著提升；

第三，解决销售队伍的建设和成长问题，确保销售队伍稳定、健康发展。

为此，兴嘉生物确定了推进方案，分步骤选择合适的经销商，以参股性质和经销商成立新公司，共同经营、分享利润。兴嘉生物将经销商老板的个人利益和总公司股权激励绑定，通过资本平台激励经销商全力销售他们的产品。同时，兴嘉生物把当地的销售经理派驻到与经销商合资建立的新公司，让销售经理参与新公司的实际操作，优秀的销售经理可入股新公司，使兴嘉生物的销售经理实现当家做主，促使员工、经销商和兴嘉生物一起共同为兴嘉的事业奋斗。

六、艰苦的谈判

如果经销商愿意和兴嘉生物成立分公司，首先需要选择合作利益点。兴嘉生物对经销商的需求进行了详细分析（如图11－5所示）。根据分析图可以看出，经销商的需求按重要性进行排序分别是：利润、长期稳定的发展、资金支持、改变现状。兴嘉生物的需求按重要性进行排序分别是：利润、销量不断上升、市场占有率、发展前景。两者存在交集，这个交集就是利益共同点。

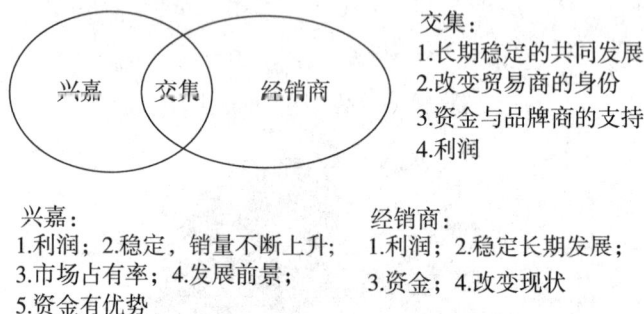

兴嘉   交集   经销商

交集：
1.长期稳定的共同发展
2.改变贸易商的身份
3.资金与品牌商的支持
4.利润

兴嘉：
1.利润；2.稳定，销量不断上升；
3.市场占有率；4.发展前景；
5.资金有优势

经销商：
1.利润；2.稳定长期发展；
3.资金；4.改变现状

图11－5 兴嘉生物与经销商的利益共同点分析

分析完利益共同点后，兴嘉生物召开专题营销会，对现有的经销商进行筛选，选定重点攻关的经销商，排出时间表开始艰难的谈判过程。整个管理升级100天期间，兴嘉生物共拟订了5家经销商作为重点攻克的目标。

5家之中，兴嘉生物首先选定了希望最大、基础最好的河南经销商进行谈判。河南经销商在了解了兴嘉生物的意图后，首先表现出怀疑的态度，主要顾忌两点：第一，兴嘉生物合作的意图，是想吞并自己还是有其他目的？第二，合作的长期性，经销商主要是"唯利是图"，但大公司会有中长期的发展目标，两家合作在利益诉求上是否能达成统一？

在了解了河南经销商的顾忌后，兴嘉生物灵活运用了管理升级中提到的"舍得式"营销策略，提出新公司由经销商控股，兴嘉生物参股的做法，让经销商成为新公司的主人，主导新公司的发展。同时，针对经销商前期启动资金不足的情况，兴嘉生物同意对经销商原有的货物按市场价格收购。考虑到新公司的发展，兴嘉生物提出新公司的销售员由兴嘉生物统一招聘，并负责基本待遇，具体管理则并入新公司。在一系列优惠政策出台后，经销商完全打消了疑虑，欣然接受合作意向。至此，在2010年10月，兴嘉生物成功和河南经销商签订协议。协议签订后，不仅J产品在河南市场的销量增长了3倍（相比原签订的目标），其他产品的销量也翻倍增长。

有了和河南市场合作的良好开端，兴嘉生物更加有信心推进同其他经销商的合作。在 2010 年 11—12 月，他们先后和两家经销商进行接触，在 12 月又达成了一家，并约定年后立即启动进入合作阶段。

通过营销模式的网络销售改造和河南经销商分公司化的示范效益，其他销售区域的经销商销售动力显著增强，在管理升级 100 天的第二个月，J 产品的销售额达到 4855 万元，完成了 100 天预设目标（6000 万元）的 81%，整个销售额几乎是 2010 年 1—9 月的总和。

在兴嘉生物 2011 年度的目标分解上，经销商的销量目标都较去年提高了至少 5 倍以上，更加可喜的是经销商由原来不愿意接受任务转变成主动要求增加销量任务。

可以预见，2011 年兴嘉生物的渠道赢利能力将出现成倍增长。

第五节　将管理升级进行到底

管理升级活动进行到现在，兴嘉生物感受最深的有以下三点。

一、管理的系统观

系统化管理这个概念不新鲜，但之前兴嘉生物只是对其有一个印象，并不了解它和企业的发展有多大关系。此次培训，通过对方法论的学习，企业的老总们层层剖析自己企业发展的问题，才发现管理问题可能只是一个点的问题，要解决这个问题还要牵涉到和这个点相关的方方面面。比如，当企业的销售很好时，如果生产跟不上、采购跟不上，花大力气开发的客户就面临供货不及时而丢失的风险；而当生产和采购很好时，如果销售打不开局面，采购再多的原料、生产再好的产品都会积压，威胁资金链。所以，要想把企业做大，不能头痛医头脚痛医脚，而是要系统地思考解决方案。

二、管理的逻辑观

在参加培训、制定方案的过程中，兴嘉生物在寻找解决方案时惊奇地发现，其实很多方案兴嘉生物已经有了思路或者已经在实施，但在执行过程中却没有把这些思路和方法用逻辑观串在一起，导致很多工作没有得到坚决地贯彻执行，或者对某些非关键问题投入了太多精力，而那些需要马上解决的瓶颈问题投入的精力太少，顾此失彼。通过这次学习，兴嘉生物的决策层和执行层认真地按老师提供的思路反思了现状，用逻辑观把日常的一些管理工作进行了有效梳理，大大提高了管理效率。

三、有效产出观

小企业和大企业最大的区别之一就是大企业有详细的预算管理系统，大企业花的每分钱都有评估，但中小企业往往忽视了这个系统。兴嘉生物过去在支出时一没有评估、二没有方向，最后不仅出现了大量的浪费，还没有将有限的资源投入到他们最需要的地方，丧失了快速发展壮大的机会，付出了极大的机会成本。有效产出观告诉兴嘉生物，投入是为了更大的产出，如果有两个项目，一个项目投入 10 万元产出 15 万元，另一个投入 20 万元产出 40 万元，那一定要做第二个。企业不能仅凭投入的多少来判断项目的可行性，而是应该看投入产出的比率。这种观念导入后，兴嘉生物立即开始了客户的利润贡献率、营销人员的个人贡献率、生产人员的生产产出率等一系列相对关键指标的分析工作。这样使兴嘉生物的决策层更加清楚了自己企业的运营真相，为后续管理升级的持续推进打下了坚实的基础。

第十二章　东方时装：招商开店3倍增长

2010年管理升级总结表彰大会颁奖词：擂台赛优胜奖

俊朗飘逸，时尚商务，中西融合，自成一体。20年来，致力于为中国男士装点风采，并曾受到温家宝总理的现场视察和各级领导的充分肯定。在100天的管理升级活动中，锁定招商开店为突破瓶颈，运用颠覆传统的营销观念与方法，取得了超过3倍的突破式增长，再度掀起市场热潮，冠誉全国服装终端。

让我们以热烈的掌声，有请温总理亲自视察的、荣誉加身的东方时装！

"100天突破"效果总结

2010年9—12月实际开店达到232家，数量是2010年3—8月的3.2倍，这100天突破的成就，将为东方时装未来超常规的发展打下最重要的营销网络基础。从当期来看，公司2010年第四季度的销售收入和利润总额分别比2009年同期增长了52%和45%，但销售利润率比2009年同期下降了4.65%。事实表明，东方时装扎实掌握了本次擂台赛传授的方法与工具。

参赛背景概述

作为湖南省服装行业龙头企业、全国服装行业双百强企业的东方时装，面临激烈的竞争市场，确立了打造成国内顶尖的高档男装品牌的战略目标。为快速塑造品牌的市场影响力，东方时装采取了签约国际设计大师、举办品牌峰会、启动设计师大赛、在央视投放广告等系列措施。正当品牌推广紧锣密鼓开展之时，东方时装意识到一个严重的问题，客户到哪里购买产品？全国性的销售渠道在哪里？如何快速招商开店，实现全国销售网络布局，成为制约东方时装当前发展的首要问题。

第一节　大师型格：湖南时尚商务男装领跑者

湖南东方时装有限公司（以下简称"东方时装"）是一家集设计、开发、生产、销售于一体的现代化服饰企业，创建于1989年，是改革开放大潮之下诞生的国内首批民营服装企业之一。经过20多年的快速发展，东方时装目前已成长为湖南省服装行业龙头企业、全国服装行业双百强企业。现拥有占地300余亩的"圣得西时尚产业园"，员工2000余人，是中国中部地区最大的高级成衣生产基地。国务院总理温家宝、国家发改委主任张平、人力资源社会保障部部长尹蔚民、财政部部长谢旭人、商务部部长陈德铭、湖南省委书记周强、省长徐守盛等领导以及中国纺织工业协会、中国服装协会等行业领导都曾到该产业园参观视察。

东方时装的设计中心位于法国巴黎，研发中心位于上海和广州，主要研发、设计、生产、销售西裤、休闲裤、牛仔裤、西服、休闲上装、夹克等系列产品，是湖南省唯一一家获"湖南省服装设计与加工工程技术研究中心"称号的企业。现拥有"圣得西"男装品牌、"圣奥威斯"职业装品牌和"柯尚"网购品牌，其中"圣得西"品牌荣获了中国驰名商标和国家免检产品的荣誉称号。

第二节　逆水行舟，不进则退

面对中国这个全世界最大的服装消费国和生产国，东方时装将自身品牌定位为时尚商务男装领域，而目前国内的时尚商务男装品牌消费市场正处于一个变化的过渡期和调整期，高端人士对品牌的要求越来越强烈，百姓对国际品牌的认知程度越来越高，产品消费周期日益缩短，更新换代加快。国内新兴品牌风起云涌，国外品牌又在大量进入，市场竞争异常激烈。

作为湖南时尚商务男装领跑者，"圣得西"男装品牌已经在国内服装市场树立了良好的口碑和品牌形象，下一步发展之路该通向何方？东方时装高管层陷入了思索。

2010年年初，东方时装管理层认为，国内男装市场的竞争将从低层次的价格竞争上升到品牌综合实力的竞争，东方时装必须要走一条打破常规的高速发展之路，要快速将品牌打造成国内顶尖的高档男装品牌，正式确立了"收入三年翻番"的短期战略目标。为了实现此目标，东方时装采取了下列措施：

导入第五代运营模式；

签约日本时尚大师小林由则；

续约法国设计大师丹尼·法莱；

举办全国性品牌价值投资峰会；

启动"圣得西杯"中国时尚商务男装设计大赛；

大手笔打造"圣得西国际时尚商务男装"，在中央电视台投放全年广告宣传。

但是万事俱备，只欠东风。前面把品牌打造成功后，客户该到哪里购买产品？全国性的销售渠道又在哪里？所以，如何快速招商开店打通全国销售渠道，是东方时装当前需要解决的首要问题。

东方时装立刻从生产、营销、管理各部门每个关联环节着手，引导各部门不断作出新的思考和探索，来适应新的发展需求。于是，SI 系统升级、营销模式升级、营运模式升级、品牌进化……一系列举措都迅速被提上日程并付诸实施。

东方时装内部上上下下开始投入大量人力、物力，面对"渠道"这个关键问题，他们拥有满腔的激情，不敢有丝毫懈怠，兢兢业业，付出很多，办公室的灯光经常到很晚才熄灭。但是经过一段时间后，招商结果依然不尽如人意，新增省级代理商和经销商数量依然没有很大起色，问题依然存在。

第三节　实现多赢，快速突破招商困局

正当东方时装管理层深感困惑时，2010 年 8 月，长沙市委、市政府出台了《引导企业加强管理，推动企业全面升级的意见》，市工信委组织开展了长沙市中小工业企业十百千管理升级活动。这场及时雨让东方时装管理层为之一振，董事长罗文亮高度重视，亲自带领高管团队投入到"管理升级"活动中。

事后，东方时装公司的员工回顾这短短的 100 天，感受良多。董事长罗文亮说："一路走来，有辛劳、有迷茫，但更有快乐、有惊喜、有突破、有成长，东方时装人感受到了拨开云雾、晨光破晓、旭日东升的过程。"

一、拨开云雾：确定目标，寻找瓶颈

1. 一切从明确目标开始。

东方时装圣得西品牌 2010 年的销售目标为 4 亿元，通过对研发、产供销、服务进行全价值链分析，经过层层分解，分析现状与目标的差距，找到差距最大的环节（瓶颈），最终将营销环节确定为当前的瓶颈（如图 12 - 1 所示）。

根据单店平均销售收入最终得出，目前门店数量仅为 24 家，是圣得西品牌 4 亿元销售收入不能达成的瓶颈。通过计算，东方时装管理层最后确定，百日瓶颈突破目标为新开门店数量一共要达到 104 家，并经过层层分析计算制定出招商开店"百日百店"目标蓝图（如图 12 - 2 所示）。

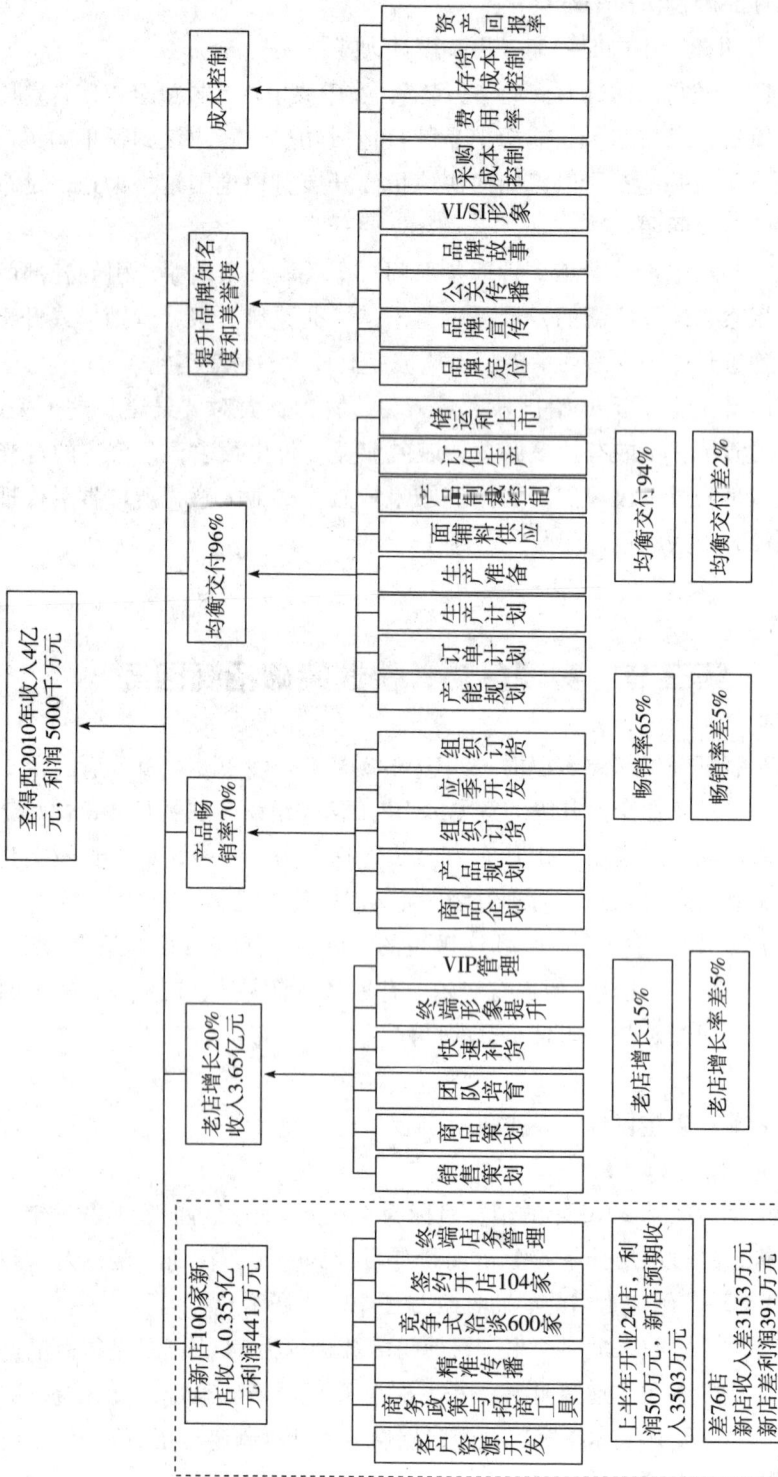

图12-1 东方时装圣得西品牌年度目标实现瓶颈分析（部分）

分解目标定义：
1.新店开业80家，104家新开店成活率100%（含已开24家"婴儿店"）。
2.新开店前3个月订销率达30%。
3.收入3153万元，上半年已完成350万元。

分解：
1.前3个月订销率达30%。
2.104家店成活率100%。
3.单店计划完成率100%。
4.完成计划的单店数量100%。

1.总代理5家，开店21家。
2.特区总经销6家，开店13家。
3.城市经销商38家。
4.直营店6家，联营商场2家。

开新店104家
新店收入3503万元

```
├── 开业店80家（完成收入3153万元）
│   ├── 选址和装修
│   ├── 新店开业货品准备周期30天
│   │   ├── 开业计划准确率98%
│   │   ├── 区域适应性开发
│   │   └── 新店图成品
│   ├── 快速道补单周期15天
│   │   ├── 新店图面料
│   │   └── 货品准交到店率98%
│   ├── 庆典式开业操作破
│   ├── 单店组织能力保障
│   │   ├── 分层目标分解和责任状
│   │   └── 单店波段配货计划
│   ├── 店务训导和流动店长支持
│   └── 持续改进计划
│
├── 组织开业80家
│   ├── 产品与市场定位
│   │   ├── 适应区域市场的产品开发和设计
│   │   └── 新商业计划书
│   ├── SI新形象
│   │   └── 项目合作完成SI升级
│   ├── 设计谈判程序与招商会
│   │   ├── 设计竞争式的谈判程序
│   │   └── 策划招商峰会
│   └── 团队激励与培训
│       └── 快速激励和兑现的激励方案
│
└── 开发潜在客户480家
    ├── 客户定义
    │   ├── 开发代理30户，126店
    │   ├── 开发特区总经销36户，78店
    │   ├── 开发城市经销商228店
    │   └── 开发直营商铺36个，商场12个
    ├── 商务政策
    │   ├── 前3年年均增长30%成长保障
    │   ├── 装修开业投入保障、标准化零售运营模式3大支持
    │   └── 零存货、15天快速供货、标准化营运模式3大支持
    ├── 一对一传播
    │   ├── 电话邀约话术
    │   ├── 邀约函
    │   └── 上门拜访
    └── 竞争式洽谈
        └── 竞争式商务洽谈2.5选1
```

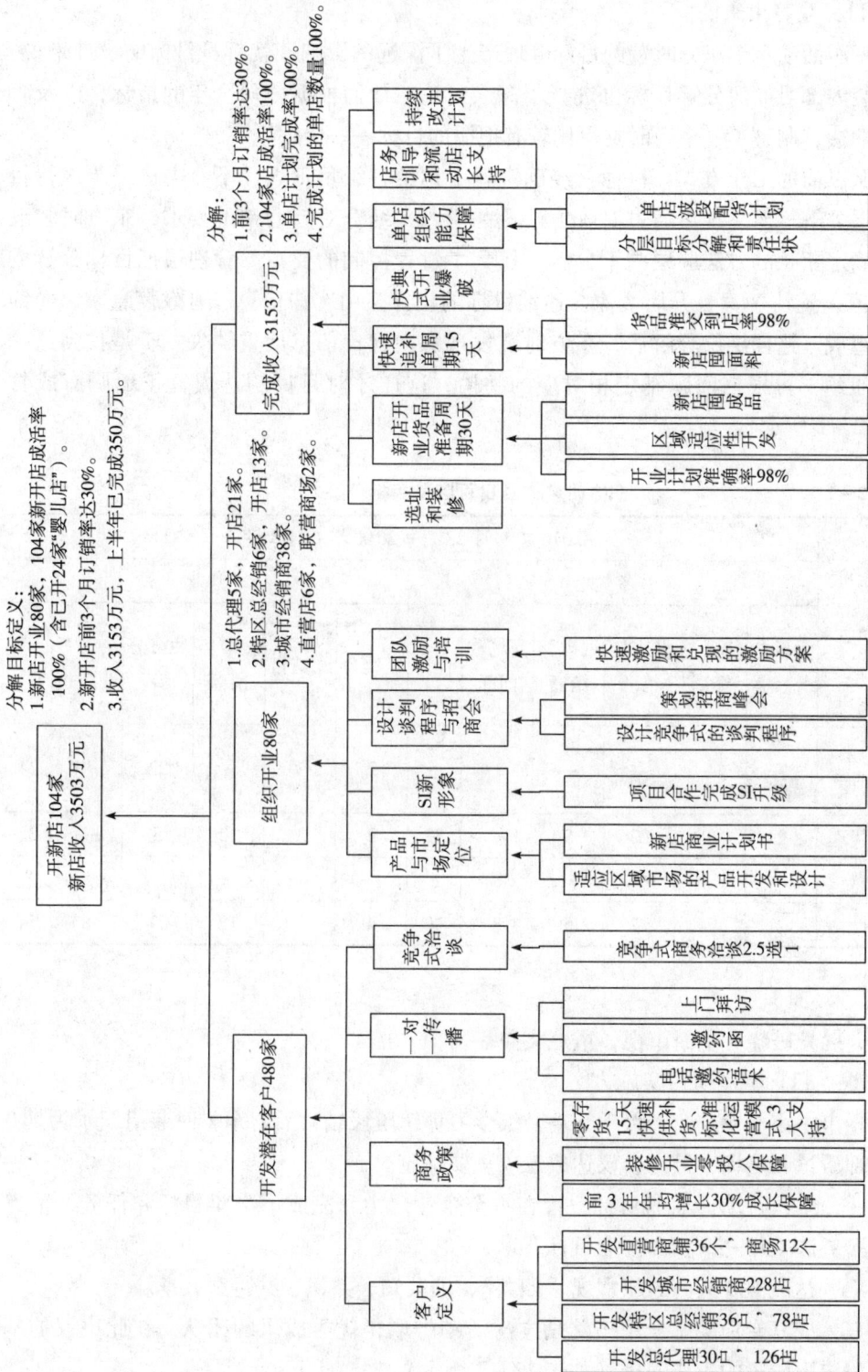

图12－2　东方时装"百日百店"行动计划目标蓝图（部分）

2. 目标是算出来的。

这一次活动对于东方时装的目标管理产生了深远的影响。就百日目标的设计来说，东方时装内部对如何分解目标也进行了深入讨论。他们根据公司全年的指标，以及对活动的期待，制订了一个当时觉得比较有把握的目标——104 家。

按照以前的工作方式，目标一经确定就下达给各级负责人，不会去进一步进行目标的层层分解。但是现在通过对阵方法论的学习，结合对阵营销的要求，东方时装继续采取确定瓶颈的方法层层向下分解，找到了过程控制的要点。管理层把目标分解成邀约 X 家，签约 Y 家，开店 Z 家。邀约目标的设计又由客户信息、有效信息率、邀约成功率组成。这样层层分解后，东方时装发现意向客户信息严重缺失。于是找到这一层级的瓶颈，再根据问题制定相对应的举措，这样才对目标的达成真正地胸有成竹（如表 12 - 1 所示）。

表 12 - 1　　　　　　　　　　东方时装"百日百店"目标分解

类别	2010 年 9 月 28 日—2011 年 1 月 8 日											
	签约						开业					
	大区总经销	特区总经销	城市经销商	城市分销商	商场或门面	合计	大区总经销自营店	特区总经销自营店	城市经销商	城市分销商	公司自营店柜	合计
已签约未开业代理	—	—	—	—	—		2	—	—	22	—	24
新签约代理	2	3	22	5	—	32	2	3	12	5	—	22
新直营	—	—	—	—	8	8	—	—	—	—	8	8
合计	2	3	22	5	8	40	4	3	12	27	8	54

二、晨光破晓：全面审视，重点突破

1. 根据目标蓝图研讨实施方案。

长沙市中小工业企业十百千管理升级学习训练阶段结束后，东方时装组织了为期 3 天的内部研讨和培训，最终会议达成三项重要决定。

第一，本次行动计划的目标，旨在举全企业之力，完成下半年目标和任务，重点抓好瓶颈突破工作——招商开店目标。

第二，达成 100 天内的超常规"四共"，即共知、共识、共行和共享。

第三，成立专项奖基金用于奖励本次活动中取得优秀成果的团队。在此决议的基础上，确定下阶段的工作安排（如表 12 - 2 所示）。

表 12 - 2　　　　　　　　　　　东方时装下阶段工作安排计划

序号	工作项目、要求		建议标准	责任人	完成日期
1	确定下半年目标导向：代理商重点招商目标是总经销，直营以开设形象店、旗舰店为主，其中长沙以袁家岭扩建，王府井、平和堂扩柜改建为主		第二次提案获通过	方总	2010 年 9 月 9 日
2	加强策划工作：确定定义客户、商务政策、精准传播、涂胶水具体方案			周崇恩	2010 年 9 月 10 日晚第二次评审
3	强化单店成活保障：确定产品风格（周总）、货品（赖总）、店务（彭晖文）、SI（方总）保障计划			—	
4	强化组织能力保障	流程、激励和机制		谭总	
		选人和招人	—	罗总	
5	成立项目组，召开成立会议		第二次提案获通过	谭总	暂定 2010 年 9 月 14 日召开
6	确定内部行动计划		第二次提案获通过	谭总	2010 年 9 月 22 日

　　东方时装制订出详细的项目实施计划，各子项目经理根据关键控制点（如表 12 - 3 所示）将目标分解落实到部门及个人，制订 KPI 激励政策，进行 KPI 考核（如表 12 - 4 所示）。

表 12 - 3　东方时装圣得西招商开店"百日百店"行动计划 100 天实施计划部分

项目名称：圣得西招商开店百日百店行动计划　　　　　　项目经理：方沩湘

序号	项目计划内容	子项目经理	人力资源配置	开始时间	完成时间
2.2	开店	周崇恩	刘海兵	2010 年 9 月 18 日	2010 年 12 月 25 日
2.2.1	设计谈判程序与招商会	周崇恩	周风华	2010 年 9 月 18 日	2010 年 10 月 12 日
2.2.1.1	设计竞争式的谈判程序	周崇恩	周风华	2010 年 9 月 18 日	2010 年 10 月 12 日
2.2.1.2	策划招商峰会	周崇恩	庞建英	2010 年 9 月 18 日	2010 年 12 月 25 日
2.2.1.3	工具和表现	周崇恩	戴虹	2010 年 9 月 18 日	2010 年 10 月 12 日
2.2.2	竞争式洽谈	周崇恩	刘海兵	2010 年 9 月 18 日	2010 年 12 月 25 日
2.2.2.1	招商训练营	周崇恩	刘海兵	2010 年 9 月 18 日	2010 年 12 月 25 日

续　表

序号	项目计划内容	子项目经理	人力资源配置	开始时间	完成时间
2.2.2.2	竞争式商务洽谈 2.5 选 1	周崇恩	刘海兵	2010 年 9 月 18 日	2010 年 12 月 25 日
2.2.3	能力保障	周崇恩	秦玉春	2010 年 9 月 18 日	2010 年 12 月 25 日
2.2.3.1	优秀招商人员和店长及时保障	周崇恩	赖琼华	2010 年 9 月 18 日	2010 年 12 月 25 日
2.2.3.2	职业店长和店务及时训导保障	周崇恩	赖琼华	2010 年 9 月 18 日	2010 年 12 月 25 日
2.2.3.3	激励机制保障	周崇恩	戴虹	2010 年 9 月 18 日	2010 年 12 月 25 日

表 12 - 4　　　　　　　东方时装管理升级瓶颈突破 KPI

编号	区分	指标名称	必达目标	挑战目标
1	客户开发	成功邀约优质客户	660 个	700 个
2	组织开业	54 个	54 个	60 个
3	再签约	50 个	50 个	55 个
4	反向控制指标（存货成本）	新开店前两个月订销率	30%	35%
5	反向控制指标（存货成本）	新店费用率	25%	22%

2. 邀请专家去东方时装授课，强化方法论的认识与运用。

东方时装管理层充分认识到了借助外部专家智慧的重要性，于是邀请专家对其中高层进行了系统的对阵方法论培训，使东方时装内部上下都能系统掌握理论和方法，做到结合企业的智慧和经验，去解决工作中碰到的问题（见图 12 - 3）。

图 12 - 3　专家在东方时装授课现场

三、旭日东升——苦尽甘来，成果丰硕

经过 100 多天的辛勤耕耘，随着 2011 年钟声的敲响，东方时装交出了一份令人非常满意的答卷：2010 年 9—12 月实际开店数量达到 232 家的骄人成果，远远超出原定 104 家的目标（见图 12－4）。

图 12－4　东方时装签约客户与董事长合影

在欣喜之余，东方时装也总结出了相应的经验。

1. 定义客户是营销最重要的环节。

东方时装为了真正充分搞明白客户是谁、在哪里、如何找到，集思广益，发动内部员工一起参与客户信息的收集，最后一次性取得 8 万条目标市场客户的资源信息。然后组织筛选，找到目标客户逐一进行联系，这样就完全解决了业务员下市"扫街"的问题。

2. 准确把握客户的需求。

产品只有满足了客户的需求，客户才愿意掏钱购买。而客户的需求包括商务需求和产品性能需求。商务上的需求是指采购的产品能带来经营或生产的利润，产品性能需求是产品能满足客户需要的功能。

很多企业在了解客户需求上做得还不到位，只是想当然地认为客户需要什么，有时开发出来的新产品客户并不买账，还不知道原因。过去畅销的产品现在卖不动了，也没有及时发现和了解客户需求的变化。

对于东方时装代理商和加盟商来说，能不能开店赚钱才是他们最关心的，也是东方时装能否吸引代理商和加盟商合作的前提条件。通过前期大量的客户拜访和考察，东方时装最终制定出受到加盟商热捧的招商政策和程序。具体包括以下四点。

（1）一大持续赢利运营模式。

高赢利空间；

协助开发分销商；

适合市场潮流的品牌风格；

股权激励；

企业上市预期。

（2）两大破发方案促进客户倍增。

开业爆破方案；

店庆促销方案。

（3）三大专业手段保证销售最大化。

专业客户邀约；

专业销售程序复制；

专业畅销计划方案。

（4）五大保障消除后顾之忧。

店铺；

装修；

货品；

促销；

培训。

3. 提升服务意识，助力代理商与经销商事业发展。

东方时装的营销人员还主动用全新的市场定位观点协助新加盟店，不断替其策划集招商、推广、开门红业绩于一体的爆破式开店方案，曾取得单店日收入高达 30 万元的好成绩，创造了东方时装单店开业史上的新纪录（见图 12 – 5）。

图 12 – 5   东方时装某新加盟店开业

在此基础上，东方时装还协助代理商和加盟商开展了以下基础工作，始终站在门店的角度替门店策划：

导购员个人业绩提升办法；

代金券设计方案；

宣传单设计方案；

终身免费整洗整烫卡。

4. 加强品牌公关传播，加大广告投放力度。

继投放了亚运会央视广告后，东方时装又启动了系统的公关传播方案。北京 CHIC 服装博览会是一年一度的服装行业的赛事，也是服装品牌纷纷在国际舞台上 PK 的一个盛会。参加这样的活动，代表着品牌的实力，代表着企业的水准，更代表着一个知名服装品牌走向全国、走出中国的决心。为此东方时装精心策划，诚邀 600 户入会，实现签约 120 家，效果显著。

第四节　好执行收获大成果

从石燕湖学习回来后一个月，东方时装在内部多次召开研讨会议，他们发现有两方面需要加强：一是人力资源，二是针对性的商务政策。人力资源方面，拓展全国市场要有充足的拓展人员、营销人员和营销管理人员。商务政策方面，既要有先进性，能够在业内具备竞争力，还要在他们能够承担的范围内。在这两点之间找到一个平衡点并非易事。为此，东方时装组织了 4 场不同规格的培训和研讨活动，向市场推出了第一批特训后的招商团队，完成了大量卓有成效的工作。

第一，编制一套易于传播的、系统的商务政策材料，数字化描述可以简化为"一、二、三、五"，即一大持续赢利运营模式，两大破发方案促客户倍增，三大专业手段保证销售最大化，五大保障消除后顾之忧。

第二，建立配套商务政策 6 个方面的作业工具（即政策中传播的部分项目方案）。

东方时装 2010 年 11 月举办了历史上的第一次招商培训会议，提出了东方时装史上第一个全方位的商务政策提案。站在东方时装招商开店的历程来看，这两大行动可以称得上是历史性的突破。

活动的最后一个月，是最见成效的一个月。在经历过第一个月系列推广、招商工具发放、大型投资峰会举办等活动，又经历了第二个月活动瓶颈突破后，东方时装完成签约 154 个单店合同，其内部上下无不激动和兴奋。

在取得成绩的过程中，东方时装内部管理水平也得到整体提升。

首先，谋划了大策略。

通过中高层对"对阵营销"的深入研究，东方时装发现招商开店的瓶颈是发现客户资源和掌握客户资源。通过整合总代理的优势资源，发展和掌握客户资源是最有效的举措，不仅能够实现共赢式的强强联合，而且能够实现东方时装的快速发展。至2010年12月底共成功签约3家总代理，整合这3个优秀客户的资源，是东方时装能够在最短的时间内、最低的成本下迅速发展90家以上优质新客户的关键。另外在整合资源过程中还不断加入许多专业人士，缓解了发展中人才的缺口。

其次，确定了大目标。

2010年下半年的招商开店项目取得了突破性进展，使东方时装对下阶段完成渠道扩张目标，实现跨越式发展信心百倍。经过反复研讨和论证，东方时装确定2011年招商开店目标比2010年再翻一番，计划新签约240家（其中总代理7家），实际新增销售网点将达450家以上。同时，目标分解得更加详细，分别确定了国外目标、国内目标、大区域目标、省域目标及重点城市子目标。目标确认会分三场举行：第一场参会人员为东方时装中高层，确认总体目标及战略；第二场参会人员为营销线中层，宣布大区域目标及分头制定相关举措；第三场参会人员为营销线全体人员，全员参与制订具体执行计划。

最后，构建了大保障。

东方时装斥资数千万元投放央视广告，又连续十年冠名中国国际时尚商务男装设计大赛，同时紧密依托北京CHIC国际服装博览会这个平台，还将在北京举办2011年首场品牌价值高端投资峰会，通过一系列大手笔活动，全方位保障高端品牌形象。

第五节　体会与展望

通过100天的瓶颈突破实践，东方时装有3个方面的体会和收获。

一、"一把手工程"需扎实

带着"如何快速突破招商开店瓶颈"的问题，东方时装董事长罗文亮率领一干人马参与到了"管理升级"活动中。培训结束后，立即完成了"东方时装（圣得西品牌）招商开店100日项目"立项，成立了以董事长为项目领导，副总经理谭金安、方沩湘、周绮惠分别为策划、实施、支持组组长的项目领导班子。东方时装先后组织了五次高层研讨、三次与管理升级专家顾问面对面交流、一次为期五天的中高层干部专题研讨。在董事长身先士卒的参与下，整个过程都是在各级一把手的亲自指挥下完成。所以，如果没有一把手的认可、没有一把手的推动、没有一把手对每个过程环节的关注，活动不可能达到这么好的效果。

二、瓶颈突破简单高效

对比一下企业活动前后的成果，活动前东方时装招商部门 2010 年 3—8 月实际签约新店是 72 家。管理升级活动后，即 2010 年 9—12 月，实际签约是 145 家，其中包含总代理 3 家。按照东方时装全年至少可以开 30 家店的目标来计算，实际开店数将达到 232 家，是 3—8 月的 3.2 倍。如果按照 2011 年招商开店 100 家的成绩来看，他们是提前 3 个多月完成了年度目标和任务。这一切都得益于他们准确找到了瓶颈。所以，只有找准了瓶颈，管理才会简单高效；找错了瓶颈，管理就会忙而无序。

三、瓶颈突破带来企业管理水平大幅提升

此次培训、辅导和验收的系列活动为东方时装全体干部管理思维升级带来了深远的影响。首先是学习到的"系统观、逻辑观、有效产出观"对中高层队伍的管理思维产生了强烈的振动，深刻认识到谋定而后动的重要性与必要性；其次是"一切工作从目标管理入手"，彻底纠正了东方时装多年来重视"语文式目标管理"的习惯，学会根据目标开展 PDCA 循环；再次是"所有工作都是项目管理"，有效提升了全体管理干部的横向资源组织能力，使其学会在有限的资源约束下，运用系统的观点、方法和工具，有效管理各类项目的范围、时间、进度、成本、质量等要素。

100 天管理升级活动结束了，留给东方时装人的除了这 100 天的收获，更多的是这场活动的启示和这场活动对东方时装未来的影响。此次活动为东方时装圣得西品牌跻身为高端中国时尚商务男装品牌打下了坚实的基础。

第十三章 飞翼股份：新产品环比 2.5 倍增长

2010 年管理升级总结表彰大会颁奖词：擂台赛优胜奖

曾经一度是铁路、工矿设备的先锋，为国内高速铁路制梁专用设备填补了空白，并一举占据了该领域 70% 的市场份额。100 天的管理升级擂台赛中，以攻克煤机新产品作为营销的新突破口，以环比 2.5 倍以上的增幅迅速打破销售僵局，创造了全新的市场领域、全新的核心业务。

掌声有请长沙装备制造业的后起之秀——飞翼股份！

"100 天突破"效果总结

在煤机新产品环比超过 2.5 倍增长的有力带动下，公司 2010 年第四季度销售收入、利润总额和利润率，分别比 2009 年同期增长了 55%、128% 和 47%，飞翼股份站在了不一样的、全新的发展起点上，飞翼股份的未来充满希望。

参赛背景概述

飞翼股份先人一步，响应国家对煤炭行业的治理整顿趋势，把握住了煤炭行业煤机产品先机。在 2009 年下半年，飞翼股份迅速组织技术力量，在短时间内研发出煤矿用混凝土泵产品，产品推出市场叫好不叫座，销售增长缓慢，远低于预期。飞翼刚刚涉足煤机行业，面对在业内的品牌知名度处于弱势、销售网络资源匮乏的局面，如何迅速打破僵局，取得营销的突破，为今后在煤机行业的快速发展打下坚实基础，已成为飞翼股份发展道路上亟待解决的关键问题。

第一节 煤机领域的新生力量

飞翼股份有限公司（以下简称"飞翼股份"）坐落于我国工程机械制造中心——

湖南长沙，创立于 1996 年，2009 年 12 月 16 日成功股改，被长沙市政府列入拟上市重点扶持企业，注册资金 1 亿元，占地 20 多万平方米，现有员工 680 余人，是一家集电机电器、工程机械研发、配套及制造于一体的多元化产业集团。

飞翼股份主要生产四大系列、43 个型号的混凝土拖泵、煤矿用混凝土泵、充填工业泵、矿用清仓机及湿喷机等系列产品，是近年来国内工程机械制造领域异军突起的一支新生力量。

目前飞翼股份产值已突破 5 亿元，创税突破 3000 万元，先后被评定为长沙市"利税过千万元企业""长沙市知识产权优势培育企业""长沙市 2010 年度小巨人计划企业""湖南省重点培育上市企业""湖南省 100 强民营企业""湖南省最受尊敬企业""湖南省高新技术企业""信用等级 AAA 企业"。

飞翼股份自创建以来，始终坚持"崇德广业，健行不息"的企业文化，坚持走创新发展之路，目前已在行业内建立了雄厚的人才优势、技术优势和产品优势。飞翼股份现有工程技术人员 110 余人，本科以上学历 80 余人，硕士 15 人，博士 2 人。其中飞翼股份法人代表张泽武先生先后被中国市场学会授予"中国最具竞争力品牌"杰出人物，"铁路建设十大风云人物"等荣誉称号。飞翼股份现装配有现代化的成套机械加工设备和质量检测设备，通过了 ISO 9001：2008 国际质量体系认证，产品目前正广泛运用于铁路、电力、钢铁、水泥、石化、煤炭等行业。

飞翼股份开发的高速铁路制梁专用泵已拥有 7 项专利技术，填补了国内高速铁路制梁专用设备的空白，为国家高速铁路建设作出了突出贡献，在国内高铁市场占有率达到 70%。在矿用设备研发上，飞翼股份已获得 8 项专利技术，研发的煤矿用混凝土泵、矿用清仓机已通过权威机构检验并获得煤矿安全认证证书，目前已投入使用，为国家全面治理瓦斯提供安全、可靠、环保、高效的全新产品。同时，飞翼股份研发的具有自主知识产权的矿用充填工业泵已通过国家相关权威机构的工业性试验，并已投入使用，将为我国煤炭行业实现绿色开采带来深远的影响。

作为一个年轻而成熟、稳健而又充满活力的高新技术企业，飞翼股份将继续秉承"求实、创新、感恩、自强"的企业精神、"产业报国、共赢共享"的企业宗旨，继续以极大的热情致力于创造和实现富有活力的现代企业管理模式；继续以极大的魄力致力于电机电器、机械制造和工程机械领域技术的革新和开发；继续以优良的产品质量、独有的"保姆式"服务不断提升顾客满意度，努力将飞翼股份铸造成中国创新标杆企业。

第二节　新产品营销困境

近年来，在党中央、国务院的正确领导和煤矿瓦斯防治部际协调领导小组的督促指导下，各地区、各部门、各单位进一步强化责任、落实措施、全力攻坚、深化整治，煤矿瓦斯事故数量和死亡人数逐年下降，安全生产状况渐趋好转。然而，煤矿瓦斯防治和安全生产工作与党中央、国务院对于煤炭工业安全发展和安全生产的要求相比，与广大煤矿职工和全社会广大人民群众的期望相比，仍然存在较大的差距。煤矿瓦斯事故仍然多发频发，重特大瓦斯爆炸、煤与瓦斯突出事故尚未得到有效遏制，瓦斯治理利用的一些关键技术尚待突破，国家和地方政府鼓励发展煤层气产业与煤矿瓦斯抽采利用的一些经济政策尚未落实到位，煤矿安全基础管理特别是现场管理还比较薄弱。

温家宝总理视察同煤集团时特别指出，必须正确处理保增长与安全生产的关系，任何时候安全生产都是第一位的，在安全生产中实现经济平稳较快增长。同时，要下决心引进新技术，大力推进清洁生产，让煤炭生产的质量和效益走在世界的前列。

在上述的大背景之下，飞翼股份在经过大量市场调研和分析后决定快速进入煤机行业。在2009年下半年，飞翼股份迅速组织技术力量在短时间内研发出煤矿用混凝土泵产品，并在2010年年初开始煤矿用清仓机的研发。

2010年飞翼股份定下的煤机新产品销售指标为××万元（"×"为绝对数据，系为保密起见进行的模糊处理，下同）。根据年初计划，飞翼股份营销团队认为完成销售指标应该难度不大。可是到2010年9月底统计，2010年实际完成煤机新产品的销售情况时，发现已完成的煤机新产品销售额只占到年初销售指标的1/3。

飞翼股份管理层看到报上来的销售数据，意识到了煤机产品市场销售的严峻性，立即召集营销部门对目前的市场形势进行分析，按照目前正在洽谈的意向合同数量和合同金额，如果按照目前的市场推进状况，到年底实现全年目标将成为不可能完成的任务。

飞翼股份领导和煤机销售部紧急分析销售受阻原因：一方面由于刚刚涉足煤机行业，在煤机行业内的品牌知名度和销售网络资源相当弱势和匮乏，另一方面在营销上还没有摸索出适合飞翼股份的突破模式。

如何快速提升飞翼股份在行业内的品牌认知度，为其今后在煤机行业的快速发展打下坚实基础，已成为他们迫切需要解决的问题。

第三节　齐心协力，打破僵局

2010年9月3—6日，飞翼股份通过报名海选，层层PK，参加了由长沙市工业和信息化委员会主办、长沙市中小企业服务中心承办组织的长沙市中小工业企业十百千管理升级擂台赛石燕湖训练营，飞翼股份董事长、总经理亲自带队全程参加了三天四晚的封闭式培训。

　　培训结束后，飞翼股份董事长、总经理回到企业，运用训练营中学到的"价值链瓶颈寻找工具"，组织飞翼股份高层及相关部门领导共同研究，对研发、生产、销售、供应链、服务各个环节进行了逐一分析，系统梳理各部门的相关指标、数据及资料，在系统思考、充分把握前提的基础上，用逻辑思考，用数字说话，最终确定飞翼股份煤机新产品发展需实现突破的瓶颈在于营销（如图 13－1 所示）。

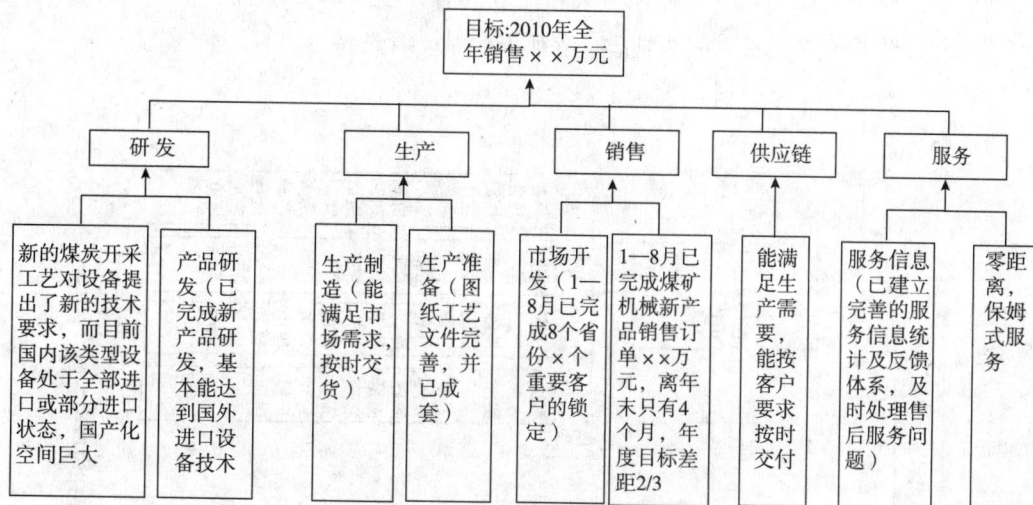

图 13－1　飞翼股份管理升级瓶颈分析

　　瓶颈确定后，飞翼股份管理层与煤机销售部一起从目标出发，从营销、销售、价值挖潜三方面进行充分条件构建，利用管理升级专家每月去飞翼股份交流、辅导的机会，就目标达成的要素进行了深入探讨，受到很大启发，目标蓝图的轮廓也渐渐清晰，最终制定出 100 天目标蓝图（如图 13－2 所示）。

　　通过内部交流讨论，飞翼股份确定了 3 个月内瓶颈突破的目标蓝图：

　　第一，实现销售××万元；

　　第二，确保中标率达到 75%；

　　第三，通过价值挖潜实现××万销售。

　　为了实现瓶颈突破，飞翼股份成立瓶颈突破项目组，由总经理何石江亲自任组长，相关营销公司、战略发展部、生产部、售后服务部、人力资源部等部门领导作为组员全力参与其中。瓶颈突破小组制订了详细的执行计划表（具体项目推进计划图略），明确了项目计划内容、各子项目的负责人、阶段目标和完成时间，并制订了相关 KPI 绩效考核制度，定期推进项目管理，及时解决发现的问题，确保项目顺利推进。

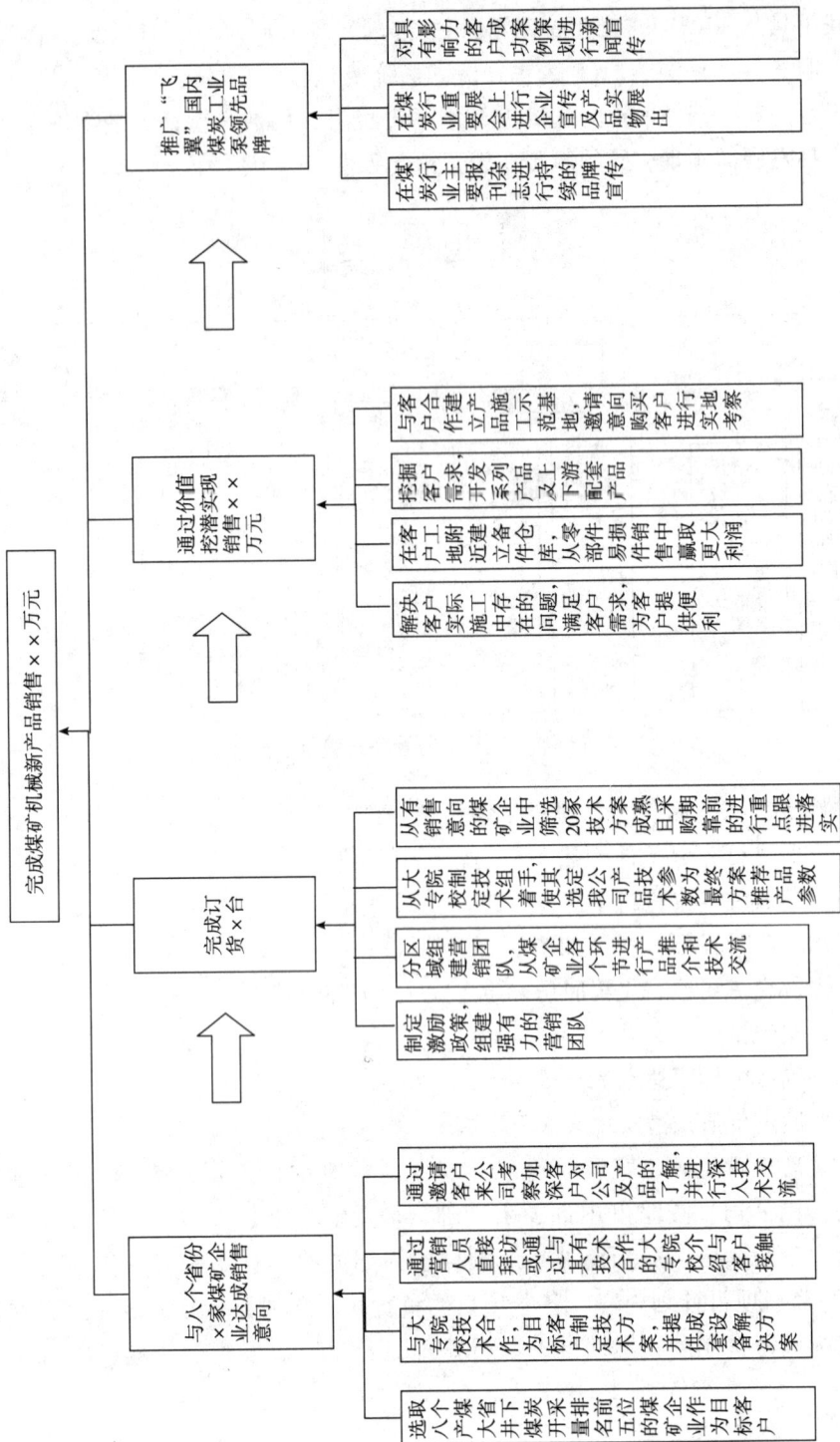

图 13-2 飞翼股份管理升级目标蓝图（部分）

第四节 以点带面，全局突破

在 2010 年 10 月项目计划开始执行之前，飞翼股份项目推进小组组织营销公司煤机销售部区域经理及营销骨干人员一起研讨目前煤机市场行情和飞翼股份煤机销售中存在的问题及解决方案。通过讨论，飞翼股份对煤机销售部 2010 年全年的销售指标进行了调整，由原来的××万元调整至××万元。第四季度，煤机销售部需完成新增销售××万元，通过价值挖潜完成销售××万元。

然而飞翼股份在 2010 年 10 月上半个月的实际工作中，信息锁定、新增销售和价值挖潜各项工作并没有取得预期效果。其瓶颈突破小组研究后认为，目前新产品的市场确实还处于培育期，客户的需求信息并不明朗，很多矿业集团对该类产品还处于试点推广阶段，销售更多的是要争取到大专院校和科研机构的技术引导。

根据市场的实际情况，飞翼股份销售团队调整思路，把营销作为突破口。从定义客户环节入手，针对煤机设备销售特点，寻找行业杠杆，站在煤炭整个行业的角度思考问题，寻找对客户具有影响力的个人和机构，并利用专业学术会议进行产品推广。

通过飞翼股份营销团队的努力，2010 年 10 月由中国科学院院士××教授带队的山东××大学专家教授考察团对飞翼股份进行了考察，飞翼董事长、总经理带领其管理团队、技术团队与考察团进行了充分的交流、沟通（见图 13－3）。

图 13－3 ××院士来飞翼股份考察

×院士对飞翼股份给予了高度评价，决定在飞翼建立院士工作站，并积极促成了山东××大学与飞翼股份的战略合作关系，双方将针对我国矿产行业的市场前景，在产品研发和市场拓展等各个方面进行深度合作。此次合作协议的签订，使飞翼管理团队坚定了走产学研相结合道路的决心。

同时，飞翼股份煤矿用清仓机样机在××集团××矿成功地进行了工业性试验，并签订了销售合同。该产品改变了煤矿水仓长期以来耗时、耗力的人工清理方式，满足了现代化矿井安全高效生产的要求，为飞翼煤机营销提供了新的增长点。

飞翼股份为推广工业充填泵，2010年11月董事长和总经理分别带队参加了"国际绿色开采暨三下采煤学术论坛"和"全国三下采煤与土地复垦学术会议"（见图13-4）。

图13-4　飞翼股份领导层参加全国三下采煤与土地复垦学术会议

在会议上，飞翼股份与国内某权威矿业院校建立了战略合作关系；与煤科总院天地科技取得联系，并就飞翼股份工业充填泵与其国家863项目合作进行进一步洽谈；获悉河北××集团需要两台200型工业充填泵，预计合同金额可达1000万元左右，需求时间在2011年3月左右。

2010年11月，飞翼股份与山东××大学的合作也初步取得成效。通过山东××大学提供的信息，飞翼股份了解到山东××矿正在上马××项目，山东××大学为该项目设计方。××矿充填项目不大，预计设备投资为2000万元左右，主要泵送设备为200型工业充填泵两台，目前主要与××煤机在进行合作洽谈。通过多次技术交流、考察，××矿同意飞翼股份作为设备供应商参与投标。

通过××矿项目，飞翼股份瓶颈突破小组意识到与大专院校科研机构的合作要往纵深发展，且合作要逐步扩展到××项目设备总承包上。

一般这类××项目设备总承包金额在 4000 万~6000 万元不等，煤矿一般都希望能找到一家厂家进行设备总包。飞翼股份完全具备项目承包能力，其中泵送设备方面已有成熟设备，其他设备也已找寻到合格的供应商。飞翼股份通过与设计方的深入合作，最后拿下了××矿××项目的设备总包合同，此项目的成功为飞翼股份发展××项目总包积累了经验，并还有可能作为飞翼股份××项目设备总包示范基地向其他客户进行推广。

2010 年 12 月上旬飞翼股份连续接待了北京矿大考察团和煤科总院天地科技考察团的考察，并签订了战略合作协议（见图 13 - 5）。

图 13 - 5　飞翼股份与天地科技合作签字仪式现场

另外从北京矿大也传来了好消息，飞翼股份获知了××矿××项目信息，该项目预计设备总包金额 5000 万元左右，投标在 2011 年 3 月左右进行。目前飞翼股份××项目组与北京矿大就××矿项目已进入技术方案设计阶段。

2010 年 12 月中旬，飞翼股份与中南大学两位教授进行了有色矿山××项目的洽谈，两位教授接受了飞翼股份的聘请，正式成为飞翼股份的技术顾问。12 月 25 日，两位教授到飞翼股份进行了有色矿山概况及发展方向的讲座，建议飞翼股份对××项目设备总承包问题进行深入研究，并对飞翼股份在有色矿山新产品的研发上提出建议。通过与两位有色矿山专家的交流，飞翼股份在设备总体承包方面有了新的课题和发展方向。

第五节　企业执行手记

一、100 天瓶颈突破大事记

1. 2010 年 10 月 3 日，飞翼股份正式成立煤机营销瓶颈突破项目组，完成百日项目实施计划和项目 KPI 评价体系。

2. 2010 年 10 月 16 日，瓶颈突破小组针对半个月工作推进情况进行了分析，将下半个月的工作重点调整为加大与大专院校和科研机构的沟通联系，寻求合作机会。

3. 2010 年 10 月 24 日，飞翼股份迎来了由 × 院士带领的山东 × × 大学考察团，双方签订了战略合作协议。

4. 2010 年 11 月 1 日，瓶颈突破小组总结 10 月份工作情况，明确了继续加强与大专院校和科研机构进行合作的工作，走产学研的道路。

5. 2010 年 11 月上旬，飞翼股份领导带队分别参加了两个煤矿行业学术会议，获得200 型工业充填泵市场信息。

6. 2010 年 11 月 30 日，飞翼股份总结 11 月份工作情况，各项 KPI 指标进展顺利，决定加大与大专院校科研机构的深入合作，并将工作重点移到 × × 项目设备总承包方面。

7. 2010 年 12 月上旬，北京矿大考察团和天地科技考察团先后对飞翼股份进行考察，双方签订了合作协议。

8. 2010 年 12 月下旬，中南大学两位教授接受飞翼股份聘请，并在 25 日对飞翼股份进行了考察和交流，为飞翼股份进入有色矿山设备指明了方向。

二、2010 年 10 月 1 日—12 月 30 日项目阶段指标总结

2010 年 12 月 30 日，煤机产品四季度销售 KPI（如下表所示）中除了价值挖潜指标没有达到目标外，其他指标都超额完成。

飞翼股份管理升级各项指标达成情况

指标	信息锁定	销售收入	中标率	价值挖潜收入
目标	× × 万元	× × 万元	75%	× × 万元
实际完成率	263%	115%	100%	80%

通过参加十百千管理升级擂台赛，飞翼人坦言，不但完成了当时 2010 年 9 月还认

为不可能完成的任务，而且极大提升了飞翼股份对煤机产品市场的信心。同时，通过掌握对阵方法论，给飞翼股份其他部门的管理提供了理论指导和实践工具，升华了基础管理，收获丰厚。

第六节 坚定信心，展望未来

煤机营销瓶颈的突破极大坚定了飞翼管理层的信心。依托矿山机械行业，坚定地走产学研合作、创新发展的道路，这已成为飞翼股份管理层的共识。

飞翼股份 2011 年给煤机营销部下达了 × 亿元的销售任务，任务量比 2010 年增长 4 倍，但飞翼股份煤机营销团队对完成任务充满信心。至截稿日，从飞翼股份传来喜讯，目前煤机销售部在 2011 年 1 月已实现 7 台 30 型煤机泵、2 台清仓机的销售，合同金额为 1200 万元。

在煤机新产品领域运用对阵方法论系统的分析工具，寻找瓶颈并有效突破的这套严谨的化繁为简的管理工具给飞翼人带来了信心和更大的希望。飞翼人相信：他们在未来发展的快车道上将越走越宽，越走越快。

第十四章 辰泰电子：小市场，大突破

2010 年管理升级总结表彰大会颁奖词：最佳学习奖

这是一家成立不到 3 年的新企业，历史很短，却敢于向国际顶尖设备的技术水平看齐，从代理起步，正积极创造自己的技术、产品和品牌。

这是一家规模很小、成长速度却很惊人的小企业，加入擂台赛之前的年产值仅7000 多万元，经过自身努力和擂台赛的促进，2010 年累计完成销售收入 1.2 亿元，实现净利润 1200 万元，上缴税金 660 万元，发展速度位列金融机具行业前茅。

这是一家起点不低的高新技术企业，除了提供功能很强的清分机、清样机、柜员机外，还创造了国内首条现金处理流水线，成为我国金融机具行业的新贵。

掌声有请天天研究与钱相伴的辰泰电子！

"100 天突破"效果总结

管理升级擂台赛中，三次确立瓶颈，三次均得以圆满突破。2010 年第四季度，实现了销售收入同比增长 321.92%，利润同比增长 1030.21%，销售利润率同比增长225% 的佳绩。这种敢于挑战、勇于创新的精神，是一种值得景仰的企业追求、一种值得尊敬的企业风范。

参赛背景概述

以金融系统清分机为主营业务的湖南辰泰电子信息技术有限公司，成立不到 3 年，累计完成销售收入 1.2 亿元，实现净利润 1200 万元，上缴税金 660 万元，发展速度位列金融机具行业前茅。在企业高速发展的道路上，辰泰电子面临头尾受限的局面，一方面市场趋于饱和，企业很难掌控市场的主动权；另一方面，产品外包为主交付不及时，使得市场销售额难以实现超常规增长，销售收入与利润的增长速度逐渐减缓。面对企业发展的制约因素，辰泰电子尝试过不同方面的改善，却始终找不到突破口。

第一节 发展速度最快的行业后起之秀

2008 年 3 月，长沙高新技术产业开发区迎来一家新企业——湖南辰泰电子信息技术有限公司（以下简称"辰泰电子"）。2008 年成立当年实现销售 2300 万元，2009 年完成收入 3300 万元，2010 年又一鼓作气，销售收入突破 7100 万元，实现了企业的飞速发展，其发展速度位列金融机具制造行业前茅，得到了业界广泛的首肯，也被很多企业竞相模仿，成为当之无愧的行业后起之秀。

辰泰电子主要经营银行现金自动处理设备。我国是世界上现金流量最大的国家，流通量占全国 GDP 的 10% 以上，大大超过欧美等发达国家。尽管银行电子货币建设逐年发展加快，但由于我国国情所限，持币购物的传统观念较强，现金流通量的绝对值仍高居首位，这为银行现金自动处理设备提供了广阔的市场，也带来了巨大的商机。辰泰电子正是抓住了这个良好的商机，在这个行业摸爬滚打十余年的总经理黄赛勤凭着丰富的经验，从 2008 年创业起开始，一路高歌，实现了超常规的迅猛发展。

然而，辰泰电子高层深知，如果没有过硬的产品、没有自己的品牌，尤其是没有自己的研发队伍，则很难长时间称雄市场。因此，辰泰电子成立 3 年来，始终专注于产品创新，截至目前，已经获得国家专利 2 项，软件著作权 6 项，软件产品 2 项。为更好地服务用户，辰泰电子还在全国主要大中城市设立了七大销售服务中心，确保为其用户提供快捷服务。

第二节 头尾受限，三战不利

在企业高速发展的道路上，辰泰电子也碰到了不少的困难。一些固有的、传统的经验思维依然左右着企业的经营和管理理念，束缚了企业的发展。辰泰电子的领导人渴望着能从这种固有的经验思维里突破出来。

难题一：头受限，市场饱和

仅仅两年多的时间，辰泰电子的飞速发展速度创造了行业发展的一个奇迹，确实让同行们惊叹，但与此同时，市场竞争压力也不断提升，辰泰电子的产品销售市场已基本达到饱和状态。辰泰电子一直致力于金融领域相关设备的研发、生产、销售和技术服务，主要客户是中国建设银行，在建行的销售份额所占比例非常大。尽管辰泰电子每年的销售收入实现了相对稳定，但也使追求高利润的辰泰电子出现了利润增长减缓、难以突破的窘境。这种局面源于银行的招标采购体系。一般来说，银行采购电子清分机主要有两种情况：第一种是总部直接招投标，确定生产厂家；第二种是总部确定采购的生产厂家，分行在总部确定的厂家中进行选择。这两种采购的计划性都极强，辰泰电子的销售出口被死死掐住。在这种情况下，企业很难掌控市场的主动权。

难题二：尾受限，产品受制

辰泰电子的另一个难题就是产品外包，产品销售不顺利的情况大多是由于供应不及时所导致的。辰泰电子的产品大部分都属于外包产品，这种经营模式使得产品的生产很大程度上不受辰泰电子自身的控制，即使市场销售人员签订大量的销售订单，然而到了交付期限，供应商如不按时履行合同，辰泰电子也无法向客户交付产品，这种状况使得市场销售额难以实现超常规增长。

辰泰电子管理层感到非常困惑，难道辰泰电子的发展遇到了不可突破的天花板了吗？辰泰电子究竟该如何从这种首尾受制的状况中挣脱出来，创造新的飞跃？辰泰电子该如何快速增加有效的销售收入呢？如果客户招标价格不能突破，辰泰电子又该如何加速提升产品的利润空间呢？

寻求突破：三战不利

针对面临的上述发展问题，辰泰电子的高层领导们反反复复召开了多次会议进行讨论，最终确定了3种突破方法。

1. 第一次尝试，加大销售目标，但事与愿违。

辰泰电子采取加大订单额的办法，希望通过增加销售人员的订单任务来取得好的成效，但是由于辰泰电子的销售市场大部分集中在中国建设银行，而经过长期的合作，对该行的销售已趋于稳定状态，所以这样非但没有增加销售额，反而因为加大的订单任务而不能完成，使团队的积极性大受影响。第一次尝试失利。

2. 第二次尝试，严格控制产品成本，发展却受到制约。

销量无法提升，辰泰电子便着眼于通过严格控制产品成本，来提高公司的利润。在产品的研发过程中，辰泰电子对产品生产的各个环节，不管是采购、外包，抑或是技术都严格把关，仔细审核产品预算。这个方法在短时间内似乎取得了一定的成效，产品的成本有所降低，但随之而来的是由于成本控制太紧而引发的弊端——采购部件不能及时供货、外包生产的质量和交期不能很好的控制；而在技术开发上，由于受成本的限制，技术人员不敢大胆地构思和设计。事实证明，采用成本控制的方法不能解决辰泰电子的根本问题。第二次尝试失利。

3. 第三次尝试，聚焦供应链改善，但利润空间下降。

在前两次尝试失败后，辰泰电子又将目光集中到供应链管理上。辰泰电子增加了产品供应链上的成本，希望通过完善的供应系统确保产品的及时供应，并解决所遇到的问题。方案实施后，很快就有了改观，由于加大了成本，生产商的积极性提高了，市场需求的供应得到了保证，市场销售不再受限制。但供销平衡后，市场再次转入平静，辰泰电子以为问题得到了解决，但不曾想到的是，辰泰电子的销售额不但没有得到增长，利润反而降低了，问题似乎越来越严峻了。第三次尝试失利。

三次尝试，都没能从根本上解决辰泰电子所遇到的困难，是探索的方法不对，还是没有找到问题的本质？辰泰电子管理层更加困惑：还有什么理论和方法可以尝试呢？

第三节 寻找瓶颈，迎来曙光

长沙市工业和信息化委员会组织的长沙市中小工业企业十百千管理升级活动，旨在帮助企业解决供应、研发、生产、销售等过程中的各类瓶颈问题，这给辰泰电子带来了一线新的希望。对于这个要通过多次 PK 而赢来的难得机会，辰泰电子非常珍惜，从参加活动的第一天起就紧抓教练老师不放，希望能够在此次活动中真正释疑解惑，实现企业的可持续发展。

一、价值链分析，寻找瓶颈

在三天两晚的闭关培训时间里，擂台赛教练组从研发流程、产供销流程、价值再造流程三个方面解说了价值链赢利模式的内涵。辰泰电子也依照此方法寻找自身的问题所在。为此，辰泰电子一共寻找了三次瓶颈，进行了三次突破，一次为研发瓶颈，两次为销售瓶颈，这里就以销售瓶颈的寻找为例子进行展开说明。

第一环，研发。现阶段新产品研发顺利，2010 年年底已完成两款产品定型，研发工作推进顺利，这显然不是辰泰电子当前的瓶颈。

第二环，供应链。辰泰电子大部分的销售产品以代理为主，他们与供应商合作多年，已建立完整的供应链体系，生产商供货没问题。此环也不是辰泰电子目前的瓶颈。

第三环，营销。辰泰电子的销售市场分为行业市场和区域市场，客户数量为行业客户 1 家，其他客户 20 家。目前的销售主要以建行为主，占 80%，其他银行仅占 20%，其中，建行未完任务 3420 万元，其他银行 880 万元，此处差距最大，成为价值链条上的瓶颈环节。

第四环，服务。辰泰电子目前的服务销售指标为 200 万元，服务满意度为 95%，瓶颈也不在此。

价值链分析寻找瓶颈的方法简单而有效，一路分析下来，辰泰电子的问题一目了然——未完成的营销任务是辰泰电子目前差距最大的一块短板（如图 14 - 1 所示）。

二、定义客户，制定商务政策

既然已经确定营销为辰泰电子目前需要突破的瓶颈，就要对营销进行充分条件构

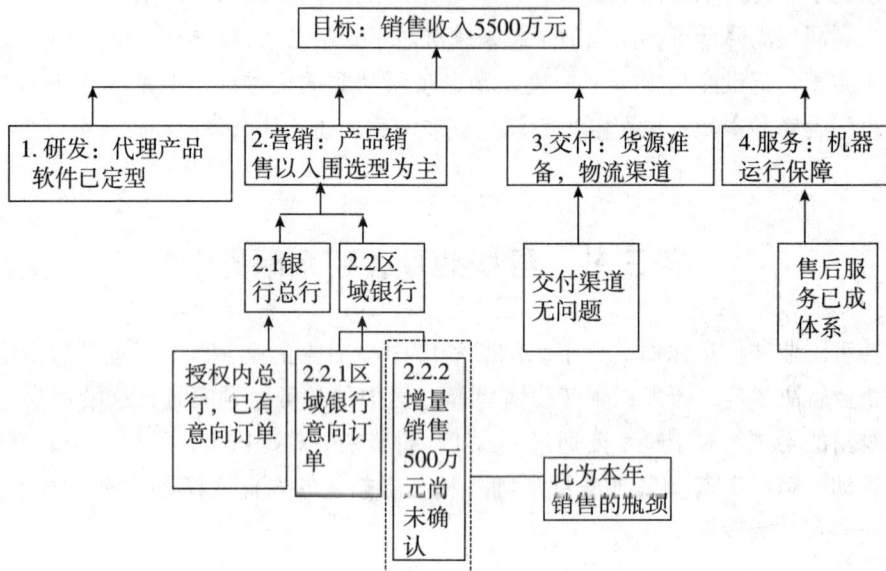

图 14 - 1　辰泰电子管理升级瓶颈分析

建，即目标蓝图的制定。

营销的第一步工作就是定义客户。辰泰电子的客户是银行，研究透他们需要什么，并满足他们，不愁没有钱赚，不像有些企业的客户还需考虑回款问题，银行只要确定购买，回款就不成问题，关键是能否挖掘出他们真正的需求。因此，对于辰泰电子而言，准确定义客户，了解客户的真正需求显得更为重要。

通过定义客户，辰泰电子确实获得了很大的意外收获，在下一节的执行阶段会进行讲述。

定义客户后，就要根据客户的需求制订商务政策了。辰泰电子提出零购机（样机试用）政策，就是通过先让客户试用，满足客户的相关需求，进而达成先用必买的销售目标。由于机器拆装很麻烦，只要辰泰电子的产品好用，客户通常不会再考虑更换设备。结果证明，这一商务政策的制定是成功的，为瓶颈突破奠定了有力的基础。

对于商务政策的传播，辰泰电子通过集思广益，制定了一套针对新客户的宣传体系，同时运用标准化销售程序开辟新市场。在此基础上，辰泰电子还建立起层层递进的相关商务政策，以求稳定所吸引的新客户，扩大成交比率。

如此逻辑严密做出的目标蓝图帮助辰泰电子在第一阶段就成功地打开了新市场，第一个月的销售任务也超额完成（如图 14 - 2 所示）。

三、分解计划，有效激励

目标蓝图确定好了之后，行动计划也随之出炉（如表 14 - 1 所示）。行动计划的制

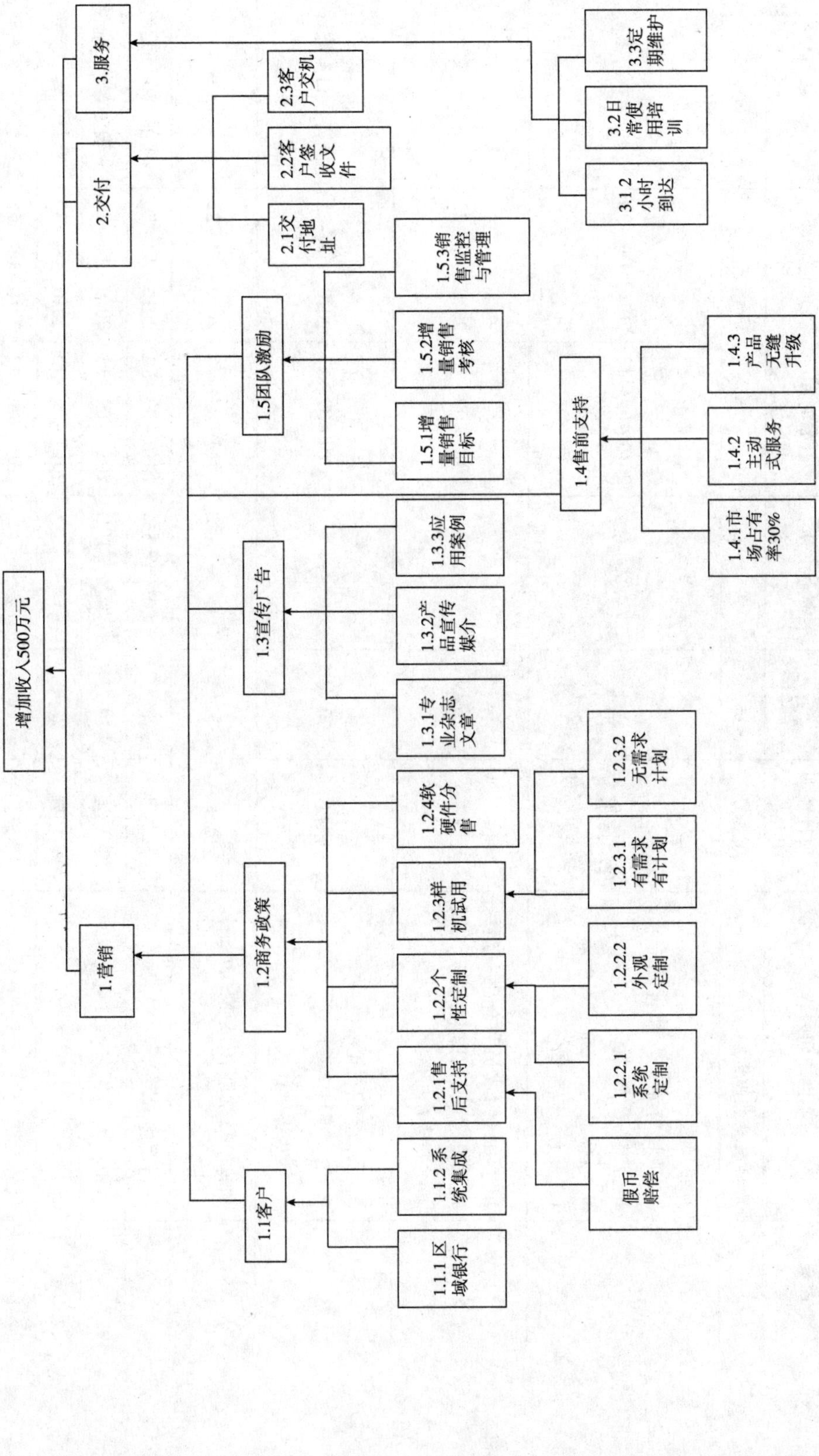

图 14－2　辰泰电子管理升级项目目标蓝图

表14-1

项目名称：销售扩增500万元　　　项目经理：黄赛勤　　　项目编号：

辰泰电子销售扩增500万元项目实施计划（WBS）（部分）

序号	项目计划内容	子项目经理	人力资源配置	资金预算	开始时间	完成时间	阶段目标
1	项目启动和策划阶段	黄赛勤	—	—	—	—	—
1.1	项目申报： A. 项目背景：内部管理需求；结合十百千活动。 B. 目标设定：完成项目申报 C. 人力资源配置	张孜 ①市场部 ②区域服务 ③公司综合	6人 20人 2人	无	2010－09－12	2010－09－30	申报方案
1.2	组建项目组成员和分工（组织机构图，项目管理办法、绩效评价办法）	张孜	6人	—	2010－09－16	2010－09－22	完成文案
1.3	A. 项目小组讨论 B. 编写项目实施计划 C. 优化项目计划	张孜	20人	—	2010－09－17	2010－09－25	制订项目实施计划
1.4	项目申报批准（具体的达成计划书）	史亮	3人	—	2010－09－16	2010－09－22	—
2	项目实施阶段	黄赛勤	28人	预算上浮5%	2010－09－12	2010－12－30	增加500万元销售
2.1	营销	李建强	10人	新增预算20%	2010－09－12	2010－11－20	确定客户和需求
2.1.1	客户	李建强	6人	—	2010－09－12	2010－09－30	目标客户确定
2.1.1.1	区域银行	李建强	4人	—	2010－09－12	2010－09－26	区域银行客户确定

续　表

序号	项目计划内容	子项目经理	人力资源配置	资金预算	开始时间	完成时间	阶段目标
2.1.1.2	系统集成公司	陈南	2人	—	2010－09－12	2010－09－26	系统集成公司客户确定
2.1.2	商务政策	黄赛勤	6人	—	2010－09－12	2010－09－30	成文
2.1.2.1	售后支持	黄赛勤	2人	—	2010－09－12	2010－09－22	售后支持优化体系
2.1.2.1.1	假币赔偿制	黄赛勤	—	—	2010－09－12	2010－09－19	假币赔偿机制
2.1.2.2	个性定制	赵爱国	3人	—	2010－09－12	2010－09－22	标准和范围
2.1.2.2.1	系统定制	赵爱国	2人	—	2010－09－12	2010－09－22	标准和范围
2.1.2.2.2	外观定制	赵爱国	1人	—	2010－09－15	2010－09－20	标准和范围
2.1.2.3	样机试用	李建强	2人	—	2010－09－12	2010－09－30	—
2.1.2.3.1	有需求计划	李建强	—	—	2010－09－14	2010－09－20	条件和对象
2.1.2.3.2	无需求计划	李建强	—	—	2010－09－21	2010－09－30	条件和对象
2.1.2.4	软硬件分售	李建强	2人	—	2010－09－12	2010－09－16	分售机制
2.1.3	宣传广告	史亮	3人	新增预算10%	2010－09－12	2010－11－30	—
2.1.3.1	专业杂志文章	史亮	—	—	2010－09－21	2010－11－30	一篇软文
2.1.3.2	产品宣传媒介	史亮	—	—	2010－09－12	2010－09－20	广告印制
2.1.3.3	应用案例	陈南	—	—	2010－09－12	2010－09－20	文稿
2.1.4	售前支持	陈南	4人	—	2010－09－16	2010－09－26	方案
2.1.4.1	市场占有率30%	陈南	—	—	2010－09－16	2010－09－20	方案

续 表

序号	项目计划内容	子项目经理	人力资源配置	资金预算	开始时间	完成时间	阶段目标
2.1.4.2	主动式服务	陈南	2人	—	2010-09-20	2010-09-26	主动式服务方案
2.1.4.3	产品无缝升级	李飞	—	—	2010-09-18	2010-09-26	产品实现升级的方案
2.1.5	团队激励	黄赛勤	6人	新增预算40%	2010-10-01	2010-12-25	考核
2.1.5.1	增量销售目标	黄赛勤	1人	—	2010-10-01	2010-10-12	销售目标确定
2.1.5.2	增量销售考核	李建强	2人	—	2010-10-01	2010-10-10	销售考核体系的制定
2.1.5.3	销售监控与管理	李建强	3人	—	2010-10-01	2010-12-25	—
2.2	交付	邓瑞	3人	新增预算10%	2010-09-12	2010-12-30	客户确认
2.2.1	交付地址	邓瑞	2人	—	2010-09-12	2010-12-30	—
2.2.2	客户签收文件	邓瑞	1人	—	2010-10-01	2010-12-30	—
2.2.3	客户交机	邓瑞	2人	—	2010-10-01	2010-12-30	保证交付完全
2.3	服务	徐英姿	16人	新增预算20%	2010-09-12	2010-12-30	客户满意度
2.3.1	2小时到达	徐英姿	—	—	2010-09-12	2010-12-30	—
2.3.2	日常使用培训	徐英姿	—	—	2010-10-01	2010-12-20	—
2.3.3	定期维护	徐英姿	—	—	2010-10-01	2010-12-30	—

订是为了保障目标蓝图的有效实现，将任务分解到各部门、各区域头上，同时制定阶段目标和时间控制节点。之后，辰泰电子又依照项目实施计划制定了相对应的、有效的激励政策（如表14－2、表14－3、表14－4、表14－5和表14－6所示），以确保能充分调动全体员工的积极性。可以说，有效地执行计划和激励政策的制定是辰泰电子最后取得成功不可或缺的一部分。

表14－2 辰泰电子销售扩增计划 KPI

编号	区分	指标名称	权重	必达目标	挑战目标	控制
1	Q	销售任务完成	50%	500 万元	700 万元	资源向优势人员和区域投放
2	D	客户推介活动	20%	2 次	4 次	总费用控制在补充费用的 20%
3	C	价格控制	20%	95%	100%	价格控制在公司价格标准 95% 以上
4	D	交货	10%	500 万元	700 万元	控制采购数量

表14－3 辰泰电子销售扩增计划达成比例评分范围

编号	区分	指标名称	超过目标 120 分	超过目标 110 分	达到目标 100 分	低于目标 90 分	权重	资料来源
1	Q	销售任务完成	700 万元	600 万元	500 万元	45% (71 台)	50%	售货发票
2	D	客户推介活动	5 次	4 次	2 次	1 次	20%	实际数据（备案）
3	C	价格控制	105%	100%	95%	—	20%	价格审批单
4	D	交货	700 万元	600 万元	500 万元	—	10%	发货记录

表14－4 2010 年 10 月销售扩增计划 KPI

编号	区分	指标名称	权重	必达目标	挑战目标	控制
1	Q	销售任务完成	50%	106 万元	132 万元	资源向优势人员和区域投放
2	D	客户推介活动	20%	1 次	2 次	总费用控制在补充费用的 20%
3	C	价格控制	20%	95%	100%	价格控制在公司价格标准 95% 以上
4	D	交货	10%	106 万元	132 万元	控制采购数量

表14－5 辰泰电子 2010 年 11 月销售扩增计划 KPI（市场和商务人员）

编号	区分	指标名称	权重	必达目标	挑战目标	控制
1	Q	销售任务完成	50%	225 万元	264 万元	资源向优势人员和区域投放
2	D	客户推介活动	20%	1 次	0 次	总费用控制在补充费用的 20%
3	C	价格控制	20%	95%	100%	价格控制在公司价格标准 95% 以上
4	D	交货	10%	225 万元	264 万元	控制采购数量

表 14－6　　　辰泰电子 2010 年 12 月销售扩增计划 KPI（市场和商务人员）

编号	区分	指标名称	权重	必达目标	挑战目标	控制
1	Q	销售任务完成	50%	169 万元	205 万元	资源向优势人员和区域投放
2	D	客户推介活动	20%	—	—	总费用控制在补充费用的 20%
3	C	价格控制	20%	95%	100%	价格控制在公司价格标准 95% 以上
4	D	交货	10%	169 万元	205 万元	控制采购数量

第四节　三次突破，三战三捷

一、聚焦瓶颈，三战三捷

1. 第一战，研发突破，产品定型。

第一轮寻找瓶颈，辰泰电子经过价值链系统梳理，从产品研发，到订单，到交付，再到售后服务，根据辰泰电子头尾受限的情况，首先要解决产品研发瓶颈，才能打通其他价值链环节。

这一个瓶颈仅仅用了两个星期就实现了突破，实现了两款战略性新产品定型。就在等待样机试制之时，还遇到一个小插曲，供应厂商迟迟不肯生产交货。辰泰电子的高层立即召开会议讨论：对阵方法论不就是一再强调要挖掘客户需求吗？那么供应商真正需要的是什么，满足他的什么需求才可能尽快地把样机生产出来？辰泰电子决定与供应商进行一次深入的沟通，最后通过让利的方式快速地取得了样机。这也是有效产出观的一个学以致用的例子，新产品能够带来新的市场和销售商机，只有先付出才能后得到是成功经营的真谛之一。

2. 第二战，瓶颈转移到销售。

产品定型了，随后就是如何把它推向市场，并获取订单。辰泰电子的客户数为行业客户 1 家，其他客户 20 家，销售市场分为行业市场和区域市场，销售现状主要以建行为主，所占比例达到 80%，其他银行仅占 20%，已有市场基本饱和，无法再挖掘，于是辰泰电子趁势追加 500 万元区域市场的销售任务。态势出乎意料的好，3 个月时间，辰泰电子在区域市场完成了将近 600 万元的销售任务。

3. 第三战，乘胜追击，再实现千万销售。

500 万元实现后，辰泰电子越做劲头越大，市场部连连告捷，2010 年第四季度销售收入达到 3000 多万元，同比增长 321.92%，对整个销售部产生了很大的激励作用，士气高涨。

可以说，辰泰电子是参加擂台赛企业中唯一一家在 100 天实践中运用对阵方法论在价值链上连续突破三个瓶颈的企业。

二、标准销售程序开拓新市场

执行中也有辛酸，做计划容易，实施起来着实困难，公司几次给教练组打电话讨教。比如市场开拓和产品宣传，由于辰泰电子的主要销售目标重点放在建设银行，而忽略了区域银行的销售，很多竞争对手已经打入这片市场，现在要和竞争对手抢夺这块区域市场，辰泰电子的销售人员想了很多办法，公司甚至牺牲了很大一部分利润，但即使这样其成效依然不大，这令辰泰电子非常困惑。

面对此境，辰泰电子总经理黄赛勤请来了十百千擂台赛教练组的杨老师，希望能帮辰泰电子解开困惑。杨老师分析完辰泰电子的现状之后，认为有问题是好事，只有发现了问题才能想法子去解决，这实际上是辰泰电子的一次机会，因为在这个世界上，办法永远比问题多。杨老师针对业务员谈单成功率极低的情况，给他们细致讲解了成功谈单的标准销售程序套路，并引导销售人员按照企业自身和产品特点对销售程序进行梳理和编制。

培训结束后，辰泰电子的销售人员显得非常兴奋，跃跃欲试。在接下来的实践中确实证明了这个基于心理学分析的销售程序大幅度提升了销售成交率，为辰泰电子实现新增 500 万元的销售任务打下坚实基础。

三、客户的一次痛苦，辰泰的一次机会

对客户需求的精准把握，是达成销售的首要条件，辰泰电子正是将这一点运用得炉火纯青，才获得了本次擂台赛意外的收获。

1. 收获一：银行清分环境改良整体解决方案。

辰泰电子基于客户对清分环境改良的需求，结合自己企业管理软件开发的优势，经过对各项资源的整合，向客户提出了一个清分设备系统的构想，推出针对银行清钞工作使用的清分设备系统的解决方案——银行清分环境改良整体解决方案。

银行清分设备系统解决方案即针对相关现钞清分环境以及质量、效率等要求，分别制定出差异化的解决方案，满足差异客户的不同需求。这个方案扩展了银行的服务内涵和外延，同时也为辰泰电子树立起了良好的品牌形象，而银行客户也实实在在获得了好处——与同业竞争时抢先占据有利地位。

现在，辰泰电子提出的方案设计中的各环节控制，已基本满足和达到生产工作要求，并开始在云南、西藏及省内等多个网点推广。辰泰电子非常欣喜地告诉工信委领导，他们在短时间内已取得上百万元的意向订单，这个方案预计将在 2011 年开始运作并大规模推广。

2. 收获二：清分工作台项目。

有关这个项目的达成，要从一个故事讲起。辰泰电子销售人员在向新疆客户推介清分产品时，客户无意中提到了对于现在工作台的一些意见，并抱怨目前所用工作台的一些缺陷，辰泰电子的销售人员听到后马上记录下来，并与客户做了细心和深入的沟通。通过交流，这位销售人员了解到目前银行的工作台大部分都已经陈旧，其性能也赶不上银行的需求。就如现在的清分设备，一台设备的重量大概40千克，若是现在的工作台很难承受这个重量，这样一来，工作台就很容易变形。还有现在环保理念的深入，使得银行对工作台的要求大大提高，而目前这家银行使用的工作台没有融入环保的概念，银行对此表示不满。于是，辰泰的销售人员马上趁热打铁地问："那么贵行的要求是什么呢？"

银行负责人告诉他："承重在80斤以上，桌子要坚实，重要的是要加入环保理念，比如防尘、除臭等功能都需要。"

辰泰的销售人员反应非常迅速，询问客户："如果我们能提供一款满足贵行要求的工作台，那么请问贵行有多少订单意向？"

银行负责人一听到辰泰电子能够满足他们的需求，非常高兴地对这位销售人员讲："只要辰泰电子能提供我们所需的桌子，我们一个订单就要20台。"

销售人员立即将信息反馈到辰泰电子，并建议立项。经过一轮深入的讨论，辰泰电子马上就决定立项，并且把清分工作台项目作为紧急事项提到日程前。技术部迅速成立项目组，讨论清分工作台的性能，随后确定了清分工作台的技术指标，强调清分环保理念。在满足银行需求的基础上，辰泰电子还增加了防噪声的功能，风道的设计采用先进技术，可随清分工作台的变化而调节，工作台的各个部件都有CCC认证，保证了工作台的安全性，其设计也坚实美观。这样一个解决客户心头之忧的产品自然大受银行客户的欢迎。

本次对客户纵向挖掘的成功事例，对辰泰电子也是莫大的鼓励，辰泰电子在向工信委汇报时信心满满地说，预计在2011年，这个工作台的订单额将达到1000万元。

四、及时总结，快速应对

如果说高效执行是辰泰电子成功的关键因素，那么及时总结就是他们成功的秘诀。计划容易，执行中却总会碰到这样或那样不同的现实问题，辰泰电子的方法是坚持理论和实践相结合，在执行过程中不断发现、总结并解决问题。

为了使新客户更快地了解辰泰电子的产品，辰泰电子加大了宣传力度，发表软文和彩页等来展示辰泰电子的产品。同时销售人员每月写总结报告，快速反馈市场信息，保证了辰泰电子对市场动态的实时掌控，使他们能够快速地应对市场的变化。

五、总结：小市场，大突破

整个瓶颈突破计划能有效完成，精密的计划是前提，鲜明的政策是基础，领导的重视是关键，优秀的团队是保障，正确的指导方法是根本。

现钞清分流水线方案和清分工作台项目的实施，是辰泰电子本次瓶颈突破过程中的意外收获。他们在解决现有问题的过程中，成功地摸索出两条发展路线、两款新增产品，这不仅丰富了辰泰电子的产品结构，还大大提升了辰泰电子的技术实力。辰泰电子坦言，虽然他们此次销售突破只有7100万元，但是这次突破所带来的附加价值大大超出了预期目标，辰泰电子信心满满，他们相信2011年将会有一次更大的飞跃。

本次擂台赛瓶颈突破取得的效果可见表14-7和表14-8。

表14-7　　　　辰泰电子销售收入、利润、税金2010年第四季度同比增长情况

指标	2010年第四季度同比增长率
销售收入（万元）	321.92%
利润（万元）	1030.21%
税金（万元）	225.00%

表14-8　　　　辰泰电子瓶颈突破指标项2010年第四季度同比增长情况

指标	2010年第四季度同比增长率
销售任务完成（万元）	164.33%
客户推介活动（次）	100%
价格控制	100%
交货额（万元）	164.33%

第五节　企业及教练手记

一、第一个月：2010年10月1—31日

此阶段辰泰电子的子项目完成率为100%，销售任务完成率得分124.53，交货得分124.53，客户推介活动和价格控制得分100，KPI总得分114.72，不仅完成了本月的目标任务，还达到了挑战目标。

擂台赛教练组进行第一月的指导时，对辰泰执行过程中所遇到的一些问题作了一

一解答。这个行业采购计划性强，代理商控制性强，只能依靠两头的规定来发展。教练针对如何计划自有产品推向市场，并对自有产品宣传规划提出两点建议：第一点是自有产品的性能描述，出发点为客户需求，要想明白客户需求，先描述此方案能为客户节省多少成本、减少多少麻烦、增加多少赢利、提升多少安全性，再描述自身通过什么技术如何解决上述问题；第二点是宣传与竞争对手的比较优势。

二、第二个月：2010 年 11 月 1—30 日

此阶段辰泰电子的子项目完成率为 100%，销售任务完成和交货得分均为 107.56，客户推介活动和价格控制得分为 100，KPI 总得分为 104.53。

2010 年 11 月的销售任务超额完成的同时，完成了产品推介工作（软文），交货也十分顺利，服务很到位。教练组进行本月指导时指出，由于辰泰电子第一月打的基础比较好，本月的相关工作完成得都很及时，需继续保持。

三、第三个月：2010 年 12 月 1—31 日

此阶段辰泰电子的子项目完成率为 100%，销售任务完成和交货得分均为 113.76，客户推介活动和价格控制得分 100，KPI 总得分 108.25。在这一阶段通过重新定义客户，深度挖掘了更多的潜在客户，客户市场逐渐由横向发展向纵向发展转变。

在这一阶段，辰泰电子遇到一些突发事件，经过这些事件，总结出要把理论和实践相结合，在计划实施过程中不是完全僵化的执行，需根据市场变化了的情况和企业内部的情况进行不断的计划修正，使之适应实际情况。本月教练组进行第三个月指导时，特别针对他们的情况，将对阵方法论进行了再次培训，使企业更加深入地理解了对阵方法论的来源和对阵方法论的三个基础观点，全局观（或叫系统观、整体观）、逻辑观和有效产出观。教练还结合辰泰电子 2011 年度的预算，指导企业从目标开始进行层层分解，寻找达成的充分条件，进行激励设计等，为辰泰电子 2011 年更进一步提升管理水平，实现更大的业绩突破传经送宝。

第六节　企业总结：雪中送炭，授人以渔

一、雪中送炭

每一个处在快速成长阶段的企业，都离不开正确的方法引导，辰泰电子也一样。在最困惑、最迷茫的情况下，十百千管理升级活动的举行，无疑是给他们雪中送炭。

通过这次活动，辰泰电子熟练地掌握了瓶颈寻找和瓶颈突破的工具，以及提升企

业核心竞争力的方法。辰泰电子不光在市场方面找到了突破口，而且在质量管理体系、财务预算管理、新产品推广管理等方面大胆引入先进的管理方法并加以运用，使得企业的利润得到了飞速增长。

二、授人以鱼，不如授之以渔

作为现代企业的管理者，要不仅是忠臣，更要是能臣，他们必须充分发挥自身的聪明才智，塑造高绩效思维，进而为企业创造最好的经济效益。在市场经济和知识经济的新时代，是否能以最低的投入，换取最有效率的结果，将是衡量企业是否优秀的最根本标准。所以，要优秀就要高效，要高效就要突破，要突破就要有正确方法的指导。

在管理升级活动教练的指导下，辰泰电子掌握了寻求企业瓶颈的方法，切实制订了突破瓶颈的实施计划。辰泰电子的成功再一次印证了企业在快速成长阶段，其茁壮成长离不开正确方法的引导。为此，辰泰电子总结了三点：

1. 能准确区分"能做"基础上的"不能做"；

2. 如何提升企业收益力和竞争力？价值链赢利模式为辰泰电子带来更高的"收益力、竞争力"；

3. 最终一搏，付诸行动，实现突破。

企业要求得发展，要达到与众不同就必须根据企业外部环境和内部经营要素制订切实可行的战略规划，明确企业方向，由最终知道企业能做什么跳跃到知道企业不能做什么的高度。

辰泰电子的某位高层说："在活动培训中，教练不是为我们制定出战略体系，而是通过各种途径让我们充分理解企业战略管理的重要性，并循序渐进地告诉我们该如何制定适合辰泰电子战略管理体系的方法。从战略愿景规划到战略环境分析，再到战略形态选择，每一环节要做什么、怎么做、应达到的目标，并从三方面确认核心竞争力：客户价值需求，竞争对手的不足，自身资源能力。教练分析得很形象也很透彻，由此我公司制定了自身的战略体系。辰泰电子日常工作也将围绕这个逻辑有效展开。"

古人云："授人以鱼，不如授之以渔。"授人以鱼只救一时之急，授人以渔则可解一生之需。在教练的引导下，辰泰电子人不仅顺利找到了突破口，还熟练地掌握了寻找瓶颈和突破瓶颈的工具，以及提升企业核心竞争力的方法。理论与实践的结合让企业印象深刻，积累了经验和教训的辰泰电子在今后的成长道路上，会将这些学到的方法灵活运用，来解决所遇到的难题，不断突破新的瓶颈，促进企业快速健康成长。

三、瓶颈突破带来全面系统提升

在企业发展过程中，总感觉到问题很多，但却不知从何下手，从哪抓起，如何去抓。经过这次培训，辰泰电子人认为他们已经学到了一种全新的思维方式，不论从管理、制度还是能力上都得到了全面提升。

1. 纲举目张，管理的重要性。

一个团队，首先要有共同目标和价值观，这样才能纲举目张，分工合作。要高效工作就要有一套完善的管理机制，促进团队共同挑战更高目标。针对员工的不同特点以及不同部门的特征，管理方法也应该不尽相同。管理升级活动令辰泰电子认识到，如果工作上出了问题，首要的就是聚焦目标，理清价值链各环节的充分条件，优化管理思路和方法，激发员工的上进心和积极性，保持全员旺盛的战斗士气，才能使工作面貌得到改变。

2. 有效的激励，意想不到的效果。

以前辰泰电子的激励制度没有太大刺激性，员工觉得没有奔头，所以造成辰泰电子职工只是为了工作而工作，为了完成指示而工作，工作始终处于被动状态。通过这次学习，辰泰电子制定出了一套新的团队激励政策。政策实施后，职工的积极性被激发，其主观能动性和潜力都释放了出来。激励制度的改变使辰泰电子出现欣欣向荣的局面，也使管理层深刻认识到制度并不是一成不变的，制度要与企业的发展阶段相适应，要抓住员工的心，就需要基于阶段目标和调动团队全力优化激励制度，促进员工的工作状态和业绩大放异彩，辰泰电子的发展也将越来越快。

3. 方法比经验重要。

伴随着管理升级活动第一次擂台赛的结束，辰泰电子突破瓶颈的项目推进计划也落下了帷幕，瓶颈得到了大的突破，区域市场也被成功地打开。在总结会上，总经理黄赛勤意味深长地讲："企业要持续发展下去，无疑会遇到各种各样的问题，应该如何面对呢？我每天都会遇到大量问题，但是试图去全部解决是不可能的，越解决问题越多。如果就问题而解决问题，我就等于永远跟着问题在走，就会陷进去，不能自拔。这次管理升级活动使辰泰电子全体上下都学会了瓶颈寻找和突破的方法，并通过实践，已经完全掌握了方法的使用。与此同时，企业也加深了对自身的认识，提升了解决和控制问题的能力。因此，我们相信在下次遇到瓶颈困难时，我们能独立解决。以后不论在管理上还是制度建设上，我们都要坚持正确的指导方法，用心去做到优秀！"

四、后记

本次十百千擂台赛结束后，可以明显看到辰泰电子的进步，他们在头尾受限的市场里做出了大文章，经过了三次瓶颈突破，带来了三次企业业绩腾飞，通过充分挖掘客户痛苦，寻找到了新的市场商机，通过不断学习、不断总结，使企业更加敏捷地应对市场变化，真正做到了小市场、大突破。

第十五章 申大科技：突"瓶"而出，破"颈"而飞

2010 年管理升级总结表彰大会颁奖词：最佳进步奖

一个为世界 500 强做配套的企业，一个为世界著名冰箱企业、汽车零部件企业长期青睐的优秀供应商。经历了连续两年业绩下滑的痛楚，经历了擂台赛初期垫底的打击，他们猛然奋起，调整步伐，突"瓶"而出、破"颈"而飞，实现模具生产准交率由 60% 大幅提升到 88.62%，一举扭转局势，实现了尤为珍贵的业绩强势提升。他们带给我们的是一种不屈不挠、永不服输的企业精神。

掌声有请让我们由衷尊敬的申大科技！

"100 天突破"效果总结：

在 100 天的实践中，瓶颈的各项 KPI 指标均超额完成，利润从 2010 年前三季度平均不到 2 万元增长到第四季度的 100 万元，与自身相比取得了很大的进步，对于一家正从家电零部件行业转型到汽车零部件行业的企业而言，转型中的这种进步显得尤为珍贵。

参赛背景概述

申大科技是湖南省内精密模具制造和精密注塑的龙头企业，也是中南五省塑胶制造和精密模具制造业的领头企业之一。经过近十年的迅速发展之后，遇到了连续两年产值与利润走下坡路的企业寒冬。因模具制造环节的交付延误，声誉下降、客户投诉上升，直接导致模具订单减少，间接影响了其他产品订单的大量流失，同时导致企业经营成本居高不下，经营困难和压力越来越大。为此，申大科技做过大量变革的尝试，但结果基本是事与愿违，与客户的协作关系受到前所未有的严重影响，企业在"夹缝中求生存"，到了不得不改变的紧要关头。

第一节 模塑行业的领头羊

长沙申大科技有限公司（以下简称"申大科技"），成立至今已将近 12 个年头。从最开始的几个人和最原始的生产方式，到今天行业中屈指可数的模塑企业代表，产品直供世界五百强，申大科技一步一个脚印，走过了风风雨雨的十多年。如今，申大科技已实现年产值 7000 万元，是湖南省内精密模具制造和精密注塑的龙头企业，也是中南五省塑胶制造和精密模具制造业的领头羊企业之一。

凭着扎实的功底和规模优势，湖南省工商联授予申大科技"湖南省私营企业 100强优秀企业"的荣誉称号；长沙市人民政府在 2008—2010 年连续 3 年评其为"长沙市小巨人计划企业"和"长沙市拟上市企业"；湖南省科技厅、湖南省财政厅、湖南省国税局、湖南省地税局于 2010 年 3 月联合评定申大科技为"高新技术企业"；湖南省经信委也在同年 8 月评其为"湖南省小巨人计划企业"。

获得一系列殊荣的申大科技没有就此停住脚步，一方面，他们充满健康的忧患意识；另一方面，他们对自己从不满足。截至目前，申大科技已经根据他们所在的行业发展前景以及自身的定位，制订了未来 5 年的战略发展规划，争取在 2013 年之前实现中小板上市的梦想。

第二节 产值年年下滑，成本居高不下

虽然算是老牌模塑行业企业，但申大科技近两年来却遭遇了前所未有的企业寒冬，申大科技人忧心忡忡。

寒流一：产值年年下滑，利润降低

据申大科技财务部门的统计，2009 年公司生产产值下滑了 2500 万元，2010 年 1—9 月产值仅完成 4600 万元，营业收入仅完成 4900 万元；利润数据方面，2008 年实现 94 万元，2009 年亏损 110 万元，2010 年 1—9 月利润仅实现 30 万元。

寒流二：成本居高不下，订单流失

申大科技的客户中不乏世界顶尖级企业，如电表制造巨头威胜集团，世界五百强 FRIGOGLASS、Electrolu23、铁路高铁领军者南车时代、全球汽车配件巨头 BOSCH、Vision、Faurecia。申大科技在与这些客户的合作中，确实也学习和总结了一些先进的生产、制造和管理经验，但申大科技的制造成本始终占据着营运成本的 70% 以上，这对利润的提升有很大影响。而更为可怕的是，申大科技在与同行业竞标的过程中，

经常会因为其成本高于竞争对手，导致订单大批流失。据申大科技财务部门的汇总，仅仅 2010 年上半年，模具制造订单流失高达 400 万元，产品注塑订单流失高达 1000 万元。

寒流三：转型后，管理掉队

为了提升产品竞争力，申大科技从 2008 年开始，决定从中精度要求的家电塑胶制品开始向高精度、高要求的汽车及高铁制品转型，并投入了很大的人力和财力。通过一年的技术攻关，至 2009 年年初，模具设计的技术难关基本上得以突破，订单开始纷沓而至。然而，由于申大科技工模车间的制造和管理水平没有跟上，不少订单无法按期交货，严重影响了客户对申大科技的信心。

寒流四：客户投诉多

由于模具质量影响产品的质量，绝大多数的产品都是靠人工检验完成，因此产品的品质和交期受人员的责任心、熟练程度影响特别大。客户的投诉平均两天就有一宗的事实说明申大科技的产品质量水平极不稳定，申大科技的品质声誉下降，而且形成了恶性循环。

尝试：改革成效不明显，请专家培训收效甚微

有了订单无法交货，等于依然没有增加销售收入。面对寒流，申大科技上下从高层到员工都心急如焚，整整一年多时间，申大科技都在努力寻找方法解决这一困境。

首先，申大科技尝试对车间实施一系列的改革措施，如制定《绩效考核方案》、调整管理结构，可惜作用并不明显。其次，申大科技又从广东沿海企业高薪聘请制模专业技术相当高的管理型、技术型人才进行新的管理模式尝试。另外，企业还时常通过各种渠道邀请管理专家来公司进行培训和辅导，但上述种种努力总是收效甚微，没有从根本上解决企业所面临的各种困惑和难题。

申大科技处于声誉下降、客户投诉上升、利润下滑的内忧外患境地，与客户的协作伙伴关系受到前所未有的严重影响，只能在"夹缝中求生存"，根本无法向前发展，已经到了不得不改变的紧要关头。

第三节　找瓶颈，寻突破

通过层层筛选 PK 而进入了长沙市工业和信息化委员会组织的长沙市中小工业企业十百千管理升级活动的申大科技，在活动初期还有些摸不着头脑。在石燕湖训练的三天里，他们的考试成绩不尽如人意，但经过教练组老师到企业手把手的辅导后，定案阶段的成绩一跃成为 90 分以上的优秀方案之一，被评为掌握方法阶段进步最明显的企业。

一、寻找瓶颈，揪出症结

按照从目标和价值链着手的对阵方法论的逻辑，申大科技的价值链为：客户订单→设计→采购供应→模具制造→模具交付→塑胶产品生产→交付客户。

在客户订单环节，客户计划 10 家，实际完成了 8 家，差两家，销售计划 8000 万元，销售接单 6500 万元，实际完成 4600 万元，相差 3400 万元，而究其原因，价格影响占 5%，模具订单影响产品订单的比值为 2.5（400 万元模具影响产品订单 1000 万元）。

在设计环节，分评审和按客户要求设计，设计一次性准确率为 70%，而目标为 80%，相差 10%。

在采购供应环节，按计划采购材料，采购一次性合格率 82%，采购准交率 90%，目前基本上可以满足生产需求。

在模具制造环节，分模具生产制造、分模和测量，模具生产制造计划准交率 95%，实际模具生产准交率为 60%，相差 35%。试模，高精度模具试模计划 5~7 次，实际试模达到 10~15 次，普通模具试模计划 3 次，实际试模到 5~7 次，反复试模成本超过标准累计达 75 万元。

在模具交付环节，只要模具出来了，交付不成问题。

在塑胶产品生产环节，生产报废情况 10% 是受设备的影响，70% 是模具不正常的影响，20% 是人员操作的影响，模具质量影响生产成本超过标准共 120 万元。

交付客户环节是最后一个环节，只要前面环节能够顺利完成，交付不成问题。

经过分析，因模具制造环节的延误，造成了 400 万元的模具订单丢失，同时影响产品订单 1000 万元，因准交不及时而带来产品销售订单的无法完成和生产成本的增加，此为申大科技的瓶颈（如图 15-1 所示）。

二、紧扣瓶颈，寻找充分条件

为实现模具准交率从 60% 提升到 84.7%，申大科技组织设计部门、采购部门、模具生产部门召开了几次会议，针对准交率如此低的问题，分析出八大原因。

1. 原材料购入速度慢，导致制造部门无米下锅的情况屡见不鲜。

2. 模具图纸完成不够及时，导致工模车间员工、下道工序处于等待状态。

3. 模具设计是高精度模具的重中之重，如果模具设计得不好，则会导致模具周而复始地更改和维修。长时间、多次数的维修只会导致模具制作周期的延长、项目进度的滞延，而且模具质量及寿命也会明显下降，最终导致产品毛边增多。为了克服毛边并满足客户所要求的品质，生产又不得不增加人员，最终导致恶性循环和生产成本的增加。

2010年度战略销售目标8000万元，配置产能1.2亿元

| 客户订单 | 设计 | 采购供应 | 模具制造 | 模具交付 | 塑胶产品生产 | 交付客户 |

评审

按客户要求设计

目前：设计一次性准确率70%；目标：准交率80%

客户计划:10家；目前实际:8家；销售计划:8000万元；销售接单:6500万元；目前实际完成:4600万元；价格影响占5%相差:3400万元

接单

按计划采购材料

采购一次性合格率82%；采购准交率90%；基本上可以达到目前生产需求

模具生产制造

计划模具生产一次性准确率95%；实际模具生产准确率60%；相差:35%

试模

高精度模具试模计划5~7次；实际试模达到10~15次；普通模具试模计划3次；实际试模达到5~7次；反复试模成本超标累计75万元

测量

交付给车间或客户

1.因模具的延误使400万元的模具订单丢失，同时影响产品订单1000万元，准交不及时的无法完成和销售订单的无法增加。

2.模具准交率低，成为目前我们公司难以实现目标的瓶颈。

生产报废：10%是设备影响，70%是模具不正常影响，20%是人员操作员影响。模具质量影响生产成本超标累计120万元

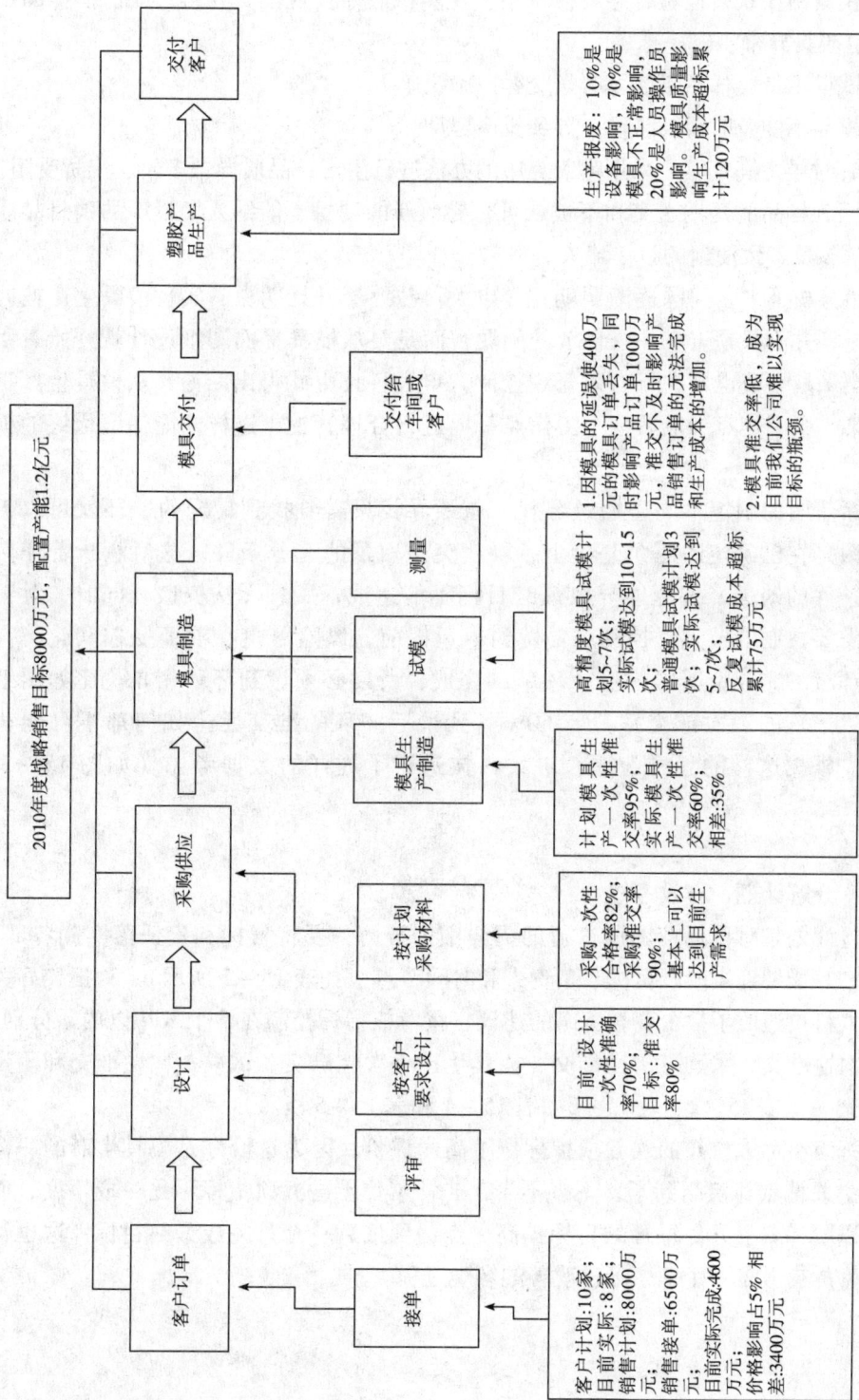

图15-1　申大科技管理升级瓶颈分析

195

4. 模具制作缺乏检验，导致模具架上注塑机后才发现模具异常，或试模样品出来后才知道模具异常。

5. 试模不良，样品不能及时送交客户确认。

6. 样品不能及时得到认可，导致投产延期。

7. 有时候为满足客户采用人工克服的办法进行生产，品质异常多发、出货受阻。

8. 因为样品的延期送交和不被认可，导致新的项目不能纳入，投产的项目品质异常，问题多发，致使新的订单流失。

一路分析下来，问题逐渐明朗化，申大科技终于开始明白，实现模具生产按时按质的交付，并不只是生产一个环节的问题，而是要从模具平面图纸设计就开始着手管控，甚至采购环节也要进行有效管理控制。申大科技由此得出结论，从模具生产工作流程的第一个工作点到最后一个工作点都要进行合理管控，这样才能保证最终的模具交付。

目标蓝图的制定不同于瓶颈寻找，瓶颈寻找只需要找到最弱的一环就可以，而目标蓝图是在已确定的瓶颈基础上，寻找突破瓶颈的充分条件，这就意味着任何一个充分条件的缺失，都可能导致最终目标不能达成，瓶颈无法突破。同时，对于整条流程需要控制的节点，控制点要做到尽量提前，风险尽量在前面受控和化解，因为前一环节的完成情况影响后一环节的完成，所以必须做到环环相扣。比如图纸设计，如果采购的一次准交率只有 60%，到最后一环的准交无论如何都不可能达到84.7%。根据这样的思维逻辑，申大科技进行了周详的数据考虑（如图 15-2 所示）。

三、分解计划，有效考核

执行计划是对目标蓝图所进行的更详细的分解，要将目标和责任落实到各部门、各岗位，并最终确定阶段目标、负责人和时间节点（如表 15-1 所示）。为把控好关键点，申大科技遵照了擂台赛教练组的建议，将考核指标控制在 5 个 KPI 以内，分别是：设计一次性准交、采购一次性准交、模具生产一次性准交、试模一次性准交和测量一次性准交（如表 15-2、表 15-3、表 15-4 和表 15-5 所示）。

教练组给申大科技的这五项指标作了高度评价，因为这恰好是模具生产的一个流程，每个关键点都控制到了，不多不少，非常聚焦。这五项指标不是一成不变，而是每个月以阶梯式上升，每月的目标提高一点，到最后一个月完成最终目标，这也符合了准交率的提升是一个循序渐进改善的客观过程。

目标:模具准交率84.7%（现为60%）

1.设计

2.采购

3.模具生产制造准确率85%，准交率85%

第一次图面准确率82%

一次性准交率82%

采购一次性准交率90%

采购一次性合格率93%

一次性工艺制订准确率92%，一次性准交率90%

一次性计划制订准确率92%，一次性准交率90%

一次性开粗准确率90%，一次性准交率88%

一次性磨床加工准确率90%，一次性准交率88%

一次性CNC编程准确率84%，一次性准交率82%

一次性CNC加工准确率80%，一次性准交率78%

一次性线切割加工准确率84%，一次性准交率82%

一次性EDM加工准确率84%，一次性准交率80%

一次性抛光准确率88%，一次性准交率85%

一次性组装准确率84%，一次性准交率80%

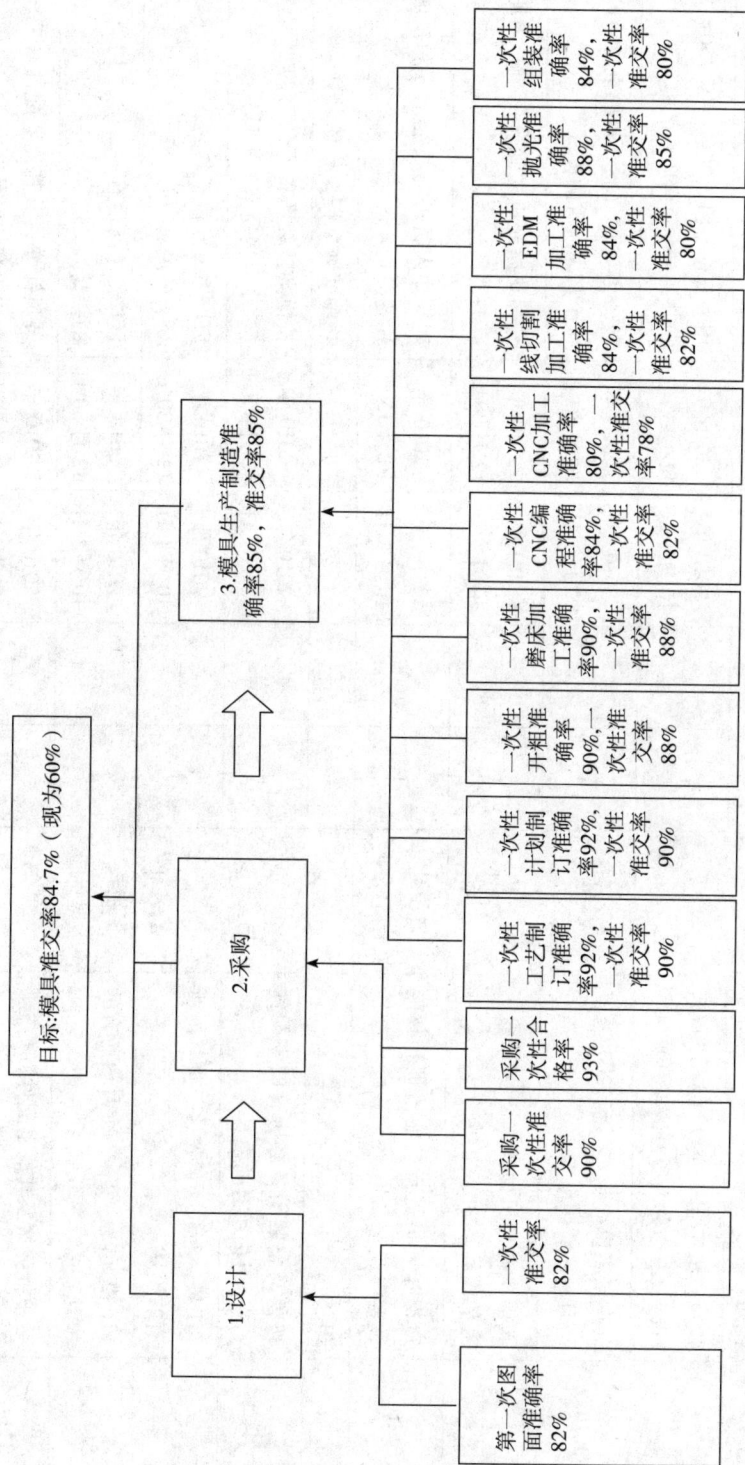

图 15 – 2　申大科技管理升级目标蓝图（部分）

表 15-1

申大科技管理升级执行计划（部分）

序号	项目计划内容	子项目经理	人力资源配置	资金预算（万元）	开始时间	完成时间	阶段目标
2.3.10	抛光		1	—	—	—	抛光准确率88%，准交率85%
2.3.10.1	用油石推平粗火花纹（从150#到800#，三个月内所有的模具）		1	—	2010年10月1日	2010年12月30日	用油石推平粗火花纹（从150#到800#，三个月内所有的模具）
2.3.10.2	转砂纸省模（从150#到1200#，三个月内所有的模具）	郭红霞（抛光组长）	1	—	2010年10月1日	2010年12月30日	转砂纸省模（从150#到1200#，三个月内所有的模具）
2.3.10.3	转棉花抛光机抛光（三个月内所有的模具）		1	—	2010年10月1日	2010年12月30日	转棉花抛光机抛光（三个月内所有的模具）
2.3.10.4	对操作人员进行技能培训和技能比赛	贺茂礼（工模经理）	1	600	2010年10月1日	2010年10月15日	对操作人员进行技能培训和技能比赛
2.3.11	组装		—	—	—	—	组装准确率84%，准交率80%
2.3.11.1	按模具整装图备好所有的零配件（三个月内所有的模具）		4	—	2010年10月1日	2010年12月30日	按模具整装图备好所有的零配件（三个月内所有的模具）
2.3.11.2	FIT模（行位、斜位，三个月内所有的模具）	4个钳工组长（工模车间）	4	—	2010年10月1日	2010年12月30日	FIT模（行位、斜位，三个月内所有的模具）
2.3.11.3	FIT模（前后模，三个月内所有的模具）		4	—	2010年10月1日	2010年12月30日	FIT模（前后模，三个月内所有的模具）
2.3.11.4	装顶针弹簧及其他零配件（三个月内所有的模具）		4	—	2010年10月1日	2010年12月30日	装顶针弹簧及其他零配件（三个月内所有的模具）
2.3.11.5	钳工组长自检（三个月内所有的模具）		4	—	2010年10月1日	2010年12月30日	钳工组长自检（三个月内所有的模具）

续　表

序号	项目计划内容	子项目经理	人力资源配置	资金预算（万元）	开始时间	完成时间	阶段目标
2.3.11.6	QC接模具检查表检验（三个月内所有的模具）	模具QC	1	—	2010年10月1日	2010年12月30日	QC接模具检查表检验（三个月内所有的模具）
2.4	试模		—	—	—	—	单次试模88%，准交率87%
2.4.1	装模，对嘴，根据图纸接水路和油路（三个月内所有的模具）		1	—	2010年10月1日	2010年12月30日	装模，对嘴，根据图纸接水路和油路（三个月内所有的模具）
2.4.2	烘烤料（三个月内所有的模具）		1	—	2010年10月1日	2010年12月30日	烘烤料（三个月内所有的模具）
2.4.3	模具升温（三个月内所有的模具）	张丕正（试模主管）	1	—	2010年10月1日	2010年12月30日	模具升温（三个月内所有的模具）
2.4.4	试参数（三个月内所有的模具）		1	—	2010年10月1日	2010年12月30日	试参数（三个月内所有的模具）
2.4.5	确定好参数，书写试模报告（三个月内所有的模具）		1	—	2010年10月1日	2010年12月30日	确定好参数，书写试模报告（三个月内所有的模具）
2.4.6	关设备，吹出模具残余水，模具打防锈油（三个月内所有的模具）		2	—	2010年10月1日	2010年12月30日	关设备，吹出模具残余水，模具打防锈油（三个月内所有的模具）

表 15－2 申大科技管理升级模具准交率 84.7% KPI

编号	区分	指标名称	权重 （%）	必达目标	挑战目标
1	设计	设计一次性准交率	30%	82.0%	86%
2	采购	采购一次性准交率	10%	91.5%	95.00%
3	模具生产	模具生产一次性准交率	40%	85.0%	88%
4	试模	试模一次性准交率	10%	87.5%	90%
5	测量	测量一次性准交率	10%	88.0%	92%

表 15－3 2010 年 10 月模具准交率 78% KPI 达成月度评分汇总

	KPI		目标值	实际值	权重
1	设计	设计一次性准交率	75.0%	—	30%
2	采购	采购一次性准交率	89.0%	—	10%
3	模具生产	模具生产一次性准交率	77.2%	—	40%
4	试模	试模一次性准交率	76.5%	—	10%
5	测量	测量一次性准交率	81.0%	—	10%

表 15－4 2010 年 11 月模具准交率 82.5% KPI 达成月度评分汇总

	KPI		目标值	实际值	权重
1	设计	设计一次性准交率	80.0%	—	30%
2	采购	采购一次性准交率	90.5%	—	10%
3	模具生产	模具生产一次性准交率	81.0%	—	40%
4	试模	试模一次性准交率	85.0%	—	10%
5	测量	测量一次性准交率	86.5%	—	10%

表 15－5 2010 年 12 月模具准交率 84.7% KPI 达成月度评分汇总

	KPI		目标值	实际值	权重
1	设计	设计一次性准交率	82.0%	—	30%
2	采购	采购一次性准交率	91.1%	—	10%
3	模具生产	模具生产一次性准交率	85.0%	—	40%
4	试模	试模一次性准交率	87.5%	—	10%
5	测量	测量一次性准交率	88.0%	—	10%

第四节　强有力的执行，振奋人心的突破

一、目标明确，延期减少

由于申大科技寻找瓶颈、目标蓝图构建、执行计划、KPI 考核整套方案制定得很周到，使企业上下各部门目标清晰明确，执行力也因此大大加强。督导组前去申大科技考察时，听申大科技的员工们讲，过去由于目标不够明确，工作未按节点执行，任务延后完成的情况屡有发生，经过管理升级活动，这种情况有了很大的改观。除此以外，本次擂台赛所提供的方法和工具实用、有效，帮助企业提高了效率。

二、振奋人心的突破

经过 3 个月的执行，申大科技的各项关键指标都有很大的提升，具体如下：

设计一次性准交率由原来的 70% 提升为 84.7%；

采购一次性准交率由原来的 75% 提升为 86.3%；

模具生产一次性准交率由原来的 60% 提升为 89.5%；

试模一次性准交率由原来的 65% 提升为 87.75%；

测量一次性准交率由原来的 80% 提升为 90%。

前后对比，效果明显（如图 15 -3 所示）。

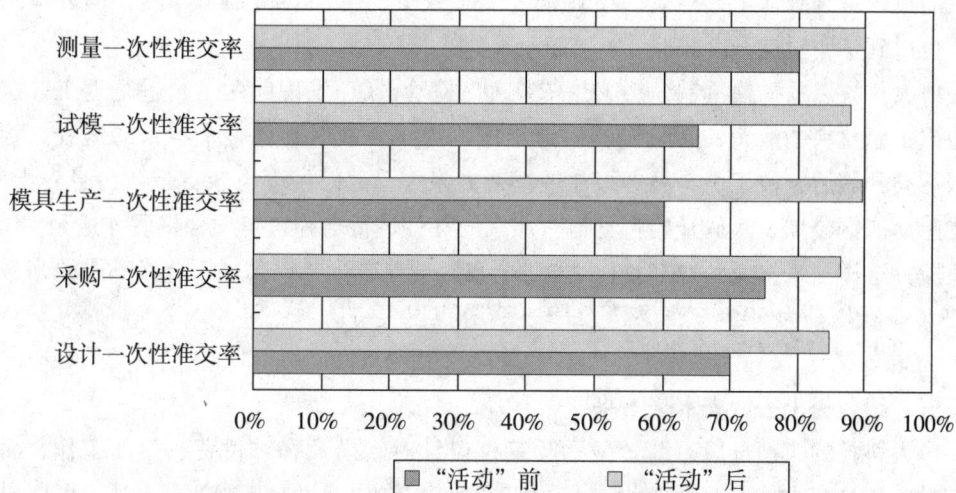

图 15 -3　申大科技活动前后各环节准交率对比

三、采购管理实现质的飞跃

根据目标蓝图，申大科技开始了优化供应商的选择。在进行供应商选择时，明确了双赢的采购策略，做到了既避免单一货源制约，同时又保证所选供应商承担的供应份额充足，以获取供应商的优惠政策，降低了采购成本。

与之同步，申大科技强化了供应商档案管理，建立起供应商产品信息数据库，对供应商资质材料、往来函件和产品质量证明等重要档案统一由公司存档，并复印留底；另外，建立起重要货物供应商信息的数据库，以便在需要的时候能随时找到相应的供应商，并对这些供应商的产品或服务的规格性能及其他必要信息有充分的了解。如此一来，生产的保证能力加强了，生产的成本也降低了，应对异常事件的能力也提升了。

不仅如此，申大科技还对其采购部门提出了精确的要求，要求采购部门提供需求计划给供应商，确保供应的品质和交期。同时，申大科技还要求供应商做好材料库存和部分安全库存。申大科技规定每3个月对供应商进行一次严格的审查，以推进供应商准交率和一次性合格率的提高。

上述措施取得了非常显著的效果，申大科技的供应商来料品质得到了极大改善：过去，供应商来料合格率最高只有91%；而今，来料合格率已经提升到了97.5%。

通过强化采购管理，申大科技建立起了从简单的物资供应到采用精细化、系统化、规范化的采购管理工作流程，采购管理跃上了一个新的台阶，多项指标都完全达到目标要求。采购工作对此次瓶颈突破、模具准交目标达成起到了有力的推动作用。

四、强化一道工序，提高一成合格率

通过管理升级，申大科技的模具铜公加工人员的责任心得到了加强，铜公检测合格率也得到了明显提升。

申大科技以前的模具铜公加工是依靠QC检验，QC发现问题了再进行返工，这样既造成了原材料的浪费，又耽误了后道工序的加工，最后延误整个项目的进程。管理升级活动开展后，员工们看见老板在现场亲力亲为，部门经理也亲自带队、身先士卒，深受感动。铜公加工人员开始自觉地对加工的零件进行自检，自检合格后才送至QC进行检验。这样一来，流到QC手上检验的不良品明显减少，铜公加工合格率由原来最高的79%一跃提升为90.9%，提高了10个百分点以上。

五、绩效提上去，成本降下来

申大科技的工模部原有绩效激励政策仅仅针对新模及客户付费改模的工作，而工模部员工的计薪方式有两种，一种是加班费奖励，另一种是绩效激励，对于可以量化的工序，采用基本工资＋绩效奖的方式计算，也就是做得多又好的，基本工资不变，

绩效奖金加多。这种理念旨在鼓励员工尽可能地多做事，尽可能多地为公司创造收入，但是却忽略了一些可能的变异因素，比如说，客户需改而又不付费的情况下该不该计算绩效奖金？治具或检具的设计及制作该不该计算奖金（因为很多复杂一点的治具或检具可能比做一套简单的模具还要麻烦）？还有因内部生产工艺的需要，需对模具做一些变更，该不该计算奖金？生产中的模具维修该不该计算奖金？等等。

分配制度不合理，就无法有效考核和激励员工，无法最大限度调动员工的积极性。于是，申大科技的管理层对此进行了检讨，根据十百千擂台赛教练组教授的有效激励方法，经过数日的制订、修订、完善，做出了一套更为切实可行的绩效考核方案。

新的方案推行后，原来一些难以推行的具体工作很快便被员工自觉完成，员工由原来应付了事的工作态度转变成保质保量地完成工作的作风，从而使模具一次合格率大幅提升，试模次数大幅降低，模具准交得以保证，制造维修的成本也随之有了大幅度的下降。

六、客户投诉及重大异常明显减少

2010 年 4—9 月，申大科技每月接到投诉和重大异常情况多则 15 次，最少也有 7 次，品质部每天都在应付着客户投诉和不良返工。参加本次管理升级活动后，申大科技第一个月（即 10 月）的重大异常和客户投诉次数就降为 6 次，第二个月（即 11 月）降低到 3 次，到最后一个月（即 12 月）降低为两次。同时，客户返工和厂内处理不良品的情况明显减少。

总结下来，在 3 个月的管理升级活动时间里，申大科技整体而言实现了有效瓶颈突破，由刚开始的苦不堪言，无路可走，到现在一个个目标数字不断刷新，不论是准交率数字本身还是准交率突破，所带来的销售额和利润都出现了大幅度增长的局面。特别是利润，2010 年第四季度相比 2009 年第四季度整整增加了 222.58%，真正实现了突"瓶"出困境、破"颈"而飞扬的喜人局面（如表 15 - 6 所示）。

表 15 - 6　申大科技销售收入、利润、税金 2010 年第四季度同比增长情况

指标	2010 年四季度同比增长率
销售收入（万元）	18.99%
利润（万元）	222.58%
税金（万元）	6.15%

第五节　企业及教练手记

一、第一个月：2010 年 10 月 1—31 日

此阶段，申大科技的表现如表 15 - 7 所示。

表 15 - 7　　　　　　　　申大科技 2010 年 10 月执行情况

KPI 指标名称	目标	实绩	得分
设计一次性准交率	75%	83%	110.6
采购一次性准交率	89%	88.2%	99.1
模具生产一次性准交率	77.2%	85%	110.1
试模一次性准交率	76.5%	76.9%	100.5
测量一次性准交率	81%	92.8%	114.6

教练评价，申大科技首月进步虽然很大，但是还有一些问题需要注意，如新的标准建立起来要及时总结，标准不一定一次就能完善好，而是每做完一个阶段都要做一次总结，对不完善的要进行完善，完善了的就坚持执行，如此 PDCA 循环，三四次后就能形成申大科技的工作标准。要学会聚集全公司的智慧，同时善于把经验丰富的员工的操作方法描述出来，形成可复制推广的操作流程。

教练还强调，申大科技的瓶颈突破一定要尽量把风险前置，从设计环节开始控制，最开始的设计标准十分重要，需形成工作标准。第一点，设计的图纸要与客户的要求和标准完全一致，并让客户签字确认，这个风险就可以化解；第二点，设计包括性能设计、成本设计、工艺设计，一定要考虑这三个方面，为了保证这三方面做到位，考核要从这三个方面进行考核，这样就能让设计人员知道该做什么和应做到什么程度；第三点，在设计部门内部，要形成公平合理竞争，提高团队效率。

教练还对其他一些方面进行了指导和建议，如零件检测、二次评审、项目费用、材料选购，以及不合格产品处理等方面。

二、第二个月：2010 年 11 月 1—30 日

此阶段，申大科技的表现如表 15 - 8 所示。

表 15 – 8　　　　　　　　　　申大科技 2010 年 11 月执行情况

KPI 指标名称	目标	实绩	得分
设计一次性准交率	80%	89.9%	112.4
采购一次性准交率	90.5%	86.28%	95.3
模具生产一次性准交率	81%	84.4%	114.2
试模一次性准交率	85%	86.75%	102.1
测量一次性准交率	86.5%	85.4%	98.7

本阶段，申大科技的目标相比首月（即 10 月）有所提高，其中有三项超过了目标，有两项离目标值还有一定差距，但也基本接近目标值。教练组对此进行了高度的肯定和评价；另外对财务部门进行了建议，建议用价值链环节作为纵坐标，三个核心指标作为横坐标——产出指标、料工费指标（成本指标）、效率指标，从而可以有效将申大科技处于价值链上的部门财务预算编制出来。

三、第三个月：2010 年 12 月 1—31 日

此阶段，申大科技的表现如表 15 – 9 所示。

表 15 – 9　　　　　　　　　　申大科技 12 月执行情况

KPI 指标名称	目标	实绩	得分
设计一次性准交率	82%	88.3%	107.8
采购一次性准交率	91.1%	87.15%	95.7
模具生产一次性准交率	85%	89.9%	105.8
试模一次性准交率	87.5%	87.75%	100.3
测量一次性准交率	88%	90%	102.3

3 个月执行完后，申大科技报来喜讯。

喜讯一：东风伟世通 B73 项目（11 套模、20 个产品）、T233 项目模具（5 套模、11 个产品），首次试模全部按时、按质完成。东风伟世通给予了申大科技很高的评价，上车计划得以顺利实施，预计在 2010 年 5—6 月开始批量生产，到时每个月将给申大科技带来 200 万元产值的增长，申大连续两年产值下滑和利润缩水问题将被一并解决。

喜讯二：科力远子公司科霸新能源公司的电池能量包项目（共 6 套模具，是结构非常复杂难以制作的模具产品），申大科技工模车间扎扎实实按照管理升级要求一步一个脚印，提前两天完成了任务，第一次试模的样品非常漂亮，客户相当满意，订单将不断追加。

一个瓶颈问题（准交率的提升）的解决带来了公司全面提升（管理、产值和利润的提高），申大科技突"瓶"而出、破"颈"而飞，真正迎来了企业的二次腾飞。

第十六章　神力实业：百日扭亏，直赢538万元

2010 年管理升级总结表彰大会颁奖词：最佳进步奖

他们始终书写着一个行业的传奇：21 年的历史，坚持为残疾人提供就业，行业独有的 400 多项专利，引领着世界胶黏剂的发展方向。但持续 3 年的业绩下滑，尤其是 2010 年前 9 个月形成的亏损，促使他们积极加入到 100 天的管理升级擂台赛中来，他们善于学习、勤于思考、敢于行动的潜质，缔造了一个最短时间扭亏为盈、利润猛增的传奇，创造了一个与时俱进、敢为人先的典范。

让我们掌声有请又一个值得尊敬的企业——神力实业！

"100 天突破" 效果总结：

通过 100 天聚焦营销瓶颈，他们遏制住了 3 年来销售利润连续下滑的局面，一举扭转 2010 年 1—9 月的亏损，实现全年赢利 538 万元。2010 年四季度，实现销售收入同比增长 79.83%，利润总额同比增长 153.42%。

为弥补基础数据的不足，年已六旬的公司董事长以饱满的学习热情经常凌晨 4 点起床编写资料，因为他的率先垂范，神力实业迎来了转折性的重大发展。

参赛背景概述

神力实业具有 21 年的发展历史，拥有 400 多项专利，在近 5 年内，销售业绩一直在 1 亿元的门槛前徘徊。最近 3 年来，神力实业销售收入和利润连续下滑，当初的核心竞争产品丧失优势，现金流陷入困境，企业面临前所未有的生存危机。为改变企业发展的困境，神力实业尝试寻求过很多国内知名的咨询专家、管理团队，甚至是国外的营销专家的支持和帮助，但结果还是收效甚微。如何摆脱困境，是企业当前最大的课题。

第一节 创造：两项国家标准，400 余项专利

湖南神力实业有限公司（以下简称"神力实业"）坐落在举世闻名的浏阳河畔，位于我国中西部地区规模最大的生物医药园——长沙国家生物产业基地，是一家国际领先的胶黏剂生产厂家，多次荣获"国家火炬计划实施单位""国家重点新产品"等殊荣（见图 16-1 和图 16-2）。

图 16-1 神力实业国家火炬计划项目证书

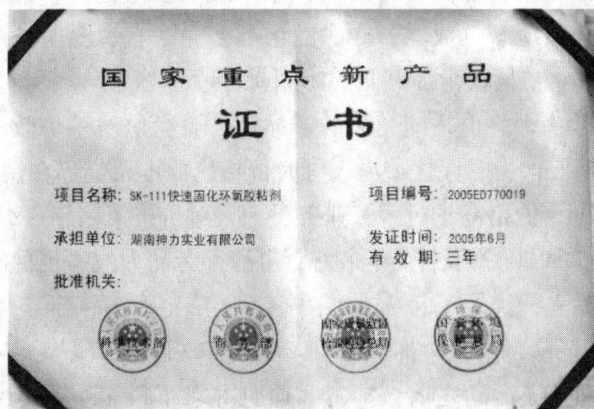

图 16-2 神力实业国家重点新产品证书

名下主导品牌为神力铃牌，包括环氧、氯丁胶、丙烯酸、硅铜、水基、溶剂类等七大系列，300多个品种，是全球胶黏剂品种最齐全的生产企业。产品广泛用于军工、建筑、交通、汽配、建材机械、石材及家庭修补等行业。拥有国内唯一的胶黏剂行业的省级研发中心——湖南省胶黏剂工程技术研究中心。两项研发成果达到国际先进水平，四项研发成果达国内领先水平，累计在国内外申请的专利达407项，是石材胶国家标准的制定企业之一。

第二节　困境：销售与利润连续 3 年下滑，路在何方

神力实业至今已经有 21 年历史。

神力公司董事长袁宏伟从 3000 元起家，到现在实现年销售近一个亿，每一步对公司来说都是一个很大的成功。但是多年来，神力实业总是很难突破销售收入过亿这个门槛。事实上，神力实业在 2007 年销售就已经非常接近 1 亿元，但是从 2008 年开始销售收入直线下滑，同比不升反降了 10%，2009 年又只能算是持平。到 2010 年 9 月，通过 9 个月的努力，神力实业依旧看不到收入过亿的希望。

2005—2007 年的高速增长戛然而止，甚至倒退，每个员工都在反思到底是什么原因。

更为可怕的是，公司利润也从 2008 年开始停止增长，2008 年和 2010 年竟然出现了亏损，2009 年略有赢利也是由于金融危机原材料巨幅下跌的偶然因素的结果，经营形势非常不乐观。

1. 这几年一直在 1 亿元门槛前徘徊，每年年初都雄心勃勃制订亿元目标，但是最终都是失败。

2. 在销量未增加的情况下，利润直线下滑，几乎是连续 3 年亏损。

3. 不能通过规模效应减低成本，产品越来越多，一直说要精减产品，但是都迫于销量没有砍掉产品，年销量仅十多万元的产品就有近 20 个。

4. 几个上量的拳头产品也是前几年的产品，已被竞争对手仿效。市场出现恶性价格竞争，价格越来越低，为了保住市场，有时价格比成本还低仍在销售。

5. 成本居高不下，价格高于对手，业务员天天对价格策略怨声载道。

6. 原材料价格自从 2009 年下半年来一直上涨，劳动力成本也猛涨 40% 以上，而且还招不到合适的员工。

……

在参加这次管理升级活动之前，神力实业也寻求了很多咨询专家、国内知名的管理团队，甚至是国外的营销专家。

特别是 2010 年 4 月，董事长以每天 200 欧元的代价聘请了德国著名的营销专家在神力实业驻点一个月，从理论到实践向公司各层级灌输和培训，但是一个月后收效甚微。

到底是什么阻止了企业发展的步伐？是管理，是执行，还是战略？

第三节　聚焦：关注 4 个产品，冷落 20 个产品

在本次十百千管理升级擂台赛结束后，神力实业董事袁媛的一席回顾讲出了当时很多参加动员大会的企业领导人的心声："我们本来怀着试试看的心情参加了这次大会，但一听领导和专家的发言，就感觉到好像是在说我们企业的现状，我们从心底里想参加这次活动，并期望着利用这次活动让我们的公司管理得到较大的改善。"

在擂台赛训练营初期，神力实业对瓶颈确认走了很多弯路，这个人认为这里是问题，那个人认为那里是问题，一会儿认为是销售，一会儿认为是成本，一会儿又认为是销售，到最后了又发现什么都是问题，反反复复 6 次之后大家都没了方向。

后来，教练带着神力实业团队围绕目标利润，采用价值链分析方法，和团队成员一起分析瓶颈，构建目标蓝图。神力实业董事袁媛事后说："最后，通过老师的一句话惊醒了我们——产品要聚焦。"神力实业有上百种产品，过去认为只要有了就卖，卖出去了就一定能赚钱，现在才发现产品多了什么都不精细，什么都不赚钱。

结合神力实业的实际，教练先教大家识别瓶颈（如图 16－3 所示）。从销售收入、材料成本、费用来看，采购环节费用再降低已经很难，开源必须放在第一位，必须增加利润空间大的产品的销售量。附加值高的产品的销售量不高就是瓶颈。最后神力实业得出的结论是：聚焦营销，增加附加值高的产品销售量，砍掉附加值低的产品。

明确了核心瓶颈，目标蓝图的制作就变得容易了。神力实业项目组在进行市场调研和产品分析的基础上，确定把树脂胶、植筋胶、黏接型石材胶、修补型石材胶（含面胶）作为主打产品，并且系列化，其他产品限制销售或不积极销售。并围绕这几个主打产品，制订了详细的目标蓝图（如图 16－4 所示）。

下半年利润目标为150万元

利润=销售收入-材料成本-费用（制造费用、管理费用销售费用、财务费用）

销售收入（同比增长70.1%，但是公司仍亏损）

销售收入=价格×销量

材料成本（上涨14%）

费用（由18%上升到21%）

销售价格

销售数量

市场价格

采购策略和手段（现金采购、商务谈判、跌底囤货、厂家直接进货等）

财务费用上升0.13%

营销费用上升2.12%

管理费用上升0.39%

功能、工人工资等在内的制造费用上升0.16%

价格战导致利润率一再下降

高附加值产品销量少，约仅占29.6%

微利及保本产品销量约为42.6%

亏本产品销量约为27.8%

相比同期上涨19%

运用采购策略和手段可以降低5%

结论。从价值链可以看出，要达到150万元的利润，遵循开源节流的原则，应该从销售收入、材料成本、费用着手。从图里可以看出，采购环节再降低费用已经很难，降低费用属于节流部分，而且空间不大，所以控制亏本产品的销售，增加利润空间大的产品的销售量是目前存在的瓶颈。

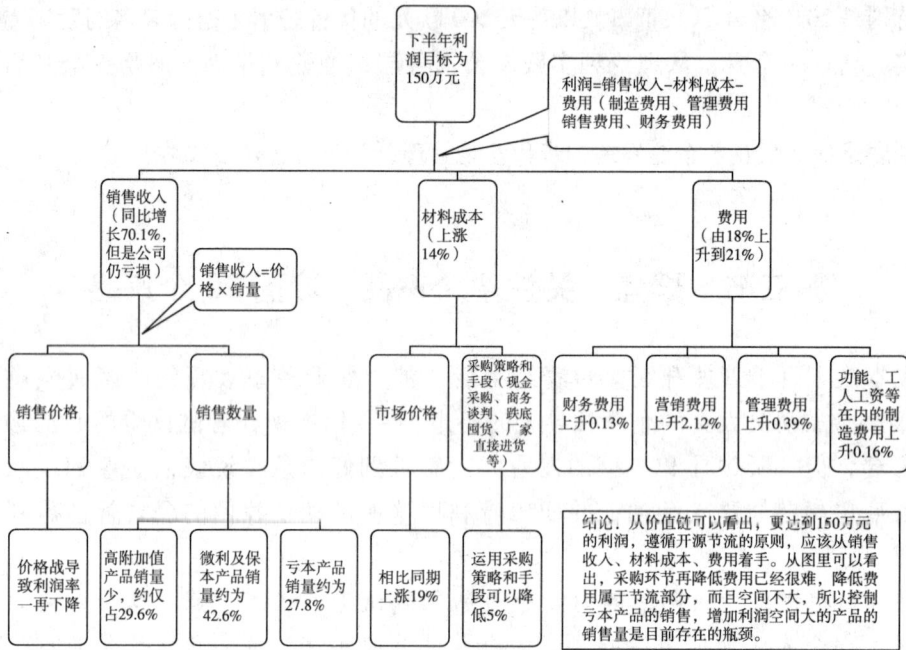

图 16 - 3　神力实业管理升级瓶颈识别

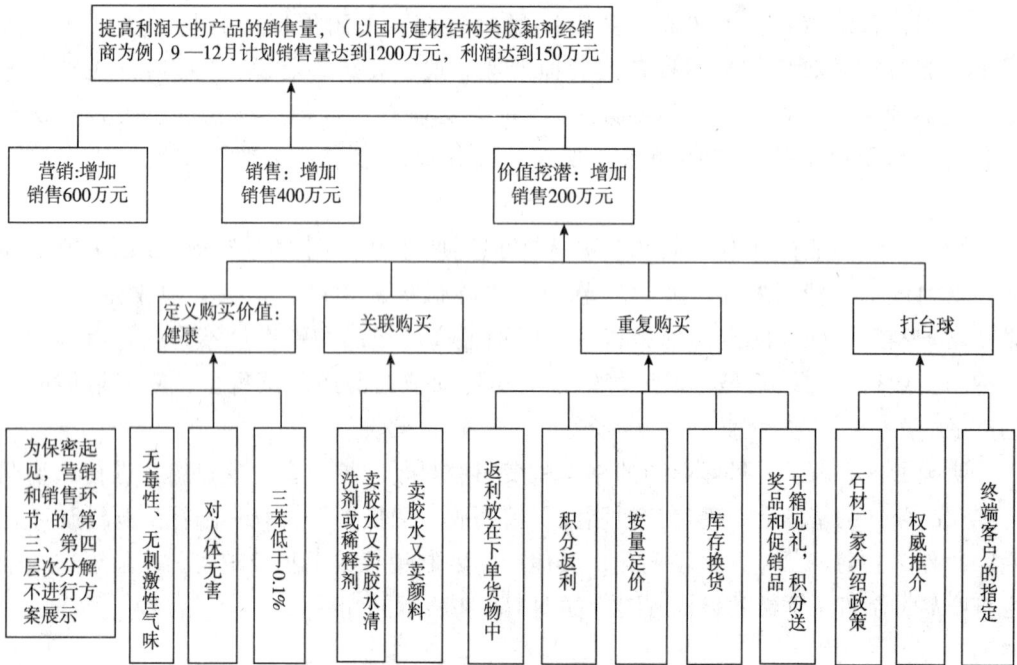

提高利润大的产品的销售量，（以国内建材结构类胶黏剂经销商为例）9—12月计划销售量达到1200万元，利润达到150万元

营销：增加销售600万元

销售：增加销售400万元

价值挖潜：增加销售200万元

定义购买价值：健康

关联购买

重复购买

打台球

为保密起见，营销和销售环节的第三、第四层次分解不进行方案展示

无毒性、无刺激性气味

对人体无害

三苯低于0.1%

卖胶水又卖胶水清洗剂或稀释剂

卖胶水又卖颜料

返利放在下单货物中

积分返利

按量定价

库存换货

开箱见礼，积分送奖品和促销品

石材厂家介绍政策

权威推介

终端客户的指定

图 16 - 4　神力实业突破营销瓶颈的目标蓝图（部分）

目标蓝图一旦制订，行动计划编制就变得极为简单（如表 16-1 所示）。

表 16-1 神力实业提高利润高的产品的销售量项目实施计划（WBS）（部分）

项目名称：提高利润高的产品的销售量		项目经理：袁宏伟		
序号	项目计划内容	子项目经理	开始时间	完成时间
1	项目启动运作	—	—	—
1.1	成立组织机构	袁宏伟	2010.9.20	—
1.2	公司宣传动员	李仁	2010.9.20	2010.9.26
1.3	职责分工与项目激励政策	袁媛	2010.9.20	2010.9.28
1.4	张贴宣传资料	李仁	2010.9.20	2010.9.28
2	营销	彭攀	2010.9.20	2010.12.30
2.1	客户定义与客户汇编	彭攀	2010.9.25	2010.10.30
2.1.1	经营石材辅料的商户以及专营胶水的经销商汇编	李征	2010.9.15	2010.12.30
2.1.2	广东云浮、福建水头、山东莱州、四川雅安等石材加工生产基地汇编	李征	2010.9.15	2010.12.30
2.1.3	每个省的五金、建材市场经营胶水的经销商汇编	陶湘伟	2010.9.15	2010.12.30
2.1.4	每个省的所有地铁、高铁、铁路、隧道施工单位汇编	李征	2010.9.15	2010.12.30
2.1.5	每个省的建筑加固公司汇编	李征	2010.9.15	2010.12.30
2.2	商务政策的制定	彭攀	2010.9.15	2010.12.30
2.2.1	说服四大家石材厂帮我们向经销商推荐我公司产品	内贸经理	2010.10.1	2010.10.15
2.2.1.1	给予推荐石材龙头老大一定优惠政策	何长国	2010.10.1	2010.10.15
2.2.1.2	使用我公司胶水的石材厂家用户填写产品意见评价表和推荐书	何长国	2010.10.1	2010.10.15
2.2.1.3	拿着标杆石材厂家的评价表和推荐书向经销商介绍我公司产品	彭常许	2010.10.20	2010.11.30

结合目标蓝图、过程目标和行动计划制订 KPI 激励方案（如表 16－2 所示）。

表 16－2　　　　　神力实业增大高附加值产品的销售量 KPI

序号	指标名称	权重（%）	必达目标	挑战目标
1	欢颜树脂胶销售额（万元）	20%	200	220
2	植筋胶销售额（万元）	20%	400	450
3	黏接型石材胶（万元）	20%	100	120
4	修补型石材胶（万元）	20%	500	600
5	销售费用（%）	20%	9%	8%

第四节　2010 年 9 月：明确责权利，奖优罚劣

行动计划一旦制订，就需要高效的执行力。

项目启动第一天，董事长袁宏伟亲自召集项目启动会，成立了项目领导小组并明确相关责任人职能职责（如表 16－3 所示）。同时，发布了董事长亲自编制的相关营销工具的初稿，虽然是初稿，但已经有几大本之多了，具有很强的可执行性。

表 16－3　　　　神力实业管理升级擂台赛瓶颈突破项目组成人员职责与分工

序号	项目组	小组负责人	现任职务	成员	职责
1	项目经理	袁宏伟	董事长	—	1. 负责各类方案的审批；2. 负责预算和费用的审批；3. 负责激励政策的批准；4. 主持项目组的各项会议
2	项目跟踪协调组	袁媛	公司董事	唐中意	1. 负责各类方案的草拟；2. 会议的组织；3. 负责本项目的日常工作的开展；4. 每周的例会上进行工作的协调；5. 每周例会上工作的检查；6. 负责激励政策的考核；7. 负责项目经理临时交办的其他工作
3	宣传学习组	李仁	工会主席	—	1. 负责本项目相关工作的目视化宣传；2. 负责组织全体成员的培训学习；3. 负责在公司宣传栏、电子屏、报纸等媒介上的宣传；4. 负责本项目开展中各个成员心得的收集和投稿；5. 负责在每月升国旗时对公司全体员工的动员

序号	项目组	小组负责人	现任职务	成员	职　责
4	财务组	王李华	常务副总	何申其、刘娟、姜程	1. 负责审核各项费用严格执行；2. 为项目执行提供各类财务数据分析；3. 负责公司的融资
5	市场营销组	唐中意	营销副总	彭攀、宋芳、罗国平	1. 负责营销市场战略和产品战略策划文件的草拟；2. 负责各类营销方案的策划；3. 负责市场的调研；4. 产品管理，严格按照产品规划进行产品的管理；5. 展会、促销、广告等的执行；6. 广告设计、产品设计、促销品、广告品、礼品、信息标准的制定；7. 全国展会、专业协会、加固公司、建筑协会、建筑设计院、石材市场、石材生产加工基地等信息的收集和汇编；8. 制定经销商、终端客户的相关激励方案。9. 负责对客户特别是经销商的经营管理进行指导和优化，替客户解决在品牌和市场运作中存在的问题
6	销售组	李征	内贸部经理	内贸、外贸部全体成员	1. 协助市场营销组进行全国展会、专业协会、加固公司、建筑协会、建筑设计院、石材市场、石材生产加工基地等的信息收集和汇编；2. 组织向客户进行产品的推广和销售；3. 按照销售程序和说辞进行产品的销售
7	客户服务组	黄佰雪	客服部经理	客服部4人	1. 策划客户的维护和促进方案；2. 按照客户维护和促进方案进行执行；3. 做好客户的售前、售中、售后服务
8	知识产权组	危唯	法务部副经理	法务部3人	1. 起草知识产权保护的基础性教材；2. 组织对经销商和终端客户进行知识产权的培训；3. 为客户提供知识产权方面的咨询；4. 为客户进行知识产权方面专利、商标、版权等的申请注册保护，按照成本价收取费用；5. 为客户进行知识产权方面的维权和诉讼提供支持

序号	项目组	小组负责人	现任职务	成员	职 责
9	技术组	李冬月	技术中心主任	刘辉、郭展、颜珍琼	1. 根据产品管理思路研究和改进产品；2. 编制产品的技术标准；3. 进行产品的技术培训和指导
10	生产组	胡呈森	生产中心主任	柳建	1. 负责产品的生产和按时交货；2. 参与产品结构调整过程中生产设备和生产工艺的改进和优化；3. 参与产品的设计开发
11	采购组	易理军	采购部经理	龙方、曹莉	1. 负责产品材料采购的按时交货；2. 在采购环节参与公司产品的设计开发

在此基础上，结合KPI，神力实业还制订了更有诱惑力的相关奖励办法，不惜拿出巨资准备奖励有功人员。

第五节　2010年10月：营销道具的准备

管理升级领导小组多次召开专题会议反省目前企业在销售道具方面存在的不足，同时也邀请营销一线的销售人员、部分资深经销商和市场营销企划人员共同进行问题点的评估。大家一致认为目标销售道具方面存在"不完善、不精细、缺亮点、少创新"四大问题。

在董事长的提议下，专门成立了销售道具筹备公关小组，由营销副总经理唐中意担任组长，技术、市场、销售三个部门负责人担任副组长。

道具公关小组的首要目标是在45天内完成5本画册、2套VI手册的设计任务，5本画册包括公司概况手册、招商手册、石材胶产品技术使用手册、建筑结构胶产品技术使用手册、建材装饰胶产品技术使用手册，2套VI手册分别为湖南神力铃胶黏剂制造有限公司和湖南神力实业有限公司的VI手册。

公关小组还在2010年10月完成11月即将实施的几大营销策划方案。

第六节　2010年11月：实施道具7项

在神力实业的营销方案中，提出的商务政策是向客户提供"知识产权保护协助服务"。神力实业在知识产权方面非常有优势，目前企业拥有商标331件，国内外专利

407 项，是湖南省知识产权优势培育工程企业、湖南省知识产权先进企业及浏阳市的知识产权协会会长单位。

神力实业希望能将自己的优势变成产品的一个卖点，所以专门起草了《湖南神力实业有限公司向客户提供知识产权保护协助服务规定》，向各个企业进行了宣传。当月就有 3 家企业提出了服务请求并获得好评。神力实业立即推广此卖点，把该服务方式写进《客户合同》，承诺终身免费提供，附加条件仅仅是必须一直都购买神力实业的胶水。

在产品型谱上，当月神力实业砍掉了大部分亏损的产品，重点聚焦在增加高附加值产品的销量上。

神力实业还解决了价格偏高的问题。项目组与擂台赛教练组商量出一个巧妙的销售话术：胶水是涂刷在石材板上的，客户是通过卖出板材的面积数量来获利。神力胶水质量好，板材每平方米使用的胶水比竞争对手少。所以综合起来计算，虽然神力胶水每千克的价格较高，但是分摊到每平方板材上的成本却比其他胶水低，一下子便打消了客户的抱怨。

同时，神力实业也推出了相关价值挖潜的促销活动，就单单一个"开箱见底"的活动，使神力实业的民用系列胶水销量增长两倍，这个活动让客户的员工都变成了神力实业的促销员。

价值挖潜的效果是巨大的，神力实业董事袁媛后来总结说："最终惊讶地发现，当销售道具和相关的服务配套基础都到位的时候，营销的提升原来是件这么容易的事情。"

第七节　突破：结果是检验真理的唯一标准

2010 年 10 月，神力实业实现 4 个高附加值产品销售收入 273 万元，实现利润 132 万元，2010 年来首次赢利（如表 16-4 所示）。

表 16-4　　　　　　　　2010 年 10 月神力实业瓶颈突破工作汇总

KPI 指标和重点工作	目标	实际结果
4 种高附加值产品销售收入	250 万元	273 万元
销售激励政策制定		《促销品管理标准》《礼品管理标准》《广告品管理标准》
旗帜性终端客户的寻找		完成《建筑结构加固公司汇编》
销售道具的准备		完成
客户的汇编		完成《全国石材胶厂家汇编》《全国胶黏剂科研院所汇编》

2010 年 11 月业绩继续攀升，当月实现 4 个高附加值产品销售收入 450 万元，实现利润 132 万元（如表 16 - 5 所示）。

表 16 - 5　　　　　　　2010 年 11 月神力实业瓶颈突破工作汇总

KPI 指标和重点工作	目标	实际结果
4 种高附加值产品销售收入	400 万元	450 万元
建筑结构胶经销商增加数量		3 家，与中铁集团、广东交通集团成功签约，实现了标志性企业的质的突破
销售流程与说辞的编写		完成 7 项编制，《公司 VI 手册》《公司 VI 应用系统》《公司招商手册》《企业概况》《石材胶技术服务指南》《销售指导手册》《销售技巧培训手册》
签订工程终端项目		2 个

当月接受知识产权服务的客户达到 3 家，达到了预期目标。

2010 年 12 月，当月 4 个高附加值产品销售收入已达到 602 万元，在 11 月的基础上提升 30%（如表 16 - 6 所示）。

表 16 - 6　　　　　　　2010 年 12 月神力实业瓶颈突破 KPI 达成表

本项目 KPI 指标名	必达指标	挑战指标	实际结果
建筑结构胶增加经销商数量	5 家	6 家	4
签定工程终端项目	3 个	5 个	4
增加石材分销商	5 个	6 个	5
4 种高附加值产品销售收入	550 万元	650 万元	602 万元
销售费用	9%	7%	8.70%

第八节　收获：神力实业的些许感受

3 个月下来，神力实业"管理升级"活动圆满结束，这次活动使神力实业公司扭亏为盈，更重要的是提升了企业的软实力，特别是在经营战略、营销等环节，借助工具实现了标准化和程序化。

这个愿望在神力实业董事长袁宏伟心中怀揣已久。早在 2007 年 9 月 14 日，因商标纠纷问题，袁宏伟在英国被美国爱宝公司设诈诱捕。在英国的日子里，袁宏伟被英美国家健全的法制体系所触动——事事有程序，事事有标准。联想到企业管理不也是一样的道理吗？为什么神力实业不能借鉴呢？20世纪八九十年代的企业是靠能人治理的企业，21世纪的企业一定是靠标准来治理的企业。三流企业卖产品，二流企业卖品牌，一流企业卖标准。从英国脱险回来后，袁宏伟就一直梦想把企业做成标准化、程序化的企业。

这次管理升级擂台赛的训练终于让袁宏伟董事长找到了一条实现梦想的途径，"必须复杂事情简单化，简单事情标准化，标准执行表格化"，这种综合软实力的提升必将支撑神力胶业实现未来更快的发展。

第十七章　耐普泵业：100天订单5倍速增长

2010 年管理升级总结表彰大会颁奖词：最佳进步奖

十年磨一剑。10 年里，坚定奉行技术路线的他们，创造了多个国内领先，填补了诸多国内空白，参与制定了我国水泵业的国家和行业标准，但销售却始终没有跨过亿元这个坎儿。在 100 天的管理升级擂台赛中，他们充分运用对阵营销方法，打破了多年的"魔咒"，全年销售额首次突破亿元大关，创造了新的历史。

有请水泵行业坚定的技术路线实践者——耐普泵业！

"100 天突破"效果总结

100 天时间，2010 年四季度订单额同比实现增长 500%，销售收入同比增长 44.2%，利润同比增长 22%，12 月单月销售订单实现同比 6 倍的增长，全年销售订单突破亿元大关，实现合同订单 1.2 亿元，是 2009 年的 2.4 倍，与自身相比取得了转折性的重大胜利。现在，该企业群情激昂，士气振奋，准备在未来夺取更大的胜利。

企业背景概述

湖南耐普泵业有限公司是一家专业生产泵类产品的企业，技术力量雄厚，产品质量过硬，但截至 2010 年 8 月底，销售业绩仅完成年度目标的 32%，同时深陷资金链困境。企业订单不足导致工人放假待岗，耐普泵业的生存危机逐渐显现。如何遏制经营恶化是耐普泵业面临的最大挑战。

第一节　耐普十年，专业源自专注

湖南耐普泵业有限公司（以下简称"耐普泵业"或"耐普"）成立于 2000 年，总部位于长沙市星沙国家级经济技术开发区，分别在长沙市星沙国家级经济技术开发区和长沙市雨花区建立了两个生产基地，建筑面积3万平方米，占地面积4.5万平方米，注册资金165万美元，总资产1亿多元人民币，是一家引进外资、引进国外先进技术，立足国内，面向世界，专业从事立式长轴/斜流泵、柴油机应急（消防）泵组、中开泵、LYW、LXW型液下泵、变频恒压供水设备等为主导的研发、设计、制造与销售，并具备国际先进水平的专业泵类产品的中外合资制造企业，被国家电力规划设计总院和中国电能成套设备总公司列为电力工程200MW、300MW、600MW火电机组主要辅助设备定点生产厂家。

一、耐普十年，技术领先

耐普十年，一直专注泵类产品的设计、研发，坚持"突出特色，做精做专"的战略，在技术、研发环节加大投入，坚持生产一代、设计一代、研发一代、预研一代的研发理念和方针。形成了拥有工程技术人员42人，享受国务院特殊津贴专家2人，教授、高级工程师8人，博士、硕士研究生5人的人才与技术核心竞争优势。

耐普泵业建立的技术研发中心，是由国家级项目学科带头人和国家级有突出贡献的专家引领数十名博士、硕士研究生组成的专业技术队伍。同时，耐普泵业与华南理工大学、湖南大学、江苏大学、中南林业科技大学、长沙理工大学、中船重工712研究所等众多科研院校建立了产学研合作体系，开发出了一大批专利新产品，填补了国内空白，有的达到了国际领先水平，是国家发改委归口机械行业标准《立式斜流泵》标准的编制单位（标准号：GB/T 10812—2007）、国家建设部归口行业标准《立式长轴泵》标准的编制单位。

耐普泵业还专门建成了具有国内一流先进的水泵水力测试设施，测试水池容积6300m^3，可测试直径达3M的水泵、最大测试流量达20m^3/s；能测试电机功率达5000kW的泵组；可测试电压分别为10kV、6kV、3kV、380V。新一代CPU控制的设计方案，控制系统采用模块化设计，能进行GMS无线通信、彩色图像实时动态模拟采样，自动图像定位指导和语音提示及指导故障排除，达到国际先进水平。

耐普泵业经过十年的发展，拥有各类立式车床、卧式车床、数控车床、镗床、钻床、铣床、磨床、刨床、数控机床、线切割等各种机械加工设备以及动平衡机、静平衡机等检测设备100多台套，其中有国内最大的水泵水力测试设施之一，年可生产立式长轴/斜流泵、柴油机应急（消防）泵组、中开泵、LYW、LXW型液下泵、变频恒压供水设备等各系列产品5000多台套，生产产值10000多万元。

二、耐普十年，质量为本

耐普泵业经过十年的发展，一直坚持以"一切为了用户"的质量理念和服务观念，建立了科研、设计、生产、装配、检验、包装、物流、售后服务一条龙的全面质量管理体系，针对每个产品、每道工序、每个岗位均建立了工艺规程、操作规范、质量责任制度，严格按周期检定、校正、调整设备、仪表、工、量、卡、夹具和工装，坚持自检、互检和专业检验相结合，实行流入检验、过程检验和最终检验相结合，做到不漏检一个零件、不放过一个不合格品。先后通过了德国莱茵 ISO 9001：2000、ISO 9001：2008 质量管理体系认证，以及 CCS 船级社质量管理体系认证，多次获得长沙市质量技术监督局授予的"质量信得过单位"荣誉称号。

为确保全方位服务客户，耐普泵业设立了专业的售后服务体系，在第一时间解答用户在安装、调试、使用、维护检修等各方面的咨询，随时解决用户的疑难。同时，对客户在产品使用工况、环境、安装、调试等方面，建立了全国范围内 48 个小时内到场的售后服务制度。耐普泵业承诺，在保修期内，产品问题全部免费维修、更换，在产品使用寿命周期内，对产品实行终身服务。良好的品质和售后服务，有效保证了产品的使用寿命和效率，赢得了大量的忠诚客户群。

三、耐普十年，畅销全球

经过十年的发展，耐普泵业在全国设立了 13 个直属办事处，具体包括华东片区上海办事处、杭州办事处、南京办事处、苏南办事处，华北片区北京办事处、天津办事处、济南办事处、沈阳办事处，华南片区广州办事处，以确保在一线市场第一时间为客户提供方便快捷的产品和服务。

耐普产品的客户群，主要有钢铁冶金行业、石油石化行业、电力行业、水利排灌及市政环保业等系统用泵。未来五年，将加大钢铁冶金、石油石化行业目标市场的开发力度，确保在钢铁、石化行业的市场地位。

耐普泵业生产的国家专利新产品如气液混输泵、悬臂式液下排污泵、高速多相流溶气泵，在国内钢铁冶金等行业全面替代进口产品，远销南美巴西、东南亚等国，现场使用效率高、性能好，深受用户好评。

四、耐普十年，载誉而归

耐普先后被评为湖南省高新技术企业、"小巨人"计划企业、省市"质量信得过"单位、中国石化通用行业一级网络供应商资格成员、中国石油天然气管道局物资采购网络成员、湖南省通用工业设备协会理事会成员、长沙市合同能源管理推荐单位、长沙市企业技术中心；其产品获得长沙市优秀新产品奖、长沙市节能推荐产品、湖南省"名优特产品"，被湖南省商务厅评为鼓励出口机电产品，列入湖南省企业技术创新项目指导计划，还获得电能（北京）产品认证中心的认证证书，国家科技部技术创新基金立项等三十多项荣誉。

此外，耐普泵业拥有气液混输泵专利、循环润滑轴承装置专利、水性纳米涂料专利、分半哈夫联轴器专利、悬臂式液下排污泵专利等十几项发明专利。

第二节　发展中订单不足的困扰

耐普泵业 2007 年迁入长沙星沙国家级经济开发区后，曾经凭借优越的硬件设施和技术力量，年产值一度飙升，到 2008 年产值跃升至 8300 万元，并计划 2009 年产值突破 1 亿元。

但随着 2009 年美国次贷危机引发的金融危机爆发，直接冲击到耐普泵业这类中小企业，2009 年全年仅完成年计划 50% 的订单任务。而更令耐普困惑的是 2010 年市场已经回暖，但销售仍未见好转，至 2010 年 8 月底销售订货额才 3500 万元，仅为年度计划的 32%。

耐普泵业市场营销疲软引起了一连串不良连锁反应，销售少，资金回笼随之减少，新厂区固定费用居高不下，设备折旧费、日常管理费、营销费等开销巨大，致使他们的经营运作日趋困难，企业现金流面临断裂的危险。此时，耐普泵业不得不面临裁员的压力，7 月份后由于订单下降，以工时定额计酬的岗位工人，有部分甚至放假回家待岗，员工个人收入也受到很大影响，长此以往，人员流失势成必然，耐普泵业的生存危机逐渐显现。

面对这种局面，耐普泵业的高、中层管理者心急如焚，困扰和焦虑交织在一起，陷入沉重的思考……

订单，订单，还是订单！

2010 年上半年国内外的经济已经逐渐回暖，很多同行企业都在急速发展，而耐普泵业的销售业绩却毫无起色，这个问题到底出在哪里？是外部因素，还是内部管理问题？是生产交付不及时拖后腿，还是客户服务存在不足影响了客户订单？耐普泵业拥有行业领先的质量和技术优势，怎么就不能获得更多的订单呢？

如何获得订单？如何打破这种局面？如何扭转局势？

第三节　果断决策，快速突破

正当耐普泵业的高层管理者陷入重重焦虑与困扰之时，长沙市工业和信息化委员会组织了长沙市中小工业企业十百千管理升级擂台赛，耐普泵业集中了企业优势力量，经过步步 PK，层层筛选，最后成为 30 家擂台赛入围企业之一。耐普泵业的高层领导怀揣满肚疑问，组队参加石燕湖为期三天四夜的封闭式集训营。

学习期间，耐普泵业参赛小组认真听课、训练和做作业，老师循序渐进的培训、训练和专业指导，给耐普学习小组很大的启迪。尤其深受触动是带队的总经理耿纪中，耐普发展这么多年，确实存在很多问题，在发展的初期扩张阶段，总经理耿纪中一直忙于业务上的工作，没有过多关注管理，认为耐普运转正常。而金融危机的影响使耐普泵业的业绩跌到了谷底，本质上是管理高层在管理上缺乏与时俱进的学习、实践和创新。同时，耐普泵业总经理也深刻认识到，这次在集训营所学习的观念、理论、方法和工具正是企业所需、所盼的，是完全可以帮助耐普泵业冲出困境的。

集训回来后，耐普泵业迅速组建跨职能推进小组，召开中层以上管理者研讨会，运用在集训营所学到的对阵方法论系列工具，结合企业的具体情况自我诊断，群策群力，聚焦瓶颈，寻找快速突破困局的方法。

耐普泵业通过学习到的"瓶颈识别分析方法"，以价值链为依据，对企业经营的整体价值链条中订单、设计、供应、制造、交付和售后等各个环节进行深入分析研究，以目标值与实际值的对比，再次证明合同订单不足是他们现阶段发展的瓶颈（如图17－1所示）。

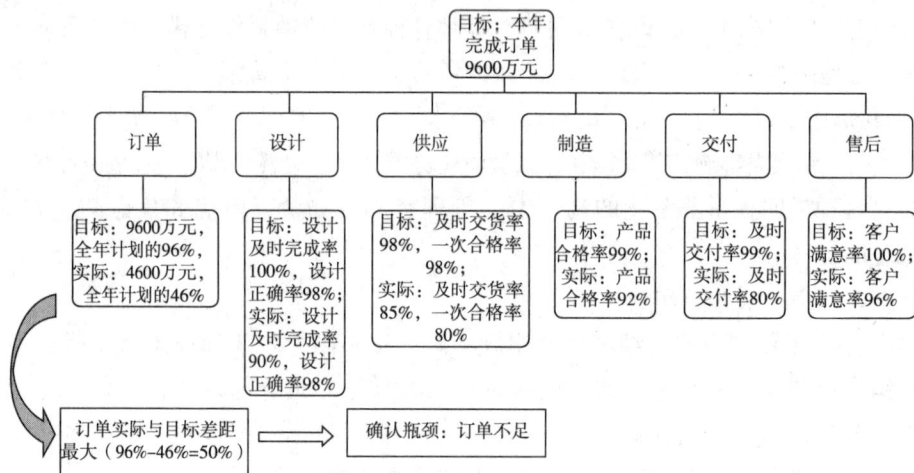

图17－1 耐普泵业瓶颈识别分析路径

此时，耐普发生了一个小故事。耐普的营销工作一直是总经理直接负责主抓，现状证明订单不足是营销原因，也是他们现阶段的瓶颈，耐普总经理如果承认这一点，不是直接证明自己工作不力吗？这不是扇自己耳光吗？耐普总经理对瓶颈的结果反复思考，这是逻辑常识、数字化对标的结果，也是自己认同和推崇的有效方法，是要面子还是要发展？考虑到这一年来销售部门签订的订单越来越少，耿纪中总经理果断决定：确认方法论分析出的瓶颈，承担企业领导责任，带好勇于承担责任这个头，把订单不足作为本次管理升级的突破点，亲自担任管理升级项目跨职能小组的负责人，把大部分精力放在突破瓶颈工作上来。

随后，耐普泵业项目实施跨职能小组组织召开会议，在教练组老师的引导下，集中团队的智慧，运用对阵营销方法论，构建充分条件，反复论证充分条件的合理性和可行性，最终优化和编制了瓶颈突破目标蓝图（如图17－2所示）。

2010年9—12月完成订货5000万元

营销
目标：获得10030万元订单机会
- 足够多的客户
- 吸引客户的理由
- 精准传播到目标客户

销售
目标：成交率必达到50%

定义产品
- 唯一：NPQ汽液混输泵
- 第一：立式长轴泵市场占有率第一；追随其他产品

道具使用
- 我公司制定的标准
- 公司用于展览会的宣传资料样品泵；
- 客户问题的优秀方案案例解决；专利证书、获奖证书

渠道
- 通过设计院客户信息朋友介绍等找到客户
- 通过设计院、决策人、朋友确定客户确定明确客户

销售程序
- 标准销售程序设计
- 标准销售话术设计

团队激励
- 团队标准销售程序和话术培训
- 优化以绩效为核心的激励政策

价值挖潜
目标：150万元订单机会
- 关联购买
- 重复购买

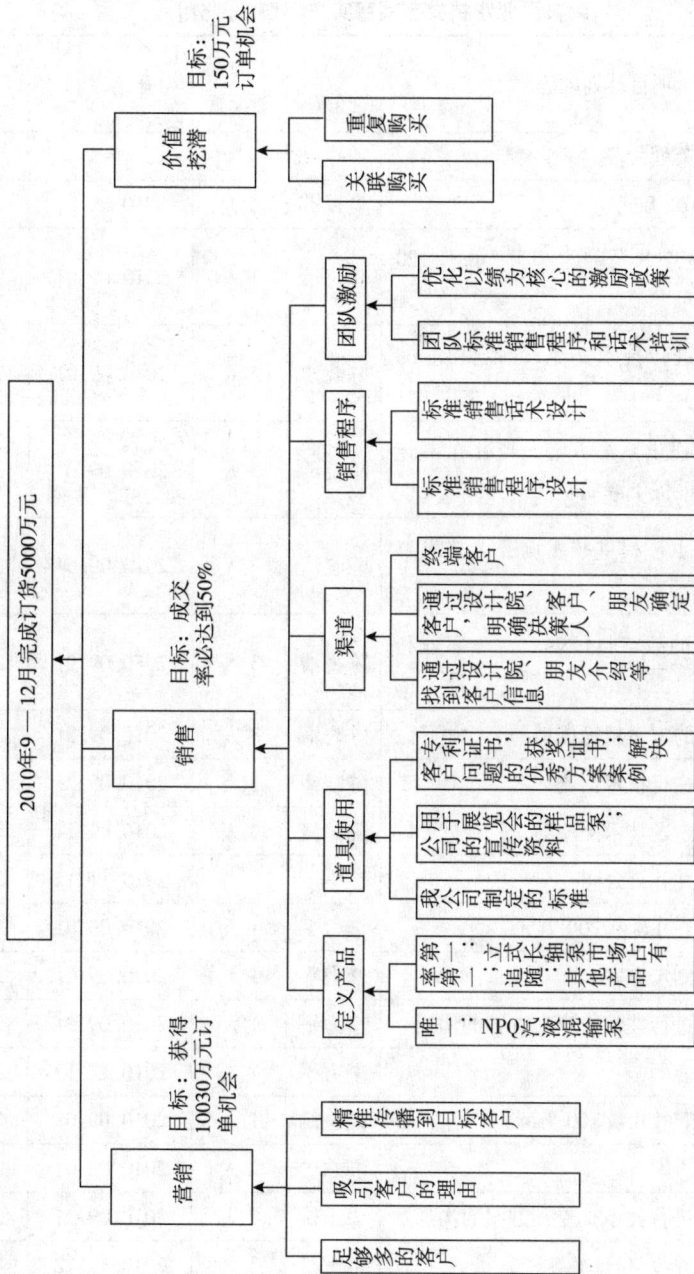

图17-2　耐普泵业营销突破目标蓝图（部分）

223

根据目标蓝图的分目标层级分解与充分条件的构建，耐普泵业由总经理带队，编制和优化了项目实施计划表（WBS表），并获得团队的一致通过。（见表17-1）。

表17-1　　　　　耐普泵业营销突破项目实施计划（部分）

序号	项目计划内容	子项目经理	人力资源配置	开始时间	完成时间
1	项目启动和策划阶段	—	—	—	—
2	电力行业3070万元	兰芹芬	6人	2010.09.01	2010.12.31
3	湛江电厂LB、LK泵2400万元，配件120万元	陈晓清	1人	2010.09.01	2010.12.31
4	提出策略，进行技术交流，制定相应的方案	陈晓清	2人	2010.09.01	2010.09.20
5	为湛江电厂提供系统方案，帮其在不降产品性能的前提下降成本	陈晓清	3人	2010.09.01	2010.09.20
6	优先给湛江电厂提供技术服务，拿出解决问题方案	陈晓清	3人	2010.09.01	2010.09.20
7	对长期合作的战略目标客户，舍部分利润争取订单	陈晓清	3人	2010.09.01	2010.09.20
8	将解决问题的方案精确传播给湛江电厂	陈晓清	3人	2010.09.21	2010.11.11
9	直接与用户进行技术交流	陈晓清	3人	2010.09.21	2010.11.11
10	分行业举办专题技术交流会	陈晓清	3人	2010.09.21	2010.11.11
11	投标，谈判并签订合同	—	—	2010.11.12	2010.12.31
12	鲁阳电厂LB、LK泵200万元	李力平	1人	2010.09.01	2010.12.31
13	提出策略并制定方案	李力平	1人	2010.09.01	2010.09.20
14	与鲁阳电厂进行技术交流和方案的沟通	李力平	1人	2010.09.21	2010.11.11
15	谈判并签订合同	李力平	1人	2010.11.12	2010.12.31
16	北京华能LK、LB泵100万元	谭志雄	1人	2010.09.01	2010.12.31
17	提出并制定方案	谭志雄	2人	2010.09.01	2010.09.20
18	与北京华能进行技术交流和方案的沟通	谭志雄	2人	2010.09.21	2010.11.11
19	投标，谈判并签订合同	谭志雄	3人	2010.11.12	2010.12.31
20	万华LK、LB泵150万元	罗稳根	1人	2010.09.01	2010.12.31
21	提出并制定方案	罗稳根	1人	2010.09.01	2010.09.20

续　表

序号	项目计划内容	子项目经理	人力资源配置	开始时间	完成时间
22	与万华进行技术方案的沟通	罗稳根	2 人	2010. 09. 21	2010. 11. 11
23	谈判并签订合同	罗稳根	2 人	2010. 11. 12	2010. 12. 31
24	天津北塘 LK、LB 泵 100 万元	高双喜	1 人	2010. 09. 01	2010. 12. 31
25	提出并制定方案	高双喜	1 人	2010. 09. 01	2010. 09. 20
26	与天津北塘进行技术方案的沟通	高双喜	2 人	2010. 09. 21	2010. 11. 11
27	投标，谈判并签订合同	高双喜	2 人	2010. 11. 12	2010. 12. 31

为保障瓶颈突破项目的顺利完成，重新审视耐普泵业的营销现状，充分整合并合理利用人、财、物等资源，一切围绕瓶颈突破而战。为此，耐普泵业专门制定了项目实施的相应管理方法，包括：

1. 跨职能项目实施小组为项目实施管理的最高决策机构；

2. 项目计划编制后的调整必须经跨职能项目实施小组会议评审通过方能执行，计划确定后归口管理和考核、跟踪；

3. 根据项目管理组合计划，分配项目的优先级别进行资源分配，以项目立项通知书的形式通知相关职能部门，并由职能部门严格按计划进度执行，不允许延期；

4. 项目实施过程中设立验收与鉴定、财务决算与审计、项目交接与清算、项目审计与评估及成本控制管理等重要监控点，使项目开发过程始终处于受控状态；

5. 项目实施过程中如必须使用超出计划外的资源，项目经理必须第一时间提交详细的申请报告，交职能项目实施小组组长审批；

6. 实行周例会、月例会制，通报进度，进行过程纠偏和经验总结与分享。

为有效激发团队积极性，耐普泵业专门制定并颁布项目 KPI 考核（如表 17 - 2 所示）与奖励措施，根据项目的重要性和复杂程度在项目立项同时核定项目的奖励费用。

表 17 - 2　　　　　　　　　　耐普项目实施 KPI 一览表

编号	指标名称	权重（%）	必达目标	挑战目标
1	目标完成率 = 完成订单额/目标订单额	35%	95%	105%
2	订单投资回报率 = (订单价格 - 产品总成本) / 产品总成本	30%	10%	18%
3	订单毛利率 = （订单额 - 订单费用）/订单额	25%	95%	98%
4	订单成交率 = 成交订单数/订单总数	10%	50%	60%

第四节 激情，创造未来

一、第一个月：对阵营销小试牛刀，初见成效

耐普泵业运用对阵营销方法，对客户现状把握和分析，根据现状把握制定耐普泵业独特的商务政策，制定精确传播方案，重新设计销售说辞与程序，对价值挖潜设计了围绕大客户的针对性策略。在 2010 年 9 月进行目标蓝图实施方案的设计与优化后，耐普泵业利用全国各大、中型城市设立的十几个办事处大面积推动项目实施工作。为确保目标达成，耐普泵业总经理前往一线市场，并亲自挂帅担纲华北市场的营销工作。各个区域团队的区域经理，带领 3~8 人的销售团队，开始了围绕目标客户的精确传播工作。经过耐普 40 天系列的会议和技术交流活动，耐普泵业区域网络的各地钢铁、石油、电力等行业目标客户群迅速了解了耐普产品及其独特的销售政策。

至 2010 年 10 月底，销售部门完成订单 2700 多万元，超出月目标的 80%，超过 1—8 月总订单额的一半，瓶颈突破初见成效。因此，耐普泵业整个公司人员的士气高涨、斗志昂扬。尤其是耐普泵业应用对阵营销中的"商务政策"方法意外获得鲁阳电厂的优质订单，初次领会到对阵营销的魅力，直接激发了耐普营销团队的斗志。

鲁阳电厂：对阵营销商务政策一矢中的

2010 年 9 月中旬的某一天，耐普泵业销售部得知一个工程有几台立式斜流泵现在使用情况不好，总出意外状况，极大地影响了工程的及时交付，希望耐普泵业紧急派技术人员前往现场帮助诊断。由于事先没有合同约定，要去现场诊断问题会产生不必要的费用，但耐普总经理听到汇报后，认为这是一个在对阵营销中把握客户真实需求的机会，当即指派技术人员随同销售经理一同前往。

耐普泵业销售团队到场后才得知，这是中电投平顶山鲁阳发电有限公司第二发电厂一期 2X1000MW 机组工程。该工程是华中西部地区第一个百万千瓦火电机组工程，2008 年 8 月开工建设。在此项目中，水库升压泵产品用户原来使用上海某厂家的 450LB 长轴泵产品，在投入使用后出现振动超出电力行业标准的问题，上海这家供应商曾多次返修及现场调试，但半年来一直没有解决问题。如果不解决这一难题，势必影响鲁阳电厂 2010 年电力生产计划。耐普泵业的技术人员经过现场考察、分析和对设备状况的仔细调查，回去后组织耐普泵业的国家级泵类专家主持专题研讨，对其中存在的所有技术难点进行缜密的论证，制作了一个全新的解决方案送达客户。

客户考虑到以前另一家公司产品糟糕的使用情况，虽然对耐普泵业的产品也有担忧和怀疑，但基本认同耐普泵业的解决方案，同时对耐普泵业提出了两个严格的要求：一是必须一个月之内交货；二是必须在耐普泵业测试台通过测试合格后，才能发送到现场，并且必须在现场安装运行合格后才能付款。面对这种苛刻条件，耐普泵业的高层没有丝毫迟疑，毅然决定接下这项艰巨的任务。这一决策，也是耐普泵业在训练营中学习对阵营销方法所得到的启发。

接下订单后，耐普泵业的耿纪中总经理亲自召开专题会议对工作进行布置，把握客户需求并尽可能超越对手是对阵营销方法的关键控制点之一，耐普泵业深刻领会到这一方法的精髓，立即组织技术力量制订了详尽的项目实施计划表（WBS），规定了技术、焊接、加工、装配、测试全工序的相关作业计划，并要求各部门将该项目作为头等任务来完成。

最终在耐普泵业全体员工的努力下，这台流量 $1690m^3/h$，扬程 60m，液下长度 23.6m，配套功率 6P/450kW/6kV 的超长型立式长轴泵只用了 26 天就提前交付了，并顺利通过现场测试：长轴泵各项指标均达到国家验收标准，尤其是振动指标值。耐普泵业的立式长轴泵经过一段时间的运行，保证了电厂机组的发电安全和 2010 年工程的顺利交付，用户非常满意。为此，鲁阳电厂特地在合同中增加了 3 万元，以奖励耐普泵业相关的工作人员。同时，耐普泵业又通过价值挖潜获得另外两台水泵的改造任务。这个项目的顺利完成，不仅使耐普泵业收获到了近千万的订单，还收获了很好的市场声誉，积累了新的市场开发经验，为后期的大客户挖潜打下了坚实的基础。

二、第二个月：再接再厉，更上一层楼

经过第一阶段的项目实施，耐普泵业更加认识到和感受到管理升级擂台赛训练营所学习的方法很有效。他们运用训练营所学习的方法与工具，通过涂胶水的方式，识别大客户价值，在大客户需求点与竞争者劣势之间找到突破口。通过方法的改变，耐普泵业灵活应用了定义客户、定义产品以及定义客户购买价值的思维逻辑，在第二个月的执行中，再进一步取得了骄人的成果。

早期，耐普泵业直接与跨国公司正面交锋，深感力不从心。事实上，每年研发投入高达年营业额 20% 的耐普泵业，凭借技术的先进性赢得客户的情况相对比较少，但这并不代表技术研发不重要，更说明营销方法的重要性。耐普泵业营销人员的普遍看法是："现在这个时代，价格已不再是最有利的竞争手段，因为跨国公司的报价也很低，往往就是一两个功能的差别决定了客户的选择。"

北京某公司：定义产品、定义客户的收获

2010 年 11 月 6 日，耐普泵业销售部得知北京某公司需要两台应急柴油机泵组用柴

油机，该公司对质量的要求特别高，尤其是对振动和噪声系数的要求。参与报价的主要是国外的几家跨国公司，而且价格都很高。

得知这个信息后，耐普泵业的高层迅速组织技术部门进行讨论，经过技术部门两天的专项研讨，最后得出结论，就目前耐普泵业的技术水平，绝对可以达到产品的高质量要求，且价格只有跨国公司的一半。耐普泵业得出这个结论后，立即组织最优秀的营销团队前往北京，与对方的负责人联系。但让人心凉的是，经过多次沟通均被拒绝，连与负责人见面的机会都没有。在万般无奈的情况下，耐普的营销团队只好向总部汇报了相关情况，耐普泵业高层经过开会研讨，运用对阵方法论根据目标构建充分条件的方法，决定让技术中心针对该公司的需求信息迅速做出相关的方案图纸，直接寄往北京该公司的技术中心，尝试让该公司先看图纸、先了解耐普泵业再做下一步行动计划。

耐普泵业技术总工程师在开完会后，亲自带领技术中心的骨干经过了4天4夜的奋战，不但成功地将相关图纸绘制出来，还将各项要求的技术指标同步制定，结合对方项目的实际情况与经验判断，在方案设计中特地增加了四个传感器接口（转速、油压、水温和冷却水位），最后用最快捷的方法将方案火速快递到对方的技术中心。时间一天一天地过去，对方一直都没有回应，正当耐普泵业不抱希望认为肯定输给跨国公司之时，捷报传来，对方主动联系耐普泵业，要求派人过去详谈。原来，耐普泵业精准的产品定义打动了对方，北京公司认为耐普泵业提供了与其他对手不一样的产品方案，满足甚至超越客户所想，因此决定将两台应急柴油机泵组用柴油机全部交给耐普泵业生产，当场举行签单仪式。

本案例充分应用了对阵方法论中定义客户的方法：综合考虑企业自身优势、客户的核心需求和竞争者的劣势三方要素，抓住三方的交叉点以满足客户的真实需求。

广钢：客户价值放大

2010年10月初，号称3000万元的广钢环保迁建项目自备电厂2×350MM机组工程的循环水泵、海水淡化取水泵设备竞标开始。参与者除了长沙水泵厂、无锡日立、耐普泵业等国内传统泵业制造公司之外，还有上海KSB、奥地利安德利兹等跨国公司，各家都对这个项目虎视眈眈，有备而来，拼杀无比惨烈，几乎是对实力的终极考验。耐普泵业最终出乎众人意料地以2477万元的价格摘标成功。

在项目招标过程中，耐普泵业与广钢没有任何联系，起初，耐普连入围的资格都没有，也没有在电力工程方面值得称道的大项目案例。耐普几个项目负责人顶着巨大的压力，参与广钢竞标。

为保证成功，耐普泵业迅速实施华东和华南的跨区域合作，集中所有资源，全力以赴，积极地收集信息，不断地和广钢进行沟通，运用对阵方法论分别从产品价值、服务价值、成本等诸多方面寻找客户需求突破口，准确把握客户的真实需求点，设计了一套为客户所想、为客户谋求感知价值最大化、提升客户的总收益、降低客户总成本的优秀方案。耐普泵业通过长期合作伙伴宝钢建立服务信誉，利用"打台球"的方式，获得宝钢的推荐，取得了招标会的通行证，最终一举夺标，达到双方共赢。

广钢的选择是有理由的，作为宝钢旗下的一个自备电厂，非常信赖耐普泵业与宝钢在很多领域多年的深入合作关系，而此次成功正是耐普泵业长期对宝钢全方位、全时段服务结果的回报和体现。当宝钢负责人得知是耐普泵业夺标后说了一句话："耐普泵业的产品，不但价格适中，而且质量可靠，值得信赖，广钢的选择是正确的。"

耐普泵业的产品不一定性能最优、技术最先进，但一定适用，一定可以满足客户所需，并能帮助客户获取效率和利润的最大化。

广钢宣布由耐普泵业独家承接的环保迁建项目泵设备，是耐普至今最大的一个项目。这一次耐普泵业不是以低价取胜，而是比最低价高出一倍，但客户因为耐普泵业的优秀服务和可靠的质量信誉，特别是不可抗拒的产品和价值满足方案，毫不犹豫地选择了耐普泵业。

广钢的竞标成功，为耐普泵业"第二个月"订单目标的实现画上了浓重的一笔，获得当月超出计划目标 66.7% 的可喜成果。

三、第三个月：乘势而上，创造耐普奇迹

企业经营用数据说话非常有力。

2010 年 12 月某周例会上，当耐普泵业的耿纪中总经理将前两月所取得的成绩、所拿到的订单数据用大屏幕展示出来时，与会人员都很安静，看得也很认真、很仔细。尤其是总结到每周、每月订单成倍数增长，有 10 多人超额完成总任务，能拿到多少奖励时，耐普泵业的员工都很激动。毕竟，耐普泵业的销售业绩沉默了将近 3 年。

耐普泵业总经理在分析公布数据时，多次用到了"打破""刷新纪录""创造了奇迹"这些词，他总结道："通过前面一段时间的学习与目标市场调整，经过全体员工的共同努力，证明了耐普是一个拥有无限生机的团队，耐普的每个人都是最棒的。现在 2010 年马上就要结束了，新的一年就要来临，在这最后 30 天的冲刺中，大家要乘势而上，创造耐普奇迹，争取在 2010 年迈上订单额超亿元的新台阶！"

散会后，耐普泵业为做好 2010 年最后的签单工作，各个部门重新投入紧张的工作，调整方案设计新策略，联系客户，谋求历史突破。

功夫不负有心人，接下来的日子，耐普泵业捷报频传。今天是中石化 200 万元的

订单，明天是宝钢300万元的订单，每天的订单都让人兴奋和激动，一个又一个纪录被刷新，一个又一个奇迹在创造。到12月末总结的时候，耐普泵业的总签单额达到3000万元，超过目标额6倍。

综合2010年第四季度各项指标，耐普泵业真正跨越了订单上亿的新台阶。在这短短的100天内，耐普泵业的订单额呈现了同比五倍速的增长，全年订单额是上年的2.4倍，全年实现销售收入同比增长44.2%（与订单存在时间差，编者注），利润同比增长22%。

截至目前，耐普泵业基本无须再为订单不足而担忧，但是"瓶颈"出现漂移，随着订单的增加，交付率降低等问题逐渐显现出来，耐普泵业面临着新的挑战。

企业的发展本身就是一个不断突破、持续改善的过程。管理升级擂台赛带给耐普泵业的不仅仅是短时间经营业绩的快速提升，更多的收获是方法论与管理思维的转变。耐普泵业将以此次管理升级项目为契机，将学习到的瓶颈识别、突破方法结合企业的实际情况，运用到生产经营的各个环节，以不断优化企业运作的整个价值链条。

在新的一年中，耐普泵业将在保持订货额稳步增长的同时，重点运用对阵方法论来解决合同及时交付率的问题，耐普泵业人坚信，耐普泵业又将迈上一个新台阶！

第十八章　宇环同心：季度收入超全年

2010 年管理升级总结表彰大会颁奖词：最佳进步奖

这是一家拥有多项独立自主知识产权、专门研制"好"磨的企业，这是一家善"磨"、精"磨"的企业。6 年多的时间，他们的好"磨"博得了国内外广大客户的喜爱。他们的好"磨"也带来了特别多的订单，但生产供应不能及时满足交付、公司有钱赚不了。100 天的采购瓶颈突破，生产准交率获得显著提高，其中 2010 年 11 月一个月收回的现金就相当于 2009 年全年的销售收入。我们希望在长沙这样善磨好磨的企业越多越好。

下面，掌声有请我国数控磨床领域的技术集大成者——宇环同心！

"100 天突破"效果总结

通过采购瓶颈的有效突破，100 天后，他们不仅实现了准交率的显著提高，更实现了 2010 年第四季度销售收入同比 190.20%、利润同比 252.89%、销售利润率同比 22% 的跨越式增长，年销售收入是 2009 年的 3 倍，一个季度实现了超过 2009 年一年的销售收入。2010 年第四季度，对于宇环同心来讲，确实是一个意义非凡的丰收季节。

参赛背景概述

宇环同心是国家装备制造重点企业，以生产精密、高效的数控系列磨床著称。由于具有技术领先优势，订单纷至沓来，但是由于内部生产管理能力局限，订单准交率低，造成有订单却不敢接，导致有钱赚不了，企业规模长期徘徊不前。如何突破交付瓶颈，是宇环同心发展道路无法逾越的一道坎儿。

第一节　跨越式增长的数控磨床制造企业

创建六年多的湖南宇环同心数控机床有限公司（以下简称"宇环同心"）是一家

国家装备制造重点企业，以生产精密、高效的数控系列磨床著称，其中磨床系列产品多次被评为国家重点新产品、湖南省名牌产品、国家科技创新基金重点扶植项目，并先后获得湖南省科技进步二等奖、三等奖，湖南省机械行业科技进步二等奖，长沙市科技进步一等奖、二等奖，湖南省新技术、新产品奖等多项殊荣。

宇环同心研发的高精度 CBN 数控专用机床，成功的把 CBN 磨削技术运用到磨床上，是具有国内领先技术的机械装备新产品，它填补了湖南省数控专用磨床制造业的空白，促进了湖南省机械行业的发展。

2009 年 10 月成立的中国（长沙）数控装备产业技术联盟评选宇环同心为副理事长单位，宇环同心还是中国汽车工业协会、中国机床工具工业协会、中国轴承工业协会、中国压电晶体行业协会会员单位，中国内燃机工业协会理事单位及中国内工协曲轴、连杆分会副理事长单位。宇环同心还被中国内燃机工业协会，缸套、活塞环分会誉为"行业明星企业"，是湖南省认定的高新技术企业，被认定为"省级企业技术中心"、湖南省优秀"小巨人"企业、长沙市拟上市企业、长沙四大千亿产业集群第一批入围重点企业、国家火炬计划项目实施单位、国家科技部"十一五"科技计划项目的实施单位，国家再制造产业项目试点企业。

宇环同心的产品远销越南、中国台湾、巴基斯坦、巴西、美国、葡萄牙、伊朗、德国，到 2010 年年底，产品在国内市场占有率高达 20% 以上。

第二节　销售急剧扩大，资源严重制约

2010 年是宇环同心市场销售急剧膨胀的一年，每月销售额都高于工业产值，宇环同心的生产产能却满足不了如此迅猛的订单需求（如表 18 – 1 所示）。

表 18 – 1　　　　　宇环同心 2010 年 1—8 月销售额与工业产值对比

月份	销售额（万元）	工业产值（万元）
1 月	150. 87	150. 3
2 月	423. 52	180. 5
3 月	526. 1	218. 9
4 月	608. 7	345. 8
5 月	789. 5	523. 2
6 月	894. 3	685. 6
7 月	959. 2	710. 1
8 月	1043. 2	653. 3
合计	5395. 39	3467. 7

伴随着宇环同心向客户延期交货越来越严重的情况，产品质量也屡次出现问题，客户投诉不断增加，严重影响了宇环同心在行业内的声誉和形象（如表 18 – 2 所示）。

表 18 – 2 宇环同心 2010 年 1—8 月准交率、产品一次合格率、投诉率对比情况

月份	准交率（%）	产品一次性合格率（%）	重大客户投诉（次数）
1 月	90	95	0
2 月	88	92	0
3 月	85	90	0
4 月	82	85	1
5 月	78	82	2
6 月	75	80	5
7 月	70	78	8
8 月	65	75	12
综合	79.13	84.6	28

针对上述问题，宇环同心多次召开会议，提出各种措施和办法，以期提升产品质量，缩短交货期，达到提高产能的目的。

一、在产品质量问题方面

根据目前产品工艺与客户要求的差距，宇环同心采取了三大措施。

第一，要求技术部在产品技术方面改进产品中某些部件的工艺标准，修订相关技术标准和检验标准，确保产品加工与装配工艺的质量。

第二，改进检验方法，要求品管部对某些产品在装配过程中和加工过程中的检验方法进行调整，并更换测量工具以确保检验的方法和精度。同时严格要求品管部检验员按照工艺标准和检验标准对加工与装配过程中的每一个环节、每一个零配件进行全检（以前是抽检），确保每个环节的工艺装配和加工质量。

第三，提高所有相关人员的质量意识，产品、零配件在加工、装配过程中，要求实行三检制，即生产工人自检、上道工序与下道工序互检、质检员抽检与全检相结合，现场管理人员必须巡视和监督，物管部门严格把关入库与出库质量。

二、在延期交货问题方面

宇环同心也采取了各种措施试图突破。

第一，宇环同心重新调整了人员结构、合理安排上班班次及上班时间。

第二，加强对生产员工技能的培训，提高工作效率。

第三，引进批量的熟练技工充实生产员工队伍。

第四，提高生产管理人员管理技能，严格执行科学的每月计划管理模式。

宇环同心通过上述措施，使得产品交付能力和质量都有了一定程度的提高，但仍然满足不了客户的订单需求。要么缩减订单，要么快速提升产能，可对于企业而言，不赚钱、不赚更多的钱就是"犯罪"，但如何能够快速突破现有资源的限制？

第三节　拨开采购迷雾，制定突破方案

在宇环同心被订单交付延期、产品质量不达标、客户投诉不断、催款困难等问题日夜困扰时，长沙市工业和信息化委员会举办了长沙市中小工业企业十百千管理升级擂台赛活动，宇环同心抱着试试看的心态，在董事长许世雄先生的亲自领导下，参加了本次擂台赛的海选，并最终入选。

一、寻找瓶颈，定位准交

在擂台赛教练组老师的指导下，宇环同心参与学习的中高层管理人员积极思考、主动配合，从宇环同心的发展战略（3年之内做成湖南数控机床第一，5年之内做成全国数控机床二十强）到目标管理（2010年的销售目标1亿元）；从宇环同心的市场前景发展（在湖南的市场占有率从15%提升到30%以上）到目前生产经营现状（自制产品10%，外协加工90%）；从宇环同心的核心业务流程——销售（订单）→技术研发→采购→装备制造→品质检验→入库→发货→销售，到宇环同心各业务领域的工作流程（装备制造流程：制订生产计划→下达采购计划→制订自制加工计划、总装计划和外协加工计划→外购、外协加工、自制→品质检验→入库→发货），一层一层地剖析、分解，一层一层地寻找目前的瓶颈，最后聚焦到"采购交付能力"上，即外协交付能力（如图18-1所示）。

二、绘制目标蓝图，实现瓶颈突破

为了突破瓶颈，宇环同心管理升级项目小组在擂台赛老师的精心辅导下，针对瓶颈突破构建解决方案的充分条件。

第一，将宇环同心现有产品所需的所有部件按标准件与非标准件进行分类，而标准件与非标准件可分为普通件和关键件，普通件与关键件在外协加工前必须制订计划，建立时间缓冲或数量缓冲。

第二，优化外协供方，即制定供方选择标准，包括技术参数、加工工艺、质量检验等标准，明确有效评估的等级，并建立相应的数据库。

时间：2010年10月1日—12月31日
目标：外协准交率90%，一次性合格率85%

生产计划目标：90%（计划编制下达时间，合理性）；现状：60%

工艺编制计划

自加工件计划

外购件计划

外协件计划

总装计划

采购计划目标：90%（计划编制下达时间，合理性）；现状：70%

计划制订

计划下达

技术协同目标：90%；对供方技术现场指导

技术转移

技术指导

工艺说明

过程控制目标：90%；对供方质量检测现场指导

进度督查

关键控制点检查

供方交付能力目标：准交率90%，一次性合格率85%；现状：准交率40%，一次性合格率50%

部件分类400多种

标准件2/3

非标件1/3

选择供方20家

制定选择标准

评估供方

建立数据库

激励政策

制定政策

政策实施

订单集中

付款方式

发展前景

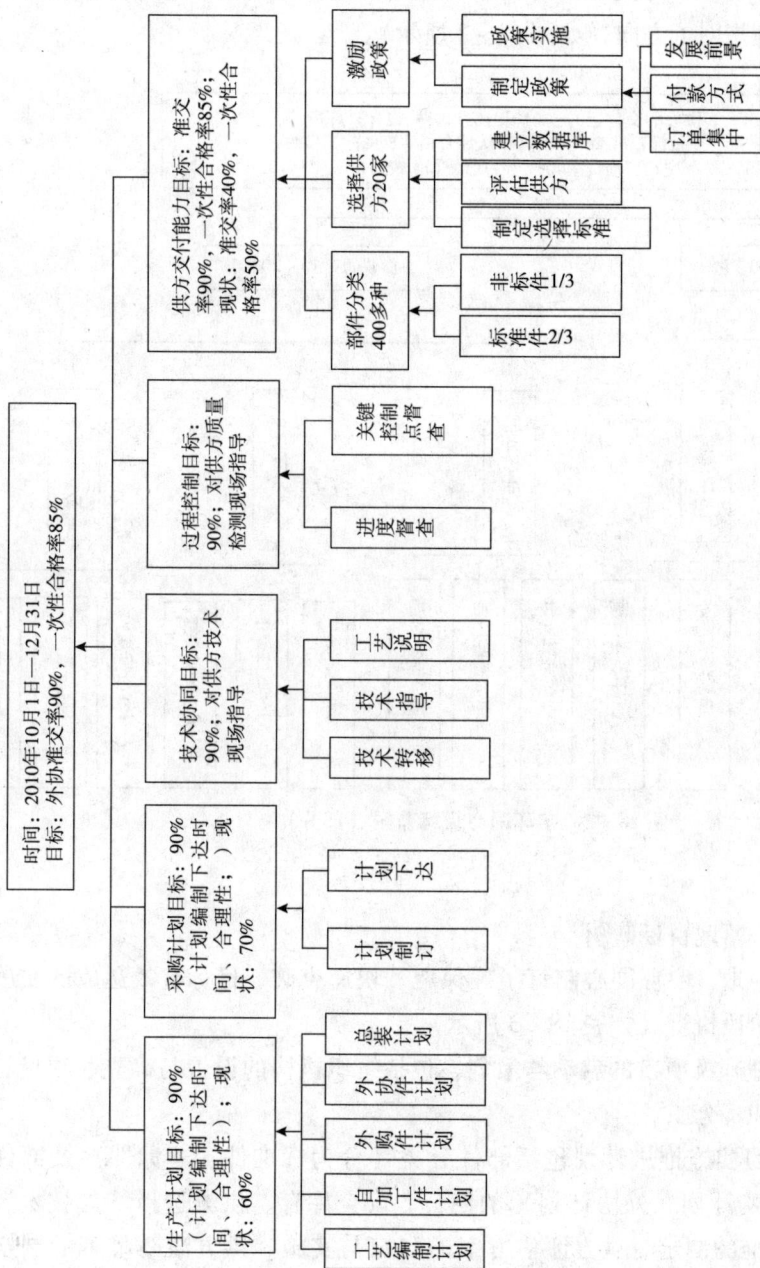

图18－1　宇环同心瓶颈识别分析

说明：1. 根据公司现状、各环节所占比例为：生产计划15%，采购计划10%，技术协同5%，过程控制5%，供方交付能力65%。结合目标现状相比，各环节所占比重为：生产计划9%，采购计划7%，技术协同3.75%，过程控制2.5%，供方交付能力26%，供方交付能力所占比重最大。

2. 结论：公司瓶颈为供方交付能力。

第三，制定并有效实施激励政策，包括订单、付款、战略合作等一揽子协作方案，确保供方交付能力达到宇环同心的要求。

根据以上3个方面，宇环同心绘制出了突破瓶颈的目标蓝图。通过目标蓝图的绘制，为瓶颈突破实施指明了方向（如图18-2所示）。

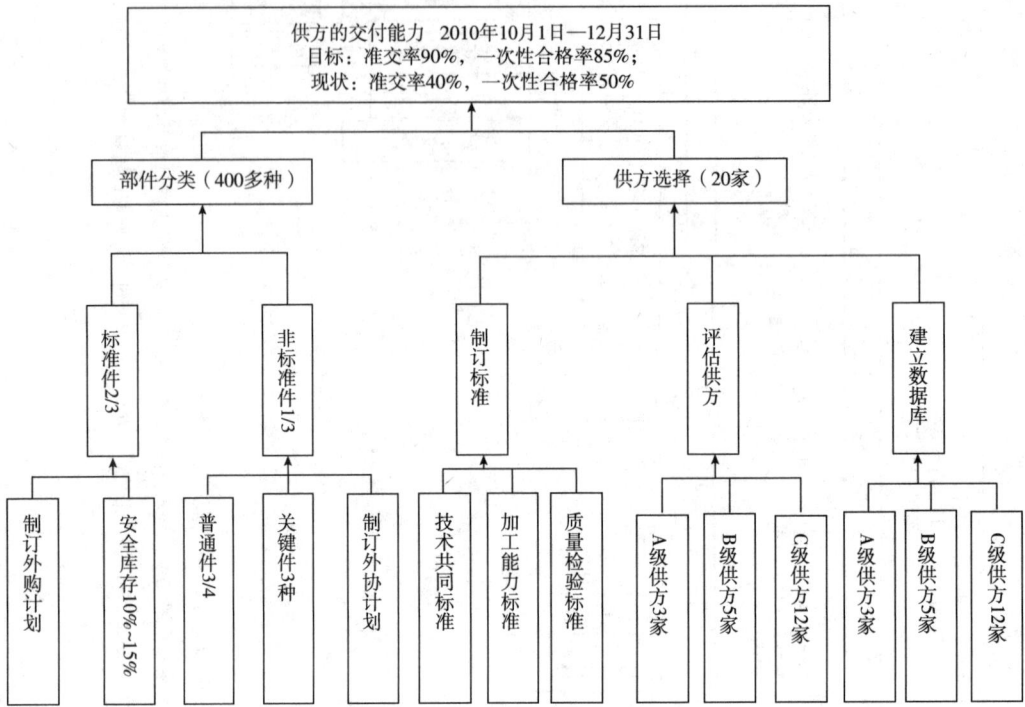

图18-2 宇环同心目标蓝图（部分）

三、实施计划，落地目标蓝图

为将目标蓝图落地，宇环同心制订了确保瓶颈快速突破、目标有效达成的实施计划，实施计划分三阶段执行（如表18-3所示）。

第一阶段，管理升级项目的启动与策划，包括组织机构的设置与确立、项目管理小组人员的明确与职责分工。

第二阶段，项目实施推进计划包括部件分类（分为标准件、非标件）及部件外协加工计划（如外购计划、外协计划）的制订、安全库存、供方选择（如技术、加工能力、质量等标准的制定、供方评估方案的制定与实施、供方激励政策的制定与实施）。

第三阶段，项目验收、总结、评估、费用预算、审计、实施考核、材料验收阶段。

表 18－3　宇环同心执行计划（部分）

项目名称：供方交付能力达到准交率90%，一次性合格率85%　　　　　　　　项目经理：彭磊

序号	项目计划内容	子项目经理	人力资源配置	资金预算	开始时间	完成时间	阶段目标
2	项目实施阶段	—	12	20万元	2010年9月20日	2010年12月31日	—
2.1	部件分类	郑本铭	陈秋香	—	2010年10月23日	2010年10月30日	一周内建立外协产品部件分类明细数据库
2.1.1	标准件	高端元	欧阳有为	—	2010年10月23日	2010年10月30日	—
2.1.1.1	制订外购件计划	高端元	欧阳有为	—	2010年10月23日	2010年12月30日	根据订单、生产需求分批制订外购件计划
2.1.1.1.1	物质需求计划	高端元	欧阳有为	—	2010年10月23日	2010年12月30日	根据订单、生产需求分批制订外购件计划
2.1.1.1.2	零部件需求计划	许亮	李红贵	—	2010年10月23日	2010年12月30日	根据售后服务需求分批制订购件计划
2.1.1.1.3	外购件计划	李铭强	杨英	—	2010年10月23日	2010年12月30日	根据订单、生产、售后服务需求分批制订外购件计划
2.1.1.2	标准件安全库存（数量缓冲）1/3	谭立华	李铭强	—	2010年10月25日	2010年10月30日	确保库内标准件库存量达到10%~15%，建立标准件安全库存明细表，安全库存量＝（计划周期＋生产周期＋运输交付周期）×2＋数量缓冲（10%~15%）

续　表

序号	项目计划内容	子项目经理	人力资源配置	资金预算	开始时间	完成时间	阶段目标
2.1.2	非标准件	郑本铭	陈秋香	—	2010 年 10 月 24 日	2010 年 10 月 30 日	一周内建立非标准件分类明细数据库
2.1.2.1	普通件	郑本铭	陈秋香	—	2010 年 10 月 24 日	2010 年 10 月 30 日	一周内建立非标准普通件分类明细数据库
2.1.2.2	关键件	郑本铭	陈秋香	—	2010 年 10 月 24 日	2010 年 10 月 30 日	一周内建立非标准关键件分类明细数据库
2.1.2.3	制订外协件需求计划	高端元、许亮	欧阳有为、李红贵	—	2010 年 10 月 23 日	2010 年 12 月 31 日	根据订单、生产需求分批制订外协件需求计划
2.1.2.3.1	物质需求计划	高端元	欧阳有为	—	2010 年 10 月 23 日	2010 年 12 月 30 日	根据订单、生产需求分批制订外协件需求计划
2.1.2.3.2	售后零部件需求计划	许亮	李红贵	—	2010 年 10 月 23 日	2010 年 12 月 30 日	根据售后服务需求分批制订外协件需求计划
2.1.3.3.3	外协件加工计划	李铭强	杨英	—	2010 年 10 月 23 日	2010 年 12 月 30 日	根据销售、生产需求分批制订外协件加工计划
2.1.2.4	非标准件订单周期（时间缓冲）2/3	李铭强	杨英	—	2010 年 10 月 26 日	2011 年 11 月 25 日	建立非标准件订单周期明细数据库（总装周期＋订单周期＋加工周期）×日产量×2

续 表

序号	项目计划内容	子项目经理	人力资源配置	资金预算	开始时间	完成时间	阶段目标
2. 1. 2. 4. 1	非标准普通件订单周期	李铭强	杨英	—	2010 年 10 月 26 日	2010 年 11 月 25 日	一个月内建立非标准普通件外协加工周期明细并实施
2. 1. 2. 4. 2	非标准关键件订单周期（数量和时间缓冲、直接管理）	李铭强	杨英	—	2010 年 10 月 26 日	2010 年 11 月 25 日	一个月内建立非标准关键件外协加工周期明细并实施，对关键件执行数量与时间缓冲和直接管理（派驻 3 名技术人员到外协厂进行现场直接管理）
2. 2	供方选择	李铭强	郑本铭	—	2010 年 10 月 23 日	2010 年 11 月 2 日	在此期间选择并确定交付率达到 85%～90% 的供方 20 家
2. 2. 1	选择标准方案制定	李铭强	杨英	—	2010 年 10 月 1 日	2010 年 10 月 30 日	完成供方选择的标准方案
2. 2. 1. 1	制定技术共同标准方案	郑本铭	—	—	2010 年 10 月 1 日	2010 年 10 月 30 日	完成供方选择的技术共同标准方案
2. 2. 1. 2	制定加工能力标准方案	高端元	欧阳有为	—	2010 年 10 月 1 日	2010 年 10 月 30 日	完成供方选择的加工能力标准方案
2. 2. 1. 3	制定质量检验标准方案	张耀光	—	—	2010 年 10 月 1 日	2010 年 10 月 30 日	完成供方选择的质量检验标准方案
2. 2. 2	确定供方评估等级标准并实施	李铭强	杨英	—	2010 年 11 月 1 日	2010 年 12 月 30 日	完成评估工作并确定供方等级

续　表

序号	项目计划内容	子项目经理	人力资源配置	资金预算	开始时间	完成时间	阶段目标
2.2.2.1	A级供方	李铭强	杨英	—	2010年11月1日	2010年12月30日	确定不少于3家在1~3年内能达到交付率（准交率90%、合格率85%）的目标的供方
2.2.2.2	B级供方	李铭强	杨英	—	2010年11月1日	2010年12月30日	确定不少于3家在1~3年内能达到交付率（准交率85%、合格率80%）的目标的供方
2.2.2.3	C级供方	李铭强	杨英	—	2010年11月1日	2010年12月30日	确定不少于3家在1~3年内能达到交付率（准交率80%、合格率75%）的目标的供方
2.2.3	建立供方名录及数据库	李铭强	杨英	—	2010年11月4日	2010年11月6日	建立20家名录及数据库
2.3	激励政策	李铭强	杨英	—	2010年10月10日	2010年12月30日	完成激励供方的方案，并执行本方案
2.3.1	制定政策	李铭强	杨英	—	2010年10月11日	2010年10月30日	完成激励政策的制定
2.3.1.1	订单集中政策	李铭强	杨英	—	2010年10月10日	2010年10月30日	制定针对供方交付率给予不同订单的政策如：A级供方三年内70%的订单，B级供方给予两年内20%的订单，C级供方给予一年内10%的订单

续　表

序号	项目计划内容	子项目经理	人力资源配置	资金预算	开始时间	完成时间	阶段目标
2.3.1.1.1	优化供方等等级政策	李铭强	杨英	—	2010 年 10 月 10 日	2010 年 10 月 30 日	制定针对供方交付率变化情况评定不同等级政策，每月优化供方等级一次
2.3.1.1.2	储备供方信息政策	李铭强	杨英	—	2010 年 10 月 10 日	2010 年 10 月 30 日	制定针对在已选定供方供货而不能按公司要求供货的情况下，另找其他供方供货的政策
2.3.1.2	付款方式政策	李铭强	杨英	—	2010 年 10 月 10 日	2010 年 10 月 30 日	制定针对供方因交付率高低而采取不同付款方式的政策
2.3.1.2.1	保证金政策	李铭强	杨英	—	2010 年 10 月 10 日	2010 年 10 月 30 日	制定针对供方因交付率高低而要求供方缴纳保证金 5%～50% 的政策
2.3.1.2.2	现金支付政策	李铭强	杨英	—	2010 年 10 月 10 日	2010 年 10 月 30 日	制定针对供方因交付率变化而向供方采取不同的付款政策如现金采购比例、年底奖金等
2.3.1.2.3	分批结算政策	李铭强	杨英	—	2010 年 10 月 10 日	2010 年 10 月 30 日	制定针对供方因交付率变化而向供方采取不同的结算政策如送第二批货付第一批款等

续表

序号	项目计划内容	子项目经理	人力资源配置	资金预算	开始时间	完成时间	阶段目标
2.3.1.3	发展前景政策	李铭强	杨英	—	2010 年 10 月 10 日	2010 年 10 月 30 日	制定针对供方因交付率变化而采取如三年、五年发展合作、参股等政策
2.3.1.3.1	时间保证政策	李铭强	杨英	—	2010 年 10 月 10 日	2010 年 10 月 30 日	制定针对供方交付率情况而采取的合作时间政策如 1 到 5 年的合作
2.3.1.3.2	订单增长政策	李铭强	杨英	—	2010 年 10 月 10 日	2010 年 10 月 30 日	制定针对供方交付率变化而给予供方不同订单数量的政策
2.3.1.3.3	奖罚机制政策	李铭强	杨英	—	2010 年 10 月 10 日	2010 年 10 月 30 日	制定针对供方交付率情况给予供方不同的奖罚政策
2.3.1.3.4	保证金利息政策	李铭强	杨英	—	2010 年 10 月 10 日	2010 年 10 月 30 日	制定针对供方交付率情况支付保证金利息政策
2.3.1.3.5	利益共享政策	李铭强	杨英	—	2010 年 10 月 10 日	2010 年 10 月 30 日	制定针对供方交付率情况，采取不同利益共享的政策如让供方参股、参供方股份、收购供方等
2.3.2	激励政策实施	李铭强	杨英	—	2010 年 11 月 1 日	2010 年 12 月 30 日	根据供方的供货情况执行激励政策

第四节 在执行中完善，与供方共赢

一、构建瓶颈突破团队

1. 项目启动初期未重视，险些落榜。

宇环同心于 2010 年 9 月 12 日晚上 7 点，由董事长许世雄先生亲自主持，召开了副总及以上高管参加的管理升级项目启动专题会议，会上明确了由宇环同心常务副总为项目小组组长、企管部行政主管为组长助理。此次会议虽然标志着宇环同心管理升级项目正式启动，但其时宇环同心管理层未引起高度重视，大部分管理员工尚未掌握寻找瓶颈与突破瓶颈的方式方法，导致后来宇环同心递交的方案险未过关。最后，由宇环同心董事长亲自登门向长沙市工信委做出承诺和担保，才使宇环同心得以能够继续参加擂台赛。

2. 重新成立管理升级项目小组，董事长带队。

2010 年 9 月 23 日上午，宇环同心召开了第三次管理升级项目专题会议，由其董事长主持，中高管人员全部参与。会上正式确定了管理升级小组成员及各成员的职责。

董事长许世雄亲任组长，负责管理升级项目的全盘督导工作；常务副总担任项目经理，负责该项目的全面实施推进工作；项目组员包括技术副总、品管部长、财务副总、行政副总、物管部长、企管部长等，整个宇环同心的高管均参与了进来。

通过项目组建立及项目人员职责分工，为有效推进项目实施计划提供了重要保障。

二、方案和组织的不断调整和完善

1. 6 次修订，3 次完善。

自宇环同心管理升级项目启动和实施以来，宇环同心根据擂台赛教练组的指导意见，结合内部的生产、外协加工的情况，对目标蓝图进行了 6 次修订，对实施计划和绩效考核 KPI 值修改完善了 3 次。

宇环同心对修订的原因作了总结：一是因公司相关组织结构的调整，人员发生变动；二是因公司外协供方的变化；三是因制定的实施方案与实际运行过程有偏差；四是因公司管理升级项目组部分员工对方案的认识不清；五是因实施过程中所涉及的相关部门重视程度不够；六是因实施方案中所支撑瓶颈突破及目标实现的条件不够充分，甚至有些条件毫无帮助或不明确。

通过方案的不断完善，宇环同心也一点点明确了行动方向，提升了员工特别是管理层寻找瓶颈和解决瓶颈的技能。

2. 调整职能，完善组织。

宇环同心在执行过程中还遇到部门职责不清、部门互相推卸责任、流程不畅等问题，于是宇环同心 2010 年 9 月底、10 月初连续 3 次召开总经办会议，讨论调整部门职能及业务流程方案。最后在 10 月初，宇环同心重新组建了采购部。为克服采购中的外购件与外协加工件之间相互妨碍的现象，11 月底，宇环同心又将采购部一分为二，由生产副总来抓外协加工件的采购，采购部重点抓外购件，这一措施为突破外协交付能力提供了组织与人员保障。

通过对组织机构的调整以及对生产流程、采购供应流程的变革，宇环同心第一提高了外协供应能力，第二减少了部门之间、员工之间的互相推诿，第三理顺了生产业务流程和采购流程，第四提升了产品的技术与品质，最终确保了整体生产能力的提高。

三. 各司其职，安全库存的建立

根据瓶颈突破方案以及擂台赛教练组老师的建议，要保证生产，安全库存必须建立，于是，宇环同心技术研发中心协同物管部、生产部对其目前所有部件进行了分类，分为标准件与非标准件，关键件与普通件。

宇环同心的物管部根据生产进度，密切配合采购部、生产部完善了备件的安全库存并建立了安全库存数据库以确保生产进度；生产部根据发货计划，结合备件库存情况，制订了科学合理的保证数量和时间缓冲的生产计划和备件需求计划，以确保备件供应满足生产需求；采购部密切配合生产部和物管部，制订了科学的外购、外协加工件计划，从时间和数量上保证供应商和外协加工商按时、按质、按量供货；品管部连同技术中心、生产部、采购部四个部门，对外购部件、外协加工部件的加工工艺检测标准、检验方法进行了相应的修订和改进，同时加强了加工、装配过程检验，从而提升了产品装配、零件加工的质量；企管部协助技术中心和其他部门，开发了针对宇环同心主导产品所需配件的采购、检验、入库、加工装配、再检验、再入库一整套数据软件系统，确保各部门之间的互相监督和协调；财务部协同营销部积极筹措资金、科学合理地调度资金，保证采购供应的所需资金，不至于影响供应商的按质、按量、按期交货。

宇环同心通过上述各种措施和方案的有效实施，一方面提高了各部门之间的协作、配合程度，另一方面为提升产品质量和交货期提供了硬软件方面的保证，为突破瓶颈、推进实施方案提供了可靠保证。

四、标准化流程和激励方案，提高供方能力

针对外协供方的交付能力低下现状，宇环同心采购部制定了一系列的标准流程和文本，以提升外协供方的交付能力。

1. 制定了采购管理政策、采购流程，保证了采购行为规范、提高采购效率、降低采购成本。

2. 拟订了外协供方管理方案，包括对外协供方的调查，对外协供方的技术能力、产能、品质管理等方面的评估，对外协供方数据资料的管理等内容，为选择供方、优化供方提供了重要的参照标准。

3. 制定了针对外协和外购供方的激励政策，包括：付款方式、订单集中、奖罚机制、共同发展等激励措施和手段。这些措施让宇环同心更加容易吸引和保留优秀的外协，同时为外购供方能力的提升提供了实施标准。

4. 实施有效激励供方方案，如每月月底召开一次供方大会或招标会议，在会上对达到宇环同心要求的外协、外购供方给予激励（包括奖励、折扣、给予更多的加工订单、及时付款等）；对未达到宇环同心要求的供方，当即按激励政策中惩罚机制，给予相应的惩罚（包括扣款、扣除保证金、缴纳罚款、减少订单、延期付款、终止合作等）。

此次擂台赛100天里，宇环同心采购部组织召开了两次供应商大会，奖励了3家供货能力表现优秀的供应商，同时也处罚了4家供应商。这一奖罚措施的执行，有效地激励了外协、外购供方的供货热情，使供应商的交付能力得到明显的提升。

五、筛选和分级，优化供应商

为优化供应商，宇环同心采购部在擂台赛期间集中全部人力，通过各种渠道积极开拓外协、外购供货市场，从全国200多家供应商中，根据加工能力、技术条件、质量管理现状以及售后服务等方面，结合宇环同心优化供方政策，反复筛选，最终选择了A、B、C三级供方各三家，这一措施保证了供方能够最大程度地满足宇环同心的需求。

六、提升供方水平，实现共赢

为提升供方的加工能力、品质检验管理能力，从而使其达到宇环同心的要求，宇环同心采取了三大措施帮助供方提升水平。

1. 技术中心对外协加工件，特别是对关键件进行加工工艺和质量检验标准的改进，制订新的工艺标准和质量检验标准。

2. 技术中心选派资深技术人员3人深入外协供方生产现场进行现场技术指导和技术培训（每月每家单位3次以上），以提升其现场生产人员的技术水平。

3. 宇环同心品管部部长亲自带领品质检验人员不定期深入外协供方生产现场，对其品质检验人员和生产人员进行品质检验培训和指导（每月每家单位至少4次），以提升其品质检验员和生产人员的品质检验技能和质量意识。

这些举措的有效实施，使外协供方的技术、加工能力和品质检验水平都有了明显的提高，最终宇环同心也极大受益。

第五节　瓶颈突破出效果

一、宇环同心通过参与这次管理升级活动，获得了管理上的突破

首先，副总以上的高管团队学会了运用瓶颈寻找、目标蓝图构建的方法和工具；其次，各分管副总领导自己的管理团队通过这套方法寻找到自己部门的瓶颈，并提出了解决瓶颈的目标蓝图和实施计划；最后，大部分管理员工从自己的岗位出发，学会了寻找本岗位上的瓶颈，以及目标蓝图及实施计划的构建。

二、采购准交率的突破，交付能力提升

宇环同心2010年10月各项准交率指标均达到89.3%，一次性合格率达到80.4%；11月各项准交率指标达到了89.5%，一次性合格率达到了95.56%；12月各项准交率指标达到了96%，一次性合格率达到了93%。这些数据标志着宇环同心真正实现了瓶颈的有效突破，产品品质也得到了极大程度的提升。

三、瓶颈突破带来整体突破

宇环同心2010年第四季度的各项主要经济指标较2008年、2009年第四季度实现成倍增长（如表18-4所示）。

表18-4　　宇环同心2010年第四季度销售收入、利润、税金对比情况

序号	指标名	2010年第四季度同比增长率
1	销售收入（万元）	190.20%
2	利润（万元）	252.89%
3	税金（万元）	237.39%

不经一番寒彻苦，哪有梅花扑鼻香。100天前，宇环同心不会想到仅用3个月时间就能解决一直困扰他们的交付问题；更没想到的是，一个小瓶颈的突破却能带来大的效益，实现了2010年销售收入1.17亿元、产值9千万元的辉煌业绩。

未来，将会有新的瓶颈出现，宇环同心相信每一次瓶颈的出现，都是一次机会的到来，他们将继续走在瓶颈突破的路上，谱写更宏伟的篇章。

第十九章 正忠科技：1个月纳税增长6倍的神话

2010 年管理升级总结表彰大会颁奖词：最佳组织奖

他们是全国最大的猴车生产基地，也是我国猴车设备的开创者，还是国内第一家获得煤安标志且种类最为齐全的猴车生产企业，是国内多项行业标准的起草者。100 天管理升级擂台赛中，他们制定了 30 家企业中最优秀的备件营销黑手党提案，一举打破了行业传统的潜规则，自此从乙方变成了甲方，客户主动上门，订单陡然暴增，销售业绩、预收款和销售回款额都突破了历史的新高。

让我们掌声有请中国最大、最权威的猴车制造企业——正忠科技！

"100 天突破" 效果总结

优秀的猴车备件营销提案的执行，让正忠科技一举扭转了销售收入和利润总额持续下滑的局面，公司 2010 年第四季度销售收入、利润总额和销售利润率分别比 2009 年同期增长了 11%、270% 和 76%，其中 12 月一个月的税收就环比增长了 6 倍。2010 年第四季度所实现的利润占到了该公司 2010 全年利润的 94%，充分体现了积极参与管理升级擂台赛给正忠科技带来的深刻改变和重大发展。

参赛背景概述

正忠科技现在是全国最大的猴车生产基地，是煤炭部行业标准 T/T 873—2000《煤矿架空乘人装置技术条件》和国家标准 GB 21008—2007《地下矿用架空索道安全要求》的起草人。由于行业无序竞争，导致产品利润大幅降低，正忠科技市场占有率不断下降，员工士气不断下落，现金流也日趋紧张，企业面临生死存亡的危急关头。是改变游戏规则取得行业突围，还是加入行业竞争的白刃战两败俱伤？这是正忠科技必须要回答的选择题。

第一节　全国最大猴车生产基地

　　成立于2000年的长沙正忠科技发展有限公司（以下简称"正忠科技"）连续8年年均增长超过30%，地处国家两型社会、湖南长沙、株洲、湘潭融城一体的核心地带——湖南环保科技产业园，是我国煤矿井下架空乘人索道运输设备的开创者，是国内第一家获得煤安标志且种类最齐全的矿山架空乘人装置（俗称猴车）生产企业，是煤炭部行业标准T/T 873—2000《煤矿架空乘人装置技术条件》和国家标准GB 21008—2007《地下矿用架空索道安全要求》的起草人；曾获得过长沙市高新技术开发区标准化企业奖，被评为利税过千万元企业，并入选为长沙市小巨人企业、成长之星企业，是湖南省著名商标；其董事长张立忠先生被誉为"猴车王"，先后获评湖南两型社会建设新湘商、长沙高新技术开发区优秀企业家。

　　成立十余年，正忠科技从最初30万元销售额发展成为如今年设计生产能力2亿~3亿元、年产值过亿元的企业，现拥有矿山索道安全、设计、制造、安装等23项国家专利和自主知识产权，主要开发生产八大系列矿山索道产品：普通猴车、可伸缩式猴车、水平拐弯猴车、大坡度猴车、高速猴车等，能够在煤炭矿山巷道坡度小于35度的各种巷道安装运行。

　　正忠科技建有中南大学博士工作站，同时也是中南林业科技大学的产学研基地；与中南林业科技大学合作共建的索道工程技术研发中心具有全面的产品设计、技术研发和检验检测能力，中心拥有一支实力较强、年龄、职称结构合理的研发队伍，有高级工程师8人，其中教授级高工4人，工程师15人，并先后获得2009年国家中小企业创新基金项目《煤矿大坡度可摘挂抱索器架空乘人装置技术开发》和2010年长沙市重点科技项目《蓄电池复式能源单轨吊车系统研制与开发》。

　　正忠科技现已发展成为全国最大的猴车生产基地，产品覆盖全国，其产品份额为行业第一，并已远销欧洲和东南亚等国外市场。

第二节　市场占有率下降，突破不尽人意

一、竞争激烈，资金断流，丢标严重

　　2010年，猴车市场竞争日益激烈，产品同质化现象严重。根据正忠科技收集的市场信息，全国"猴车"生产企业目前共计有20多家。其中除了正忠科技外，竞争力较

强的主要有6家：分别是石家庄贝克、湘潭恒欣实业、常州华征、岳阳索菲特、娄底同丰、贵州高原（如下图所示）。

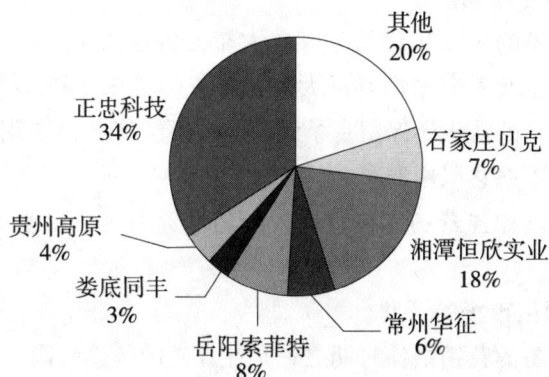

中国"猴车"生产商2010年上半年市场占有率分析

　　猴车整线项目客户一般采用公开招标方式，而价格因素在招标分数中所占比重最大。由于企业间产品同质化严重，正忠科技的竞争对手普遍采用价格战抢夺订单，致使市场价格不断下降。

　　同时由于付款方式苛刻（整线项目的付款方式一般是0091制，即无预付款，产品出厂收不到一分钱货款，需要生产猴车的公司将产品运到客户现场，并安装调试合格，客户开具合格证后才能收到90%的货款，剩余10%的质保金要一年后才能收回），正忠科技的回款周期短则3个月，长则达半年以上，资金占用巨大。而屋漏偏逢连夜雨，正忠科技投建的研发/办公大楼占用了大量的流动资金，面对利润微薄和垫资巨大的困扰，正忠科技有时只能无奈弃标。

　　因为上述各种原因，正忠科技市场的占有率迅速从2009年的22%下降到2010年上半年的20%。

　　正忠科技现金流半断流的状况不仅导致市场占有率下降，还影响了其内部诸多部门的正常运行：采购部门因为货款不能及时支付造成原材料不能及时到位，生产部门因原材料不能及时到位导致不能及时完成成品组装，销售因不能及时交货导致不能及时收回货款，相互间形成了一个恶性循环，各部门开始相互抱怨，整个公司士气低落，正忠科技已经出现严重的经营危机。

二、四大市场机会点，寻找突破

1. 充分开发民营企业市场。

　　根据国家产业政策，"十一五"末，矿产企业数量维持在12000余家，其中国营矿2000余家。虽然民营小矿的平均生产能力只有4.2万吨（2005年平均值），但其矿井数占到总量的 83.3% ，产量也维持在总量的 30% ~ 40% 。因此，正忠科技针对小煤矿的生产特点；推出改良产品，希望迅速占领这个并不被看好的庞大市场。

2. 与替代产品争夺市场。

煤矿索道运人设备的主要替代品为煤矿人车，后者为传统产品。现代猴车无论是在效率上还是安全上比起人车来都有巨大的优势，但是由于许多在煤矿行业工作多年的工程技术人员对猴车的认识还停留在早期简陋、不经济（需专用巷道）、安全系数不高的印象阶段，所以不愿意采用猴车。

为此正忠科技不断加强营销宣传，加大市场培育力度，以改变大家对现代猴车的偏见。

3. 三大重点产煤区市场的开发。

煤矿索道运人设备的营销最佳时期之一是在煤矿的建设阶段。根据国家"十一五"规划，全国在这一期间的建设投产规模为 62038 万吨，其中晋陕蒙宁规划区为 38717 万吨，占总规模的 62.4% ；华东规划区为 8048 万吨，占总规模的 13% ；西南规划区为 5749 万吨，占总规模的 9.3% 。也就是说，抓住这三个规划区的煤矿建设市场，就抓住了煤矿建设市场 85% 的命脉。正忠科技决定重点攻破这三大市场。

4. 借产业、技术、经济政策优势开辟市场。

对技术政策和经济政策的研究显示，促使煤矿安装索道运人设备的因素主要有三个。

（1）政府煤炭主管部门督促煤矿实现国家"十一五"规划中煤矿机械化水平的要求。（大、中型煤矿采煤机械化程度要分别达到 95% 、80% 以上，小型煤矿机械化和半机械化程度要达到 30% 以上）。

（2）《煤矿安全规程》第 365 条规定：人员上下的井巷垂深超过 50m 时，应采用机械运送人员。随着我国煤矿的集中度越来越高，产能亦相应提高。为了减少工人到达工作面的时间，提高劳动效率，将有越来越多的煤矿为了自身利益最大化，会自觉执行国家这项安全标准。

（3）煤矿经济效益越好，其改善工人工作条件的主观愿望越强，上马索道运人设备的可能性则越大。安徽、山东市场之所以容易打开，并非其煤炭资源最好，而是因为其靠近中国煤炭最大的消费市场，有良好的经济效益，所以煤矿舍得花钱装"猴车"（皖北的地方矿 2005 年人均收入超过 3 万元，而同期河南不到 2 万元，湖南更是只有不到 1.5 万元）。"十一五"期间，随着产业集中度的提升，煤矿效益会显著提高，这无疑是一个极佳的市场机遇。

三、突破不尽人意

针对以上市场机会点，正忠科技经过一系列营销方案的调整，至 2010 年 8 月底，销售业绩虽有一定程度好转，但仍未能从根本上扭转下滑的趋势。这对一个连续 8 年年均增长超过 30%的快速成长型企业来说，无疑是不能接受的。2010 年利润目标能否实现？正忠科技的发展是否就此停滞？还能不能实现持续快速发展？正忠科技上下充满了担忧和困惑。

第三节　最优秀的商务政策出炉

正当正忠科技陷入经营困惑的时候，2010 年 8 月，长沙市工业和信息化委员会组织开展了长沙市中小工业企业十百千管理升级擂台赛。带着企业发展中的诸多困惑，正忠科技管理层抱着试试看的心情，申请加入到此次活动中。

2010 年 9 月初，正忠科技董事长张立忠、总经理刘黎明、监事刘淑芳和人力总监徐喜建四位高管参加了此次三天四晚的封闭式管理升级学习训练营。

一、聚焦瓶颈，寻找短板

首先从确定目标开始，正忠科技全年的经营目标为设备订单 6400 万元，配件服务 3600 万元；年度利润目标为 1200 万元，上半年利润目标 540 万元，实际只完成 52 万元，利润完成率仅为 9%。据此，正忠科技以利润为目标，应用价值链分析工具逐层剖析瓶颈。

1. 订单分析。

2010 年上半年设备订单目标为 4500 万元，实际完成 4350 万元，完成率为 97%，影响利润 39 万元；上半年配件服务目标为 1500 万元，实际完成 800 万元，完成率为 53%，影响利润 184 万元（如表 19 – 1 所示）。

表 19 – 1　　　　　正忠科技 2010 年上半年订单分析

项目	上半年目标	上半年实际	完成率	影响利润
设备销售（万元）	4500	4350	97%	39
配件销售（万元）	1500	800	53%	184

2. 采购分析。

准时交付率目标为 95%，实际为 90%，相差 5%；采购成本控制目标降低 2%，实际降低为 0，2010 年上半年完成采购 1300 万元，影响利润 26 万元；采购合格率目标为 99%，实际为 96%，相差 3%（如表 19 – 2 所示）。

表 19 – 2		正忠科技 2010 年上半年采购分析		
项目	目标	实际	相差	影响利润
采购准时交付率	95%	90%	5%	——
采购成本控制	下降 2%	下降 0%	2%	——
采购	——	1300 万元	——	26 万元
采购合格率	99%	96%	3%	——

3. 生产分析。

计划达成率目标为 100%，实际为 96%，相差 4%；准时交付率目标为 90%，实际为 86%，相差 4%；一次合格率目标为 99%，实际为 95%，相差 4%；成本控制目标是降低 1.6%，实际降低 0%，影响利润 50 万元（如表 19 – 3 所示）。

表 19 – 3		正忠科技 2010 年上半年生产分析		
项目	目标	实际	相差	影响利润
计划达成率	100%	96%	4%	——
准时交付率	90%	86%	4%	——
一次合格率	99%	95%	4%	——
成本控制	下降 1.6%	下降 0%	1.6%	50 万元

4. 交付分析。

发货运输费用目标为 ≤发货金额的 2%，实际为 2%；错发和补换货费用目标 ≤发货金额的 1%，实际为 1.68%，影响利润 42 万元（如表 19 – 4 所示）。

表 19 – 4		正忠科技 2010 年上半年交付分析		
项目	目标	实际	相差	影响利润
发货运输费用	≤发货金额的 2%	2%	0%	——
错发和补换货费用	≤发货金额的 1%	1.68%	——	42 万元

5. 售后服务分析。

新线安装周期目标为 30 天，实际为 40 天，相差 10 天；售后满意度目标为：100%合格，80%达良，实际为 100%合格，70%达良；客户回访覆盖率目标为 100%，实际未管理（如表 19 – 5 所示）。

表 19-5　　　　　　　　　　正忠科技 2010 年上半年售后服务分析

项目	目标	实际	相差	影响利润
新线安装周期	30 天	40 天	10 天	—
售后满意度	100% 合格，80% 达良	100% 合格，70% 达良	10%	—
客户回访覆盖率	100%	未管理	—	—

通过一环一环的分析，将实际与目标一对比，正忠科技发现配件订单差距最大，2010 年上半年配件销售按计划须完成 1500 万元，但实际只完成了 800 万元，完成率仅 53%，影响利润最多，达 184 万元，据此瓶颈确定。

二、目标蓝图，制定出最优秀的商务政策

锁定了瓶颈，正忠科技瓶颈突破团队便运用对阵营销方法来制定目标蓝图。

1. 营销环节。

目标：找到并吸引正忠科技现有 600 条线的老客户、35 家竞争对手客户和 20 家自制客户。具体措施如下分析展示。

（1）定义客户（谁？在哪？有何需求？）。

分析正忠科技的 600 条整线、竞争对手 35 家客户、20 家自制客户（指自己建线的客户，下同）的需求，各区域经理现场调查，进行销售档案整理。发现客户无一例外的在易损件更换、增加安全电控、远程和无人值守上存在担忧和需求，希望"猴车"生厂商能在这些环节提供更加可靠和安全的产品，能够解决他们的担忧和风险。

这一次客户需求盘查，改变了正忠科技以前总是从自己企业角度出发思考问题的方式，解开了产品好不代表客户就会选择的疑惑，学会了从客户角度思考问题，从而更容易做到掌握客户的真实需求。

（2）商务政策。

针对客户需求，正忠科技向客户提供了一个全新的商务方案，承诺设备正常使用期间"零故障、零风险、零停机"。这个方案颠覆了行业传统，被十百千擂台赛教练组评为最优秀的商务政策。

以前正忠科技卖的只是"设备和备件"，靠给矿井提供猴车设备和备件挣钱，附加值低，而"设备和备件"并不能满足客户的真实需求，于是深陷与客户讨价还价、与竞争对手拼价格的价格泥潭中，既损害了自己的利益，也没达到服务好客户的目的。而现在卖的是"安全保障"，通过自身的专业能力替矿井承担设备事故风险，产品性质发生改变，附加值大大提高，满足了矿井客户的真实需求，开辟了行业销售新模式，让竞争对手望尘莫及，一下子从同质化的红海中脱颖而出。

（3）精确传播。

采用一对多的会议传播方式，既节省成本又让客户之间形成竞争；召集煤矿运输区的基层管理人员来集中培训工程规范；标准服务工程师向客户设备维护部门定期培训工程规范，并提出维修检查保养建议；成立由营销总部直管的客户回访小分队，回访分布较散的客户，弥补区域回访的遗漏点。

2. 销售环节。

目标：成交率达到60%。具体措施如下分析展示。

（1）定义产品。

提供业内唯一的安全且无风险的套餐服务，迅速升级换代的产品，采用高档不锈钢豪华吊椅、先进无人值守、远程监控、模锻、碟簧抱索器、先进的托轮组、可调式吊架，高速产品改造等高配置；服务上，保证正常使用情况下出了问题由正忠科技赔偿；维护上，不收取维修配件的费用。

（2）道具表现。

正忠科技把京煤集团作为标准典范，在十大销售区域内推广。

（3）渠道与终端。

正忠科技在服务团队单纯的服务职能上增加了销售职能，鼓励服务团队在提供服务的同时获取订单；在区域经理现款现货的基础上，逐步在各区域建立配件仓库，可采用独立控制的模式，也可采用与客户联合代储代销模式。

（4）程序与说辞。

制定和推广产品工程规范，建议客户根据规范定时维检及更换配件；编写销售说辞；培训和考核营销和服务团队，提升整个团队对工程规范的了解程度，提升团队能力。

（5）团队激励。

根据整线保有率来向各区域分解销售目标；除了正常的业务提成外，优秀的售后人员可以向正忠科技借款买车，有效提高了工作效率的同时也激发了员工的工作热情。

3. 价值挖潜。

目标为平均每个客户的采购金额要达到6万元以上，通过采用打台球的方法，口碑传播，让老客户带来新客户，以优质服务吸引客户上新项目。

三、执行计划，将目标蓝图落地

经过多次会议讨论，正忠科技根据目标蓝图中的各层级目标，制定了严谨可行的行动方案，确定了子项目经理，进行合理的人力资源配备和资金预算，明确每一个节点的起止时间和阶段目标（如表19-6所示）。

表 19 – 6 　　　　　　　　　　正忠科技瓶颈突破执行计划（部分）

序号	项目计划内容	子项目经理	人力资源配置	开始时间	完成时间	阶段目标
2.1	营销实施推进	—	—	—	—	—
2.1.1	定义客户	—	—	—	—	—
2.1.1.1	面向正忠科技销售的500条整线设备客户、35家竞争对手客户、20家自制客户做配件推广	毛俊雄	20名售后服务工程师	2010年9月10日	2010年11月30日	2010年11月30日前完成555家客户走访，其中2010年9月走访100家，10月走访200家，11月走访255家
2.1.1.2	通过销售档案整理和各区域经理现场调查得出	唐旦辉	刘鹏	2010年9月10日	2010年9月17日	收集整理出555位配件采购联系人的联系方式，并分配到各售后服务工程师
2.1.2	商务政策	—	—	—	—	—
2.1.2.1	承诺设备正常使用时间零故障运行，如正常使用时间出现停机，100%赔偿损失，鼓励将公司维检规范变成客户KPI指标	王宇	—	2010年9月15日	2010年10月30日	2010年11月1日前与所有国有矿务局达成协议（口头协议）
2.1.2.2	组织客户方机电口领导参观样板工程	刘刚	黄仪、陈艳	2010年9月20日	2010年12月30日	2010年10月到陕煤集团学习、11月到龙煤集团学习，12月在湖北当阳建立样板工程供客户参观
2.1.2.3	给潜在客户试用高端配件产品	王宇、毛俊雄	服务团队	2010年9月20日	2010年11月20日	2010年10月25日之前把握客户，11月20日前完成发货

序号	项目计划内容	子项目经理	人力资源配置	开始时间	完成时间	阶段目标
2.1.3	精确传播	—	—	—	—	—
2.1.3.1	面向煤矿产品使用单位的基层人员召开现场推广会，并根据订购量赠送不同的进口维检工具	刘刚	5 名技术工程师	2010 年 9 月 10 日	2010 年 11 月 30 日	2010 年 11 月 30 日前选择四个矿务局召开推广会
2.1.3.2	召集煤矿运输区的基层管理人员来集中培训工程规范	刘刚	技术总监余健	2010 年 9 月 10 日	2010 年 11 月 30 日	与 2.1.3.1 同步进行
2.1.3.3	服务工程师定期向客户设备维护部门提出工程规范维检建议	毛俊雄	各区域服务工程师	2010 年 9 月 10 日	2010 年 11 月 30 日	与回访同步进行
2.1.3.4	成立由营销总部直管的客户回访小分队，回访分布较散的客户，弥补区域回访的遗漏点	王宇	王力士陈秋明	2010 年 9 月 10 日	2010 年 12 月 15 日	现场实地了解猴车的运行情况，并随时保证零配件的供应和技术支持
2.2	销售实施推进	—	—	—	—	—
2.2.1	定义产品	—	—	—	—	—
2.2.1.1	高档不锈钢豪华吊椅、先进无人值守、远程监控、模锻、碟簧抱索器、先进的托轮组、可调式吊架、高速产品改造配置	毛俊雄	技术部	—	—	见销售说辞
2.2.2	道具表现	—	—	—	—	—
	在十大区域建立以京煤集团为标准的典范	刘黎明	10 名区域经理	2010 年 9 月 20 日	2010 年 12 月 30 日	2010 年 10 月在陕煤集团、11 月在龙煤集团、12 月在湖北当阳建立样板工程，2011 年另建 7 个

续　表

序号	项目计划内容	子项目经理	人力资源配置	开始时间	完成时间	阶段目标
2.2.3	渠道与终端	—	—	—	—	—
2.2.3.1	维修人员当地化，把客户方设备使用人员打造成公司维修人员	毛俊雄	服务团队	2010 年 9 月 10 日	2010 年 10 月 30 日	与回访同步进行
2.2.3.2	定义服务团队为分销组织，鼓励服务团队以优质的服务赢得利益	毛俊雄	10 名售后服务工程师	2010 年 9 月 20 日	2010 年 10 月 1 日	电话培训、文件下达
2.2.3.3	在区域经理现款现货的基础上，逐步在各区域建立配件仓库，可采用独立控制的模式，也可采用与客户联合代储代销模式	毛俊雄	5 名区域服务主任	2010 年 9 月 20 日	2010 年 12 月 20 日	2010 年 12 月前实现五大区域的目标完成

第四节　好的商务政策，让执行没有必要

一、被埋没的商务政策

正忠科技的执行不能分三个月来记述，因为前两个月企业内部未对商务政策理解透彻，认为"安全"只是理念，客户难以接受，导致实际执行不彻底，未见成效。前两个月执行均未达到设定目标。第三个月由于一起突发事故，让正忠科技看到这个商务政策的威力，仅一个月的执行，正忠科技就完成了 1090 万元的销售任务，完成率为 145.33%，超过目标 340 万元，利润完成 398 万元，完成率为 204.10%，一个月内贡献的税收增长 6 倍，正忠科技在 2010 年的最后一个月打了一个漂亮的翻身仗。

从这里可以看出，一个企业要接受一个新思想、新做法需要一定的时间，正忠科技经过前两个月的磨砺，才终于迎来了第三个月的大放光彩。

二、突发事件，迎来转机

2010年11月28日，山东新泰市莲花山煤矿发生猴车（其他公司提供）失控事故，2人死亡24人受伤。正忠科技立即派业务人员前往莲花山煤矿了解事故情况。在现场，售后人员无意中同客户聊到正忠科技正在转变业务模式，提供猴车"零故障、零风险、零停机"的安全保障服务套餐，只要是在正常操作下发生的事故全部由供方来负责赔付。说者无意，听者有心，这个煤矿的负责人顿时产生了极大的兴趣，立即要求与正忠科技签约，要的就是这个"零故障、零风险、零停机"的安全保障。

正忠科技这才明白，原来客户的真正需求就在这里，客户并不在乎你们的配件怎样，他们想达到的就只有两个目的——保证矿井工人安全和企业能赚钱。而保证了矿井工人的安全是保证矿井持续运营和企业赢利的前提条件，所以如果出了安全事故能由正忠科技来承担，那么矿井就能最大限度地减少风险和损失，这么绝的商务政策矿井客户怎么会拒绝？

这一事件充分说明，挖掘客户的真实需求是抓住客户的关键（甚至能让客户反过来抓住你），而客户的真实需求往往隐藏在事情的表象之下，需要通过系统的逻辑分析，找出规律，才能准确定位客户的真实需求，然后满足客户需求，制定客户无法拒绝、竞争对手无法超越的商务政策便水到渠成了。

三、预收款70%，订单已排到第二年，正忠科技变成了甲方

正忠科技"零故障、零风险、零停机"的方案一传出，矿井客户纷纷找到正忠科技，希望与他们签单。

据正忠科技总经理介绍，现在订单已经排到了2011年。以往都是正忠科技出门找客户，现在都是客户自己找上门。同时行业付款的潜规则被打破，现在都是客户主动预付70%的资金，正忠科技不需要垫付一分钱。这让正忠科技一下子来了个鲤鱼跳龙门，由原来的乙方变为甲方，回款、利润、交付问题都迎刃而解。

所以，正忠科技总经理刘黎明感慨地说："在正忠科技9年了，还从来没有过被客户追着、赶着要签单的这种优越感和成就感。"

好的商务政策让客户不请自来，而且非来不可，让企业的销售工作变得轻松无比，让竞争对手望尘莫及，这就是所谓的"好的商务政策，让执行成为没有必要"。

第五节　执行花絮，最可爱的正忠人

在100天的管理升级过程中，正忠科技人用自己的行动演绎着一个个动人的故事，

他们的行动将永远载入正忠科技的史册，成为正忠科技人学习的榜样，他们是最可爱的正忠科技人。

一、平安夜，身先士卒

2010 年 11 月底，某矿发生"猴车"飞车伤亡人员事故，该矿 6 套猴车设备全部停开整顿，正忠科技承担了该矿设备的整改任务。由于交货时间短、任务重，为了保证按期交货，在平安夜，正忠科技董事长张立忠亲自飞往问题最大的减速机厂，通过高层沟通保证了供货。

二、任劳任怨的"车夫"

2010 年 11 月底，正忠科技分三个组开三台车奔赴某市进行安全整改和事故排查，其中有一台车是手动挡，其他高管都不会开，总经理刘黎明便亲任"车夫"，全程甘当团队义务司机。

三、变不可能为可能

2010 年 12 月的北方寒风瑟瑟，白雪皑皑，未带够御寒衣物的正忠科技的销售将士们在营销总监石刚和售后服务部长毛俊雄的带领下，在某市推行商务政策，他们抛除杂念一心向前，抱着不完成任务决不回家的坚定信念和必胜决心，10 天时间走访了 21 个矿区，排查猴车项目 71 个，通过 50 多天的一线奋战，2010 年第四季度实现配件销售 2000 万元，完成了"不可能完成"的任务。

四、"骏马"日行千里

正忠科技售后服务工程师杨春明，因为感激公司提供借款买车，为了完成任务，他经常晚饭都顾不上吃，行驰在拜访客户的途中。2010 年 10 月一个月下来，他的爱车已行驶 3 万多千米，平均日行千余里。正因为他努力，10 月的销售他一个人就完成了 140 万元的任务，被正忠科技授予个人销售冠军。

五、"抛妻弃子"

为了更好地完成本次管理升级活动的目标，正忠科技将执行人员分成 4 个小组，在 2010 年 10 月的业绩考核中，行动 A 组的任务最重，但业绩最好。组长王宇"弃"新婚不久、怀孕在身的妻子于不顾，每天战斗在市场一线，不完成任务，坚决不回家。经过一个月的摸爬滚打，超额完成了目标，这一举动感动了所有正忠人，组长都身先士卒，其他人自然不甘落后。有了团队努力，加之正确的方法，也就没有了不能完成的目标和任务。

六、后记

100 天结束了，正忠科技学会了系统观、逻辑观和有效产出观的思维方式，以对阵方法论为指导思想，找到了客户的最根本需求，从而提出了受到十百千擂台赛教练组一致认可的最优秀的商务政策，让客户无法拒绝，让竞争对手短时间内无法超越。

最优秀的商务政策让正忠科技从被动的乙方转变成拥有主动权的甲方，让他们以后的销售工作更加轻松；最优秀的商务政策让他们的销售和利润都得到了保障，1 个月贡献的税收增长了 6 倍；最优秀的商务政策让他们实现了质的飞跃。

优秀的营销商务政策，让销售执行成为没有必要。

第二十章 派意特：100天实现高端品牌3倍增长

2010年管理升级总结表彰大会颁奖词：最佳组织奖

有一种魅力源自内秀和内修，有一种专业源自对美的执著追求。18年来，他们一直在塑造最美的事业，张扬量身定制"职业装"的个性，标新立异，尽善尽美。100天的管理升级实践中，他们以高端品牌服装团购定制为突破瓶颈，整体促动，最终获得魔力般的业绩数字，但他们收获的却远不只是这些数字。

让我们最后以热烈的掌声有请美丽的服装企业——派意特！

"100天突破"效果总结

100天的高效实践，派意特高端品牌团购销售实现了1553万元，比设定的500万元目标超出了3倍有余。最终高端品牌团购业务实现了超过目标销售额、利润、销售回款3倍的突破性成果，2010年第四季度该项业务环比实现13倍、同比30倍的惊人增长。魔力般的业绩数字，带来了派意特强烈的发展信心，孕育了企业强大的发展后劲。

参赛背景概述

派意特是湖南省集设计、研发、生产、销售、服务于一体的专业量身定做的三大知名服饰企业之一，派意特的"职业装"一直享誉湖南。在参加擂台赛之前，派意特年度销售目标实际只完成40%左右，开发了几年的高附加值高端品牌团购业务一直在100万元左右徘徊，始终难以突破。截至2010年8月，该项业务仅完成年度目标的17.5%。如何达成年度目标，如何打开高端品牌团购业务的市场局面，是派意特最需要破解的答案。

第一节 内外兼修"职业装"的魅力

一、魅力源自实力

湖南派意特服饰有限公司（以下简称"派意特"），地处湖南省台商投资区的长沙市大河西经济先导区的核心区，占地近6.7万平方米，总建筑面积达4万平方米，是一家以高档西服、行业制服为主导，以时尚休闲系列为配套，以高端品牌团购、传统职业装定点生产及服装出口为业务的现代化服装企业。它是湖南省内第一家提出也是唯一一家致力于大规模服装团体定制和个性化的量身定做的企业，是湖南省集设计、研发、生产、销售、服务于一体的专业量身定做的三大知名服饰企业之一。

经过18年的发展，派意特引进了德国、意大利、美国、日本等国的先进生产设备，拥有全套代表全球最强缝纫机械水平的高档西服和制服专业生产设备，建有世界顶级服装吊挂生产流水线、国际一流的先进西服成套生产流水线和衬衫、休闲夹克、西裤、裙子等精品流水线，数字化控制生产全过程。具备年产高档西装100万套件、团体服装300万套件，各类服装综合年产400万套件的生产能力。

二、魅力源自内修

服装企业的竞争力，主要来自服装的设计实力与工艺制作的成型水准。派意特在十几年职业装生产与销售经验积累过程中，尤其注重企业专业内功的修炼。针对全国不同地区的人体特征，派意特摸索并研制出8套适应不同地区的基础版型，打造出一支集形象设计、款式设计、工艺研发于一体的专业技术队伍。

为提升派意特品牌的市场力、产品力和品牌力，及时把握服装潮流趋势，派意特不惜重金聘请了国际顶尖服饰设计大师，长期负责公司的工艺技术管理、产品开发和版型研究工作。与此同时，派意特还通过外销订单的承接，吸收国外优秀的服装款式和版型，完善和增强了企业的研发能力。这种改变，使派意特的产品在设计理念上更趋向现代职业服的时尚，达到舒适流畅、立体感强、美感突出的效果。

在技术工艺方面，派意特先后聘请了北京、中国香港、意大利等地服装专家长驻企业，对企业进行全面技术改造和技术升级，指导派意特的技术和生产，提升了产品工艺技术质量。在生产过程中，强调根据面料的不同特性和技术要求使用不同辅料（包括缝制线的使用）以使面辅材料相匹配，凭借先进的边缝制边定型整烫及吊挂式工艺，确保服装加工完全吻合人体部位且不易变形。

三、魅力源自内秀

为打造量身定做"职业装"第一品牌，派意特建立了完善、贴身的售前、售中和售后服务体系。售前，组织具备多年量码经验的专业量码小组上门量体，确保量体、套号到个人，以开放式的姿态接受顾客对于服装有关问题的咨询和考察。售中，实行全面质量管理保障体系制作产品，确保客户沟通顺畅，及时处理并排除售中问题，致力保证客户最高满意度。售后，严格执行不合体服装包换，品质不达标包退，对客户服务需求的处理须在 1 小时内作出响应，24 小时内赶到服务现场，10 天内达成客户100% 满意解决，确保服装最终合体率达到 100%。

十几年以来，派意特坚持不懈注重产品质量保障，严格贯彻实施质量管理体系、环境管理体系及职业健康安全管理体系，在全国服装行业企业率先通过 ISO 9001∶2000《质量管理体系要求》标准认证。派意特生产的服装产品，每道工序均通过严格的质量保障体系进行自检、互检、半成品检、成品检、巡检等五道环节，严格把关。

四、魅力源自市场赞誉

派意特坚持以行业服装、团体服装的承制作为业务发展的基础，产品已成功覆盖中国 20 多个省、市、自治区，承制了全国邮政、电信、网通、移动、联通、法院、检察院、铁路以及税务、银行、烟草、电力等系统的行业服装，在客户系统中享有广泛的知名度和良好的美誉度。在十几年的企业发展历程中，先后被中国邮政集团公司、中国电信集团公司、中国移动集团公司、中国联合通信集团公司、最高人民法院、最高人民检察院、铁道部、国家林业局、中国建设银行等确定为行业服定点生产企业。在湖南省服装行业中，派意特在企业规模实力、团体定制销量、职业装市场占有率等各方面均排名首位。

派意特目光高远，大力实施国际化战略，依靠先进的设计理念、快速的服务响应、精湛的工艺水平和严谨的交货时限，将高档西服成功打入美国、德国、意大利、澳大利亚、日本、韩国等国际市场，并与众多国际著名服饰品牌企业建立了战略合作伙伴关系。到目前，派意特已实现年均出口高档西服 20 万套件、出口创汇近千万美元，成为湖南省唯一一家高档西服出口企业。

五、魅力源自社会责任

派意特 18 年的发展历程，也是派意特承载社会责任的历程。18 年来，风雨兼程，派意特赢得了社会的广泛认同而满载美誉：先后被湖南省工商局、长沙市政府、湖南省银行业协会等单位授予"重合同、守信用企业"称号，被中国服装协会评为全国服装行业百强企业，被中国职业装协会评为中国职业装十佳品牌，被中国服装协会授予

"职业装专家"称号，被湖南省纺织行业审定为"产业化省级重点龙头企业"，被长沙银行授予信用等级3A级企业。并获得了国家免检产品、湖南名牌、湖南出口名牌、湖南省著名商标、湖南省直文明单位、湖南百佳诚信单位等荣誉称号。

第二节　在"迷雾"中前行

光环之下，必有隐忧。进入2010年度，众多零售知名西服品牌企业进入量身定做服装市场，加剧了职业装市场的竞争，职业装招标门槛变得越来越高。鉴于派意特的市场品牌知名度不高，在部分行业投标资质上受到影响，使得销售业绩上升放缓。

然而，困扰派意特高层领导的不仅仅是外部环节的因素，企业内部的综合管理水平，以及企业核心竞争力，也一直是他们思考的难题。这些内部困扰集中反映在6个方面。

1. 有战略规划，但缺乏明晰、量化、操作性强的战略目标。

2. 缺乏系统的、可操作性强的品牌营销运作实战经验，缺乏营销项目精细化运作及职业化营销团队打造经验。

3. 面对激烈的市场竞争，企业内部的技术研发能力不够，直接导致产能不足，影响交付，技术升级和产品创新迫在眉睫。

4. 缺乏系统的人力资源规划和对高端人才的有效激励机制。

5. 缺乏系统的人力资源保障规划，企业各类人员紧缺。

6. 营运成本大幅上升，给企业带来经营压力。

如果这些问题和困扰不及时解决，将影响企业持续的发展，导致企业赢利能力下降，长此以往，企业将面临更大的生存危机。

在参加擂台赛之前，通观2010年派意特年度经营业绩，在业务结构上，传统职业装团购市场已完成年度目标的64%，国际贸易已完成年度目标的70%，而企业综合销售收入仅完成年度目标的38%，利润目标仅完成27%。尽管服装行业的特性是下半年企业的销售业绩要较上半年强，但一年时间已过去了大半，平均目标完成仅为1/3，这样的业绩不能不令派意特上下忧心。

如何改变？如何突破？一直是派意特上上下下共同思考的问题。

第三节　政府引路，冲出"迷雾"

2010年8月，派意特迎来了企业发展的曙光。在长沙市工信委的组织和推动下，派意特经过步步 PK、层层筛选赢得了长沙市中小工业企业十百千擂台赛的门票。派意特非常珍惜这次政府搭台所提供的机会，由董事长姜学军亲自带队，参加了石燕湖为期三天四晚的封闭式系统学习。

在训练营中，教练组教授系统的对阵方法论、工具，给派意特小组带来很大的震撼，吸引了派意特小组认真地学习，积极地思考，踊跃地参与企业问题的剖析，并运用教练组教授的方法论与工具，对目标确定、瓶颈识别、制订行动计划和确定关键绩效考核指标开始了探索，最终在培训考试中取得了 95 分的优异成绩。

在集训结束后，派意特董事长姜学军代表培训期间考试得高分的参赛企业发表感言："这次考试得了 95 分的高分，这只能说明计划做得很好，但计划做得好，不一定能够代表执行做得好。能够把计划执行到位，能够达成目标，这才是真功夫！通过这次的培训学习，我学会了用整体观、逻辑观和有效产出观，站在外部观察者这个角度，站在系统的高度来看待企业的问题，只有这样才能找到企业发展的真正瓶颈……"

一、瓶颈确认与突破方案的路径

训练营结束后，派意特的方案尽管在训练营被评为考试优秀方案之一，但是派意特的领导层并没有因为考试的成绩而沾沾自喜，而是把工作的焦点放在了如何把方案优化得更加切合实际、更具操作性。派意特姜学军董事长回到公司立即召开了高层管理会议，成立了管理升级跨部门职能小组。运用对阵方法论，通过逻辑分析找到了瓶颈产生的源头，并按照逻辑关系优化了突破销售瓶颈的目标蓝图，制定了 100 天突破的量化指标。目标蓝图明确了要立足本省，放眼省外，打一场 100 天完成销售任务 500 万元、实现利润 100 万元攻坚战的战略方针。

1. 瓶颈确认。

100 天突破的目标确定后，派意特按训练营所学习的知识——企业全价值链理论、对阵营销方法论，重新梳理了企业的资源结构，系统地分析了现阶段的业务结构与达成现状，通过量化的目标与企业现状进行对比，将瓶颈突破锁定在高端品牌团购业务这一环节（如图 20 - 1 所示）。

2. 对阵营销的启发构建瓶颈突破目标蓝图。

根据训练营所学习的对阵营销，派意特重新开始了对客户进行定义，重新对品牌团购市场的客户进行分类，并针对大型央企、企事业单位、政府机关等客户制定销售目标。在教练组的引导下，派意特利用逻辑的方法，构建了目标实现的充分条件，对目标进行了逐项分解，逐步加深了对阵营销方法论中营销、销售和价值挖潜的认识和新的理解。教练还鼓励派意特根据"逻辑串常识、串经验"，对充分条件、分项目标的达成反复进行逻辑验证与推导，来寻求企业解决问题、达成目标的途径，完善了瓶颈突破的目标蓝图（如图 20 - 2 所示）。

目标：销售额1.5亿元，利润1200万元

人力资源计划
- 管理人员40人 ← 现有管理人员40人（含财务、综合保障人员、行政人员）
- 外贸营销业务人员6人；内贸营销业务人员20人 ← 现有内贸营销人员18人，外贸营销人员6人，合计24人
- 技术人员80人 ← 现有技术人员69人
- 生产一线熟练工人700人 ← 现有一线员工450人

一线员工缺编250人，其他人员基本满足计划要求

制造资源计划
- 具有十余年研发出的各类版型60余款，每套服装工序两百多道 ← 第四类产品技术开发纳入技术部2011年工作计划
- 各类面辅料合格供应商130余家 ← 前三类产品具备成熟的版型和工艺
- 裁剪设备30台，缝制设备600台，整烫设备60台，辅助设计研发设备8台，检验设备6台 ← 合格供应商135余家；与一期工程配套设备已到位
- 厂占地近百亩的工业园，房面积近2万平方米 ← 一工业园建设已完成，纳入公司五年规划；一期工程已完成，二期厂房工程

资源配置满足目前计划要求

产品资源计划
- 高档个体定制服装类 ← 发档个体制纳入2011年产品开发计划
- 商务职业装类
- 高档毛料西服类 ← 属公司成熟产品
- 行业定点生产的职业装类

市场资源计划
- 个性化量身定制业务市场200万元 ← 目前已完成80万元
- 品牌团购市场2000万元 ← 政府机关目前完成50万元；企事业单位销售额目前完成100万元
- 国际市场5000万元 ← 大型央企客户销售额目前完成200万元
- 传统职业装团购市场7800万元 ← 美元销售额至2010年8月已完成550万；销售额至2010年8月已完成5000万元

品牌团购市场销售额偏离目标1650万元，是公司现阶段瓶颈

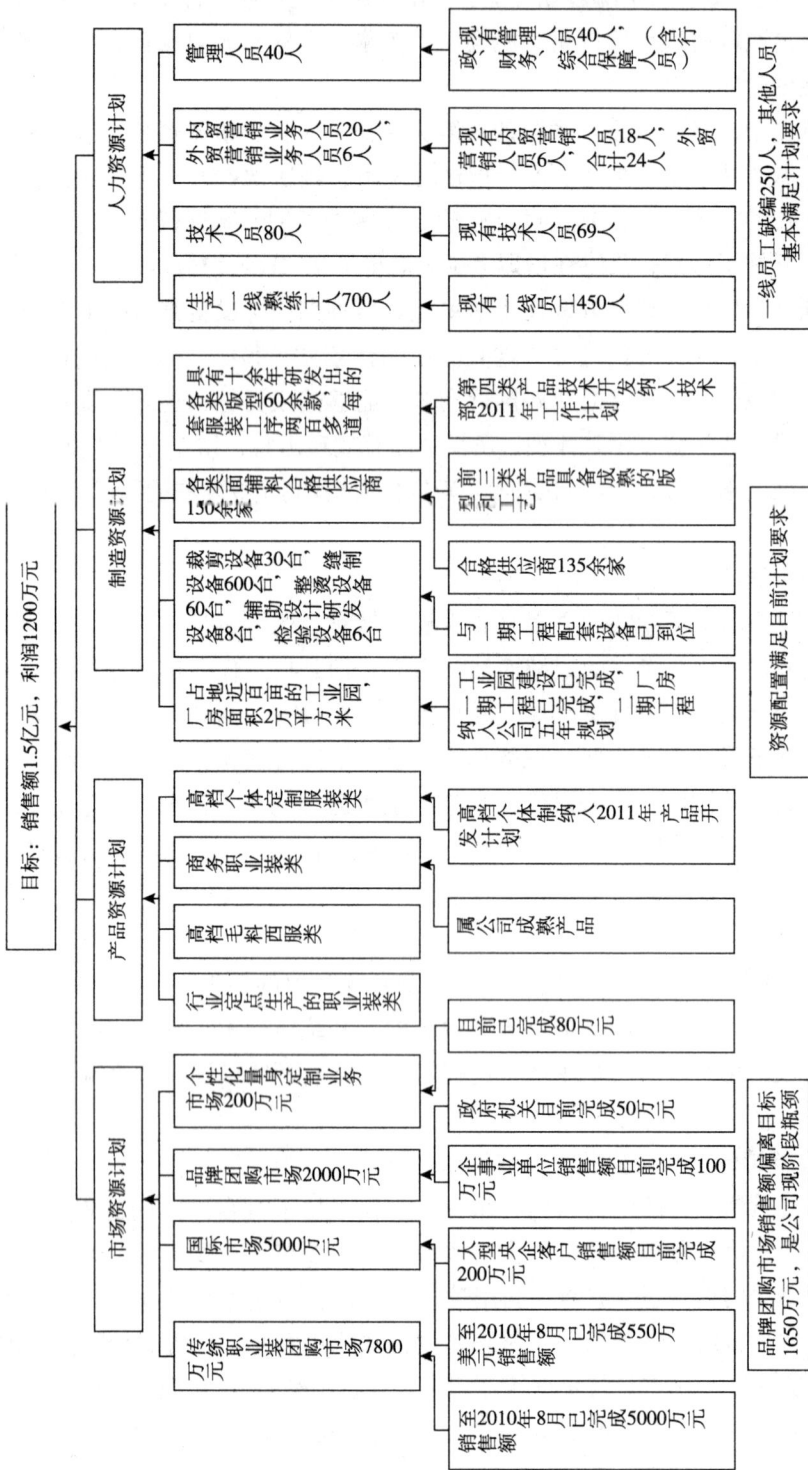

图 20-1 派意特瓶颈分析

2010年9—12月品牌团购业务销售目标500万元，利润100万元

营销
目标：23家客户，实现销售额815万元。

- 明确客户群体
  - 有统一定制服装要求的非行业定点企业客户群体
  - 大型企业3家、政府机关4家、事业单位16家客户
- 制定具有吸引力的营销政策
  - 目标客户若其单笔成交、着装人员位在我公司会所受价值600元的个人色彩诊断一次
  - 目标客户可享受价值10万元以上企业形象设计及包装
- 锁定客户并精确传播
  - 目标客户每周一次电话沟通，每半月登门拜访，持续跟进（分不同客户类型）
- 涂胶水
  - 针对目标客户做出项目策划书（包含工艺、设备、产品介绍、推荐面料及制作样板等）
  - 客户单位成交合同金额的10%返券充抵下次合同金额的10%部分

销售
目标：实现12家新客户订单突破，销售成交率50%。

- 确定主打个性化量身定制产品价值定位
- 完善企业形象、产品展示工具
- 创建多元化营销模式
- 流程标准化销售工作说辞
- 制定激励政策

价值挖潜
目标：挖掘客户最大购买价值，实现人均购买价格由800元提升至1400元。

- 准确定义购买价值
- 制定关联营销产品策略
- 吸引重复购买
- "打台球"

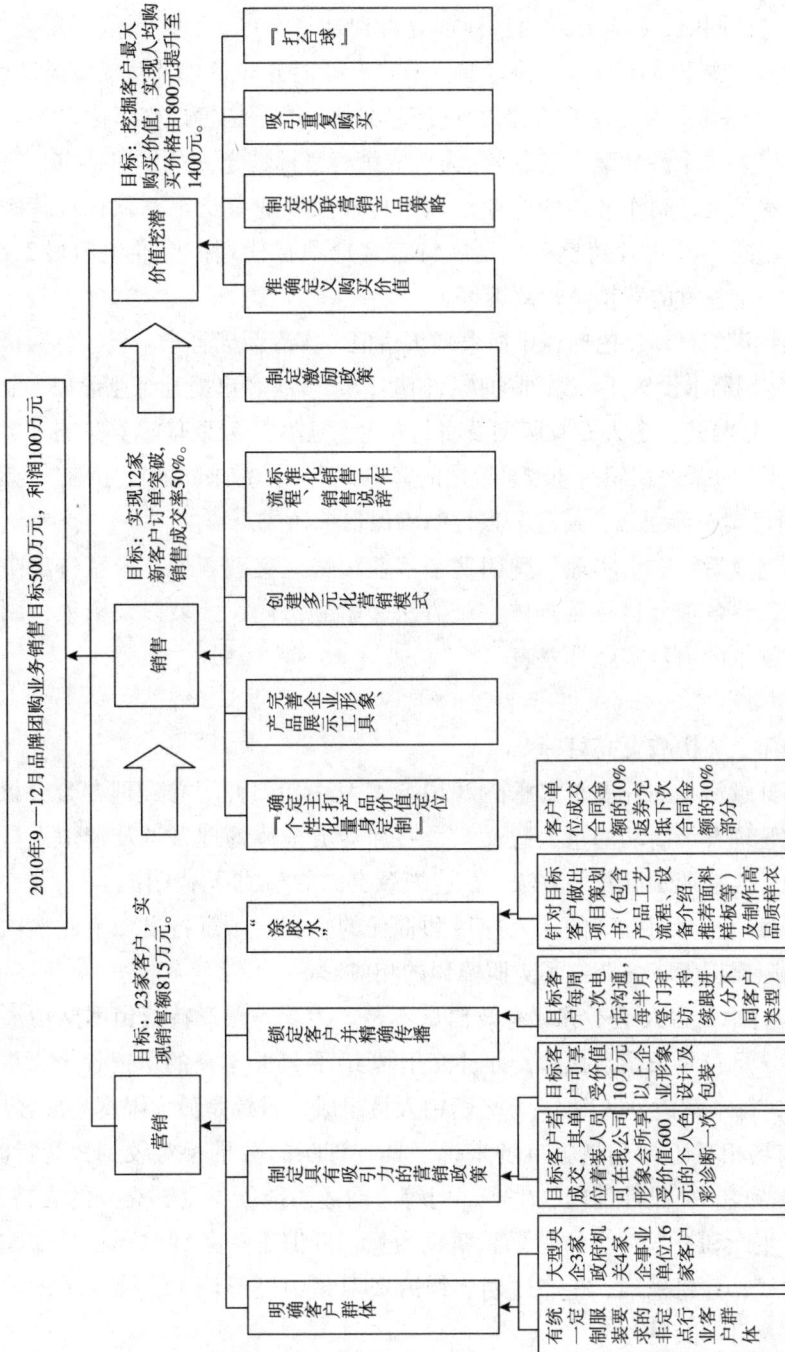

图 20-2 派意特瓶颈突破目标蓝图（部分）

（1）派意特把营销的目标确定为要突破23家客户，计划实现销售815万元。23家客户被锁定为3家大型央企的省外分公司，湖南省内的4家政府机关，以及其他16家企事业单位。与此同时，815万元的目标被分解到这些客户上，并预留了足够的缓冲。为达成这些目标，派意特还制定了独特的营销政策（商务政策）及精确传播途径。

（2）销售目标确定为实现12家新客户订单突破，力争销售成交率达50%。确定主打产品价值定位为"个性化量身定制"。为达成销售目标的充分条件包括有：完善企业形象、产品展示工具，制作全新的企业形象宣传片及职业量身定制款式宣传画册、完善企业网站，创建多元化营销模式，发展特定客户项目代理，标准化销售工作流程、销售说辞以及制定适宜的营销激励政策等。

（3）价值挖潜的目标：挖掘客户最大购买价值，实现新老客户增量。针对满足客户批量式个性化定制需求设置了一系列的执行策略，如帮助客户提升企业形象，制定关联产品营销策略，依靠建立个人专有版型及身材尺寸数据库，采取优惠券策略及数据库营销吸引重复购买，并通过组织行业或系统内的客户联谊活动带来新的目标客户，等等。

3. 编制项目实施计划表，通过节点控制确保目标达成。

目标蓝图完成后，围绕实现品牌团购销售业绩快速突破瓶颈，派意特集中企业各方资源与力量，将各项分目标及具体实施方法分解到部门、区域以及个人，制定了切实可行、简洁明了的项目实施计划表。

二、蓄势而上，挑战更高目标

随着管理升级活动的开展，派意特2010年9月中旬召开了总经理办公会议，系统地说明了参加管理升级活动的重大意义，号召和动员全体管理人员及营销人员深入学习对阵方法论，掌握瓶颈寻找的方法，执行瓶颈突破的各项具体工作。

经过对项目执行计划方案的深入探讨和责任的落实，派意特发现了此次项目执行过程中存在的阻碍因素，并制定了克服障碍的相应对策。

1. 项目运行中销售人手不够，有效信息不足。为此，派意特营销团队由原部门副总挂帅改由姜学军董事长亲自挂帅，并补充招聘10名经验丰富的营销骨干，重新组建5个营销分队，每个营销分队由4~5名营销人员组成，目标是最大限度把握客户。

2. 团购市场相对于行业制服市场来说，具有订购的数量相对较少，交货时间短，更注重时尚的特点，而设计部门、生产部门等方面还不能给予足够充分的支持。对此，派意特调集了生产和技术一线的骨干和精锐力量，开辟了一条针对小批量团购业务订单加工的流水线，并将采购、生产计划、物流资源集中进行调配，确保了团购项目订单的设计开发及订单交付。

2010年9月28日，派意特营销团队齐聚千龙湖，跨职能小组组长、董事长姜学军做了战前总动员，详尽分析达成目标任务的可行性，并要求派意特上下融入到项目实施中，充分运用团队智慧，群策群力地研究达成目标实施方案。

随后，为确保瓶颈目标的突破，派意特在原有的激励政策基础上还作出了重大调整，强调要激励到位，充分激发每个人、每个团队的潜能。此外，项目执行前，派意特专门利用国庆假期，集中全体中高层管理团队及营销人员在赤马湖进行了为期两天的拓展训练，以激发士气、树立团队信心、打造团队凝聚力和执行力。

第四节　众志成城，攻城略地

一、目标，是用来挑战的

赤马湖拓展训练回来后，派意特企业营销团队贯彻执行千龙湖会议精神，开始了瓶颈突破的执行工作，并展开了系列工作举措，包括营销人员业务知识与销售技巧培训，颁布新的薪酬激励方案和KPI考核执行政策，在目标市场区域内进行广泛的目标客户调查，重新把握客户的真实需求。

前期工作结束后，派意特对目标潜在客户进行了重新梳理和需求把握，并通过对市场调研信息的分析判断，树立了瓶颈突破必胜的信心。派意特因此果断地将100天的管理升级销售突破的目标重新调整为：实现销售任务1500万元、实现利润300万元，并做出了销售区域由本省为主，转为选择全国业务基础较好的省份重点扩张的重大战略调整。

为此，派意特还及时调整了销售团队行动方案和具体行动的措施，推广和复制对阵方法论，在总体项目实施计划表中各个销售小团队分别制定本区域的项目实施计划，取消了原来的"全省各地市发展团购代理商"方案，锁定四川、重庆、河北、广西、甘肃、山西、陕西、东北三省等区域为直接发展大客户团购业务的重点区域。派意特还要求内部支持系统技术部研发力量向团购营销部倾斜，优先满足团购营销部的需求，加快响应速度，改善展示企业形象的产品和工具。内部专业模特队也开始积极行动，配合多个投标项目的进行。

通过第一阶段实施，品牌团购的高业绩相继显现，月度达成合同额330万元，销售额242万元。通过价值挖潜方式，将业务由政务系统渗透到房产系统（如表20-1所示）。

表20-1　　　　　派意特2010年10月品牌团购KPI达成情况

KPI	目标值	实际值
销售额	100万元	242万元
利润额	20万元	48.3万元
回款额	60万元	110.6万元

二、"二战"传捷报

通过第一阶段项目实施，派意特尝到了参与管理升级活动所带来的管理进步的甜头，也更加清晰地看到瓶颈突破的实施方法让目标达成看得见、摸得着。在此过程中，跨职能小组通过对阵方法论的大力推广，有效地凝聚了团队的协同性和整体作战能力，激发了团队智慧，真正展现了集思广益、群策群力的威力。一切都以数字说话，以数据和事实为依据，以集体智慧来决策，完全避免了以往拍脑袋决策的事情再度发生。在执行阶段，派意特把握住了以下几点。

1. 以把握客户的个性需求为基点，产品研发、设计融入了更多的时尚元素，向客户提供更丰富的款式，通过个性化的服装款式及产品展示赢得了更多客户的喜爱。

2. 营销团队日渐成熟，把握项目的能力日渐增强。管理升级活动提高了业务人员的营销技巧、项目跟踪的能力，以及信息筛选分析、信息判断、信息管理能力，在项目的立项、开展业务方面能做到有的放矢，业务人员能力大为提升。

3. 加强有效信息的收集，在个人能力不足时，改变以往单兵作战为团队作战的方式，集中企业资源把握每个项目机会。

4. 加强与客户的沟通和交流，及时把握有效信息，严格按合同执行，灵活应对客户的需求，根据客户的意见及时修改，直到客户满意为止。

5. 建立部门周例会制度，及时检查项目实施进度，总结与交流经验，开展过程纠偏，有效保障实施计划有效性（见图20-3）。

图20-3 派意特品牌团购部项目分享与研讨例会

2010年11月销售业绩再创新高（如表20-2所示）。

表 20 – 2 派意特 2010 年 11 月品牌团购 KPI 达成情况

KPI	目标值	实际值
销售额	250 万元	812 万元
利润额	50 万元	170 万元
回款额	累计达 200 万元	700 万元

三、完美超越，业绩翻番

转眼已到瓶颈突破项目的收尾阶段，此时派意特的目标已完成 1050 余万元，虽然与既定总目标比还差 450 万元，但基于上两个月销售目标的超额完成，派意特对完成总体目标的信心非常坚定。

在项目推行实施后的全过程中，由于跨职能小组已充分考虑了项目执行方案可能带来的障碍、负面效应等因素，所以执行过程当中所发生的冲突和变异能被及时检查和发现，并应用团队智慧及时化解并消除，为项目实施方案的执行与预期效果的达成提供了良好的保障。

在项目实施最后冲刺阶段，派意特营销团队在对阵营销方法论的引导下激情饱满，干劲十足。通过以点带面，实现了由行业制服销售市场辐射到相关高端客户量身定制团购类业务市场的拓展。

经过近 3 个月的摸索，整个营销团队对客户群与市场的细分逐渐清晰，对阵营销、客户把握、精确传播、价值挖潜等被应用得淋漓尽致，各个区域市场捷报频传：某直辖市电信公司签订了高档夹克装 300 余万元的销售合同，某市房产管理局签订了高档西装 120 余万元的销售合同，湖南省某税务局签订了西装 50 余万元的销售合同，其他零星品牌团购订单 20 余万元……累计签订合同金额近 500 万元，圆满完成了本月的销售目标（如表 20 – 3 所示）。

表 20 – 3 派意特 2010 年 12 月品牌团购 KPI 达成情况

KPI	目标值	实际值
销售额	150 万元	499 万元
利润额	30 万元	100 万元
回款额	累计达 380 万元	380 万元

四、执行花絮

花絮之一：价值挖潜的收获。

派意特第一营销分队运用对阵营销体系中的价值挖潜的方法，对外省合作基础较好的大客户进行了价值挖潜，签订了一些大型的置装合同。

某省邮政公司是派意特邮政系统内的大客户，长期在中端产品线与派意特合作，在合作中建立起了良好的信任关系。营销团队将目标锁定购买价值最大化，经层层分解，了解到客户单位高级管理人员对于着装有着更高品质的要求，因此特别针对该邮政公司制定了详细的着装方案，激起了该公司对高端产品的购置欲望，最终签订了该省全省邮政管理人员高档服装合同，金额超过 500 万元。这种方式，将产品的销售衍生到除中端服装产品以外的高端服装产品的关联销售，满足了同一单位不同客户类型的着装需求，并直接促进了客户的重复购买、继续签单。

用类似的方式复制，派意特高端产品线进入了中国电信股份有限公司某分公司，合同金额超过 300 万元。派意特正带着这些成功的经验向与之有较好合作基础的外省其他大客户进军，完全可以预期会有更多大型品牌团购合同的签订。

花絮之二：对阵营销组合拳。

第三营销分队负责开拓政务系统的业务，首选的突破点是某市政务中心。该市是省会城市的政务中心，影响力大，置装项目金额也相对较大，但公关难度高，非常具有挑战性。

该组在行动前期根据企业的资源制订了详细的公关方案和项目策划方案，当时各服装名牌云集，竞争十分惨烈。派意特营销团队运用对阵方法论准确定义客户，并用优化的"商务政策"挫败了部分对手。同时，在投标会场，派意特的专业模特队现场展示了投标服装，牢牢把握住了客户需求，最终如愿以偿地取得了这个项目的成功，合同金额达 60 余万元。在此基础上，由点到线，通过价值挖潜，又增补了其他高附加值的产品，使合作金额增加了 50%。由此，深度挖潜把这条"线"，以"打台球"的方式延伸到全省政务系统，又签订了该市各区县政务系统及周边两个市的政务系统的置装合同。然后，派意特的营销团队步步为营，攻克一个个堡垒，由政务系统向政府其他系统延伸，进入了政府房产管理系统，签订了该市房产管理局的置装合同，合同金额又超百万元。

该营销分队通过价值挖潜，由市政务中心推荐，带动省内其他地州市政务系统的换装签约，实现了购买价值的最大化。

在派意特，在方法论的帮助和引导下，这些相似的故事不胜枚举……

第五节　放飞梦想，收获希望

一、收获成果的喜悦

经过 100 天管理升级擂台赛的奋勇拼杀，派意特集中企业资源，由开始信心不足，到目标的大幅度调增，再到执行过程中的收获启发，最后收获到连他们自己都不敢相信的巨大成果（如表 20 – 4 所示）。

表 20 – 4　　　　　　派意特 2010 年第四季度品牌团购 KPI 完成情况汇总

指标名称	必达目标	实际完成	完成率
销售额	500 万元	1553 万元	310.60%
利润额	100 万元	318.3 万元	318.30%
回款额	380 万元	1190.6 万元	313.30%

表 20 – 4 的数据表明，派意特彻底实现了训练营学习时期所确定的 500 万元销售目标，并且销售额、利润额、回款额三项考核指标均实现了 3 倍增长，销售额与利润同比增长超过 30 倍，销售回款同比增长 22 倍，以上几个指标与前三个季度相比平均增长了 10 倍以上。

同时，派意特也完成了 2010 年 10 月调整后的瓶颈目标，而且营销团队中每个成员均超额完成了个人任务。这是自派意特组建品牌团购营销队伍以来没有过的事，意味着派意特的营销团队彻底从业绩的低谷中爬了出来，打了一场漂亮的翻身仗。

通过这次"十百千管理升级擂台赛"活动，派意特的收获不仅仅是销售目标的超额实现，更大的收获是管理方法的应用及管理方式的全面提升。从活动中，派意特收获了管理思维和管理观念的转变，从理念上、方法上能真正把学习的知识和方法落实到位，将科学的管理工具和方法运用到实际工作中去，以此推动了企业管理的全面升级。

派意特通过跨职能小组的组建，加强了各部门、各环节及相关岗位之间的衔接，打造出一支精诚合作、荣辱与共、风雨同舟、敢拼敢干的优秀团队。

二、后记："瓶颈"漂移，看"对阵方法论"延伸

超额完成了既定目标，极大地鼓舞了派意特的士气，也为派意特下一年高附加值业务的进一步拓展打下了坚实的基础。

经历过这次学习，派意特的管理层开拓了思路，掌握了一套有效的管理方法。目前，派意特凡事都是从整体观、逻辑观及有效产出观出发，解决问题都是通过对阵方法论的瓶颈突破来推动。

在擂台赛突破营销瓶颈的阶段，派意特尝到了对阵方法论的甜头，并在内部大力推广对阵方法论，由参加集中训练营学习的人员担任会议推动者，组织公司中层以上管理人员学习讨论对阵方法论，将对阵方法论推广到生产管理部、人力资源部、行政部等内部各个环节，派意特内部自上而下开展管理升级擂台赛，并在企业内部得到广泛应用，使派意特整体运营绩效有了显著提高。

1. 产品设计及技术的突破。

在解决销售瓶颈的过程中，派意特发现，为更好地服务于营销，技术研发的实力有待提升，这将是派意特需要解决的第二瓶颈。为此，派意特通过对阵方法论的应用，重新确定新的目标为"高附加值品牌团购业务提供高品质产品及服务"，并为此瓶颈的突破构建目标蓝图，解决影响技术研发实力的人才问题。为解决这一瓶颈问题，派意特已经着手高薪聘请国内顶尖级设计大师坐阵，并重新组建一条由高级技工组成的高档西服生产流水线，促使明年在产品设计水平、产品质量以及技术瓶颈方面快速突破。其实技术瓶颈突破的收益，派意特已在四季度销售投标中标率、销售业绩的提升中得到了验证。

2. 在生产订单准交环节突破。

派意特运用对阵方法论来解决生产准交的问题，并取得明显效果。2010年10—12月生产订单准交率分别为94.34%、96.77%、100%，平均为97.71%，较前一季度平均85%的准交率提高了17%；人员流失率由第三季度的8%下降至3%，降低了5%。

回眸这100天来的点点滴滴，训练营中的所学切实转化成了派意特发展的动力。在这种方法的指导下，派意特内部骨干人员全部掌握了对阵方法论的思维，在工作中能不断地明确目标、分解目标、梳理价值链、定义瓶颈、聚焦资源、突破瓶颈，进入下一管理循环，实现了派意特企业管理升级，并带来业绩的飞速提高。

第三编

总　结

第二十一章 "长沙管理升级模式"的提炼和总结

经过 100 天的各方参与者的努力工作，长沙市中小工业企业十百千管理升级擂台赛取得重大突破，30 家参与擂台赛的企业有 29 家取得瓶颈突破，全面达成期初设置的数字化目标，瓶颈突破带来了管理的全面升级。正如长沙市工信委副主任周双恺先生所言："从管理升级实践看到了管理的巨大潜能，看到了企业发展的更大潜力。"

一、长沙管理升级模式的提出

结果的突破必然是过程突破的结果，必然是有效把握了客观事物发展的基本规律。

2010 年 12 月底，在长沙市中小工业企业十百千管理升级擂台赛已经确定取得重大突破的基础上，湖南省政协常委、经科委主任、中南大学博士生导师吴金明教授指出："有党委政府的正确决策，有专家的全价值链的正确分析方法和工具，有企业董事长和管理团队全面的系统参与和认真推进，这三点综合起来在全国是一种首倡。这种首倡我们可以从管理的角度概括为长沙模式。"

通过吴金明教授的高度总结和概括，可以将长沙管理升级模式通过简单的图形进行勾勒，进行形象表述（如下图所示）。

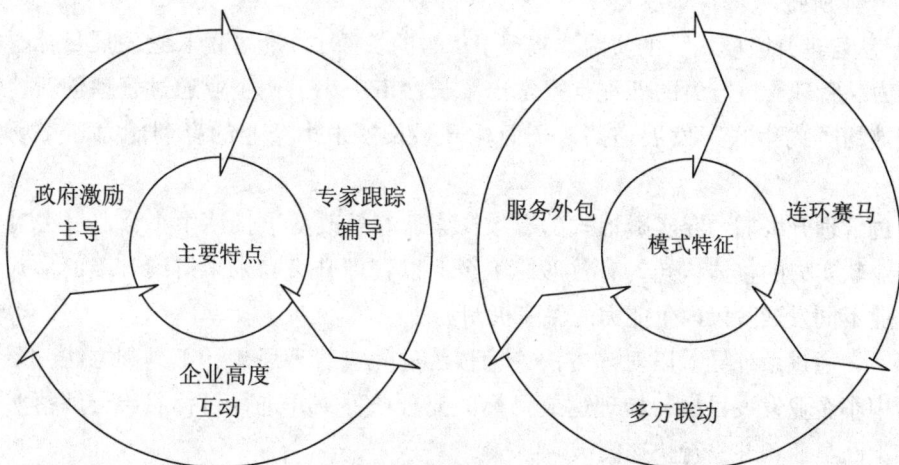

政府激励主导　专家跟踪辅导　主要特点　企业高度互动

服务外包　连环赛马　模式特征　多方联动

长沙管理升级模式示意图

可以说，长沙管理升级模式的主要特点在政府部门、外聘的专家团队、参与企业三者的各负其责，各尽其能，分工协作。

对于政府而言，必须首先发挥政策的主导和引导作用，在此基础上发挥组织、督导、激励、援助作用。

对于专家团队而言，必须掌握真正化繁为简、快速见效、为企业所能接受、学以致用的方法和工具，进行有效的训练、辅导、跟踪、评价。

对于企业这一活动主体而言，必须高度参与和互动，自己在专家辅导下用简单有效的方法自己制作方案、自己执行，保证参与度、互动度、认同度、协同度。

长沙管理升级模式存在三个重要的基本特征：

一是政府服务职能外包，进行了服务型政府职能转变的有益探索；

二是对企业连环赛马，通过政策引路激发企业的参与动力，通过竞争激发企业的参与热情，通过六重赛马，发掘真正的政府可帮扶的企业；

三是多方联动，政府、企业、咨询服务机构几方为着一个共同的目标，群策群力，共同付出、实践、创新和探索。

长沙管理升级模式真正达成了起初设计的"政府搭台唱戏，企业积极参与；著名专家引导，紧盯改善效益；多方联动深度实操，全面推动达标升级"的目标，这也是对"长沙管理升级模式"是否真正成功和具有可复制性的最好检验。

二、"长沙管理升级模式"有效复制的效果展望

"长沙管理升级模式"从几个角度满足了各个层面利益相关方的要求。从企业层面，满足了企业转变发展方式的内在需求；从政府层面，是实现可持续发展的内在需求，是提升区域经济竞争力的内在需求。

所以，"长沙管理升级模式"具有非常强的可复制性。

1. 企业所盼。

"长沙管理升级模式"的实践，实现了优秀的长沙中小企业的长远发展目标、核心竞争能力、管理支撑能力的匹配，探索出了长沙市中小工业企业通过管理创新、实现管理创效的"内生式"发展道路，全面提升了长沙中小企业的赢利能力和市场竞争能力。

通过管理升级擂台赛实践形式的有效探索，有效改变了长沙中小企业过去对管理作为企业软实力的整体认知，有效形成了企业以管理升级和未来持续升级的形式，来实现企业不同发展阶段内生能力的保障机制。

第一，通过系统导入以对阵方法论为核心的先进管理思想、工具和方法，系统梳理长沙中小企业发展目标，梳理达成目标的充分条件，并进行目标层层分解落实，在此基础上凸显瓶颈并进行快速突破。

第二，对参与的咨询服务公司也是巨大的推动，推动服务行业认真研发、优化真正符合企业需求的服务产品，更进一步推进企业管理升级。

还需要明确的是，实现管理软实力与以产品为核心的竞争能力的匹配，成为支撑企业长远发展、不断实现战略目标的两大助推器。

2. 政府所愿。

"长沙管理升级模式"探索了中小企业在政府引导之下的管理升级之路。政府引导，以十百千管理升级擂台赛形式保证管理升级效果而形成的"长沙管理升级模式"，不仅开创了一个长沙企业竞相进行管理升级的局面和氛围，而且探索了一条政府职能的服务之路，为真正实现向服务型政府转型进行了有益尝试。

以管理升级擂台赛实践活动为载体的"长沙管理升级模式"，探索了一条在当今以民营经济为主体的地方经济主管部门如何更好地发挥桥梁和纽带作用的路径，以协助、支持民营经济更好、更快、更和谐地发展。

"长沙管理升级模式"的实践，将会在长沙经济领域形成强有力的企业管理升级的舆论和实践氛围，将有效带动长沙企业全面推动管理升级活动。

正如吴金明教授所言："长沙市工信委把管理升级、管理竞赛作为转方式、调结构的重要抓手，这在全国是首屈一指的。"

3. 发展所需。

"长沙管理升级模式"的实践证明，在管理软实力优化的基础上，在少投入或不投入的前提下，同样可以实现以企业个体为代表的区域经济的有效协同发展，这应该是区域经济实体走新型工业化道路的有益探索。在此基础上，可以更进一步探索区域产业集群的创建之路，以管理升级企业为核心打造区域产业集群竞争力，为构建长沙区域产业集群打下坚实基础，这也将成为长沙市工信委下一步管理升级活动本身"升级"的核心环节和步骤。

2011年3月15日，长沙市会议中心，市政府文树勋副市长、市工信委赵跃驷主任、长沙高新区莫一平副主任按下水晶球，正式宣布启动了"长沙市中小工业企业十百千管理升级擂台赛"进园区（区县）活动，决定2011年度在长沙高新区、长沙县和长沙经开区、宁乡县和宁乡开发区、浏阳市和浏阳制造园、浏阳生物产业园举办4场次擂台赛活动，推动100～120家企业实现管理升级，短时间内促进更大批量企业的效益显著提升。长沙市工信委还将擂台赛写进"十二五"规划，计划5年的时间，带动1000家企业实现管理升级，长沙企业管理升级正在行动、在深化、在扩容……

企业"内生式"发展道路、服务型政府转型、转变经济发展方式、区域产业集群创建的探索……正是以十百千擂台赛为核心的长沙管理升级模式的真谛，而这也可能是长沙管理升级模式可以在长沙市、在湖南省、在中国可以有效推广和复制的关键。

附 录

附录1：30家参赛企业名录及所处行业和瓶颈分类（排名不分先后）

序号	企业全称	瓶颈分类	行业分类（大类）
1	湖南省怡清源茶业有限公司	营销	食品饮料
2	长沙正忠科技有限公司	营销	机械制造与加工
3	湖南亚太实业有限公司	营销	汽车及汽车零部件
4	湖南星港家居发展有限公司	营销	家居建材
5	湖南正大轻科机械有限公司	成本控制	机械制造与加工
6	长沙申大科技有限公司	交付	汽车及汽车零部件
7	湖南九典制药有限公司	营销	医药化工
8	长沙兴嘉生物工程股份有限公司	营销	医药化工
9	湖南耐普泵业有限公司	营销	机械制造与加工
10	湖南金山粮油食品有限公司	采购	食品饮料
11	湖南派意特服饰有限公司	营销	服装纺织
12	长沙天鹅工业泵股份有限公司	交付	机械制造与加工
13	湖南大方农化有限公司	营销	医药化工
14	康普药业股份有限公司	营销	医药化工
15	飞翼股份有限公司	营销	工程机械
16	长沙电缆附件有限公司	人力资源	机械制造与加工

序号	企业全称	瓶颈分类	行业分类（大类）
17	湖南辰泰电子信息技术有限公司	营销	信息电子
18	湖南神力实业有限公司	营销	医药化工
19	长沙海大铝业有限公司	营销	家居建材
20	湖南丰日电源电气股份有限公司	营销	机械制造与加工
21	湖南东方时装有限公司	营销	服装纺织
22	长沙开元仪器股份有限公司	交付	机械制造与加工
23	湖南华自科技有限公司	交付	信息电子
24	湖南兴龙科技有限公司	人力资源	家居建材
25	湖南泰嘉新材料科技股份有限公司	产品研发	机械制造与加工
26	湖南方盛制药股份有限公司	营销	医药化工
27	湖南湘丰茶业有限公司	人力资源	食品饮料
28	湖南宇环同心数控机床有限公司	交付	机械制造与加工
29	长沙胜通汽配科技发展有限公司	交付	机械制造与加工
30	长沙楚天科技有限公司	交付	机械制造与加工

30 家参赛企业标志

湖南方盛制药股份有限公司	长沙楚天科技有限公司	辰泰电子信息技术有限公司	湖南东方时装有限公司	湖南飞翼股份有限公司
海大铝业有限公司	湖南大方农化有限公司	湖南华自科技有限公司	湖南金山粮油有限公司	长沙开元仪器股份有限公司
湖南康普药业有限公司	湖南耐普泵业有限公司	湖南派意特服饰有限公司	湖南神力实业有限公司	湖南泰嘉新材有限公司
长沙天鹅泵业有限公司	湖南湘丰茶叶有限公司	湖南兴龙科技有限公司	湖南星港家居有限公司	湖南亚太实业有限公司
湖南怡清源茶业有限公司	湖南宇环同心有限公司	湖南正大轻科有限公司	长沙正忠科技有限公司	长沙电缆附件有限公司
湖南丰日电源电气有限公司	湖南九典制药有限公司	长沙申大科技有限公司	长沙胜通汽配有限公司	长沙兴嘉生物有限公司

附录2：30家参赛企业高管评价寄语
（排名不分先后）

1. 长沙正忠科技有限公司

张立忠董事长

张立忠董事长对管理升级活动的评价

　　擂台赛让我们找到了企业瓶颈，学到了提升企业管理水平的方法，在短期内迅速改善了现金流和企业利润。感谢此次活动的组织者——市工信委、市中小企业促进会，深切感谢杨勇老师及专家团队。

——长沙正忠科技有限公司　张立忠董事长

2. 湖南星港家居发展有限公司

徐建民总经理

徐建民总经理对管理升级活动的评价

　　擂台赛非常务实，专家团队非常专业，市工信委服务非常贴心到位，企业受益非常实在，效益提升非常明显。非常感谢杨勇老师，期待明年更深入的合作。

——湖南星港家居发展有限公司　徐建民总经理

3. 湖南宇环同心数控机床有限公司

许世雄董事长

许世雄董事长对管理升级活动的评价

管理升级，永恒主题；工信委领导，高瞻远瞩；杨老师专家团队，精心打造；突破瓶颈，再创辉煌。

——湖南宇环同心数控机床有限公司　许世雄董事长

4. 湖南神力实业有限公司

袁宏伟董事长

袁宏伟董事长对管理升级活动的评价

祝长沙市中小企业十百千擂台赛在长沙乃至湖南、全国生根开花、结果。

——湖南神力实业有限公司　袁宏伟董事长

289

5. 长沙申大科技有限公司

王民强董事长（右二）

王民强董事长对管理升级活动的评价

思路带来效果，执行决定结果！

——长沙申大科技有限公司　王民强董事长

6. 康普药业股份有限公司

曾培安董事长

曾培安董事长对管理升级活动的评价

值此感恩节之际，感谢市工信委和效果咨询公司为企业搭建管理升级平台，我们收益良多。祝擂台赛赛出水平，参赛企业步步高升。

——康普药业股份有限公司 曾培安董事长

7. 长沙兴嘉生物工程股份有限公司

黄逸强董事长

黄逸强董事长对管理升级活动的评价

市工信委及效果为企业提供的管理升级、数字化战略管理，为企业发展与提升打开了一扇门，企业收益多多，感谢为企业卓有成效的服务。感谢您们！

——长沙兴嘉生物工程股份有限公司　黄逸强董事长

8. 湖南耐普泵业有限公司

耿纪中总经理

耿纪中总经理对管理升级活动的评价

管理升级活动是市经委送给我们中小企业的制胜法宝。专家们的指导使我们心智开明，瓶颈识别方法等操作简便，在实践中收益很大。谢谢经委领导和专家！

——湖南耐普泵业有限公司　耿纪中总经理

9. 长沙海大铝业有限公司

周芳坤董事长

周芳坤董事长对管理升级活动的评价

参加此次擂台赛不仅学到了知识，更多是掌握了方法。公司效益变好了，管理反而简单了。千言万语一是感谢，二是感恩!!!

——长沙海大铝业有限公司　周芳坤董事长

10. 湖南金山粮油食品有限公司

金亚林董事长

管理升级活动，推动了企业的发展

转变了管理观念，提升了管理水平

金亚林

二〇一一年三月二十八日

金亚林董事长对管理升级活动的评价

管理升级活动，推动了企业的发展，转变了管理观念，提升了管理水平。

——湖南金山粮油食品有限公司　金亚林董事长

余有德总经理

（手写体）
管理升级活动是针对企业现状，提升管理
水平促进经济发展的务实举措。感谢工
信委领导高瞻远瞩。感谢专家们悉心指导。
获益匪浅。

金山粮油. 余有德

2010. 11. 26

余有德总经理对管理升级活动的评价

管理升级活动是针对企业现状，提升企业管理水平，促进经济发展的务实举措。感谢工信委领导高瞻远瞩，感谢专家们悉心指导，获益匪浅。

——湖南金山粮油食品有限公司　余有德总经理

11. 湖南丰日电源电气股份有限公司

黎福根董事长

黎福根董事长对管理升级活动的评价

　　此次管理升级，有利企业管理水平提高，有利企业管理加强，有利企业做强做大、做规范。总之，利国、利企、利民。

——湖南丰日电源电气股份有限公司　黎福根董事长

徐远翔总经理

徐远翔总经理对管理升级活动的评价

长沙市中小企业十百千管理升级活动：领导重视、教练专业、模式适用、精心辅导、效果突显、企业收益。

——湖南丰日电源电气股份有限公司　徐远翔总经理

12. 湖南正大轻科机械有限公司

曹忠民总经理

参加本次擂台赛收获：
学到实战方法；
结合实际情况；
取得实在效果。

湖南正大轻科机械有限公司总经理

2010.11.26

曹忠民总经理对管理升级活动的评价

参加本次擂台赛收获：学到实战方法；结合实际情况；取得实在效果。

——湖南正大轻科机械有限公司　曹忠民总经理

13. 湖南辰泰电子信息技术有限公司

黄赛勤董事长

策划完美　组织有力

实施精细　效果显著

——黄赛勤

黄赛勤董事长对管理升级活动的评价

策划完美　组织有力　实施精细　效果显著

————湖南辰泰电子信息技术有限公司　黄赛勤董事长

14. 湖南兴龙科技有限公司

伍治东董事长

伍治东董事长对管理升级活动的评价

感谢政府对企业行之有效的支持，提升企业管理水平也是提升区域经济水平。

——湖南兴龙科技有限公司　伍治东董事长

15. 湖南华自科技有限公司

黄文宝董事长

黄文宝董事长对管理升级活动的评价

突破瓶颈，达成目标。

——湖南华自科技有限公司　黄文宝董事长

汪晓兵总经理

汪晓兵总经理对管理升级活动的评价

　　广州效果企业管理咨询有限公司：感谢效果企业为我们企业传道、授业、解惑，效果非常好！

——湖南华自科技有限公司　汪晓兵总经理

16. 飞翼股份有限公司

张泽武董事长

张泽武董事长对管理升级活动的评价

积极推进企业管理升级，努力夯实企业发展根基。真诚感谢市工信委，感谢各位老师！

——飞翼股份有限公司　张泽武董事长

何石江总经理

感谢老师们的悉心教诲和帮助，让我们受益匪浅，找到了解决问题的方法和金钥匙，也让我们有了好的学习氛围。祝"十百千擂台赛"越办越红火。

飞翼股份有限公司 何石江
2010.12.16

何石江总经理对管理升级活动的评价

感谢老师们的悉心教诲和帮助，让我们受益匪浅，找到了解决问题的方法和金钥匙，也让我们有了好的学习氛围。祝"十百千擂台赛"越办越红火。

——飞翼股份有限公司 何石江总经理

17. 湖南大方农化有限公司

刘松董事长

刘松董事长对管理升级活动的评价

效果公司不仅是一个教授型公司，更是一个教练型公司，是中小企业的良师益友。

——湖南大方农化有限公司　刘松董事长

18. 湖南方盛制药股份有限公司

张庆华董事长

张庆华董事长对管理升级活动的评价

读万卷书，不如行万里路；行万里路，不如名师指点！

——湖南方盛制药股份有限公司　张庆华董事长

19. 长沙楚天科技股份有限公司

唐岳董事长

唐岳董事长对管理升级活动的评价

杨勇老师并效果公司：传授管理方法与工具，你们的劳动对当下长沙中小企业已起到了四两拨千斤的作用。

——长沙楚天科技股份有限公司　唐岳董事长

20. 长沙电缆附件有限公司

俞正元董事长

俞正元董事长对管理升级活动的评价

科学管理　创新升级

——长沙电缆附件有限公司　俞正元董事长

21. 湖南泰嘉新材料科技股份有限公司

方鸿董事长

政府牵线，专家授教，
企业成长，利国利民。

湖南泰嘉新材料科技股份
有限公司．

方鸿董事长对管理升级活动的评价

政府牵线，专家授教，企业成长，利国利民。

——湖南泰嘉新材料科技股份有限公司　方鸿董事长

22. 长沙天鹅工业泵股份有限公司

欧亚云董事长

欧亚云董事长对管理升级活动的评价

长沙市经信委立足于服务中小企业，通过市中小企业服务中心联合效果咨询公司开展了"十百千"管理升级擂台赛，通过系统的学习，使我公司找到了管理的瓶颈，聚焦到"交货及时率"实施项目管理，最终突破瓶颈，成效显著，受益匪浅，为企业战略目标实现奠定了坚实的基础。

——长沙天鹅工业泵股份有限公司　欧亚云董事长

23. 湖南派意特服饰有限公司

姜学军董事长

姜学军董事长对管理升级活动的评价

在企业转型升级的关键时期，经委组织的"100天升级突破"辅导如同及时雨，帮助我们从系统观、逻辑观角度思考现状，聚焦瓶颈，找准方法，实现突破，效益倍增！感谢杨老师带领的专家团队悉心指导！

——湖南派意特服饰有限公司　姜学军董事长

24. 湖南东方时装有限公司

罗文亮董事长

导之以道 授之以渔
对效果负责 斯言不虚

罗魏

2011.1.10

罗文亮董事长对管理升级活动的评价

导之以道 授之以渔 对效果负责 斯言不虚

——湖南东方时装有限公司 罗文亮董事长

25. 长沙开元仪器股份有限公司

罗建文董事长

罗建文董事长对管理升级活动的评价

十百千中小企业管理升级活动是长沙市政府转变政府职能，用实际有效的手段从根本上支持企业发展的一个好举措。值得推广。

——长沙开元仪器股份有限公司　罗建文董事长

26. 湖南亚太实业有限公司

董升顺董事长

董升顺董事长对管理升级活动的评价

感谢杨老师团队，不但能授我以鱼，更能授企业以渔！

——湖南亚太实业有限公司　董升顺董事长

27. 湖南九典制药有限公司

朱志宏董事长

"十百千"管理升级，助九典突破营销瓶颈，推九典扬帆起航。

九典制药 朱志宏

2011.2.26

朱志宏董事长对管理升级活动的评价

"十百千"管理升级，助九典突破营销瓶颈，推九典扬帆起航。

——湖南九典制药有限公司　朱志宏董事长

郑霞辉总经理

郑霞辉总经理对管理升级活动的评价

这次擂台赛我们的收获非常大：特别是对市场营销理念的更新、管理理念的更新、对未来市场的开拓和把握，把战略目标的实现变成可操作的具体方案。

——湖南九典制药有限公司　郑霞辉总经理

28. 湖南省怡清源茶业有限公司

简伯华董事长

简伯华董事长对管理升级活动的评价

尊敬的杨勇老师：真正的营销实战专家、企业管理专家，对我们帮助非常大！感谢！！！

——湖南省怡清源茶业有限公司　简伯华董事长

邓学武总经理

效果团队的培训，真正
有效果！感谢杨老师！

怡清源总经理：邓学武
2010年11月8日

邓学武总经理对管理升级活动的评价

效果团队的培训，真正有效果！感谢杨老师！

——湖南省怡清源茶业有限公司　邓学武总经理

29. 长沙胜通汽配科技发展有限公司

罗伟董事长

罗伟董事长对管理升级活动的评价

瓶颈突破，收获价值。开拓创新，科学发展。加速企业管理全面升级！

——长沙胜通汽配科技发展有限公司　罗伟董事长

30. 湖南湘丰茶业有限公司

汤宇董事长

中小企业管理升级活动，真的是"及时雨"。通过这次活动，湘丰茶叶受益匪浅……我代表湘丰对此次活动的举办方和各位专家表示衷心的感谢！真心希望政府以后能继续举办类似的活动，给企业提供指引和支持；也真心希望各位专家以后继续关注湘丰，为湘丰的发展提供宝贵的建议和帮助。（节选）

——湖南湘丰茶业有限公司 汤宇董事长

附录3：部分参赛企业感想

曾经沧海难为水 除却巫山不是云

对于这次活动，我的感想是：曾经沧海难为水，除却巫山不是云；我的期望是：革命尚未成功，同志仍需努力！

——题记

从2010年8月19日的"管理升级擂台赛动员大会"，到8月23日的海选入围；从石燕湖精彩纷呈的学习训练营，到30家参赛企业的方案制定指导和方案定案阶段。

这次，作为"怡清源"的代表，我深感在参加"管理升级擂台赛"的活动中饱受启发、受益匪浅。

一、活动形式前所未有

本次活动，政府组织并全程出资，企业免费参赛，公开、公平、公正，全程监督检查、务求管理实效的方式，形成了企业全面开展管理升级的浓厚氛围，真正实现企业管理的有效改善和提升，这是长沙首创，开全国之先河。

体现政府对企业的关心和有效的支持，"授人以鱼，不如授人以渔"，帮助企业通过管理水平的快速提高，促进企业经济产出效益的显著提升；帮助企业准确找准界定发展瓶颈，通过针对性培训指导和应用工具训练，迅速解决瓶颈制约，实现企业瓶颈环节的显著改善，以此增强企业寻求整体管理水平提升的强烈信心。

活动形式：好！很好！非常好！

二、活动过程作用凸显

我参加过"聚成""沃顿""实践家""时代光华"等无数次的学习培训，也参加过"中国企业领袖商道大讲堂"等集训，每一次都讲得非常好，让我热血沸腾，激情澎湃，但回来后却发现无法实施。

本次学习，说实在的，讲课的水平有高有低，不是最好的，学习起来也非常吃力甚至痛苦，但通过逼着自己找出瓶颈，以及自己拿出解决方案后，非常高兴，有茅塞顿开之感，有终身受用之功效。

活动过程：棒！很棒！超级棒！

三、活动实施任重道远

客观地说，每个阶段我的心态是不一样的。前期，我看重的是政策的支持；中期，我看重的是名次和奖金；而现在，我更看重的是实施效果的快速显现。

尽管我学了一些皮毛，也掌握了一些基本方法，但实施起来肯定有难度，我的想法是PK到此结束，好好利用这100天，与经委、专家和企业一起，努力抓好方案的实施，闯出一条新路，干出实在的成绩。

活动实施：做！快做！扎实做！

（湖南省怡清源茶业有限公司代表参赛感想）

管理升级　升级视野

很荣幸，此次我公司参加了由长沙市经委主办、长沙市中小企业服务中心承办、长沙市成长型企业发展促进会协办的中小企业管理升级活动。虽然，本次管理升级活动还远远没有结束，但我们已有不少心得体会和收获，总结起来有以下3个方面的内容。

一、组委会对活动策划得非常认真、合理、细致

从7月预评估、讲评会、海选，到9月30家参赛企业核心团队的培训、方案的点评，每个环节紧紧相联，逻辑性非常强，细节很到位。

让我们感觉到政府提高中小企业管理水平的决心大、要求高，策划很合理，行动很认真。同时，也感觉到政府部门的服务意识在不断加强，职能也在逐步转换。

二、所请的教练非常专业、敬业

本次管理升级活动的教练员非常专业，具有丰富的理论知识和实践经验，在培训过程中将专业的知识，用通俗易懂的语言表达出来；对企业存在的问题提出针对性很强的意见和建议；对方案中存在的问题和缺陷均一一指出来。

无论是在培训过程中，还是在平时的电话咨询中，对所提出的问题均一一作答。让我们感觉到他们是一支高专业素质和职业道德的团队。

三、企业真正学会了一种管理方法、管理工具

通过前阶段的培训、方案制作，我们学会了提升管理水平的方法。

1. 制定企业战略的方法：从企业中长期目标开始，围绕企业的核心竞争力，构建企业的赢利模式，再落实到企业每年的目标和实施路径上。

2. 找到企业管理中瓶颈的方法，从瓶颈的三个特点来找瓶颈：是企业管理中落差最大的地方、是必要条件、是客观存在的事实。

3. 企业管理中的对阵方法："整体观"对阵"局部观"、"逻辑观"对阵"经验观"、"有效产出观"对阵"成本观"。

我们将会在接下来的管理升级活动中，按照制定的方案，逐步实施，及时总结和调整，完成既定的目标。

（长沙电缆附件有限公司代表参赛感想）

管理升级　扬帆起航

希望篇：秋风送爽，众望所期

在千百家中小企业热火朝天地忙于发展生产，面对管理难题而又无计可施的时候，长沙市经委和长沙市中小企业服务中心组织的管理升级活动，就像一缕凉爽的秋风，给企业带来了惬意，更带来了希望！

十百千管理升级是由长沙市经委和长沙市中小企业服务中心举办的，目的就是要通过这次活动，推动企业在管理方面切实得到提高和改善。

恰逢我们"耐普泵业"积极谋发展，迫切渴望做大做强的时刻，这一好消息的到来，引起了公司总经理及高管层的高度重视和响应：做强做大，管理必须升级！

为了抓住这次千载难逢的机会，前期我们做了充分的申请准备和努力，得到了全体员工的大力支持，通过了初期的专家调研和初期评分等环节，并在最后的筛选过程从138家中小企业中脱颖而出，进入前30强，有幸取得了参赛资格，入选了这次管理升级活动。

立志篇：雏鹰立志，腾飞可期

2010年9月2—6日，我们在石燕湖参加了管理升级学习训练，进行了三天四夜的封闭式学习训练。

训练课上，专家教授在企业管理方面做了精辟的讲解和具体的指导，对我们公司与会人员有很大的启发，对公司未来的发展有很大的帮助，更加坚定了我们"管理升级，做大做强"的信念，也树立了我们公司本次参赛的目标：不仅要比赛第一，更要

未来的发展第一！

盘点本阶段的训练学习，感受颇多，受益匪浅，既开阔了眼界和思维，许多疑问也在专家、教授那里得到了解决。

1. 战略方面。

"一人走百步，不如百人走一步"，李会军教授用这句话讲明了战略的目的。企业是一个由相互联系的部分构成的系统，一个人、一个部门的进步是微乎其微的，只有整个团队、整个企业的进步才能带来企业大的发展。

"战略就是把预算从1年延长至5年来做"，这句话从财务管理的角度对企业战略做了一个生动形象的阐释，而且强调了战略必须要做到实处，要能够落地，具体到管理的各个细节，点明了"好的战略让战术成为没有必要"的重要意义。

"整体观、逻辑观、有效产出观"，这是企业战略要树立的3个观念。整体观强调了企业各个部门之间相互联系、相互制约、共同发展的观念；逻辑观强调的是一种以逻辑引导思路，发现问题并解决问题的观念；有效产出观强调了要具备清晰的投资回报率的概念和效率意识，企业要有明确的产出目标和合理的成本投入，进行高效率的生产运作，才能获得有效的产出和利润回报，才能保障企业的生存和可持续发展。

2. 应用工具识别瓶颈方面。

按照"逻辑串常识"的方法，管理应该把复杂简单化，以一个简单的路径来解决问题，解决方案就是常识。

识别企业瓶颈可以以"价值链"为工具，以企业生产的各个环节构成链条，进行梳理分析，以发现问题，其中与目标差距最大、当前最薄弱的环节即为瓶颈。

"价值链"找瓶颈的思路可以作为一种工具，不仅仅适用于企业层面，而且还可以推广到各个部门，甚至为个人所用，来识别当前的工作问题，进行突破和解决。部门或个人的"价值链"，即以逻辑梳理出达成目标的工作流程，再以工作流程的环节构成一个链条。这种瓶颈识别的思路可以总结为：以"目标"为起点，找到达成目标的"充分条件"（构成一个链条），明确条件下的"瓶颈"，最后针对"瓶颈"突破解决。

3. 现场管理方面。

现场管理的课程最特别，也最令人难忘，发人深思。周化明博士以一组参赛企业生产现场的真实照片为素材，给大家上了一堂"耐人回味的教育课"，那些"反面教材"暴露了企业在现场管理中存在的安全、生产、库存等各个方面的问题，每一个问题都是一种潜在的隐患，都会给企业带来极大的危害和损失。从开始的哄笑，到后来寂静的沉思，现场管理的重要性深深地烙在了大家的心里。

通过本阶段的学习训练和专家的细心指导，我们准确找到了公司当前发展的瓶颈，并且针对瓶颈制订了详细的项目蓝图和项目实施计划，有条不紊地开始了项目实施工作。

起航篇：管理升级，扬帆起航

信心在我们心中，思想在我们脑中，工作在我们手中。

蓝图虽已绘制，"百日升级"才刚刚开始。路虽远，行则将至；事虽难，做则必成。让我们借长沙市经委和长沙市中小企业服务中心开展"管理升级"的东风，为将我们企业从"小巨人"打造为真正的"巨人"而奋发努力！

管理升级这艘"胜利之舰"，满载着我们员工踊跃"升级"的满腔热情，满载着我们企业"我要升级"的热切渴望，满载着我们市政府对"企业升级"的殷切期望，正飞速奔向通往胜利的大洋彼岸，乘风破浪，势不可当！

（湖南耐普泵业有限公司代表参赛感想）

我与"管理升级"活动的亲密接触

一直以来就有记日记的习惯，三言两语的点滴生活，串起来却是人生的一段段或平淡或灿烂的历程。作为企业的参与者，我有幸从这个晚春到深秋，乃至寒冬，一起经历长沙市经委主办的管理升级活动，一起实践着从"要我升级"到"我要升级"的难忘转身。

2010 年 4 月 30 日　星期五　晴

明天就是"五一"小长假了，市经委今天在湖南宾馆召开"小巨人企业年会"。上午花了大量的时间讲中小企业的管理升级，没太明白是怎么回事，只记得有 20 万的政府奖励，反正有相关的资料文件，具体是什么回去再研究吧。

下午去宁乡楚天科技、长高高压参观，见证了长沙典型民营企业的发展历程。楚天科技已经经历了创业的历练，成为了细分行业的龙头，而长高高压正跨入资本市场，即将开始凤凰涅槃。

2010 年 6 月 11 日　星期五　晴

今天管理升级的专家团队要来公司预评估，长沙市中小企业服务中心早就已经提出要求——董事长、高管和各部门经理都得参加，这个要求可真高，二三十个管理人员可是 200 多个小时的工作时间呐！

幸好一天的时间下来专家们给我们诊出了一些问题，带来了一些新的理念。尤其是财务如何提高资金的周转效率能给企业创造财富。临走前欧主任告诉我会给我们一个评价报告，会是什么样的结果呢？期待中……

2010 年 7 月 22 日　星期四　多云

总经办主任今天从经委回来，说管理升级要搞 6 步 PK，抓狂了！

2010 年 7 月 30 日　星期五　晴

似乎管理升级的时间都是在星期五，今天的管理升级擂台赛动员会又是如此。按会议的要求老板亲自带队。会议议程简单、务实，杨勇老师做的《长沙市中小企业预评估报告》很精彩，他提出的观点一语中的，我们都特别赞同，我边听边记，写了两大页。老板拿到了预评估报告一直在研究，说有水平。

2010 年 8 月 20 日　星期五　晴

一早就拿着老板的授权委托书来参加管理升级海选的答辩，听说报名参赛的企业有 130 多家，入围的只有 30 个名额，好好表现，一定要突出重围。

2010 年 9 月 2 日　星期四　晴

下午还不到 4 点，老板就来办公室催我们早点出发，从今晚开始要在石燕湖进行为期三天四晚的管理升级封闭学习。老板送我们来的路上车发生了一点意外，学习为重，我们决定花钱买时间，没有等保险公司勘查员和交警叔叔。

此行不但学习，还要考试，且签了承诺书，预交了 5 万元保证金，一行 3 人感觉挺有压力。

2010 年 9 月 6 日　星期五　晴

上午宣布考试成绩。一开始杨勇老师就在渲染气氛说有 4 家企业不及格，最低的只得了 5 分，好紧张！分数出来了，我们排第 20 名，觉得脸上有点发烧，真后悔昨天没有再多花点时间将答卷好好完善。"革命尚未成功，同志仍需努力"，回公司后一定按教练们的指点认真修改。

2010 年 9 月 10 日　星期五　晴

今天有一起参加训练营的其他两家企业来我公司一起接受教练的辅导。一大早就接到了胜通汽配罗总的电话，到办公楼下面去接他们被吓了一跳，呼啦啦竟然来了二三十号人，罗总说机会难得，把他们的管理骨干都派来了。今天来了三位重量级的教练，说话直奔主题，切中要害，尤其是周博士，发现问题不留情面。我们的方案，特别是行动计划欠缺的地方还有很多。乖乖，好好改作业吧，明天还要交呢！

（长沙开元仪器有限公司代表参赛感想）

掌握方法　运用工具　聚焦瓶颈　快速突破

当企业面临品牌推广缓慢、计划分解流转时间长、采购交货不及时、铸件报废率居高不下、生产交货及时率低等诸多问题时，我们一直在思索：什么是企业当前发展的瓶颈，如何找准发展瓶颈？该选择什么样的管理方法或模式去快速突破瓶颈制约？如何有效提升企业整体管理水平……

正当我们困惑、焦虑时，由长沙市经委、长沙市中小企业服务中心组织开展的"长沙市中小工业企业十百千管理升级擂台赛"为我们指明了一条解决之道，对于像我们这样正迫切需要整体提升的企业来说，这无疑是一场久旱后的及时雨。

三天四夜的全封闭式的企业管理升级的培训学习，使我们在企业管理方面有了更多的思考和感触，也收获了不少。

一、学会了用整体观、逻辑观、有效产出观来思考问题

一个冷暖空调，不同的部件按一定的规律协同工作，或制冷或加热。自动调温器在这里就好比一种反馈机制，温度计持续地检查温度，传递系统冷热程度信息，系统根据信息自动进行冷热调节。这就是个体与整体、部件与系统的关系，既复杂又简单。

企业管理也是如此，员工、部门、流程、制度、文化，看似简单独立，但却通过不断的组合、协作、运转，形成了复杂的组织系统——企业。为此，我们就要学会从整体与系统的角度，运用逻辑的思维，按照有效产出的原则，来分析、解决企业管理中的问题。

二、掌握了一系列有效的分析方法与管理工具

企业的愿景与目标决定企业的发展方向，企业的产品与市场决定企业的生产，企业的管理方法与模式决定了管理的有效性。

通过几天的学习，我们初步了解了对阵分析的管理方法，明白了如何从明确目标及目标分解出发，寻找目标实现的充分条件，再准确找出企业发展中存在的瓶颈，然后再聚焦资源与能力，实现瓶颈的快速突破，以推动企业目标的达成。

我们对项目管理的理解更为深刻：项目管理是变理想为现实，化抽象为具体的一门艺术，企业看似复杂的整体管理都可以转化为单个的管理项目，再按照项目管理的流程和实际情况制订WBS，让我们的执行变得更简单有效。

三、重点查找出公司发展的瓶颈

"打蛇打七寸"。我们知道，解决问题只有抓准了"七寸"才能取得决定性的效果。

"天鹅泵业"要想快速发展，就必须先找出自己的"七寸"——也就是真正制约公司发展的瓶颈。但什么才是公司发展的瓶颈——产、供、销？研发设计？制度流程……

我们在教练老师的指导下，运用培训所学的对阵方法和聚焦的原理，从企业的战略目标出发，通过对价值链与流程的分析，反复讨论，最终将公司目前的瓶颈锁定在"生产交货及时率"上，并立马组建了由生产总监挂帅的瓶颈项目突破实施小组，制订了详细的瓶颈项目突破实施计划。

总的说来，这次由长沙市经委、长沙市中小企业服务中心组织开展的管理升级擂台赛培训与学习，对提升我们企业自主管理意识和管理能力，形成企业自主开展管理升级的浓厚氛围，产生了极大的效果。

我们"天鹅泵业"也将理论结合实践，认真积极开展管理自查，充分利用政府为企业提供的有利条件和帮助，沿着"找准界定—解决突破—快稳提升"的企业瓶颈解决方法，快速解决制约，真正提升企业整体管理水平，从而走出一条稳健、快速发展的路子。

（长沙天鹅泵业有限公司代表参赛感想）

管理升级使圣得西软实力大幅提升

"圣得西"经过 21 年的发展，目前已成长为一家全国知名服装企业。2010 年年初，"圣得西"总部正式搬迁至金洲新区"圣得西时尚产业园"，在良好的硬件环境和行业发展机遇下，如何提升软实力已成为当务之急。

正当"圣得西"为此积极探索之时，长沙市委、市政府出台了《引导企业加强管理，推动企业全面升级的意见》，市经委立即组织开展了管理升级活动，可谓是一场"及时雨"。"圣得西"利用这次机会，积极参与相关活动，管理升级工作已初见成效。

从开始到现在，"圣得西"对于管理升级项目就相当的重视。立项之初，董事长罗文亮便亲自挂帅组建领导班子，召开全员推进大会。之后，又积极参加市经委组织的"管理升级大讲坛""管理升级预评估""总监培训班"等活动，邀请周博士、杨教授等专家进行现场指导和培训，联系实际，在公司生产、管理、营销等各条战线推行新管理模式、新流程。

通过这一系列动作，"圣得西"已找到了发展的瓶颈问题，并运用系统逻辑观、目标蓝图分析工具，制订了招商开店工作推进计划，以及相关员工培训计划。

一、"圣得西"的主要收获

1. 认识到了自身差距。

长沙市经委派出了大批具有丰富实战经验的专家深入"圣得西"调研指导，并依据《评价体系》开展预评估活动，出具的《预评估审核报告》详细、客观、清晰地指出了"圣得西"的差距所在。

比如，在战略规划方面，有宏大的目标，但在执行的过程中往往是目标不够聚焦，资源配置不合理，行动力度不够大，导致依然是稳打稳扎、平稳增长；在现场管理方面，虽然导入了6S管理，有了不少标语、标识及评分标准，但还没有挖到深处、落到实处；在绩效管理方面，形式上坚持得很不错，但没有起到人力资源开发的作用，对业绩的促进作用也不明显。

2. 明确了升级方向。

《评价体系》科学、系统，为企业管理升级提供了明确的方向和行动框架。其中，综合指标体现了企业成长的核心评价维度，可以直接作为"圣得西"的成长目标。管理指标中的法人治理结构、人力资源管理、基础管理等7个部分为管理升级明确了着力点，可以直接作为"圣得西"的管理升级行动计划。

3. 管理改进初见成效。

"圣得西"结合《评价体系》的管理指标和评分细则，狠抓改进、落实，取得了初步成效。

现场管理方面，根据五常法的理念，进行图示化、样板化管理，这种方式简单易懂，让员工一看就会，一做就好。活动开展仅一个星期，省市领导就陪同温总理前往"圣得西"视察，对现场管理给予了充分肯定。

绩效管理方面，"圣得西"结合新的指导原则，对绩效指标逐一审核，使指标体系更加精简，导向性更强。过去，"圣得西"侧重于督促员工达成目标，现在采用职业素质加权平均的方式，更侧重于达成目标的能力训练，在人力资本快速成长的同时，自动自发地超额完成目标。

在质量管理方面，重新梳理了质量体系文件框架，并逐个讨论修改，变成完全可执行的程序文件，把严格执行程序文件当做增强执行力的工具。

技术创新方面，重新审视技术创新的思路和工作计划，加大投入，加快创建省服装工程技术中心。同时，继巴黎设计中心之后，又引进日本著名设计师，成立东京设计中心和中国时尚商务男装色彩研发基地。技术创新的能力以及将技术转化为效益的能力明显提升。

随着管理升级活动日渐深入，"圣得西"的体会也越来越深刻。

二、管理升级项目组成员的体会

1. 管理升级要以《评价体系》为行动指南。

必须以"我要升级"的主动心态，对照《评价体系》逐项寻找差距，寻求方法，逐个改善提升。

2. 管理升级要善于借助外脑。

在"圣得西"的发展历程中，与国际著名设计师、国内著名管理咨询机构都有过成功合作，取得了良好的效果。这次借长沙市委、市政府推动中小企业管理升级的发展机遇，积极寻求外脑支持，乘势而上，创优争先。

3. 管理升级要狠抓执行力。

只有狠抓执行力，才能使每项改进落实彻底，并得到固化。连续几个月来，"圣得西"多次邀请外部专家及培训机构进行指导，或开展管理人员的执行力训练，以保证这次管理升级活动取得最佳成效。

"圣得西"管理团队相信，只要深刻领悟，积极参与，借助管理升级这样一股东风，企业发展必将取得重大突破。

（湖南东方时装有限公司代表参赛感想）

务实求真　探索管理升级之路

管理是一门科学，还是一门艺术，是否有规律可循？

管理是简单，还是复杂，怎样才能让复杂变得简单呢？

……

从事管理工作多年，日思夜想的问题却始终没有得到一个让自己心悦诚服的答案。参加了长沙市中小企业十百千管理升级擂台赛后，我豁然开朗：成功一定有方法！

从提交资料报名参赛，到领导、专家现场评审，我们理解了政府的务实求真；从参加擂台赛宣导大会，聆听36家企业整体分体评估报告，到现场答辩过关，再到对项目表单填写的指导，我们理解了政府的用心良苦。

在三天四晚的学习中，预评估专家组与长沙市中小企业服务中心一起，全程陪同，视企业如战友，同吃同住同学习，从方法论和应用工具的熟悉掌握，到解决方案的制定，30多家企业会聚一堂，一次又一次地演练工具，一次又一次地求证优化，而老师更是辛勤劳作，一遍又一遍地教，耐心指导、纠偏，让我们都在现场完成了解决瓶颈问题的初步方案设计。这使我们真切地感受了市经委领导、中小企业服务中心和专家们高度敬业的态度……

成功一定有方法！授人以鱼，不如授人以渔！政府搭台，企业唱戏，专家们将成功的经验、科学的方法与工具倾囊相助，我们从心底里充满无限感激和深深敬意！

执行方案的预评审已结束了，当签下《方案执行承诺书》重重落笔的那一刹那，我感觉任重道远，对于方盛管理的整体升级工作才刚刚开始。项目方案的制定与执行让我们经历了一场轰轰烈烈的思维革命，学会的是一种方法和工具，而更加重要、更加关键的是将这种方法在公司管理的各个层面加以运用，发扬光大，如此才能对公司整体的发展起到重大的推动作用。

企业的发展与成长不可能一蹴而就，而是逐步累积，逐步完善的。我们将不断寻找最适合自己的方法和道路，不断进步，不断成长，如此才不负政府和专家们的一片苦心。

（湖南方盛制药股份有限公司代表参赛感想）

管理升级：中小企业稳健发展的助推器

长沙正忠科技发展有限公司（以下简称"正忠科技"）自 2003 年成立，伴随中国煤炭行业的持续景气，公司产值和利润每年以 30%~50% 的速度快速增长，由 2003 年的 1000 万元，到 2009 年超过 9000 万元。公司较为顺利地度过了生存期，进入稳步发展时期。

此时，该如何让企业保持较快的发展速度，迅速地把企业做大做强呢？正在我们公司上下进行积极探索之际，长沙市中小企业服务中心组织实施中小企业管理升级培训，真像一场及时雨，让我们公司管理团队受益良多。

一、管理升级是中小企业做大做强的核驱力

管理出效益，这是管理学的核心内容。然而管理也需要成本，中小企业创业之初，人财物相对较少，为了节约成本，往往是粗放式的管理。企业强调市场的开拓、短期利益和高回报。随着中小企业度过艰难的生存期，逐步走向成熟之后，发展速度也明显放缓。究其缘由，往往是内部管理制约着公司的稳步快速发展。提升管理水平，成为中小企业保持持续快速发展的首要任务。

管理升级，是指一个企业在完成了原始积累，进入相对的稳定期时所涉及的一种发展策略。管理升级最终的目标是使企业运作更加规范化，从而走上稳步发展的道路。

"正忠科技"在 2003—2007 年的第一个 5 年里完成了原始积累，并迅速壮大和发展；而 2008 年，公司搬入新的生产基地，开始了新的发展里程。作为矿山架空乘人索道产业龙头，我们对企业管理升级的要求迫在眉睫，只有通过管理升级，才能让我们的企业管理"更上一层楼"，才能在稳固阶段取得更大的胜利。并不是说我们不提升管理就生存不下去，但是管理升级可以让我们的企业往正规化发展，也可以让我们发展得更快。

过去那种比较粗放、随意、原始的管理方式应该淘汰，对于任何一家有抱负的企业而言，实现管理升级都已经成为一种趋势和必然，因为只有这样，我们才能保持持续的竞争力，永葆基业长青。

二、理论与实践结合的模式，增强了管理升级培训的针对性和实用性

究竟如何才能成功实现管理升级？企业的生存力和发展力究竟又该如何取得？追根究底就在于学习，持续不断的学习。当然，学习应该不仅是理论知识的增长，更是管理实践能力的提高。正如这次长沙市中小企业服务中心组织的中小企业管理升级培训学习一样，是理论与实践有机的结合。培训教授们不仅引用国内外的典型案例，还就地取材，选取参加培训的企业进行解剖，增强了培训的针对性。由于身边企业大多处于相似的生存环境中，这些案例分析更容易产生共鸣，具有更好的参考价值。

三、竞赛型培训方式，提高了学习成效

中小民营企业自其成立之日起就身处激烈的市场竞争环境中，敢于竞争、善于竞争、乐于竞争，是企业的天性。将竞争机制引入培训之中，既活跃了培训气氛，又改进了培训效果。

长沙市中小企业服务中心对自愿参加管理升级培训企业的管理层进行集中培训、统一部署，在企业间开展管理升级活动竞赛，各企业既相互学习相互交流，又相互竞争相互激励，提高了学习培训的积极性。我们正忠科技公司管理层不仅认真聆听专家讲座，而且课后结合公司管理实际展开认真讨论和研究。

为了赢得竞赛，公司管理层主动放弃节假日休息，运用所学知识，分析公司管理中存在的问题，寻找公司管理短板，从而制订解决办法。目前，公司不仅成立了管理升级领导小组，组织召开动员会和任务分解落实的会议，还成立了多个行动小组，切实解决阻碍公司快速发展的管理问题。

管理升级竞赛活动激发了公司每一位员工的热情，正忠科技呈现出一番奋勇争先、生气蓬勃的景象。

（长沙正忠科技发展有限公司代表参赛感想）

管理升级　势在必行

为了加强企业管理，促进企业发展，我公司于2010年申报了长沙市经委组织的管理达标评定活动，力争通过借力政府推动，引入专家诊断，系统整治管理现状，全员行动，实现管理达标升级。

通过集中学习，专家指导，运用对阵方法梳理价值链，公司将"中晚稻收购"作为"瓶颈突破"目标，并制订了"中晚稻收购"项目实施计划，作为长沙市十百千管理升级擂台赛参赛案例。到目前为止，"管理升级"活动在公司已经实施了一个月左右的时间，在取得成绩的同时也看到了一些不足，借此机会谈谈自己的一些心得。

一、要有领导重视

总经理余有德、常务副总经理王杜平、副总经理杨迈红、姜毅参加了公司9月9日召开的"管理升级"擂台赛碰头会，会议明确了管理升级的具体目标、实施步骤以及指导方法，并成立了以总经理为组长、副总经理为副组长的"管理升级"领导小组，负责组织推进管理升级达标工作。领导小组在每周周会上针对管理升级实施过程中存在的问题和不足进行讨论，并提出整改意见，使管理方法更加明确。

二、要有制度保障

为了切实加强管理，明确任务，强化责任，规范考核，确保"管理升级"活动的顺利进行，公司以红头文件的形式下发了《2010中晚稻收购方案》（以下简称《方案》）。《方案》对收购工作作了详细的要求和部署，并由项目负责人将任务进行层层分解，做到人人有任务，人人负责任，管理效率有了质的变化。

三、要有员工配合

员工的工作直接关系着收购任务，关系着我们的经营业绩。只有通过有效的员工管理，实现从基层班组到个人组织严密、遵章守纪、服从命令，我们才能做好管理升级中最基础的工作。

《方案》公布后，仓储生产部立即加强对员工的业务知识培训和规章制度学习，把《方案》的任务和要求及时传达到员工，使员工的工作目标和公司的组织目标高度结合，使管理目标有了新的变化。

四、要有专业指导

"管理升级"是一个系统工程，不仅需要企业的高度参与，坚强有力的制度保障以及员工的积极配合，更需要科学的指导。公司在"管理升级"过程中并非一帆风顺，尤其是目标蓝图和项目实施计划的制订一度陷入困境。通过市经委安排的黄俊、钟潇江两位管理专家深入细致的专业指导，目标蓝图和项目实施计划逐渐完善，使管理过程更加科学。

"管理升级"是学习掌握先进管理工具的契机，是转变管理观念，夯实管理基础的平台，通过"管理升级"活动，我们以更"积极、务实、创新"的精神开展工作，把项目实施计划作为工作目标，着力提高管理水平，提升工作效率和企业效益。

（湖南金山粮油食品有限公司代表参赛感想）

诚心诚意帮企业，实实在在做咨询

从 2010 年 4 月接到通知，到参加培训，再到现在执行方案，公司参加由长沙市工业和信息化委员会主办、长沙市中小企业服务中心承办的十百千管理升级擂台赛活动已经过去了半年时间。在这半年里，通过承办方组织的一系列活动，我们真切地感受到，这次的管理升级活动不像以前的一些简单的培训活动，流于形式，而是政府为促进长沙市中小企业发展所做的一件真正意义的政绩工程。同时，为此次活动提供智力支持的公司——效果企业管理咨询有限公司也不同于一般的咨询公司，他们没有照搬书本的条条框框，而是从企业的实际需求出发，提供思路和工具，启发企业自己去思考，自己找到解决问题的办法，真正提升了企业自身的管理"内功"。

活动进行到现在，我们感受最深的有以下三点。

一、管理的系统观

系统化管理的概念不是今天提出的，但之前企业只是有一个印象，知道有这么一回事，而对于企业的发展有多大关系并不了解。在此次培训过程中，通过对阵方法论，当企业的老总们层层剖析自己企业发展的问题时，才发现之前自己认为的管理问题可能只是一个点的问题，要解决这个问题可能还要牵涉到和这个点相关的方方面面。比如，当企业的销售很好时，如果生产跟不上、采购跟不上，公司就面临花大力气开发的客户因供货不及时而丢失的风险；而当生产和采购很好时，如果销售打不开局面，采购再多的原料、生产再好的产品都会积压，威胁公司的资金链。所以，我们要想把企业做大，不能头痛医头，脚痛医脚，而是要有系统的思考解决方案。

二、管理的逻辑观

在参加培训、制定方案的过程中，我们在寻找解决方案的时候惊奇地发现，其实很多方案和思路公司已经在做或者有了想法，但在执行过程中却没有把这些思路和方法用逻辑观串在一起，导致我们的很多工作没有很坚决地贯彻执行，或者某些不是企业发展的关键问题，我们投入太多的精力，而那些需要马上解决的瓶颈问题，我们投入的精力太少，考虑得还不够充分。打个比方，在一台法拉利赛车组装之前，虽然它的各个零件都是顶级的，但如果不把它们组装好，这些零件永远都不能成为世界名车，永远也不能在赛场上驰骋。所以，通过这次学习，公司的决策层和执行层认真地按老师提供给公司的思路，反思了企业发展的现状，用逻辑观对我们日常的一些管理动作进行了梳理，使企业的管理效率大大提高。

三、有效投入产出观

小企业和大企业最大的区别之一就是大企业有详细的预算管理系统，大企业花的每分钱都要经过一个评估，以便来判断花的值不值。但我们的中小企业可能往往忽视这个系统，所以公司在花钱时一没有评估、二没有方向，最后不仅出现大量浪费，更可怕的是没有将有限的资源投入到企业最需要的地方，丧失了企业快速发展壮大的机会，付出了极大的机会成本。有效产出观告诉我们，企业不要怕投入，如果有两个项目：一个项目投入10万元产出15万元，另一个投入20万元产出40万元，企业就不能仅凭投入的多少来判断项目的可行性，而是应该看投入产出率。这种观念导入我们企业后，公司立即开始了客户的利润贡献率、营销人员的个人贡献率、生产人员的生产产出率等一系列分析工作。这样做，使企业的决策层更加清晰了公司的运营真相，为后续的管理升级打下了坚实的基础。

以上这些只是在这次活动中一些管理观念的收获，仅仅凭这些观念的改变，公司目前的管理水平和业务量已经得到了显著提升。我相信随着这次活动的深入开展，将会有更多新的收获，还会取得不断的进步。

在此，我们特别感谢主办方、承办方、协办方和智力支持公司。我们相信通过政府的引导，咨询公司的支持和企业自身全身心的参与，一定会实现十百千管理升级擂台赛的目标，实现政府、咨询公司和企业的"三赢"，实现长沙市所有中小企业的共同成长！

（长沙兴嘉生物工程股份有限公司代表参赛感想）

附录4：部分教练体验和心得

百日沧桑

教练：杨　勇

大道其昌浩浩荡荡
但人间正道多沧桑

当所有的人都在关注你飞得有多高时
却很少有人关注你飞翔时的
汗水、血泪和忧伤
当所有的人都在关注你走得有多好时
却很少有人关注你一路走来的
艰辛、奋斗和彷徨

企业前进的路啊
从来就没有一路坦荡
怒放的鲜花　刺眼的镁光灯
点燃了发酵的空气
大地之下
才知道根系盘结　广纳滋养
成就百年的大树　蓝天的梦想

领导和服务没有了高高在上
专家也不再隔靴搔痒　单刀直入写文章
擂台赛六道门槛前，没有谁轻言放弃

因为企业家的热血如往

分分合合中奔向的那扇门啊
阳光透漏出生长的希望
石燕湖的醉人风光啊
难掩二月花　三秋树
简单有效激起的心潮奔放
方案推敲　沙场练兵
古寺钟声唤起远古谋略的不凡力量

阳光下的竞技场，让我们
相约百日
再论短长

感动常在"胸怀"

教练：李会军

长沙市中小工业企业十百千管理升级擂台赛已进入方案定案优化阶段了，作为本次擂台赛的直接参与者和教练组组长，我每天都在被每个人、每件事所感动。其中，我将最让我感动的总结为四种"胸怀"。

一种"胸怀"是"高远"

这种胸怀的代表者是以长沙工信委为代表的政府领导，他们以企业核心竞争力必须通过管理软实力提升对长沙企业进行准确的把脉，并以构建长沙企业产业集群和将湘货打造成全国、世界品牌为目标，主导策划、实施、参与、推动了利企、利湘、利国的管理升级活动。这种胸怀的另一个代表是长沙企业，以革命精神为导向的湘商正以高远的追求，为长沙、湖南的经济、社会发展进行着伟大的追求。

一种"胸怀"是"渴求"

"渴求"的另一个视角是"谦虚"，还有一个视角是"扬弃"，这种胸怀的代表是企业。他们以否定之否定的心胸不断地进行自我的更新，不断地渴求企业的发展壮大，不断地渴求企业的经济和社会效益的最大化，不断地渴求通过学习创新之后的知识积累，实现自己的梦想和目标。

一种"胸怀"是"协作"

这种胸怀的代表是长沙市中小企业服务中心，他们充分发挥自己的桥梁和纽带作用，通过各种方法将政府对企业的服务和扶植进行着有效落实。同时，参与管理升级活动的各方都以自己的角色定位进行着有效的协作，各负其责，各尽其能，保证了管理升级工作的有序、高效推进。

一种"胸怀"是"付出"

这种胸怀的代表是以深圳效果公司为主组建的教练团队和后勤服务团队，他们以"我为人人，人人为我"为宗旨和目标，积极地贡献智慧和力量。参与管理升级活动的各方也都身体力行地"付出"，因为大家知道，付出才能回报，付出才会回报，付出也一定会有回报。

"高远""渴求""协作""付出"，这是一个优秀团队具备的最可贵的品格。四种胸怀合在一起，构成了长沙市中小工业企业十百千管理升级擂台赛参与各方，这个阳光和前进的团队。

这个团队为了共同的目标正在努力。这种努力可能不仅仅在实现"管理升级"这个目标，还在创造政府、企业、服务组织这个完美的"生态链"。

这个生态链通过长沙市中小工业企业十百千管理升级擂台赛这个载体，正在创造着一个推动中国区域经济发展的"长沙管理升级模式"。

这个团队通过各自互补的胸怀正在有效地相互感动，使大家一起在感动中学习，在感动中工作，在感动中进步，在感动中向着大家共同的目标努力。

逻辑的力量

教练：李会军

长沙市中小企业十百千管理升级擂台赛自 2010 年 8 月底开赛以来，30 家企业通过 5 步 PK 正在有效地实施着瓶颈的突破。在短短的一个多月的时间里，瓶颈突破的效果在一个个企业展现，正如有的企业负责人所说的，效果已经可以预见。

湖南宇环同心数控机床有限公司 2011 年将有望实现 2010 年 4 倍的销售收入。

湖南省怡清源茶业有限公司在 100 天实践时间过去 1/4 的情况下目标任务已经过半。

湖南辰泰电子信息技术有限公司在全年目标基础上追加 20% 的目标，也将能够完成。

湖南耐普泵业有限公司 9 月份单月完成上半年一半订单量，全年订单量将是去年的 2.4 倍。

……

　　到相关企业服务，听到最多的就是"我想到了，就是没有把这件事重点做"，而此次长沙市中小企业十百千管理升级擂台赛所进行的瓶颈突破为什么能做到这一点？

　　我们可以说：一个个鲜活的案例在证明一点——逻辑的力量。

一、什么是逻辑

　　逻辑（logic）是在形象思维和直觉顿悟思维基础上对客观世界的进一步的抽象，所谓抽象是认识客观世界时舍弃个别的、非本质的属性，抽出共同的、本质的属性的过程，是形成概念的必要手段。

　　逻辑思维（logical thinking），是指人们在认识过程中借助于概念、判断、推理等思维形式能动地反映客观现实的理性认识过程，又称理论思维。

　　逻辑推理就是把不同排列顺序的意识进行相关性的推导。

　　此次长沙市十百千管理升级擂台赛各企业的成功正是运用逻辑的结果！

　　因为，他们共同应用的方法——对阵方法，就是逻辑串联常识的方法，只有正确地运用方法，才是正确地运用逻辑，运用逻辑思维，运用逻辑推理，这样一定能获得好的效果。

二、对阵方法的逻辑

　　1. 做任何事情都要以目标作为出发点，而这个目标一定是可量化可衡量的目标。

　　2. 做成任何事情达成目标，必须明确达成目标的充分条件，也就是要做几件重要的事才能达成目标。因为某些重要的条件一旦遗漏就不能保证目标达成。同时，这些充分条件也一定要进行有效量化。

　　3. 达成目标的充分条件需要通过先后次序进行梳理，也就是明确工作流程，在正确的时间做错误的事和在错误的时间做正确的事都不能将事情做好，即使是充分条件。

　　4. 依据上述逻辑继续分解，找到真正的影响因素和关键控制点，并对此有效突破，保证目标达成。

　　只要有效地遵循和遵守了对阵方法的逻辑，长沙市十百千管理升级擂台赛参与企业就一定能够并且已经取得瓶颈的有效突破了。

　　长沙市十百千管理升级擂台赛参与企业的成功，正是充分运用对阵方法的成功，也是逻辑的成功。

　　也可以说，方法大于经验，逻辑大于经验。

突破瓶颈就是管理系统的全面升级

教练: 李会军

长沙市中小工业企业十百千管理升级活动自 2010 年 6 月开展以来, 特别是长沙市中小工业企业十百千管理升级擂台赛自 2010 年 8 月底开展以来, 有些企业对突破瓶颈和企业管理升级感到有些不好理解, 觉得既然是企业的管理升级, 一定就是全面升级了, 而瓶颈只是管理系统的一个方面。如果这样理解, 那么突破瓶颈是否又是管理升级一个偷换概念的炒作呢?

有上述理解的企业, 实际上没有理解系统和局部、整体推进和重点突破、系统规划和分步实施的内涵, 没有真正理解管理和管理升级的真谛, 也没有真正理解长沙市工信委领导的良苦用心。

要改变这种认识需要做到三点思想认识突破: 一是用系统观突破局部观; 二是突出重点, 聚焦资源; 三是循序渐进, 持续改善。

要做到用系统观突破局部观就是要将企业看成一个系统, 管理的相关职能和要素就是影响管理系统(企业)的一个局部, 提升管理系统能力的过程实际上就是有效进行管理系统和管理职能详细分析的过程, 就是系统把握并明确重点局部影响因素的过程。

管理系统一旦定义, 将系统按照目标、价值链或者资源条件进行梳理, 就会发现影响企业管理系统的因素虽然有很多, 但总有一个最大、最重要的因素。此因素一旦突破, 一方面将带来管理总体水平上升, 另一方面还会对其他管理起到促进的作用。在企业资源条件一定的情况下"集中力量打歼灭战"将是管理系统全面升级的最佳选择。

企业管理全面升级不是一朝之功, 也不可能"毕其功于一役", 第一个影响最大的因素突破之后, 第二个影响因素就会成为最大因素, 企业必须围绕这个影响因素再次有效实施突破, 这就是所谓管理的 PDCA 循环。可以说, 只有如此, 企业才会实现管理系统的全面升级。

管理升级和瓶颈突破可以用"木桶理论"来形象理解。系统的管理相当于组成木桶的每块木板, 瓶颈相当于木桶中最短的木板, 最短的木板一旦补长, 木桶盛水量自然大增, 补完这块最短的木板再补第二块, 木桶盛水量将持续增加, 管理也自然全面升级。

只要长沙市中小工业企业十百千管理升级擂台赛参与企业充分发挥自主管理升级积极性, 将学到的方法在内部有效复制推广, 建立内部管理 PDCA 升级体系, 瓶颈的一个个突破过程也就是企业管理系统全面升级的过程。

让我们扎扎实实在企业这个繁杂的管理系统中识别瓶颈，不断通过瓶颈突破实现管理的 PDCA 循环。这是管理真正取得全面升级的唯一路径，虽然艰辛，但只要我们坚持走下去，就一定能够成功。

我的方案，我执行

教练：李会军

我们中小企业管理升级教练组，自九月中旬开始对长沙市中小工业企业十百千管理升级擂台赛的企业进行辅导以来，一个个鲜活的事例在鼓舞着我们，我们基本可以得出结论：大部分企业的瓶颈正在突破。

在这个过程中，我们也听到很多相关企业的领导在方案推进过程中产生了很多感慨："我们参加过很多的培训和训练，从来没有见过这样将繁杂问题简单化的方法""为什么没有更早一点碰到你们""过去很多事情都想到了，就是没有集中力量去做""过去都是咨询公司给我们提出方案，这次是你们引导我们企业自己做方案，自己执行""这次真正叫做授人以渔"……

通过此次长沙市中小工业企业十百千管理升级擂台赛几个阶段的实践，长沙市的企业家有的已经看到了此次效果咨询公司作为政府服务职能外包进行管理咨询，区别于其他管理咨询公司的一个显著特点——企业自己制作方案，教练只是提供逻辑引导，方案最终由企业完成，由企业执行。

这个特点，实际上是突破过去咨询公司传统咨询模式的一个创造，突破了过去企业解决问题的方法的一个创造。

第一，它改变了过去外来的方案在企业内部特别是执行部门（不一定是企业领导）不理解、不接受、不认可、不执行的"四不"现象，更容易使企业内部对问题达成共识，对问题产生的原因达成共识，对执行方案达成共识。因为这个方案是大家一点点按照逻辑推导出来的，是自己识别并完成的。

第二，打破了过去由一两个精英制订方案的局面，过去由于不是团队员工提出的方案，没有参与，难以理解，再加之企业内部方案执行宣传贯彻不到位，方案执行在每个团队成员中都会打折扣，最终方案效果一定会更加打折扣。而此次由企业组建跨职能的项目团队，由团队成员一起贡献智慧，大家一起制订方案。因为方案是自己智慧的结晶，团队成员全程参与，了解和掌握执行方案的要点，所以执行时根本不需要进行培训，且即使方案不完美，因为成员了解情况，执行时可能做得比方案本身还要完美。

"我的方案，我执行"。长沙市中小工业企业十百千管理升级擂台赛参与企业正是在按照这样的行为模式改变，这种改变也将发挥更大的创造力，促进企业真正达到瓶颈突破，实现管理升级。

一个教练辅导工作的一天

教练：黄　俊

早上 6：20—6：30，深秋的长沙寒意浓浓，天还没亮，闹钟连响了好几遍，但是睡意仍浓，虽然实在不想起床，但也不得不起，否则就得迟到了……

6：30—7：20，洗漱、更衣、梳头、吃一片面包、喝一杯热奶茶。

每一个环节都得快点，否则又要迟到了。我总是要忍不住一再告诉自己，女人就是琐碎，要护肤、要化妆、要仔细梳头、要考虑穿什么，零零碎碎，没完没了。男人多好，套上西装，没洗脸也很酷。

7：20—7：40，下楼，到街边等的士。

早晨的空气虽然好，但时间一紧迫就给忽略了，所以想起来时就猛吸几口，心理暗示一下：多么美好的一天啊！

友谊路段这几年越来越旺了，但是清晨还是非常地清静，少有的士出没，所以运气不好就得等很久，迟一点韶山路上就会堵得一塌糊涂，哎！

7：40—8：30，坐上的士前往维一新城，听着 radio 播报交通消息，今天路况还好，心情略微放松。

8：30—9：20，在维一新城会到团队伙伴，再坐上××企业的接送车辆。一路上顺便和司机聊聊天。司机也真不容易，一大早从城外冲进交通堵塞的长沙城里，又从城里冲出到城外。天天如是的话，会不会抑郁呢？

9：30—12：00，到达××企业的会议室，与企业的"管理提升"项目小组的组长和组员们见面寒暄落座，开始一天的工作。

××企业的瓶颈突破目标是在百日内将"生产交付准时率从 70% 提高至 95%"，实现目标的充分条件涉及销售沟通、设计、供应、总装等各个方面，而行动策略则是颁布几个对应的规章制度。

几个制度的制定和推行就能使交付率得到提升吗？影响交付的各个环节里都是哪些要素在制约着交付率和计划完成率呢？

教练带着这样的困惑，如层层剥笋般不断地向项目组发问，对待诸多影响交付的问题，教练要求项目组以数据说话，求证影响的主次和影响的大小。

一些问题逐渐浮出水面，而一些环节依旧缠绕不清……

项目小组长突然宣布，他有豁然开朗的感觉，因为之前公司对瓶颈的充分条件总是模糊的，没有量化分析。通过一上午的描述、举例、争执、辩论、分析，他突然明白企业数据化管理的重要性。

12：30—13：30，董事长加入了中餐，在听取了项目小组上午的收获汇报后，要求公司其他部门的同事下午也应该参加。

14：00—17：30，与项目组和其他同事一起，继续围绕准交率的原因和解决措施进行分析。

这天长沙天气大降温，阴雨绵绵，一夜北风紧，吹得呜呜作响。如此恶劣的天气，若在平时一定让人感觉难受，而今天大家一起很投入地分享讨论，浑然不觉天气的变化，只是觉得一日过得很快。大家笑曰：老天给我们做了个好伴奏。

18：00—20：00，项目组强烈要求再一起共进晚餐，大家说说笑笑，结束了愉快的晚餐。

21：00—23：00，回到家里，还需要将一日工作整理汇总成文字，发至公共邮箱。

打开邮箱一看，前几天去的企业都有将重新修改过的方案和工作小结发过来，心里觉得一热，企业对管理升级工作真是很重视啊，企业的热忱绝不能耽误，所以顾不得疲累，怎么着也得赶紧将这几个邮件看完并做回复。

晚上00：30，终于可以上床休息了，从早上6：30到晚上00：30，紧张的一天啊，没有松懈，赶紧歇吧，明天6：30又得起床呢。

过程决定了效果

教练：钟潇江

长沙市中小工业企业十百千管理升级擂台赛自方案定论到实施已经将近有一个多月了，在这一个多月的实施阶段中，长沙市30家参赛的企业中很多企业对既定的目标都胸有成竹，有些企业的目标基本达成，有些企业远超出了预定的目标，但也有些企业的目标达成存在诸多的不确定因素。分析其中的原因，我们教练组在辅导过程中发现，任何一种结果的产生，与其所走过的过程密切相关，也可以说"过程决定了实绩的效果"。

质量管理大师戴明博士说过一句经典管理格言："假如想要的结果没有出现，那么我们首先应该检查的不是结果本身，而是过程。"任何一种好的结果，必定经过了一个好的过程。相反，任何一种不理想的结果，也必定没有经历扎扎实实走好每一步的过程。

针对十百千这次管理升级的辅导，对于取得比较好的效果的企业，我们可以总结为他们所经历的以下几个好的过程。

一、思维转换过程

入营前，很多企业都对长沙市工信委这次举办的十百千管理升级擂台赛抱有试试看或谋求政府资助的心态。经过石燕湖三天四晚的封闭式系统方法论与工具应用的培训考试后，大多数企业认识到组委会教练组提供的方法论与工具的管用实效，也开始真正意识到市工信委对企业管理升级的用心良苦。自此，多数企业发生从"要我升级"到"我要升级"的思想转变。正因为有这种思想转变的过程，才会有训练营后系列扎实的举措，为以后每一步获得的成果提供了根本的保障。

二、目标确定与瓶颈识别的数字化过程

这一过程充分体现了企业系统掌握方法论与工具，并能通过数字化的指标应用：确定了符合公司阶段发展需要的目标，用价值链、资源配置等方法识别出企业瓶颈，并做到了以数据说话，是思路清晰、逻辑严密的逻辑推导过程。

三、逻辑串常识、串经验的过程

在目标蓝图充分条件构建、目标分解的过程中，遵循教练组引导，利用逻辑的方法，把企业的经验、行业的常识串联起来，形成企业达成目标的项目实施计划。在过程中，严格运用逻辑对充分条件、分项目标的达成反复进行逻辑验证与推导，寻求企业解决问题、达成目标的途径。

四、团队智慧的展示过程

目前项目实施效果比较好的企业，基本上都是由决策层领导带队组建了跨职能小组，自上而下在全公司推行管理升级擂台赛。通过跨职能小组向全公司推广对阵方法论，有效地避免了以往一言堂、独断专行、拍脑袋决策的方式，发动团队智慧、集思广益、群策群力，共同参与方案制作和项目实施的过程。

五、实施中负面效应的化解过程

在项目推行实施后的全过程中，跨职能小组充分考虑了项目执行方案可能带来的障碍、负面效应的因素，及时利用团队的智慧寻求冲突化解和负面效应消除，及时检查、验收，及时调整行动中遇见的变异，为项目实施方案的执行力与预期效果提供了良好的保障。

化繁就简，直击"目标"

教练：钟潇江

"管理简单化"是近几年在企业管理中一个比较热门的词汇，甚至不少企业把"管理简单化"作为企业管理的警言张贴在办公室里。这说明，很多企业管理高层对"管

理可以简单化"都有一个比较高的认识。

在长沙市中小工业企业管理升级活动训练营结束后，参与擂台赛的长沙 30 家企业为了达成和完善营中制定的瓶颈突破目标蓝图，几乎都投入到了紧张的项目推进工作中，干得热火朝天。这个阶段，大多数企业都能灵活运用在营中学习的对阵方法论，快速确定项目实施的目标，并能在构建充分条件的过程以及分项目标分解的过程中，对目标的设定充满信心，对目标达成的可能性能提前预见。这么短的时间能有这样的实施效果，不能不说这就是一种行之有效、化繁为简、直击目标的优秀方法。

如何将管理简单化？很多参赛企业都有深深的体会和感触。但是，在方案制作辅导期间，也发现有少数企业并没有将"管理简单化"的意义真正吃透、领会，所以才会在方案制作过程中出现化简为繁、问题不聚焦、目标漂移不定、方案操作执行难的现象。

要真正实现"管理简单化"，我们必须遵循以下五个原则。

一、正确理清目标与进行目标分解

认清企业的目标，首先应基于资源条件、规模产能等因素进行合理构建。从 100 天的管理升级目标来看，企业目标的确认一般都是通过年度目标经营目标值、企业战略目标值以及与现状实现值的对比来寻求的。而年度目标的分解一般都由几个分项业务目标的实现所构成。为此，目标的达成应该有可量化的指标来衡量。

如对目标混淆甚至目标设定错误，企业就很难在短时间内实现瓶颈的突破。所谓合理目标，既要具备挑战性，又要具备达成的可能性。我们在辅导过程中发现，个别企业有意识地把目标调低到轻易达成的状态，这样的结果将导致企业经营中的瓶颈很容易被表象所屏蔽，看上去企业样样都好，也就违背了实现企业管理升级的初衷了。

二、为目标构建充分条件时紧扣目标

要使目标达成，我们需要构建哪些充分条件？而这些充分条件的构建能真正确保目标的达成吗？针对每项充分条件作为分项目标再进行分解。充分条件可以按达成目标的资源条件或价值链、工作流程的逻辑顺序来进行构建。在构建充分条件时应考虑不重复、无遗漏的原则。

三、正确识别制约目标的达成瓶颈

管理瓶颈，形同链条中最弱的环节。一根链条所承载的负重，是由最弱的环节决定的。瓶颈的识别，大体都可以通过现阶段达成的数据与目标数值之间的差距对比来确认。为此，已经实现全面数字化管理的企业可以通过对阵的逻辑方法快速确认企业瓶颈的所在。有些企业认为自身到处都是瓶颈，各个环节都需要改善，是不符合瓶颈

确认原则行为的。

四、坚持围绕瓶颈集中资源重点突破的聚焦原则

瓶颈是达成目标的充分条件中最弱的一项，企业在管理升级中实现了瓶颈突破，才可以获得系统整体效率的提升。首先，必须将复杂的问题聚焦在瓶颈点上，并集中企业资源优先解决瓶颈约束问题，而并非是系统的全面解决，瓶颈的解决可带动其他相关问题的解决，从而促使管理效率大大提升，实现业绩的增长。

五、遵循逻辑的过程来制订项目推进计划

瓶颈突破的目标蓝图是否能有效实现，制订严密的项目推进计划是必要的保障。项目推进计划的制订，必须遵循工作流程的顺序和管理逻辑的推理，进一步确定执行实施工作的先后次序，并按逻辑次序、时间顺序逐一规划工作的执行方案，将每项工作具体分配到部门以及岗位个人，同时在项目计划执行环节设置关键控制点，以确保计划执行过程得到提前的检查、控制和阶段工作的调整。

跨职能小组在管理升级中的重要性

教练：钟潇江

长沙市中小工业企业十百千管理升级擂台赛自训练营结束后，30 家企业围绕营中及营后的目标蓝图，开始了执行方案的完善和实施，企业之间的管理升级工作开展得如火如荼。

在短短的一个多月时间里，多数企业都能快速制订方案、确认方案及快速执行项目实施计划。同时，多数企业对制订的阶段目标达成充满信心。这种效果，除了表明企业对对阵方法论体系的掌握之外，还充分说明了企业集中了团队智慧、群策群力的结果。我们教练在辅导的过程中发现，跨职能小组在这项活动中发挥了决定性的作用。

所谓跨职能小组，就是由企业高层带头组建的项目小组，它组合了项目推进过程中所涉及的业务职能部门主管，以及各个职能部门中的相关工作人员；为了保证项目顺利进行，跨职能小组可以充分调动企业的各项资源、人员来推动项目计划的实施，是一个跨越了企业常规部门设置的专门小组。

跨职能小组组建的方法及重要性分析如下。

1. 必须由企业决策层担任小组最高领导，最好由企业董事长、总经理担任。其重要性是可以保障企业对项目的重视程度，消除项目推进过程中可能带来的资源或人事、职权障碍，促使企业上下齐心、工作开展完全协同。

2. 必须有熟悉并掌握企业全面运作管理的核心高管担任副组长，如技术副总、生

产副总、营销副总等。其重要性为：协助小组最高领导承担工作推动责任，最高领导缺席时得到充分授权，熟悉掌握项目运作的业务流程，具备解决问题和推动工作的业务能力，能保障项目制定和执行得到充分实施。

3. 必须有项目涉及的各个部门职能主管担任组员。其重要性为：职能部门主管积极参与并担任业务模块的主要推动工作，确保项目执行在本职能部门得到理解、贯彻和落实，带动本职能部门达成工作目标。

4. 充分发动本职能部门关键岗位或者全员积极参与。其重要性为：确保涉及的职能部门全员参与，加强方法论、工具与目标落实的全员推动工作，确保组织内项目的关联性和组织协同性，为管理升级的持续开展奠定基础。

强化内部知识转移是深化企业管理升级的重要举措

教练：钟潇江

随着长沙市中小工业企业十百千管理升级擂台赛的深入推进，30家参赛企业的管理升级阶段成果不断呈现。在管理升级的深入推进过程中，有些企业阶段成果特别显著，部分企业已经达成甚至超越了预定的目标。但也有少数企业成果不佳，管理升级的推进工作尚停留在以高层为主导项目的调整与完善过程中。

综合30家参赛企业两个月来的管理升级实施阶段成果，所获得的成果显著与否，大致可以归结为是否切实地落实了以下三个步骤。

一、是否完全掌握训练营中教练组所传授的知识、方法和工具

熟练掌握训练营中所学习的方法和工具的企业，在方案制订阶段就可以准确地锁定企业自身的瓶颈，并能按目标蓝图的构建方法来制订切合实际的"行动计划（WBS）"，并相应设置KPI与激励措施。减少了项目实施过程中所耗费的时间，避免了达成目标所走的弯路。这是阶段成果实效的基础，也只有完全掌握了方法和工具，真正理解了用逻辑串常识、串经验的真谛，才可以确保所设置目标实现的可预期。

二、是否能够灵活运用所学习的知识、方法与工具推动企业管理升级项目实施

企业在项目实施过程中，总是存在诸多变异和经验的冲突。在这种情况下，企业所谓灵活运用所学的知识、方法与工具，其主要的特征是让方法来引导经验，使用工具来解决变异和冲突，围绕企业所设定的项目来进行充分条件构建，依据价值链或工作流程来梳理行动计划的逻辑性。在全过程中，无时不刻不是通过方法和工具来检验项目实施计划的合理性，并能通过所学的知识进行纠错、校差或调整策略。

三、是否将方法和工具在全公司范围内进行推广和知识转移

事实上，企业管理升级的深入推进并取得显著成效，其中有一重大举措就是"强化方法和工具在全公司范围内进行推广和知识转移"。在 30 家参赛企业中，达成效果比较显著的企业，基本上都是在公司范围内号召全员参与，并将在训练营所学的方法通过方法培训、会议推进、方案解说以及帮助共同制订方案等方式全面复制到各个职能部门，甚至复制到各个班组，让公司范围内的中层乃至基础管理干部都系统掌握"对阵方法论"。在董事长、总经理等高层领导的推动下，全公司上下、所有涉及子项目目标达成的职能部门，掀起了一股"寻找部门或工序的瓶颈"、并围绕瓶颈"制订部门或工序的目标蓝图和行动计划"，"为了达成目标我要突破瓶颈"以及"我要升级"的管理风潮。

更值得一提的是，其中有一家企业，把"寻找瓶颈""围绕瓶颈构建目标蓝图和行动计划"的整套方法向下游供应商——铸造厂进行宣讲及推广，使下游供应商的准交率与质量指标在短期内大幅度上升，从而确保了自己公司整体目标的达成。

"知行合一"提升企业管理升级

教练：刘培军

长沙市中小企业十百千管理升级擂台赛在长沙市政府、长沙市工信委的引导推动下，通过 30 家企业全力参与及中小企业服务中心和效果公司的智力支持与服务，将进入到总结汇报阶段。经过近 100 天的各方努力，我们看到了参赛企业通过内部瓶颈的有效突破，大都取得了实实在在的效益。

在企业发生可喜变化之余，我们也明白了管理升级不是一劳永逸、一蹴而就的事，企业的成长必然会经历不同的发展阶段，每个阶段都有各自的发展瓶颈，不同阶段需要解决不同的问题。

管理升级将是中国企业成长的永恒主题，而打造"知行合一"的企业文化就显得尤为重要，以下结合本次擂台赛谈几点个人的看法。

一、何谓"知行合一"

知行合一，就是人们的思维在正确的引导下开始觉悟，在实际的行动中开始觉察自己，从而将自身的认知贯注到行动中去，指导实践，达到知行合一。企业在管理升级和发展中应注重将企业的文化和愿景灌注到每个员工的思维中，让他们在实际操作中感受这一切。不要让理论游离于实践之外，知行合一是企业管理和发展的保证。

二、"知行合一"文化的建立，老板要身体力行，作出表率

在本次擂台赛中可以看到，凡是老板参加学习，回去能按照方法论指导百日瓶颈突破的企业变化尤为突出。其实这也不难理解，很多时候，企业的文化跟老板个人倡导什么、做什么、考核什么等息息相关，甚至有人说中小企业的文化就是老板的文化。

现今社会资讯发达，企业也经常派管理人员外出学习，常常是听时激动，回来不动。其中当然有些理论与企业内部管理不符的因素，但更多还是企业"知行合一"文化的缺失。

通过本次擂台赛学习，企业找到了自身发展的瓶颈，也学到了符合自己企业管理升级的理论、方法和工具。在执行过程中取得了一定成绩后尤其要树立知行合一的思维模式，而老板和高管就需要亲自参与，切实把学到的方法运用到工作中，不仅仅是瓶颈部门，还需要在公司各个部门展开培训，提高管理层分析解决问题的能力。当员工看到老板和高层身体力行，员工也将会迸发热情投入到企业管理升级的活动中来，才能上下一心达成管理目标。

三、"知行合一"文化的建立，需要加强内部管理的标准化、规范化

"知道不等于做到，做不到就等于统统不知道"，这句话想必大家都有体会。当我们了解了那些具有卓越表现的公司采取的管理手段，会明白并不是他们有什么独门秘笈，他们所采取的方法也都是简单的原则和常识，只是卓越企业做到了，而其他许多不尽如人意的企业只是知道而已。

当然作为企业文化而言，标准化及规范化的确有一定难度。企业需要做到系统和规范化，对于"企业愿景、核心价值观、管理理念、经营哲学"等要有全局观，用逻辑去串常识，而不能凭空臆想。只有在正确的思维引导下，行动有意义。

企业在制定管理制度和管理工具时，需要尽可能标准化和规范化。标准化和规范化不但可以降低企业经营中人为因素的影响，同时也便于员工思想和行动的统一，提高管理效率。

四、"知行合一"文化的建立，需要加强内部沟通，建立内部培训机制

企业在建立之初由于处在发展阶段，面对外部强大竞争，内部一致对外，沟通也会非常及时畅通，对于先进理念也容易吸收消化。当企业逐步壮大，面对更多的资源和利益分配时，企业各部门不信任和相互猜疑就会发生，因此除了建立公正透明的考核制度、激励制度外，还需要建立内部沟通机制。

企业的沟通效率决定了管理的效率，在企业的管理升级中，如果能加强内部沟通，将会对企业绩效目标实现起到事半功倍的效果。畅通而有效的沟通，有利于信息在企

业内部的流动与共享，以及提高工作效率，促进组织决策的科学性与合理性。

企业采取定期的内部培训机制，把经过检验的方法和工具教授给各部门员工，最好由内部人员进行主讲。通过学习不但可以提升专业技能，还可以统一认识，更加容易达成全体共识，使企业真正达到"知行合一"的境界。

管理升级的关键和保障是人的升级，当企业在不断学习、借鉴先进的管理理念、方法和工具时，要拿来为我所用，结合自身经验，用逻辑来思考目标达成的充分条件。只有把学到的知识运用到实际工作中才能体现它的价值，提升管理水平，助力企业发展！

未 见

——记"长沙市中小企业管理升级十百千擂台赛"

教练：方邱芳

政府篇

你未见我为咱长沙中小企业管理升级奔波忙碌
只见我每次开会来去匆匆
你未见我为管理升级达到最佳效果而饱含辛苦
只见我每次活动笑容轻松
你未见我为此次企业管理升级倾尽了多少心血
只见我开幕式上寥语数数
你未见我对此次擂台赛训练营的成功有多紧张
只见我与企业相守在会旁

你未见我对此次管理升级不断改进、完善的期望
只见我与教练组一同分析化解难题
你未见我看着一些企业逐渐有了成绩而欣喜若狂
只见我依然严肃督促企业继续前航
你未见我跟随教练组一家企业一家企业地到访
只见我时刻电话联系询问辅导情况

你未见我对进步明显的企业多加赞扬
只见我又提出新的期望
你未见我将表现差的企业放到一旁

只见我安排教练组再次到访
你未见我时刻紧系长沙中小企业发展的心
只见我不断将发展写进"十二五"规划

你未见的是这背后默默无闻的力量
可见的是长沙中小企业终将百花齐放

教练组篇

你未见我彻夜不眠的双眼
只见我清晨的神采飞扬
你未见我被汗浸湿的衣裳
只见我讲台前言语激荡
你未见我反复验证的考量
只见我脱口而出的妙想

你未见我讲解时焦急你们的迷茫
只见我眉宇镇定声音掷地铿锵
你未见我批改你们目标蓝图时的殷切期望
只见我严厉指出许多修改地方

你未见我一次次辅导的疲惫脸庞
只见我认真、细致、手把手地上
你未见我埋头盯着一串串数据时的思虑周详
只见我找到破解之法后的惊喜模样
你未见我对成功经验小心隐藏
只见我站出来与大家一同分享

你未见我对中小企业事业蒸蒸日上的冥思苦想
只见我拿出的对策计划周详
你未见我对这份事业执迷不悔的心
只见我工作时斗志昂扬

你未见的是这背后默默无闻的力量
可见的是长沙中小企业终将百花齐放

企业篇

你未见我七十岁高龄仍不减学习欲望
只见我端坐席间认真听讲
你未见我一坐五个小时背痛腰酸的模样
只见我坚持三天一句抱怨也没讲
你未见我因家人需照料而缺席不到场
只见我每课准时从不缺场

你未见我拒绝学习因为我是董事长
只见我专心学习的认真模样
你未见我趾高气扬
只见我对教练尊为师长
你未见我对其他企业狂妄自大
只见我对兄弟企业虚心表扬

你未见的是长沙中小企业的畏难思想
可见的是他们的风度、高度和气场
百日后必将百花齐放

现阶段，工具比理论重要

教练：方邱芳

发掘痛苦：理论一箩筐，不知往哪儿装

在我们接触过的企业中，有90%以上的中小企业拥有高学历水平的员工，有90%以上的中小企业家参加过无数的培训和深造课程，他们熟知现代企业管理的理论，有的甚至倒背如流，所有企业家在各自的行业领域都拥有丰富的经验。理论和经验都有，然而企业却仍然存在很多问题，不知道从哪儿开始解决、如何解决。在长沙十百千擂台赛方案评审过程中，有个企业说："参加过许多培训，感到这次是最好的一次，收益最大的一次，其实中小企业不缺理论，就是基础不牢固，以前都是凭经验做事情，工具方法没有系统地用过。"

理论固然重要，但如果理论不转化为方法和工具，对企业的发展壮大没有指导和可复制的作用，那么理论还是理论，对问题的解决毫无用处。

我们理解：执行力不行，员工控制老板

许多企业都提到执行力不行，说他们的员工无法按照自己的思想完成工作，根本无法达到预期。这是典型的缺乏制度管理，多数靠个人能力实现发展的企业。在企业发展初期，确实需要依靠员工的个人能力开拓市场，同时因为企业小、人数少，企业管理者没有方法和工具也能管好企业。但是当企业发展壮大后，企业组织越来越庞大，再通过个人能力决定企业的成败就是天方夜谭了。因为每个员工的能力不同、思维不同、行为方式不同，目标的达成就会变得无法估计、无法预见。如果员工能力强那结果就会好一点，如果员工能力差结果就会变得很糟糕；同时因为没有方法和工具，公司的老员工手里拽着其实是属于公司的资源，这里就出现问题了，企业会被能力强的员工或手拽资源的老员工牵着鼻子走。

结果就形成了老板控制不了员工，员工反过来控制老板的普遍局势，这其实就是没有管理方法和工具的原因。

解决方法：工具就是执行力

工具的作用就是将理论转化为执行方法，转化为切实的操作流程，转化为可量化的考核项目，同时容易复制和学习，是实实在在提升企业发展的执行力。

员工的个人能力良莠不齐，指望依靠个人能力来支撑企业，那么你的企业会忽高忽低，忽上忽下，连你自己也像是坐过山车一样，在呼啸的轨道上恐惧而茫然，甚至要时刻担心脱轨问题。如果将员工变成一个操作人员，给他制定要完成的工作条目，给他制定要考核的工作关键点，那么他就会按照你的方向和预计"知道怎么做并努力怎么做"。同时能把不熟悉业务、没有经验积累的员工迅速培养起来，因为已经有了一套标准化的工具。

这样一来，你就可以对目标的达成进行控制和预期，同时控制了员工，从而控制了自己公司的命运。

形成标准，不断完善工具

当然我们并不是反对员工自主的创新意识，但是作为一个公司整体，员工的创新意识不应该"随处、随时、随意"地发挥。如果是好的创意和好的工作方法，经过了实践检验是正确有效的，就应该将其固定下来形成工具的一部分。这样避免了员工的不一致性，同时也没错过好的工作方法。这需要企业灵活变通地去执行工具，需要企业坚持阶段性的总结和修正，将好的方法确定下来形成标准，加入到工具当中，将不合适的方法剔除，这样才能让工具越来越完善，让目标越来越接近老板的预期，越来越对完成效果的把握信心十足。

形成标准的还有考核政策，它跟随工具的关键点设定。你考核什么，员工就会做什么，你奖励什么，员工就会努力什么，所以让员工知道怎么做之后，还要让员工朝你期望的方向努力。

你别无选择，只能下定决心

你也许对新的方法和工具并不适应，企业总会有很多人不愿意接受新的思路和做法，因为这样会让他们改变已经习惯的东西，会让他们劳神费力，他们会找千万个理由说服你革新如何行不通、如何难做。人总会为自己的懒惰找借口，他们不对这个公司负责，即使倒闭了也大不了是再找一份工作而已，而你不同，这个公司凝聚了你全部的心血和希望。

因此，你需要做好被百般刁难、万般阻挠的准备，你需要自上而下的决心和推动力。作为老板的你，如果都不对公司的生死存亡负责，那还指望谁会对你的公司负责呢？

这是你的企业，你有权决定是否由你掌控它！

果实的祭礼

教练：杨　勇

金秋时节
硕果累累抬高了远山
压低了所有支撑的树枝和木梯
香甜的秋风
草长盖天遮蔽远近
甚至遏制了新生的时机

每一次生机的萌动
总要挣出温暖的土壤义无反顾
总要在寒风中印证成长
总要经历寒冷和温暖　经历阳光和风雨
经历不断的挣扎　无畏的奋斗　持续的贡献和付出
最终成长出那一片郁郁葱葱的新绿

当果实成熟了
又有谁还记得当初那片新绿的挣扎

成长的付出
秋风扫下的落叶
成为果实的祭礼
正如金秋过后　枯枝满天
果实以自己的祭礼
在萌动新一轮的生机

附录5：领导寄语

积极探索政府引导企业管理升级的"长沙管理升级模式"

——文树勋副市长在全市企业管理升级工作会议上的讲话

（2010 年 8 月 19 日）

同志们：

非常高兴参加今天召开的管理升级工作讲评会暨擂台赛动员大会。首先请允许我代表长沙市人民政府，对指导我市管理升级工作并全程参加试点企业管理预评估的各位专家表示衷心的感谢，同时感谢各位参评企业的积极参与。刚才会前杨教授同我谈到管理升级预评估的体会，很有感触，一方面工业基础比较薄弱的长沙能通过十几年的发展涌现出这么多有核心能力的企业，非常欣慰，这也是我们长沙工业的骄傲；另一方面我们在看到成绩的同时，不得不正视现实，代表全市中小企业排头兵的"小巨人"企业的管理现状不尽人意，何况其他中小企业，我们清醒地认识到管理水平的薄弱已严重制约我市工业企业的进一步发展和壮大，这也是政府为什么要出台《引导企业加强管理，推动企业全面升级的意见》的缘由所在。在市场经济为主体的今天，如何在政府引导下推动本地区企业管理水平的提升，已成为各级各部门共同探索的新课题。通过专家团队对企业开展的管理升级预评估，不但为帮助企业找准了企业在管理上存在的问题，而且就如何提升企业的管理水平提出改善了方向，开出了药方，尤其重要的是为我们探索在政府引导下推动企业管理升级的路径提出很好的解决思路。下面，我就如何进一步搞好下一阶段的管理升级工作谈三点意见。

一、进一步提高对管理升级工作的认识

1. 企业管理升级工作是形势所逼。当前我们正处在后国际金融危机时代，由于经济结构性的不合理，进入下半年以来我国经济下行的压力越来越显著，"转方式、调结构"的任务已刻不容缓，企业是"转方式，调结构"的主体，推动企业管理升级是实

现企业"转方式，调结构"的关键性战略举措。我们的企业与世界一流企业相比差距最大的是什么？是管理。为什么我们引进了那么多先进设备，就是生产不出世界一流的产品？先进的设备我们是可以用钱买来的，但是世界一流企业的管理水平是用钱买不来的，只有推动企业管理水平的提升，才能克服我们企业走低水平、重复建设的老路，才能真正实现企业的转型升级。

2. 企业管理升级工作是政府所盼。为了引导企业加强管理，我们在年初出台了《引导企业加强管理，推动企业全面升级的意见》，在此基础上我们组织专家、企业家一起制定了管理升级的评价体系。从4月份开始，我们已陆续开展了一系列的活动，如组织了专家团队深入到了40户参评企业进行深度的调研、预评估、管理升级大讲坛及沙龙活动等。企业管理水平的提升，离不开政府的积极引导，我们这样做的目的也就是在全社会营造一种推动企业管理升级的氛围。刚刚杨教授也提到，在此次预评估过程中，还是有部分企业未充分理解到政府引导企业加强管理的良苦用心。我们今天再次组织会议就管理升级预评估过程中发现的共性问题进行集中讲评，就是希望我们在座的企业家充分认识到我们管理上存在的差距，迎难而上，在政府的引导下，把推动"管理升级"工作变成企业的自主行为。

3. 企业管理升级工作是企业所需。管理是企业永恒的主题。在市场经济条件下，企业管理水平的高低，直接决定着一个企业发展的快慢、好坏和长久。等会儿杨教授会分析我市企业管理上存在的诸多问题，这些问题也就是很多企业规模徘徊在1~2亿元左右不能再上台阶的症结所在，我希望在座的企业家要有正视问题的勇气，要有解决问题的信心和决心。

二、积极探索政府引导企业管理升级的"长沙管理升级模式"

刚才我已提到在市场经济为主体的今天，如何在政府引导下推动本地区企业管理水平的提升已成为各级各部门的新课题，全国没有现成的模式可以学习和模仿，需要在实践中创造。可喜的是，我们在前期预评估的基础上，针对存在的问题，通过总结、提炼和升华，提出下一阶段管理升级工作将以"长沙市中小工业企业十百千管理升级擂台赛"的形式予以推动，我认为这抓住了管理升级工作的牛鼻子，管理升级是企业本身的事情，如何发挥企业管理升级的主观能动性应该是当前引导企业管理升级的关键所在。以擂台赛的方式就充分体现了"政府搭台，企业唱戏"的精神，变"要我升级"为"我要升级"，同时"长沙市管理示范性企业"的诞生也将从原来的"相马模式"变成现在的"赛马模式"。我们希望在前期管理升级工作取得阶段性成功的基础上，再接再厉，集中力量，严密组织，做好下一阶段擂台赛的工作，我期望擂台赛取得以下的目标：

一是让参赛企业树立"管理出效益"的信心。很多企业家也都知道管理对于企业的重要性，但是企业在生存与发展问题同时并存的情况下，很多企业对管理提升一直苦于找不到很好的切入点，甚至有部分企业家在反复的实践中还萌生了"不抓管理等死，抓管理找死"的悲观论调。此次十百千管理升级擂台赛，通过十天集中和分段训练，围绕企业的瓶颈问题，制订系统的解决方案，通过 100 天的努力解决瓶颈问题，取得预期的效益，然后以点带面，实现企业管理的全面提升。我认为，擂台赛的操作思路是正确的，100 天企图让企业发生一个翻天覆地的变化是不现实的，但是企业只要找准了瓶颈问题，并运用先进的工具和方法制订出解决瓶颈问题的系统方案，100 天紧盯住企业的瓶颈问题不放，取得突破是完全有可能的。100 天在管理上取得突破的意义不在于企业因此获得了多少效益，其重要意义我认为是给企业树立了"管理确实能出效益"的信心，找到诊断与突破瓶颈的方法。

二是为其他今年未参赛的企业树立"示范的作用"。今年我们的主要目标是想重点培育出 20 户达到"管理五星级"标准的示范性企业，在本次擂台赛我们只有 30 个参加决赛的名额，20 户"管理示范性"企业也就希望在擂台赛中诞生。此次擂台赛费用由政府财政投入，企业免费参赛，擂台赛 30 个名额不只是在参与了管理升级预评估的 40 户企业中产生，在座的企业都可以报名参加，就像"超女海选"一样，只要通过入门 PK，就可以竞争这 30 个名额。我们为什么要这么做，就是希望这 20 户"管理示范性企业"是在公平、公正、阳光的比赛规则下产生出来，为全市其他中小企业真正树立了"示范的作用"，达到培育一批、推广一批、复制一批的目的。

三是实践出政府引导企业管理升级的"长沙管理升级模式"。今年是管理升级工作的启动之年，对于管理升级工作我们一直在探索中前进，希望在本次十百千管理升级擂台赛中取得成效，在实践中不断总结经验。通过今年的实践，真正创造和形成政府引导的企业管理升级的"长沙管理升级模式"，今后通过模式的复制带动更多的企业实现管理升级。工信部和省经信委都在关注长沙推动企业管理升级的试点工作，已调阅有关文件资料并对此次工作给予了高度肯定，希望长沙能总结一套成熟而系统的经验和方法，从而在全国、全省作为转变经济发展方式的典型予以推广。

三、提几点要求

一是各区、县（市）工业局、园区管委会的同志们都要高度重视此项工作，明确相应的组织领导机构和专门人员，各司其职，各负其责，形成合力，一方面积极动员和组织辖区的企业参与市经委组织的十百千管理升级擂台赛，另一方面也相应投入人力、物力和财力，全面引导和推动本辖区企业的管理升级工作。

二是今年是管理升级的启动年，由政府来承担管理升级工作的探索成本，希望各位企业家高度重视管理升级工作，积极报名参加本次擂台赛名额的竞争，取得比赛资格的企业希望能全身心投入到比赛中，赛出好成绩，在管理上取得突破。你们的投入程度不仅关系到自身企业的健康成长，还关系到全市中小企业是否有"学习的标杆"，关系到长沙工业经济的未来。

三是希望擂台赛组委会的同志们在实践中不断完善擂台赛的方案，严格比赛相关规则，让参赛的企业真正取得提升管理的实效，树立"管理出效益"的信心，赛出能让全市中小企业竞相学习的榜样，真正探索出政府引导企业加强管理的"长沙管理升级模式"。同时要加大管理升级擂台赛的宣传力度，特别是对优胜企业的宣传力度，以此形成以点带面，全面推动企业管理升级的良好氛围。

加强服务体系建设，推动企业管理升级

——文树勋副市长在活动会议上的讲话

（2010 年 8 月 20 日）

同志们：

大家下午好！

首先，我谨代表长沙市人民政府对湖南省中小企业管理巡诊活动在长沙启动表示衷心的感谢！对出席今天活动的各地州市经委领导和企业家表示热烈的欢迎！借此机会，我向各位介绍长沙中小企业服务体系建设和管理升级工作情况，希望起到抛砖引玉的作用！

今年，省经信委紧紧围绕加强中小企业服务体系建设的总体要求，按照"企业服务年活动"的总体部署，以"管理巡诊"为活动形式，组织专业机构和专家深入企业开展管理咨询、诊断等服务活动，旨在促进中小企业提高经营管理水平，这一举措非常及时，抓住了企业服务的关键。目前，企业管理的薄弱已成为制约中小企业发展的关键性瓶颈，如何在政府的引导下推动企业管理升级已成为各级政府的重要课题，长沙已开展的管理升级工作，目前仅取得了阶段性成果。

一、长沙市中小企业服务体系建设情况

在省政府办公厅《关于加强中小企业社会服务体系建设的意见》（湘政办发〔2008〕20 号）文件精神的指导下，2008 年我市提出构建"一中心，八平台"中小企业社会化服务体系，经过几年的实践和探索，取得了初步成效，基本达到"三全一满足"的目标，即服务平台基本健全、服务功能基本完全、服务机构基本齐全、能够基本满足中小企业需求的市场化、规范化运作。主要开展了以下三方面工作。

1. 政府引导、市场运作，构建长沙市中小企业服务中心。

在总结兄弟省市经验的基础上，2008 年 4 月，我市采取政府引导、市场运作的模式，构建了长沙市中小企业服务中心，中心成立两年多来，在政府的大力扶持引导下，

秉承"成己达人，成人达己"的核心理念，不断加强自身建设，服务中小企业的能力不断增强。一方面，基本满足了企业的服务需求。经过广泛的调查研究，中心逐渐摸清了企业在融资、管理升级、人才引进与培训、信息等方面的需求，通过组建成长型企业发展促进会、搭建应急互助专项资金、开展管理升级系列活动，尽量满足企业的服务需求。另一方面，基本具备了个性化的服务能力。目前中心已在全国范围内整合了一批在投融资服务、管理咨询服务、人才引进及培训服务、信息服务、技术创新服务以及市场开拓服务方面的服务机构，基本具备了全方位满足企业个性化需求的服务能力。

2. 出台文件、明确责任，构建目标责任考核机制。

为进一步明确中小企业服务体系建设目标和责任，市经委研究出台了《关于推动中小企业"一中心、八平台"服务体系建设的实施意见》【长经发〔2010〕24 号】，文件明确了构建"一中心、八平台"的社会化服务体系建设的指导思想、基本原则、目标任务、主要内容和政策举措，把目标分解到年度和责任单位。同时为配合文件的实施又制订了《中小企业"一中心、八平台"服务体系建设三年目标任务及 2010 年工作计划》，将主体责任部门和支持部门明确到位，构建目标责任考核机制，市经委相关处室按照计划要求，各司其职，分头推进服务平台工作建设。同时大力推动各区、县（市）、园区中小企业服务中心的建立，形成上下联动服务功能，扩展中小企业服务覆盖面，目前我市 9 个区县中已有 5 个挂牌成立了中小企业服务中心。

3. 整合资源、分步实施，逐步完善八大平台服务功能。

在政府的指导支持下，以市中小企业服务中心为核心服务机构，通过整合资源、分步实施，逐步构建了完善的融资担保、创业辅导、管理咨询、人才培育、技术创新、信息服务、市场开拓、法律维权等八大平台。其中融资担保、人才培育、信息服务、法律维权、管理咨询等平台通过政府的有效引导，中介服务机构和企业良性互动，已具备较为完善的服务功能，特别是融资担保平台通过中小企业担保体系的初步构建，应急互助专项资金的有序运转，信用贷款试点工作的逐步推进，平台服务功能呈现多元化体系。其余平台正在有重点分步推进，在现有工作基础上，吸纳有关中介机构进入，整合相关资源能力迅速提升，将为我市中小企业社会化服务提供强力支撑。

二、长沙市企业管理升级工作情况

1. 出台文件，全面启动"231 工程"。

为系统推进管理升级工作，年初我市出台了《引导企业加强管理，推动企业全面升级的意见》【长新工〔2010〕3 号】，以实现企业核心竞争能力七大要素全面升级为核心，启动"231 工程"：2010 年培育评定 20 家骨干工业企业成为全市"管理示范性"企业，让其他企业学有"标杆"，到 2013 年实现 300 家规模以上工业企业管理升级达标，2015 年实现 1000 家工业企业管理升级达标。

2. 宣传发动，切实浓厚管理升级氛围。

为配合管理升级活动的全面开展，在全市工业企业中形成良好氛围，从年初开始，市经委先后开展了"长沙市中小企业管理升级大讲坛""长沙市中小企业财务、营销和人力资源三大总监培训""管理升级研讨沙龙"等活动。通过这些配套活动的开展，全市在中小企业中掀起了一股"我要参与管理升级"的热潮。

3. 把脉会诊，初步完成了预评估活动。

为贯彻实施《引导企业加强管理，推动企业全面升级的意见》，培育评定全市"管理示范性"企业，市经委同时配套制订了《长沙中小工业企业管理升级星级评价体系》，在全市 100 户"小巨人"企业中开展管理升级预评估活动，通过企业申报、专家评选，确定 40 户管理基础较好的企业参加管理预评估活动。组建了"管理升级专家团队"，依据《评价体系》的标准和工作流程，分赴 40 家参评企业现场，对企业存在的问题精确把脉并提出解决思路，为每户企业出具了《管理升级预评估评价报告》，并针对 40 户企业存在的共性问题发布了《管理升级预评估整体报告》，受到了参评企业的广泛好评，为管理升级下一阶段工作奠定了坚实的基础。

三、中小企业服务体系建设及管理升级的工作体会

完善的中小企业社会化服务体系是我国市场经济成熟的标志，但中小企业社会化服务体系需要一代人甚至几代人的努力才能完善，长沙目前的工作只是开端，还需要在实践中不断地摸索。在实践工作中，我深深体会到：

1. 领导高度重视是推动工作的动力源泉。近年来市委、市政府高度重视中小企业工作，2008 年世界金融危机来临之时，省委常委、市委书记陈润儿同志指出"中小企业难，则全局难，中小企业活，则全局活"，为此市委市政府出台了《关于推进服务体系建设，加快中小企业发展的若干意见》【长发〔2009〕12 号】，这是推动我市中小企业健康发展的纲领性文件。具体到管理升级工作，润儿书记去年调研市经委时提出：在后金融危机时代，如何引导企业"转方式，调结构"，着力点是要引导企业加强管理，推动企业全面升级。市委市政府主要领导的高度重视是长沙能够率先开展中小企业服务体系建设以及管理升级工作的动力源泉。

2. 创新服务模式是推动工作的基本方法。中小企业社会化服务体系建设是一件系统性、专业性、复杂性很强的工作，在全国范围内没有完善的样本可供借鉴学习，因此，在实践的过程中政府要支持和鼓励创新，如我市率先在全国省会城市成立的企业应急互助专项资金、中小企业信用贷款试点工作以及正在深入推进的管理升级工作，都是创新的结果，切实把握和满足了企业的需求，促进了企业的发展。

3. 加强资金引导是推动工作的重要保障。从发达国家经验来看，政府只有依托功

能完善的社会化服务体系才能真正服务好数量众多的中小企业，政府有限的扶持资金要起到"四两拨千斤"的作用，有效撬动社会服务资源，必须做好投入产出分析，优化投向。近年来，我市在中小企业服务体系建设方面的投入不断加大，以政府购买服务的形式，培育和形成了一批优质的中小企业服务资源。以管理升级工作为例，今年开展的管理升级大讲坛、三大精英培训班、管理升级预评估以及下一步将要开展的管理升级擂台赛等系列活动全部由专业服务机构来具体实施，政府根据实施的效果给予补助，实现政府、企业、中介服务机构的"三赢"局面。

最后，祝各位领导、各位企业家身体健康、工作顺利！预祝湖南省中小企业管理巡诊活动取得圆满成功！同时欢迎各位来长沙开展交流与合作！

谢谢大家。

推动企业管理升级是当前"调结构、转方式"的必然所在

——市工信委党委书记、主任赵跃驷在全市"小巨人"企业工作会议上的讲话

（2010 年 4 月 30 日）

同志们：

非常高兴参加今天召开的"小巨人"企业工作年会。2009 年是我市"小巨人"企业面临国际、国内经济形势最为多变，所遭遇的难题和挑战最为复杂的一年。刚才双恺副主任发布了"小巨人"计划实施年度报告，报告反映了去年"小巨人"企业迎接挑战、苦练内功、力克难题、扎实工作，取得了比较好的经营业绩，为抵御金融危机，保增长、保就业、保稳定作出了贡献。历史的经验表明，每次经济危机之后，必然带来全球经济增长方式的调整，而经济增长方式的调整又必然建立在制度创新、技术创新和管理创新的基础上。这也正是党中央、省、市委提出加快转变经济发展方式这一任务的历史背景。下面，我将结合转变经济发展方式以及如何引导企业开展管理升级谈三点意见：

一、认清形势，提高认识，全面推动企业管理升级工作

当前，我们正处在经济加快转型、社会结构深刻变动的关键时期。2010 年，国家将继续加大宏观调控力度，紧缩调控闸门，代表着当前及今后一个相当长的时期内中央政策的走向，也说明国家已下决心要把过快的增长速度压下来，推动经济发展方式的根本转变。在这种新形势下，企业管理在经济发展中的地位和作用将更加明显和重要。首先，企业加强管理是推动企业又好又快发展的必然选择。管理是企业永恒的主题。在市场经济条件下，企业管理水平的高低，直接决定着一个企业发展的快慢、好坏和长久。特别是随着国家宏观调控政策的深入执行和国内外市场竞争的进一步加剧，

企业面临的发展环境和市场形势发生了深刻变化。企业只有着力进行管理创新，才能适应新形势新要求，在激烈的市场竞争中求得生存和发展。其次，加强企业管理是落实科学发展观、促进节能减排的重要措施。近年来，我市经济快速发展，但经济发展与资源环境的矛盾日趋尖锐，节能减排的任务非常艰巨。只有按照科学发展观的要求，进一步加强企业管理，才能更加有效地控制能源和资源消耗，减少污染物排放，转变高投入、高消耗、高排放、高污染的粗放型经济发展方式，全面实现节能减排的任务和目标，保证我市经济社会健康有序发展。再次，加强企业管理是实现安全生产的基本要求和根本保证。安全生产事关人民群众的生命财产安全，事关企业的生死存亡。大量安全生产事故的教训表明，只有从企业的基础管理入手，切实加强现场管理，严格执行工艺标准和操作规范，强化职工岗前培训、持证上岗，才能从根本上消除不安全因素和隐患，有效减少各类事故的发生。对此，我们必须统一思想，提高认识，进一步增强紧迫感和责任感，扎扎实实地推进企业管理工作。

二、理清思路，突出重点，努力抓好企业管理升级工作

1. 切实加强基础管理，提高企业生产规范水平。基础管理是企业最基本的管理，是企业实现良好效益、稳定发展的根本。近年来，随着我市工业经济的快速发展，一批企业由小到大、由弱到强。同时，也有一批新兴企业从无到有、由小到大，规模迅速膨胀。从总体上看，我市中小企业特别是一些新兴企业在快速发展的过程中，普遍存在着重投资、轻管理的现象，基础管理不规范，工艺标准和操作规范执行不严格。这些问题的存在，影响了企业的正常经营和经济效益。因此，全市工业企业要认真开展自查自纠，结合行业技术经济特点和企业实际，建立健全严格的基础管理规章制度和生产规范。要科学制订企业生产计划与生产作业计划，对生产进度、过程质量、物质消耗、生产成本、库存与在制品等进行全面控制，确保工作效率和优质产品率"两个提高"，生产要素消耗和成本水平"两个降低"。要加强生产现场整理、整顿、清洁、清扫、设备检修和保养，改善生产秩序和作业环境，做到环境整洁、纪律严明、物流有序、设备完好，不断提高企业基础管理水平。

2. 重视和加强战略管理，提高企业核心竞争力。企业战略是企业为了在竞争中谋求相对优势，根据自身状况和外部环境变化制定的指导企业中长期发展的战略性设想和具体规划，是企业生存和发展的根本。没有战略管理，企业就会失去方向，就会出现盲目性，就会在市场经济的大海里"翻船"。从我市情况特别是中小企业的情况看，最薄弱、最易被忽视的环节就是战略管理。有的对未来发展把握不准，左右摇摆，提不出合理的发展规划；有的虽然制订了发展规划，但也仅仅停留在纸面上，没有很好地执行；还有的在发展理念上片面追求规模，热衷于追热点，盲目上项目，贪大求快，往往是规模上去了，生产效率和经济效益没有同步提高；也有一些企业盲目追求多元化经营、分散风险，导致企业资源分散、运作难度和费用加大、产业选择失误增多，难以形成核心竞争力，最终使经营陷入困境。因此，一定要把战略管理作为中小企业管理工作的重点来抓，要制定好企业的中长期发展规划，要正确分析所处行业的市场状况，准确把握在行业中的地位，详细了解和掌握竞争对手的发展情况，做到知己知彼。要放长眼光，以全球的视野衡量企业的发展，把企业放到国际同行业中去比较，找准赶超对象，确立长远目标和方向。要在纷纭变化、充满诱惑的市场中，依据自身基础条件，明确发展定位，确立主营业务，走专业化发展的路子，着力培育核心竞争力。我市"小巨人"企业要率先搞好发展定位，推动转变发展方式，努力做到"四个带头"：带头用信息化引领企业发展，带头向高附加值的产业链延伸，带头发展高、新、精、尖技术产业，带头建立创新平台和技术联盟，切实从注重追求速度和总量扩张转变到创新发展模式、提高发展质量和效益上来，实现速度与质量、效益、结构、后劲相统一。

3. 全面加强质量管理，提高企业综合竞争力。质量是企业的生命。产品质量的好坏，决定着企业有无市场，决定着企业经济效益的高低，决定着企业能否在激烈的市场竞争中生存和发展。今年的丰田汽车召回事件再次给全球的制造业企业提了一个醒：不能以降低产品质量为代价去获取企业的利润空间。根据我市企业实际，加强质量管理要突出抓好以下几点：一是要牢固树立质量第一的观念，把用户的需求和认同作为确定质量标准的重要因素，把消费者的满意程度当做衡量质量高低的最终标准，努力解决制造业产品质量不合格和质量水平不高的问题。二是大力实施品牌战略，注重从整体上培育和塑造产品和企业的形象，创造知名度和美誉度高的企业品牌，走质量效益型的名牌发展之路。三是大力实施标准化战略，加快建立以产品标准、技术标准、管理标准和工作标准为主体的标准化管理体系，严格执行国家强制性标准和安全认证的规定和要求。

4. 加强技术创新管理，提高企业自主创新能力。技术创新是企业创造知识产权、提高核心竞争力的关键，是企业赖以生存的支柱和持久发展的动力。一是加快以企业为主体的技术创新体系建设。技术创新体系由企业、科研单位、高等院校和技术中介机构等构成，企业是核心，其他机构都要围绕着如何促进企业的技术创新开展工作，保证企业成为技术创新的决策、投资、开发和收益主体。要把技术创新贯穿于企业生产经营的全过程，做到既有企业总部的创新，又有生产经营各环节的创新；既有满足当前市场需求的新产品开发，又有中长期发展的新技术、新产品储备。二是拓宽技术创新途径。在建立健全企业技术中心的基础上，要进一步整合社会资源，深化产学研联合攻关，有条件的企业要与国际知名公司特别是世界500强进行各种形式的技术合作和交流，共建研发中心。三是加大技术研发费用投入，用足用好提取技术开发费的政策。按照国际上比较一致的看法，研发资金占销售额1%的企业难以生存，占2%仅能维持，占5%才有较强的竞争力。今后要把企业研发资金的提取情况作为一项重要考核内容，保证研发资金占销售额的比重达到3%~5%。要鼓励技术中心走向社会，既为本企业服务，也为社会服务。

5. 大力推进制度创新，增强企业发展活力。制度是企业经营管理的根本，没有合理的、健全的、科学的制度体系，提高核心竞争力就是一句空话。当前，我们很多企业从表面上看建立起了现代企业制度和法人治理结构，但仍然是一个人或几个人说了算，法人治理结构形同虚设，问题究竟在哪里呢？我认为除了思想观念问题外，一个很重要的原因是一股独大或单一投资主体。单一投资主体或一股独大都是缺乏体制优势的。因此，现阶段推进企业制度创新，目标就是建立起真正的现代企业制度，核心就是健全法人治理结构。一是大力推进股份制改造，实现企业组织形式创新。公司股东一般不少于4~5个，股东持股比例在20%~30%，这样股权设计比较合理，有利于法人治理结构的建立，形成适应国内外市场需求的企业组织形式。二是建立完善法人治理结构。要按照现代企业制度的要求，规范公司股东会、董事会、监事会和经营管理者的权责，建立健全责权统一、运转协调、有效制衡的法人治理结构。当前最重要的是建立健全董事会，处理好所有权和经营权的关系，防止内部人控制和一人说了算。

6. 加强财务管理和内控制度建设，提高防范和化解风险能力。财务管理是企业管理的中心环节，也是决定企业成败的关键环节。一是完善企业财务管理体制。以现代财务管理理论为指导，根据企业内部组织结构形式，实行不同层次的、合理高效的财务管理体制，建立健全企业成本费用、资金结算、固定资产、对外投资等各项内控制度，不断提高企业财务管理水平。二是下大气力压缩应收账款和产成品资金占用，坚持以销定产、以销促产，加大库存积压产品的处理和呆坏账核销力度，使两项资金的占用保持在合理水平。三是切实搞好资本运营。企业经营管理者要认真学习资本运营知识，把握资本运营的主要方式和具体运作途径，加快由产品经营向资本运营的转变。

三、切实加强企业管理升级工作的组织领导和协调服务

引导企业加强管理工作，涉及各级、各部门和相关企业。各区、县（市）工业局，园区管委会都要高度重视这项工作，明确相应的组织领导机构和专门人员，各司其职，各负其责，形成合力，整体推进。要充分发挥行业协会的作用，调动社会中介力量推进管理创新。要进一步加强对企业管理知识的学习，深入调查研究，认真总结企业管理的新情况、新经验、新问题，及时提出前瞻性、指导性、实践性强的对策措施，搞好指导服务。要研究制订企业管理的基本规范，按照评价体系和考核标准，引导企业加强和改进企业管理工作。同时，要加大对管理升级达到示范性企业标准的企业宣传力度和推广力度，以此形成以点带面，全面推动企业管理升级的良好氛围。

同志们，企业加强管理工作既面临着良好机遇，也面临着严峻挑战。在当前调结

构、转方式大潮中，我相信通过开展中小工业企业管理升级星级评定这一活动，将有利于产业结构的调整和发展方式的转变，将会涌现出更多更好的企业管理创新成果，这些成果的推广范围、影响深度以及创造的社会效益也将会进一步得到提升。

衷心希望各位在这次会议上有所收获，谢谢大家！

以点带面，实现长沙企业管理升级全面突破

——市工信委党委书记、主任赵跃驷在活动会议上的讲话

（2010年8月20日）

同志们：

大家下午好！

非常荣幸参加湖南省中小企业管理巡诊活动，同时也非常高兴和各位交流长沙企业管理升级的有关情况。

刚才，树勋副市长就我市中小企业服务体系建设及管理升级工作做了详细的总结和归纳，今年以来，我委为贯彻实施市委市政府"关于引导企业加强管理、推动企业全面升级"的决定，全面启动了相关工作，先后开展了"管理升级大讲坛""管理升级预评估""三大总监培训班"等活动，取得了良好效果，获得了企业好评。

下面，我就长沙企业管理升级下阶段工作向各位领导、企业家们作简要汇报。

一、扎实开展擂台赛，实现企业管理升级百日突破

我市企业管理升级工作前一段取得了初步成果，但也暴露出一些问题，主要表现是部分企业对管理升级的认识还比较肤浅、参与主动性不够。如何发挥企业的主观能动性是引导企业管理升级是否成功的关键所在，为此我市对管理升级后续活动进行了优化设计，下一阶段的工作将引入国内顶尖专业管理咨询机构和专家，以"长沙市中小工业企业十百千管理升级擂台赛"的形式予以推动，变"要我升级"为"我要升级"，形成企业争先开展管理升级的浓厚氛围，真正实现企业管理的有效改善和提升，创造并形成政府引导的企业管理升级的"长沙管理升级模式"，最终达到企业管理升级"示范一批、推广一批、复制一批"的目的。

1. 十百千管理升级擂台赛的主要内容。

"十"：参赛企业通过集中培训和教练指导等方式，用10天时间寻找到自身在管理上存在的瓶颈问题，提出改善目标，围绕瓶颈问题制订出系统解决方案；"百"：参赛企业在教练的指导下，紧盯瓶颈问题不放，用100天时间，执行方案，实现突破；"千"：通过管理升级擂台赛及其他配套活动的开展，以点带面，吸引1000家企业参与到管理升级的活动中来，带动1000家企业达到管理改善的目标。

2. 十百千管理升级擂台赛的操作步骤。

第一步：集中学习。通过报名"海选"，"PK"出 30 家管理基础相对较好、有强烈改善管理愿望的参赛企业，经过集中培训，参赛企业学会寻找解决管理瓶颈问题的思路、工具与方法，依据测评成绩对 30 家参赛企业进行学习能力排名。

第二步：方案制作。30 家参赛企业在精确把握自身瓶颈问题的基础上，围绕瓶颈问题制订出系统解决方案，教练组对方案进行逐一指导，依据参赛企业提交方案的时间和质量对 30 支参赛企业代表队进行方案制作能力排名。

第三步：方案执行。参赛企业用 100 天时间执行方案，教练组对参赛企业进行巡查、点评和指导，依据执行的态度和效果对 30 家参赛企业进行方案执行能力排名。

第四步：结果验收。"管理升级专家团队"到 30 家参赛企业进行现场评定，依据《评价体系》和参赛企业方案执行情况，综合上述步骤的排名，评选出获奖企业。

3. 十百千管理升级擂台赛的预期效果。

我们期待通过上述的工作步骤，一是给参赛企业树立"管理出效益"的信心；二是赛出长沙企业"学习的榜样"；三是探索出政府引导企业加强管理的"长沙管理升级模式"。

对企业而言，通过管理水平的快速提高，促进经济产出效益的显著提升；帮助企业准确找准界定发展瓶颈，通过针对性培训指导和应用工具训练，迅速解决瓶颈制约，实现企业瓶颈环节的显著改善，以此增强企业寻求整体管理水平提升的强烈信心。对政府而言，要借助此次探索实践，寻找出一套可操作、可复制、可推广的企业管理改善方法以及政府有效服务的针对性经验，运用科学发展观原理，探索出一套企业欢迎、操作便捷、成效显著、可有效复制的中小企业管理升级的"长沙管理升级模式"。

二、通过以点带面，引导企业管理升级全面突破

在参赛企业取得百日突破实效以后，通过后续工作，逐步实现以点带面，取得管理升级工作的全面突破。

一是学榜样，树信心。通过集中讲评会等多种形式，组织广大中小企业参加管理升级，以取得百日突破实效的参赛企业为典型案例，让更多未参赛的企业树立"管理出效益"的信心。

二是去现场，学经验。按行业分类，组织同一行业企业到取得百日突破实效的相关行业的参赛企业现场学习与交流，眼见为实，通过现场学习，让更多的企业观察体会实现管理突破的思路、方法和工具。

三是抓培训，促提升。继续抓好"管理升级大讲坛""三大总监培训班""管理升级沙龙"等培训活动，帮助企业培养能寻找并解决瓶颈问题能力的高管及中层骨干人员，在全市企业中培养一批能够敏锐发现问题、善于思考问题、真正解决问题的高素

质企业管理人才，以实现全市企业管理升级的全面突破。

最后，希望各地州市经委领导来我委进行交流合作，传经送宝，也希望在座各位企业家能积极投入到管理升级活动中来。祝各位领导和企业家身体健康、工作顺利！

谢谢大家。

2010 年长沙市中小工业企业管理升级年度工作报告

—— 市工信委党委书记、主任赵跃驷在活动会议上的讲话

（2011 年 3 月 15 日）

在市委、市政府的正确领导下，经我市工业战线广大干部职工的共同努力，"十一五"期间，我市工业经济取得了令人瞩目的成就。2010 年，全市实现工业总产值 5404 亿元，较上年净增 1300 亿元，净增额相当于我市 2005 年全部工业总量，以上成绩的取得凝聚了我市工业人的智慧和汗水。省委常委、市委书记陈润儿指出："工业不仅是长沙经济的主要支撑，也是财政税收的主要来源；不但是吸纳就业的主要渠道，也是城市发展的主要动力。可以说，长沙发展的希望在工业，工业发展的出路在升级，升级转型的重点在企业。"为了引领企业转型升级，实现我市工业又好又快率先发展，2010 年我们以引导和推动企业管理升级为主线，在全市工业企业特别是中小企业中深入扎实地开展了管理升级活动，初步形成了政府引导企业管理升级的"长沙模式"，尤为重要的是管理升级已成为我市推动工业经济"转方式、调结构"的重要抓手。现将有关情况综合报告如下：

一、管理升级工作的成就

本次管理升级擂台赛，经过专家评委对参赛企业的考核验收，结果表明 2010 年管理升级活动取得了显著成效，具体表现在以下几个方面。

1. 多方联动，形成模式。

在市工信委、市中小企业服务中心、专家团队和企业的共同努力下，我们在实践中形成的"十百千管理升级擂台赛"模式得到了参赛企业的普遍认同。首先，企业家们普遍认为通过擂台赛营造出来的这种竞争氛围给了企业一定的压力和动力，促使企业特别是企业负责人提高了对企业管理工作的认识，正如申大科技王民强董事长所说，推动企业管理升级，一定要有外部压力，知耻而后勇；其次，认为通过擂台赛这种方式赛出的"管理示范性企业"公平公正，标准统一，操作公开，令人信服；再次，企业普遍认为通过擂台赛的组织，加强了企业间的横向沟通，促进了企业间的相互学习和资源整合。例如怡清源通过参赛发展了很多客户，海大铝材与兴龙科技因擂台赛结缘促成了销售渠道整合，增强了互补性。特别值得一提的是湘丰茶叶和星港家居等企

业能"活学活用",把擂台赛的模式运用到了对集团子公司、企业经销商的管理升级之中,取得了很好的效果。

2. 成效显著,信心倍增。

参赛企业都能完成甚至超额完成预定目标,成效十分显著。据统计,参赛企业2010年销售收入同比增长33.66%,利润同比增长47.47%,利税同比增长28.04%,特别是在第四季度方案执行期间销售收入同比增长45.7%,利润同比增长78.1%,纳税额同比增长47.4%。以生产床垫的星港家居为例,该企业在生产要素成本倍增的不利因素下,通过营销瓶颈的突破,第四季度方案执行期间实现利润1170万元,占全年总利润的56%,比2009年同比增长了2.8倍。通过100天擂台赛实践,参赛企业收获的不仅仅是效益的大幅攀升,更为重要的是提高了企业对管理升级的认识,树立了"管理出效益"的信心。

3. 六步PK,赛出榜样。

通过擂台赛6步PK,参赛企业平均得分为86.88分,整体表现卓越。在100天方案执行中,参赛企业实现了瓶颈突破。以国内带锯行业龙头企业的泰嘉新材料为例,该企业"知难而上",挑战世界高端品牌,锁定高端产品泰钜、超级AA产品的定型为瓶颈突破的方向,凝聚全公司智慧,奇迹般地实现了多年梦寐以求的目标,产品性能达到了世界顶级品牌的90%~93%,为泰嘉新材从国内带锯行业第一品牌朝向世界带锯行业一流企业的征途中迈出了关键的一步,泰嘉新材的突破为我市中小企业运用研发管理的手段推动企业的技术创新作出了示范,像泰嘉新材这样的案例还有很多,这些企业分布在全市各区、县、园区,为广大的中小企业树立了"学习的榜样"。

4. 掌握方法,自主升级。

参赛企业普遍认为教练提供的方法和工具具有操作性,通过擂台赛6步PK过程,在教练组的反复指导下,大部分参赛企业基本掌握了工具与方法,实现了知识转移,找到了企业管理循环升级的实现路径。如神力实业袁宏伟董事长认为:"本次擂台赛不同于以往接受培训时的那种心动但不知如何行动,而是具有很强的可操作性,符合中小企业发展现状。"辰泰电子科技有限公司更是利用所学的方法和工具,在充分调研客户需求的基础上结合企业实际,研发出全国首创的现金处理流水作业生产线。

二、管理升级模式的特点

2010年的管理升级工作取得了一定的成绩,受到参赛企业的好评。我们认为,最大的收获就是通过大胆创新,"十百千管理升级擂台赛"成为了在市场经济条件下如何实现政府引导企业管理升级的成功模式,成为了实现我市工业经济"转方式、调结构"的重要抓手。这种模式的特点概括起来在于以下三个方面的创新。

一是政府服务模式创新。在2010年的管理升级工作中,从组织专家团队、制定评价体系、开展预评估到管理升级擂台赛，我们采取了"政府服务外包"的方式，特别是管理升级擂台赛模式实现了政府、专业机构和企业在组委会框架内互为一体、各自分工，实现了集成创新，正如湖南省政协经科委主任、本次擂台赛评委组组长吴金明教授所说："本次擂台赛在总体上有各级党委、政府的正确决策，有专家的全价值链的这种分析方法，然后有企业董事长和整个管理团队的全面地系统地参与和认真地组织推进，这三点综合起来在全国是一种首创。这种首创我们可以把它概括为一种长沙模式。长沙市工信委把管理升级作为'转方式、调结构'的一个重要的抓手，在全国是首屈一指的。"

二是管理咨询模式的创新。传统的管理咨询服务，一般采取"一对一"的服务模式，存在很多固有的弊端，咨询项目成功的少，失败的多，主要弊端体现在以下几个方面：一是咨询费用高，只有大企业才有能力购买，单个的中小企业还不具备购买能力；二是在传统的管理咨询模式下，企业往往以旁观者自居，缺乏自主参与和实践；三是咨询公司一般负责制订方案，企业负责执行，往往制订出来的方案由于企业没有主动参与，方案在执行过程中经常走样，最后不了了之，难以产生效果，更不用说实现知识的完全转移。

相反本次管理升级擂台赛，由政府、中介组织和企业统一在擂台赛组委会的框架内，以参赛企业为主体，实现了"一对多"的服务模式创新，取得了极大的成功，在咨询史上尚无可供借鉴的案例，其优势主要体现在以下三个方面：一是通过政府在政策上给予引导，实行集中打捆购买服务，与单个企业购买服务相比大大降低了成本，集中购买使得我们有能力聘请具有丰富管理实践和咨询经验的教练，他们的服务态度和能力受到参赛企业的一致肯定；二是参赛企业充分体现了"我的地盘我做主""我的方案我执行"这种高度自主参与意识，教练团队只是负责传授管理工具和方法，协助企业找到制约管理的瓶颈和制订瓶颈突破方案，解答企业执行过程中产生的具体问题，而制订和执行管理升级的实施方案，都由企业决策者即董事长亲自挂帅，通过管理团队和员工的积极参与独立完成，这样企业就能在管理升级的过程中逐步掌握教练传授的工具与方法，具备自我管理升级的能力，实现知识的转移；三是擂台赛组委会设置督导组、教练组和评委组，由督导组和评委组监督、评判企业和教练的绩效，通过 6步 PK 的设置，形成了浓厚的竞争氛围，促进了企业间的良性互动，增强了企业的学习热情和突破瓶颈的决心。

三是服务产品的创新。本次擂台赛我们聘请了效果咨询团队作为核心教练。该教练组在消化、吸收美国 TOC 即瓶颈限制理论、方针管理体系以及项目管理方法的基础上提出的对阵方法论，利用整体观、逻辑观、有效产出观，指导企业寻找瓶颈、绘制瓶颈突破目标蓝图、编制行动方案和制订绩效考核方案，所有的方法和工具，简单易学，既有系统性又有可操作性，帮助企业组建项目管理团队执行方案，实践证明教练组采用的方法和工具符合中小企业的特点，得到了企业的好评。

三、管理升级所做的工作

1. 出台政策，全面推动管理升级。

为系统推进企业的转型升级，市加速推进新型工业化工作领导小组出台了《关于引导企业加强管理，推动企业全面升级的意见》【长新工〔2010〕3号】，以提升企业核心竞争力为目的，在中小工业企业中启动了管理升级的探索工作，先后出台了《长沙市中小工业企业管理升级星级评价体系》《长沙市中小工业企业十百千管理升级擂台赛实施方案》，形成了在政策上给予引导、组织上给予保障、资金上给予支持的推动企业管理升级的政策体系。

2. 营造氛围，开展系列配套活动。

为配合管理升级活动的全面开展，在全市工业企业中形成良好氛围，从年初开始，市工信委先后开展了"长沙市中小企业管理升级大讲坛""长沙市中小企业财务、营销和人力资源三大总监培训班""管理升级沙龙"等活动，此外还在长沙工业网、长沙市中小企业服务网开设了"管理升级在行动"专栏、出版了《管理升级专刊》、制作了管理升级VCR宣传片等，对管理升级活动进行系列报道和广泛宣传。通过这些配套活动的开展，在中小工业企业中掀起了一股"我要升级"的热潮。

3. 精确把脉，开展管理升级评估。

为把握中小工业企业在管理升级方面的共性需求，评估中小工业企业的管理现状，在全市100户"小巨人"企业中筛选40户企业开展了管理升级预评估工作，对企业存在的问题精确把脉，为企业出具了《管理升级预评估评价报告》，并针对40户企业存在的共性问题发布了《管理升级预评估整体报告》，为管理升级下一阶段工作奠定了坚实的基础。

通过预评估，我们发现，在我市中小工业企业中存在着三大反差：一是企业核心竞争力之强与企业管理水平之短的反差；二是企业未来宏观期望和基础管理薄弱支撑不足的反差；三是政府强力推动加强管理与企业被动等待之间的反差，这一切迫切需要我们进行管理升级模式的探索和创新。

4. 探索模式，开展十百千管理升级擂台赛。

引导企业管理升级的关键在于调动企业的主观能动性，通过反复研究论证，决定以"十百千管理升级擂台赛"的形式予以推动，变"相马"为"赛马"，变"要我升级"为"我要升级"。擂台赛组委会在138家报名参赛企业中选择了有强烈管理改善欲望的30家企业进入后续擂台赛的各个环节。

通过入门海选、学习能力、方案制作、方案定案、方案执行和结果验收等六个阶段，确保了参赛企业的实施效果。

四、管理升级工作的展望

回顾 2010 年，尽管我们在管理升级方面取得了一定的成绩，探索出了政府引导企业管理升级的模式，但受益的企业量还不大，宣传的力度需进一步加强，管理升级的模式还需进一步在实践中完善。

2011 年，市工信委将联合园区（区、县）举办四场次"管理升级擂台赛"，争取引导 100~120 家企业实现管理升级，今年管理升级进园区活动第一站将在长沙国家高新技术产业开发区扬帆起航。

展望未来，为全面实现我市工业经济"十二五"的发展目标，我们将在总结今年"管理升级进园区"活动经验的基础上，进一步完善组织方式和"管理升级擂台赛"模式，多方联动，争取在"十二五"期间帮助 1000 家规模以上工业企业实现管理升级达标，使我市中小工业企业的整体管理水平得到全面提升。

我们有理由相信，通过持续深入开展管理升级活动，必将增强企业核心竞争力，对长沙工业经济实现"转方式、调结构"产生强大的推动作用。

在管理升级擂台赛集中训练营上的讲话

（长沙市工信委副主任　周双恺）

（2010 年 9 月 3 日）

尊敬的各位专家、亲爱的各位企业家、同志们：

早上好！

非常高兴来到风景如画的石燕湖参加十百千管理升级擂台赛学习训练营的启动仪式，首先我谨代表市工信委和擂台赛组委会，对经过海选脱颖而出的 30 支决赛队伍表示热烈的祝贺！对各位专家教练的艰辛指导及擂台赛组委会各组工作人员的勤勉工作表示衷心的感谢！在 8 月 19 日召开"长沙市中小管理升级工作讲评会暨擂台赛动员大会"以后，我市中小企业界掀起了一股"我要升级"的热潮，在 8 月 20 日报名当天，咨询电话络绎不绝，共计收到 138 家企业的报名申请，评委组根据申请表填写的质量确定了 51 户企业进入海选名单，在海选阶段经过资格审核、能力答辩以及填写表格等三个环节，最终 30 户企业进入比赛。海选过程公平、公正和阳光。

本次封闭式学习训练的目的就是为了在比较短的时间内，通过创造性的学习、系统性的训练来准确界定当前企业的发展瓶颈，寻求瓶颈快速突破的方法，启动自我管理变革。企业经营管理的最高决策者是管理变革的第一推动者，这就是我们非常强调董事长、个别特殊情况是充分授权的总经理亲自带队参与集中训练的缘由所在。昨天晚上，我了解到参加本次训练营的阵容超乎想象地整齐，可以说在我们培训历史上绝无前例。几乎每个企业都是董事长带队 1 + 2 或 1 + 3。我看到了 60 多岁的董事长精神焕发，正坐在这儿听课；我听到了有一家企业 3 名代表中的 2 位是昨天从外地乘飞机赶回来的；我也知道很多董事长推掉了很重要的工作赶过来。所有这些都充分表现了我们在座各位企业家同志们孜孜不倦的学习精神及追求卓越的崇高境界，我深深地被大家所感染、所折服，再一次表示由衷的敬意。

针对本次十百千擂台赛学习训练，专家和教练做了精心准备，市工信委及市中小企业服务中心的团队也作了尽可能细致的安排，并且我们将始终与大家共同学习、共同进步，分享大家的成果。借此机会，我代表长沙市工信委向大家提出几点共勉：一是树立信心。参加本次擂台赛学习训练的企业代表队都是在前一阶段 PK 中脱颖而出的优秀企业，大多是细分行业的龙头企业，虽然在发展过程遇到这样那样的问题，但你们的基础是比较好的。我相信各企业代表队通过本次学习训练，准确找出发展瓶颈问题，并运用先进的工具和方法制订出解决瓶颈问题的系统方案，在短期内取得突破是完全能够实现的。各参赛企业代表要牢固树立起"管理出效益"的信心，坚定的信心是实现企业管理升级的动力源泉。二是要坚持学习。我知道每个企业、各个代表都有很多具体而且重要的事情需要处理，但既来之则安之，三天半的封闭学习，所有参赛队伍应该严格遵循组委会对学习训练的要求，各企业代表要始终如一地以开放积极的心态坚持学完全部课程。在学习中既要心静也要心动，就是要静下心来学习，排除杂念学习；心动而不是风动，让自己进入一种心领神会的互动境界。三是要联系实际。在封闭学习期间，主讲教练将引导大家准确界定本企业在发展过程中的瓶颈并寻求瓶颈突破的方法，大家在学习时不但要带耳朵来听，更需要大家结合本企业的问题进行思考，通过三天的学习能准确地界定本企业的瓶颈问题，并找到解决瓶颈问题的思路，为下一步制订系统的解决方案打下坚实的基础。四是要掌握方法。古人说得好，授人以鱼不如授人以渔，方法比经验更重要，我们的企业要实现管理的升级，就必须完成经验向方法的转变，个人英雄主义向团队治理的转变，希望各位企业代表要认真地学习和消化主讲老师讲述的方法和工具。五是要奋勇争先。能参加本次学习训练，是各企业代表队在海选初评阶段积极参与，奋力拼搏的结果，希望各代表队在本次学习训练以及擂台赛后续环节再接再厉，全心投入，赛出水平，取得实效，努力达到管理示范企业的标准，为长沙众多的中小企业树立学习的榜样。

组委会各组工作人员要在顺利完成第一阶段工作的基础上再接再厉，继续做好擂台赛的各项工作，要做到宣传到位，接待热情周到，组织规范有序，比赛严守规则，后勤保障有力，为每一位参赛代表提供舒适的学习环境和生活环境。

最后祝愿大家在石燕湖收获金秋的果实，留下美好的回忆！为我们团队友谊开心，为我们追求进步鼓掌，为同志们加油！

后 记

客观来讲，长沙工业真正出现一些可喜的量变是从"十五"中期工程机械产业的突然崛起开始的。由此，长沙实现了首度的超越。2006 年，长沙工业总产值由 2001 年的 663 亿元快速提升到 1651 亿元，净增千亿。规模工业总产值由 370 亿元增加到 1258 亿元，5 年增长了 3 倍多，为"十一五"工业的发展打下了一定的基础。

"十一五"期间，长沙工业规模增加值连续赶超昆明、哈尔滨、西安、福州、石家庄、济南、郑州 7 个城市，在 26 个省会城市中的排名由第 15 位上升到了第 8 位。在 35 个中心城市中，长沙规模工业总产值排位也由 2005 年的第 25 位上升至 2010 年的第 16 位，超过福州、厦门、西安、洛阳、哈尔滨、昆明、石家庄、济南、郑州 9 个城市。

2006 年长沙市委十一届三次全体（扩大）会议上，湖南省委常委、长沙市委书记陈润儿同志明确指出长沙应走出一条有长沙特色的新型工业化道路。2007 年市委 1、2 号文件分别对加速新型工业化和六大产业集群建设出台政策，并成立长沙市加速推进新型工业化工作领导小组，进一步加大对工业的领导力度和政策支持力度。这一系列重大决策和举措，为长沙工业的跨越式发展提供了强有力的保障，长沙工业开始迈入"又好又快，率先发展"的新的历史时期。

润儿书记曾指出："中小企业难，则全局难，中小企业活，则全局活。"为此长沙市委市政府出台了《关于推进服务体系建设，加快中小企业发展的若干意见》【长发〔2009〕12 号】，这是推动长沙中小企业健康发展的纲领性文件。具体到管理升级工作，润儿书记调研市工信委时提出：在后金融危机时代，如何引导企业"转方式调结构"，着力点是要引导企业加强管理，推动企业全面升级。

市长张剑飞也指出，长沙工业的发展，量是基础，没有量的增加，发展就不可能提高效率；质是根本，没有质的提升就不可能转变发展方式，实现又好又快的发展。当前，要坚定不移地走新型工业化道路，努力提升工业增长的质量和效益，提高工业发展的层次和水平。

剑飞市长也对长沙市的企业家提出了四点希望：一要勇于开拓进取，树立远大目标，永不停步，做传世企业、百年老店；二要诚实守法经营，依法开展经营活动，遵守法律法规，取信于股东和员工，取信于社会；三要切实提高素质，不断学习现代企业管理知识，培养远见卓识和对未来市场的敏锐洞察力，提高管理水平，始终跟上时代发展步伐；四要努力回报社会，像做人一样树立企业良心，致富思源、富而思进，增强社会责任感，为促进科学发展、社会和谐作出积极贡献。

2010年年初，为系统推进管理升级工作，长沙市出台了《引导企业加强管理，推动企业全面升级的意见》【长新工〔2010〕3号】文件，以实现企业核心竞争能力七大要素全面升级为核心，启动"231工程"：2010年培育评定20家骨干工业企业成为全市"管理示范性"企业，让其他企业学有"标杆"，到2013年实现300家规模以上工业企业管理升级达标，2015年实现1000家工业企业管理升级达标。

为配合管理升级活动的全面开展，在全市工业企业中形成良好氛围，从2010年年初开始，市工信委先后开展了"长沙市中小工业企业管理升级大讲堂""长沙市中小工业企业财务、营销和人力资源三大总监培训班"管理升级研讨沙龙等活动，在全市中小工业企业中掀起了一股积极参与管理升级的热潮。

市工信委配套制订了《长沙中小工业企业管理升级星级评价体系》，在全市100户"小巨人"企业中开展管理升级预评估活动，通过企业申报、专家评选，确定40户管理基础较好的企业参加管理预评估活动。效果咨询机构总架构师、首席顾问杨勇先生亲自带队，全程参与了预评估活动，通过对40家参评企业的现场调研，对企业存在的问题精确把脉并提出解决思路，为每户企业均单独出具了其《评价报告及数据分析》；在分析40家企业存在的共性问题的基础上，发布了《长沙市中小工业企业共性问题研究报告》，受到了参评企业、政府领导和社会各界的广泛好评，为管理升级工作的系统开展和深入推进奠定了坚实的基础。

尤其是2010年9—12月，长沙市工信委、长沙市中小企业服务中心、效果咨询机构湖南公司紧密合作，在全国首创推出的"长沙市中小工业企业十百千管理升级擂台赛"活动，为全年度的企业管理升级活动书写了浓墨重彩的一笔，描绘了精彩纷呈的篇章，参与各方均取得了超出预期的、收获丰硕的成果。

从参赛企业这一活动参与的主体来看，参与长沙第一期"十百千管理升级擂台赛"活动的共有30家企业，经过短短100天的突击式管理提升，通过企业管理现状及资源现状盘点、问题分析、封闭式学习对阵方法论及应用工具、准确寻找和界定瓶颈、组建CFT跨职能部门小组、聚焦瓶颈制订突破方案并完善优化方案、90天紧盯目标的高效率执行和全数字化的结果验收等阶段式推进，30家企业均准确寻找到了影响自己优秀发展的关键瓶颈之所在，除1家企业因特殊原因中途放弃方案执行、而未达成当初预定目标外，29家企业均完全达成和超额达成当初预设的突破目标，显著有效率达到96.7%。这在长沙工业企业的管理发展史上，是前所未有的。

本书收录的、愿意公开披露自己这次管理升级瓶颈突破案例的28家企业，在这

100天里均取得了惊人的突破：星港家具执行首月利润上升4倍；东方时装招商开店实现3倍增长；飞翼股份新产品环比2.5倍增长；兴嘉生物渠道赢利能力达到成倍增长；辰泰电子瓶颈突破连续追加3次目标值；神力实业一举扭转长达一年的亏损，实现全年赢利538万元；耐普泵业100天内订单达到5倍速增长；正忠科技1个月税收增长6倍；派意特100天实现高端品牌销量3倍增长；九典制药在受制市场中打了一个翻身仗；康普药业在百日内的增幅是行业的3倍；海大铝业100天实现电泳料销量175%增长；老企业丰日电器重焕青春，实现销量倍增；方盛制药借此一举打通血塞通的销售；大方农化掌控终端，实现预收款翻番；中国带锯条第一品牌泰嘉新材借此方法，一举实现延续4年的两项重大新产品研制定型；天鹅工业泵准交率3个月从76%提升到94%；华自科技有效突破交付瓶颈；申大科技模具交付突破而出；开元仪器100天还掉600多台设备的交付欠账，销售创下新纪录；胜通汽配从小瓶颈入手，实现了大突破；宇环同心一个季度实现了超出上一年度的收入，2010年销量在2009年基础上实现4倍提升；金山粮油应用新方法，采购工作跃上新台阶；长缆附件、兴龙科技从人力资源入手，实现了企业效益的显著提升……

从长沙市工信委这一活动的领导主体来看，其对"长沙市中小工业企业十百千管理升级擂台赛"活动卓有成效的领导、组织、发动、推进和督导，是这一活动取得成功的关键所在，起到的保障作用是其他参与各方所无法替代的。

通过"管理升级擂台赛"这样一个很好的切入点，以及最终96.7%的成功率，既让参赛企业树立起了"管理出效益"的信心，找到诊断与突破瓶颈的方法；也为这次未参赛的企业树立起了成功的典范，为最终达到"培育一批、推广一批、复制一批"的目的，打下了一个坚实的基础；通过这次极有价值的探索，还实践出了政府引导企业管理升级的"长沙模式"，今后通过模式的复制，必将带动更多的企业实现管理升级，实现企业规模和效益的更快增长。工信部和省经信委都在关注长沙推动企业管理升级的试点工作，已调阅有关文件资料并对此次工作给予了高度肯定，我衷心希望，长沙能借此总结出一套成熟而系统的引导企业加强管理升级的经验和方法，进而在全省、全国作为转变经济发展方式的典型予以推广。

从长沙市中小企业服务中心这一活动的执行主体来看，借"长沙市中小工业企业十百千管理升级擂台赛"活动的成功举办，服务中心创造了一种服务企业的新模式、新方法，取得了立竿见影的效果。中小企业社会化服务体系建设是一项系统性、专业性、复杂性很强的工作，在全国范围内没有完善的样本可供借鉴学习，因此，服务中心创新服务项目和服务模式的探索，就显得尤其可贵。服务中心在全国省会城市中率先成立的企业应急互助专项资金、中小企业信用贷款试点、今年开展的管理升级大讲堂、三大精英培训班、管理升级预评估以及这次硕果累累的"长沙市中小工业企业十百千管理升级擂台赛"活动等，都是创新的结果，切实把握和满足了企业的需求，促进了企业的发展。

从发达国家经验来看，政府只有依托功能完善的社会化服务体系，才能真正服务好数量众多的中小企业。政府有限的扶持资金要起到"四两拨千斤"的作用，有效整合和撬动社会服务资源，必须做好投入产出分析，优化投向。以这次"长沙市中小工业企业十百千管理升级擂台赛"活动为例，就是以政府购买服务的形式，由中小企业服务中心具体实施，著名的效果咨询机构全程专业指导，政府根据实施效果给予补助，实现了政府、企业、中介服务机构的"三赢"局面。

从效果咨询机构这一活动的智力支持和企业教练主体来看，整个团队从高度专业的角度，给长沙市企业带来了效果独创的对阵方法论和瓶颈分析、目标蓝图、实施计划、激励政策、数十种智能分析表格等系列应用工具，带来了企业管理全价值链分析、流程优化和瓶颈迅速突破的有效方法，带来了"对业绩负责、让效果说话"的工作风格和"瓶颈突破能够带来管理系统的全面升级"的管理思想，带来了"绩效突破训练营"的全新服务模式，树立了全数字化分析的管理高度。在其全程支持和指导下，长沙市首期"管理升级十百千擂台赛"入营参训的30家企业均取得了突破性增长，为未来的长远发展打下了一个非常坚实的基础。

擂台赛首先从参与各方的内在需求界定入手，采用政府服务外包的形式，6步PK，连环赛马，多方联动，确保效果。参与各方对于效果团队的共同评价是"首先是极其敬业，令人感动；其次是扎实实操，令人尊重；再次是高度专业，对效果负责，快速见效，令人信赖"。整个过程和达成的效果，令人尊敬和信服。

企业管理升级工作是形势所迫，是政府所盼，是企业所需。可以说，"长沙市中小工业企业十百千管理升级擂台赛"的探索，是一个多方参与、共同促进、多方共赢的成功项目。擂台赛方式充分体现了"政府搭台，专家指导，企业唱戏"的精神，变政府"要我升级"为企业"我要升级"，从"相马模式"变为"赛马模式"。通过提升管理实效的实践，广泛树立"管理出效益"的信心，赛出能让全市中小企业竞相学习的榜样，真正探索出了政府引导企业加强管理的"长沙模式"。这种模式的特点概括起来在于以下三个方面的创新。

一是政府服务模式创新。采取了"政府服务外包"的方式，特别是管理升级擂台赛模式实现了政府、专业机构和企业在组委会框架内互为一体、各自分工，实现了集成创新。

二是管理咨询模式的创新。颠覆了传统的采取"一对一"的管理咨询服务模式，实现了由政府、中介组织和企业统一在擂台赛组委会的框架内，以参赛企业为主体，实现了"一对多"的服务模式创新，取得了极大的成功，在咨询史上尚无可供借鉴的案例，其优势主要体现在以下三个方面：一是通过政府在政策上给予引导，实行集中打捆购买服务，大大降低了单个企业购买服务的成本；二是参赛企业充分体现了"我的地盘我做主""我的方案我执行"这种高度自主参与意识，教练团队只是负责传授管理工具和方法，由企业决策者即董事长亲自带领管理团队和员工积极参与独立制作方案并实施方案，有助于做到目标达成的同时掌握教练教授的实践方法，实现有效知识的转移；三是擂台赛组委会设置督导组、教练组和评委组，由督导组和评委组监督、评判企业和教练的绩效，通过6步PK的设置，形成了浓厚的竞争氛围，促进了企业间的良性互动，促进了企业绩效提升的PDCA循环，增强了企业的学习热情和突破瓶颈的决心。

三是咨询服务产品的创新。长沙市工信委聘请了效果咨询团队作为核心教练。效果咨询教练在擂台赛全过程应用了化繁为简、集成美国TOC即瓶颈限制理论、方针管理体系以及项目管理方法的基础上创造的对阵方法论，所有的方法和工具，简单易学，既有系统性又有可操作性，帮助企业实现绩效和团队能力提升。实践证明教练团队采用的方法和工具符合企业的经营管理规律，得到了企业充分的好评。

在这里提一点建议是，长沙市应当加大对"长沙市中小工业企业管理升级擂台赛"的宣传力度，特别是对优胜企业的宣传力度，以点带面，全面推动企业管理升级的良好氛围。

深刻认识工业的发展是经济发展的核心，从更高的层次、更宽的领域思考长沙工业。一是切实把工业的发展置身于全球的背景去思考，吸取发达国家及先进城市走过的工业化发展道路中的经验、教训，扬长避短，充分发挥后发优势。二是切实把工业的发展置身于与社会、环境协调的背景去思考，将工业增长方式由过去的以"高投入、高消耗"为特征的粗放型增长转变为以"提高效益、节约资源"为特征的集约型发展上来。三是切实把长沙工业的发展置身于国情、省情发生变化的背景中去思考。改变原来的抓工业经济的粗放手段，把宏观环境的变化作为一种"倒逼"机制，以节约和集约利用资源、提升管理、放大效益为核心，加快增长方式的转变。

长沙市工信委已将"管理升级十百千擂台赛"项目列进了自己的"十二五"规划，计划在"十二五"期间以此项目服务长沙市规模以上的1000家中小工业企业，以擂台赛和一批又一批示范企业的影响和带动，力争把全长沙市企业的管理水平、产出效益水平提高一个比较大的档次，对此，效果咨询机构深表认同，并愿意继续积极、深入地参与进来。

从2010年的升级试点看2011年的推广提高，我们觉得，引导企业管理升级工作，是推进"十二五"规划的重大保障措施之一。2011年是"十二五"的开局之年，也是全局工作的攻坚之年，长沙市工信委决定将"管理升级十百千擂台赛"向市属各大产业园区全面复制和推广，按照统一领导、统一标准、统一程序、统一督导的"四统一"原则，按照"6步PK、滚动开赛"的模式，展开"四分区"实施，即分区组织、分区筛选、分区集训、分区指导。在此，我们预祝"长沙市中小工业企业管理升级擂台赛"

活动在 2011 年取得更加深入、更广范围、效果更加明显的成功！

　　谨以此附为后记，表达我作为一个亲身经历者、积极参与者的心情和感受，并致以我诚恳的希望和祝愿。

效果咨询机构总经理、首席顾问　李会军

2011 年 8 月